POCHES ODILE JACOB

LE MONDE
DES MAFIAS

JEAN-FRANÇOIS GAYRAUD

LE MONDE DES MAFIAS

Géopolitique du crime organisé

Odile Jacob
poches

15, rue Soufflot, 75005 Paris

www.odilejacob.fr

ISBN : 978-2-7381-2132-5
ISSN : 1621-0654

À Frédérique et à ma famille ;
À mon « Oncle », mon autre « Famille ».

« Tout phénomène est au début un germe, puis finit par devenir une réalité que chacun peut constater. Le sage pense dans le long terme. C'est pourquoi il a grand soin de s'occuper des germes. La plupart des hommes ont la vue courte. C'est pourquoi ils attendent que le problème soit devenu évident pour s'y attaquer.
Quand il est encore en germe, l'affaire est simple, exige peu d'efforts et apporte de grands résultats. Quand le problème est devenu évident, on s'épuise à le résoudre et en général, tous les efforts sont vains.
Le *Yijing* dit : Quand on marche sur le givre, la glace dure n'est pas loin. »

[Miroir universel, ch. 1].
Les Trente-Six Stratagèmes
Traité secret de stratégie chinoise*

« Il n'y a rien de plus improductif pour l'esprit humain qu'une idée abstraite. Je me hâte donc de courir vers les faits. »

Alexis de Tocqueville
De la démocratie en Amérique,
II, 3e partie, chapitre XVIII

* Rivages-Poche, 1995.

PRÉFACE

Un exercice toujours plus difficile : comment déraciner une puissance criminelle ?

Depuis la première publication de ce livre en 2005, les mafias ont bien tenu le choc. Certes, la chronique médiatique des arrestations ici et là peut parfois donner l'illusion, à un observateur pressé, que les États parviennent enfin à reprendre la main. Dans les faits, il n'en est rien. Les mafias continuent à démontrer leur faculté d'adaptation (à la modernité), de résistance (à la répression), d'expansion (économique) et d'enfouissement (médiatico-politique). Le constat est simple : une fois en place, une mafia se déloge difficilement. Que constatons-nous récemment ? Depuis un siècle, la mafia italo-américaine est toujours présente sur les docks de la côte Est des États-Unis, et ce sans discontinuité, malgré une avalanche de procès, de commissions d'enquête, de dénonciations journalistiques et cinématographiques*. La mafia napolitaine, la

* Jean-François Gayraud, « Résilience mafieuse : un siècle de domination des docks de la côte est des États-Unis par la mafia », *Sécurité globale*, Choiseul, n° 1, automne 2007 ; également in *Politique américaine*, 2008.

Camorra, a asservi la Campanie au point qu'elle en contrôle, depuis les années 1980, le secteur des déchets et des ordures, avec pour conséquences de transformer la région en poubelle à ciel ouvert et, plus grave, d'affecter directement et gravement la santé des populations*.

Cependant, la prise de conscience de la dangerosité du crime organisé dans le monde chaotique de l'après guerre froide fait lentement son chemin. Même aux plus rétifs, la réalité criminelle du monde contemporain devient évidente. Les observateurs les plus assoupis réalisent enfin que ni le terrorisme international, ni la prolifération des armes dites de destruction massive ne peuvent ni ne doivent monopoliser la réflexion sur les nouvelles menaces de niveau stratégique. Surtout quand ces menaces sont travesties ou exploitées à des fins partisanes et idéologiques**. Mais le réveil est tardif.

L'Organisation des nations unies (ONU) en est la preuve, qui apporte ainsi sa caution en septembre 2007 au rapport annuel *State of The Future* dont le constat est alarmant :

« Le crime organisé continue de croître et n'a pas encore émergé dans l'agenda international comme la pauvreté, l'eau, le développement durable... Le crime organisé sera l'un des problèmes les plus pressants des dix prochaines années, avec le réchauffement climatique, le terrorisme, la corruption et le chômage. C'est un problème global qui doit être traité globalement***. »

L'Europe, quant à elle, reste aveugle. L'Institut d'études de sécurité de l'Union européenne, l'agence chargée de la réflexion stratégique au service de la politique étrangère et de sécurité commune de l'Union (PESC), propose sa vision du futur dans un ouvrage, *Le Monde en 2025*****, qui, malgré ses trois cents pages, accomplit l'exploit de ne pas traiter du crime organisé ! Le monde décrit dans ce rapport officiel est tout simplement irréel : un peu comme si un traité d'art équestre omettait de parler de chevaux...

---

* Jean-François Gayraud, « Naples, la Camorra et ses "ordures" », *Cahiers de la sécurité*, INHES, n° 3, janvier-mars 2008.

** Les armes de destruction massive introuvables en Irak, « La guerre au terrorisme », etc.

*** *State of The Future* est édité par le Millenium Project of The World Federation of United Nations Associations. Le rapport est le résultat des travaux d'experts issus d'États, d'ONG, d'universités et des entreprises : en l'occurrence 350 participants.

**** Nicole Gnesotto et Giovanni Grevi, *Le Monde en 2025*, préface de Pascal Lamy, Paris, Robert Laffont, 2007.

LES VOIES DE LA RECONQUÊTE

Le déracinement du crime organisé de niveau supérieur ne peut emprunter que deux voies.

La première voie est celle de la prise de conscience intellectuelle et politique de la réalité et de la gravité de la question, et ce le plus tôt possible, en amont. C'est pourquoi le travail de « détection précoce* » est ici cardinal. Admettre l'existence de la mafia en Sicile ou aux États-Unis un siècle après leur implantation, condamne *in fine* à l'impuissance : peut-on fermer les volets d'une maison en plein milieu d'une tornade ? Faudra-t-il attendre un siècle encore pour que l'on comprenne que l'indépendance du Kosovo a fait surgir au cœur de l'Europe un nouvel État mafieux** ? Etc.

Pourtant, la connaissance de l'histoire du crime organisé permet de dégager deux lois toujours vérifiées et souvent ignorées :

1) le crime organisé – surtout de type mafieux –, en raison de sa nature clandestine, est toujours perçu avec retard ;

2) plus cette perception est tardive et plus son enracinement le rend difficile à neutraliser.

Autrement dit, le meilleur allié du crime organisé est l'aveuglement politico-médiatique.

La seconde voie est celle de l'implication des services de renseignement et de sécurité. Il s'agit là d'une révolution copernicienne. La matière criminelle, dite de droit commun, est généralement le monopole des services de police purement répressifs, c'est-à-dire d'administrations qui fonctionnent de manière réactive, *a posteriori*, à l'occasion d'infractions visibles. En raison de leur nature même, les services judiciaires/criminels ont donc une grande difficulté à traiter dans la continuité des phénomènes criminels stables, permanents et clandestins. Les services de police criminelle ne traitent souvent le crime organisé que par à-coups, en pointillé, à l'occasion d'actes criminels ponctuels. En revanche, des services de renseignement apportent la capacité d'analyse, de travail pénétrant sur la durée et d'action en amont. Par ailleurs, les puissances criminelles représentent désormais une vraie question

* Concept développé par le Département de recherches sur les menaces criminelles contemporaines (DRMCC) de l'université Paris-II.

** Le premier État mafieux européen est historiquement le Monténégro.

de sécurité nationale, à l'égal des autres menaces d'usage traitées par les services de renseignement (espionnage et terrorisme).

Les mafias ne sont pas des organisations criminelles comme les autres : les « décapiter » est futile ; ce qu'il faut, c'est les « déraciner ». Car tel est bien le mot si révélateur – « décapiter » – que des communiqués de presse triomphaux utilisent systématiquement de New York à Palerme après chaque arrestation de chefs mafieux. L'arrestation spectaculaire d'un chef alimente les tableaux de chasse de la Justice, rassure l'opinion publique et procure de beaux sujets pour les médias, mais passe à côté de l'essentiel. Faute de s'attaquer aux multiples et profondes racines d'une mafia, la répression ne fait qu'endiguer, et parfois même simplement égratigner, la société secrète mafieuse et participe involontairement à sa régénération en élaguant ses branches supérieures. De même que le renvoi d'un P-DG ou la fermeture d'une usine ne signent pas en eux-mêmes l'arrêt de mort d'une multinationale de l'automobile ou de la pharmacie, quelques arrestations télégéniques de chefs mafieux ne peuvent déstabiliser durablement et profondément une véritable mafia. Mais, dans la société de l'information, cette vérité peut-elle faire sens ?

PRÉAMBULE[1]

Ce livre se veut une entreprise de *dévoilement* d'une partie du monde *chaotique* contemporain. Loin des mirages médiatiques, il est ici question de *révéler* les contours d'une question aujourd'hui largement occultée : *le développement des mafias*. En effet, les mafias sont les entités criminelles les plus dangereuses et les plus méconnues du chaos mondial.

Il s'agit d'un *exposé clinique* de la *face noire de la mondialisation*. Le crime organisé est désormais sorti de la marginalité et s'est installé au cœur de nos systèmes politiques et économiques.

• Ce que n'est pas ce livre : le lecteur ne trouvera pas dans ces pages un manuel de lutte antimafia ;

• Ce qu'est ce livre : en revanche, le lecteur trouvera *une description géopolitique de la réalité* des mafias à l'aube du XXIe siècle.

Les pages qui suivent parleront du réel et non des *effets de loupe* produits par l'information grand public. Nous décrirons la réalité criminelle du monde moderne, non ce que les médias croient voir ou veulent voir.

Pour la première fois, cette réflexion usera de l'outil *géopolitique* dont la fécondité nous semble patente pour l'étude d'entités criminelles pérennes, mobiles, changeantes, toxiques et fermement ancrées dans des territoires.

Le monde des mafias – que nous définirons strictement afin d'éviter les approximations courantes – est celui de l'argent, du pouvoir et du secret. Les mafias ne doivent pas être confondues avec de simples gangs ou organisations criminelles transnationales : ce sont en réalité des entités d'essence originale, incarnant une forme de *stade suprême du crime organisé*. Au moyen de critères objectifs, nous évoquerons ce que sont les neuf mafias contemporaines (Cosa Nostra de Sicile, Cosa Nostra américaine, Sacra Corona Unita des Pouilles, Ndrangheta de Calabre, Camorra de Campanie, Maffya turque, Mafia albanophone, Yakuza du Japon, Triades chinoises). De ce fait, loin des facilités de langage et des convenances, certaines organisations criminelles, certes puissantes et dangereuses, se verront refuser – du moins pour l'instant – ce *label* : ainsi, il n'y a pas (encore) *stricto sensu* de « mafia russe » ou de « mafia colombienne ».

Le *modèle* des mafias contemporaines trouve son origine dans la Mafia sicilienne (Cosa Nostra de Sicile). C'est pourquoi cette entité constituera notre référence première et tiendra le rôle de fil rouge tout au long de cet ouvrage.

La compréhension profonde de ces sociétés criminelles aussi méconnues que mutantes doit enfin nous conduire à nous interroger sur la *nature* et la *qualité* réelles des sociétés contemporaines.

La « société du spectacle » s'intéresse naturellement au spectaculaire, donc au terrorisme. Or, si importante soit-elle, la question terroriste ne peut à elle seule monopoliser la réflexion sur la sécurité internationale, au risque en effet de laisser s'installer définitivement des acteurs criminels plus nocifs sur le long terme. Le terrorisme transnational représente indubitablement une menace de niveau stratégique. Pour autant, ce terrorisme s'apparente pour beaucoup à un phénomène de surface, irritant et visible, à la différence du phénomène mafieux, souvent discret et indolore. Là réside probablement la différence entre une simple maladie de peau et un cancer...

INTRODUCTION

La criminalisation du monde

Dans ce livre, nous nous proposons de montrer qu'aux *tyrannies politiques* classiques viennent désormais s'ajouter des *tyrannies criminelles* issues des nouvelles puissances mafieuses. Dans *L'Avenir de la liberté*[1], Fareed Zakaria évoque les *démocraties illibérales*. Ne sommes-nous pas aussi, parfois, en présence de *démocraties criminalisées* ou *mafieuses* ?

La ressemblance entre les démocraties est plus superficielle qu'il n'y paraît. Un vocable unique recouvre en fait des situations politiques d'une totale hétérogénéité. Grattons l'écorce électorale au sud de l'Italie, en Albanie ou au Japon et que découvrons-nous sinon d'inquiétants acteurs criminels tapis dans l'ombre, manipulant les élus du peuple et donc la démocratie ? Les mafias résument et expriment comme un miroir à peine déformant une évolution majeure du monde, sa criminalisation[2].

Malgré les apparences, l'âge idéologique n'est-il pas en train de s'effacer, discrètement mais sûrement, pour laisser émerger *un âge criminel* ? Certes, le brouillard de la « guerre au terrorisme » obscurcira encore longtemps ce nouvel horizon. Mais, quand se seront dissipées les dernières scories de l'ancien monde et ses illusions idéologiques, les vrais pouvoirs du monde nouveau se seront définitivement installés découvrant leur visage éminemment prédateur. La révélation de la nature réelle du monde actuel sera fatalement lente et douloureuse. Dans des sociétés mondialisées et médiatisées, le repérage des vraies menaces n'est pas un exercice aisé. Les décideurs, à peine plus clairvoyants que les citoyens ordinaires, se laissent facilement piéger par les mirages médiatiques. Le bruyant, le spectaculaire, l'émotionnel, le visible et l'événementiel accaparent spontanément les esprits, là où les logiques de dissimulation, de discrétion et d'invisibilité savent échapper au repérage journalistique et ainsi, au final, à la répression. Notre *représentation* idéologique du monde nous dissimule une *réalité* criminelle. Cette *illusion* profite aux mafias qui, entités criminelles essentiellement *furtives*, savent passer sous l'écran radar des médias et de l'État.

Changement de paradigme

Le monde des mafias nous invite à changer de paradigme criminologique. Il s'agit ici de modifier le regard quelque peu compatissant et culpabilisant que nous portons traditionnellement sur le fait criminel. Sans même évoquer le simplisme des thèses marxistes (la pauvreté enfante le crime), le phénomène mafieux conduit à reconsidérer la place du crime dans les sociétés modernes. L'analyse du crime en termes de marginalité et de désocialisation apparaît erronée. Le mafieux incarne jusqu'à la caricature le criminel socialement inséré et pénalement invisible. Un criminel logé au cœur et non plus en lisière de la société. Non dans ses sous-bois sociaux mais dans ses salons dorés. C'est une déviance choisie et de niveau supérieur dont la centralité fait basculer la question criminelle vers un véritable sujet de sciences politiques. Notre modernité se comprend *aussi* au travers de ces nouveaux acteurs criminels que sont les mafias. L'histoire contemporaine s'appauvrit à ne pas reconnaître le fait criminel.

En effet, l'étude du crime est toujours riche d'enseignements sur les peurs et les évolutions profondes d'une société. Le crime est à la fois un puissant révélateur et un miroir grossissant des caractéristiques négatives de notre époque (anomie et matérialisme). L'indifférence à l'explication criminelle est en soi un sujet d'étude relevant non du complot mais, au sens étymologique, de l'incompréhension et plus souvent encore du dégoût hautain pour une matière (le crime) jugée de basse condition (intellectuelle).

Cette cécité est d'autant plus coupable que le crime organisé est déjà l'une des figures marquantes des véritables conflits modernes. Ces conflits ne sont plus vraiment militaires mais *civils* et donc *criminels*. Un exemple parmi tant d'autres. Février 2004, Jean-Bertrand Aristide, président démocratiquement élu, fuit son pays, Haïti, sous la pression conjuguée d'une rébellion armée et de la communauté internationale. Comment analyser ce fait politique ? Est-ce la simple et sympathique révolte d'opposants lassés par la dérive dictatoriale d'un président élu ? Sans doute pas : Jean-Bertrand Aristide avait transformé son pays en narco-État, et, de son côté, la rébellion avait aussi de puissants intérêts dans le trafic de cocaïne en provenance des cartels colombiens. Que cherchaient les rebelles ? La liberté ou une autre répartition de la rente criminelle constituée par le trafic de drogue ? Les deux probablement[3].

Et ce cas est loin d'être unique. Or la *chose mafieuse* fait habituellement l'objet d'un traitement aussi bien universitaire que journalistique ou politique en forme de relativisation. Les études, même informées, ont une tendance étrange à ne traiter le sujet que sous l'angle du déclin et de l'avis de décès. Comme si, dans un processus de refoulement classique, cette réalité inquiétante se devait d'être exorcisée et mise à distance. L'équation du monde moderne comporte donc une variable déterminante en forme d'inconnue : les mafias. Ignorer le *paramètre mafieux* conduit inéluctablement vers de funestes impasses. Désormais, dans un nombre de pays sans cesse croissant, les mafias ont la capacité de *conditionner* des secteurs cruciaux de la vie publique.

On ne peut décemment plus remporter une élection ou un grand contrat dans certaines régions du monde en ignorant certains rapports de force réels. Ce principe de réalité peut indigner ou effrayer. Sa vertu première est pourtant d'éveiller les consciences, d'ouvrir les yeux. Les *scrutins politiques* n'engagent pas seulement des électeurs, des partis, des candidats et des programmes. Les *marchés économiques* ne s'équilibrent pas uniquement grâce au libre jeu de l'offre et de la demande, par la concurrence des prix et de la qualité. Il existe une autre « main invisible » que celle d'Adam Smith[4]. Les traditionnels acteurs politiques (électeurs, partis) et économiques (actionnaires, mandataires sociaux) doivent désormais cohabiter avec de nouveaux intervenants, sans scrupule et habitués à la pénombre.

Mais les libertés économiques et politiques ne sont pas seules visées par la menace mafieuse. Une politique publique aussi importante que la *préservation de l'environnement* est désormais concernée. L'industrie des ordures et des déchets toxiques est dominée dans de nombreuses régions du monde par de purs entrepreneurs mafieux n'ayant aucun souci des lois protégeant la santé publique, la faune et la flore. La lutte contre les pollutions représente un coût que les mafias ne sont pas prêtes à payer. Les crimes environnementaux sont souvent des crimes mafieux. Une importante enquête du magazine *Business Week* en mars 2003[5] apporte des faits démontrant la gravité du problème en Italie. Selon la Commission antimafia du parlement italien, 30 % des entreprises de retraitement des déchets sont contrôlées par le crime organisé – en fait les mafias : 705 décharges illégales de déchets hautement toxiques dans tout le pays couvrant presque 7 millions de mètres carrés ; 4 000 décharges de toutes sortes ; un coût de nettoyage définitif de ces déchets se chiffrant en milliards de dollars ; 11 millions de tonnes de déchets industriels disparaissant chaque année dont 300 000 tonnes très toxiques ; une seule décharge illégale a pu générer jusqu'à 500 000 dollars de revenus journaliers à la Camorra ; sans compter la corrélation entre l'accroissement des maladies mortelles (leucémies, cancers) et la proximité des décharges mafieuses ou la contamination de l'eau et de la chaîne alimentaire. Et, ironie de l'histoire, les mêmes mafieux qui polluent tentent aussi de capter les contrats de dépollution.

Que penser également de la *préservation du patrimoine et de l'urbanisme* ? La ville de Palerme fut défigurée dans les années 1960 – on parle d'ailleurs du « sac de Palerme » – quand un pacte criminel unit Cosa Nostra, des entrepreneurs de BTP et une administration communale démocrate-chrétienne corrompue[6]. Dans les décennies suivantes, le saccage de Palerme deviendra un « modèle » pour nombre de villes du Mezzogiorno.

Que penser enfin de *la construction européenne* ? L'élargissement à de nouveaux pays vers l'est et le sud du continent mérite une étude préalable qui ne devrait pas s'arrêter aux seuls critères traditionnels à caractère géographique (les limites physiques du continent), politique (valeurs, démocratisation) et économico-financier[7]. Peut-on décemment ouvrir la porte de l'Europe à des pays dont la nature hybride, mi-politique mi-criminelle, est à la fois évidente et inquiétante ? D'ici peu, des pays d'Europe du Sud-Est (Albanie, Bosnie-Herzégovine, Croatie, Macédoine, Serbie-Kosovo, Monténégro) déjà contaminés par la mafia albanophone sont pressentis pour rejoindre l'Union européenne et l'OTAN. Puis se profile peut-être la perspective de l'intégration d'un pays d'Asie, la Turquie, qui abrite également une puissante mafia régionale (Turquie et monde turcophone). L'Europe y survivra-t-elle ? L'intégration de la Turquie et de l'Albanie dans le concert européen et atlantique constitue une échéance politique majeure dont la dimension criminelle est jusqu'à présent passée inaperçue. Il n'est pas indifférent de relever que le plus fervent partisan de ces « avancées démocratiques » est l'Amérique dont l'insouciance à l'égard de la « chose mafieuse » est un fait historique[8].

Nouvelles menaces, nouvel oubli ?

L'après-guerre froide n'a pas laissé la place à un monde apaisé. Au contraire. Passé les illusions et les naïvetés sur le « nouvel ordre mondial » (1991-2001), il a bien fallu revenir à la réalité. L'ours soviétique disparu, de multiples serpents venimeux sont sortis de leur trou, au point d'en faire presque regretter l'ancien monde, certes dangereux mais connu et contrôlé. La parenthèse euphorique ouverte par la disparition du bloc soviétique s'est ainsi brutalement et fermement refermée avec les attentats de New York et de Washington le 11 Septembre 2001. Ce monde bipolaire et idéologique était inquiétant mais stable et prévisible. Les deux superpuissances pouvaient peu ou prou contrôler la plupart des acteurs périphériques et secondaires de la scène internationale, qu'ils fussent étatiques ou non.

Depuis, le thème des *nouvelles menaces* a justement mobilisé les stratèges. Toutefois, l'identification de ces nouvelles menaces a souvent péché par myopie, comme si le présent n'était analysé qu'au moyen d'un rétroviseur. Un diagnostic honnête sur les dangers émergents est chose mal aisée. Le malade préfère généralement que le médecin lui diagnostique une maladie connue, familière et bénigne. Souvenons-nous de la guerre froide. Alors que commençait à craquer la banquise bipolaire (1970-1980), le terrorisme était considéré comme un fait grave mais à l'examen mineur, une question ne relevant pas du stratégique mais uniquement du niveau tactique. Cette sous-estimation semble aujourd'hui incroyable. Évidemment, le regard rétrospectif est toujours lucide et sermonneur. Il n'est donc pas inutile de tenter de faire preuve de plus de clairvoyance pour l'avenir. Le travail de *décèlement précoce* est forcément difficile et dérangeant, mais primordial : « Seul ce qu'on n'a pas vu, ce qu'on n'a pas voulu voir, ce qu'on a négligé, ce à quoi on n'a pas cru, est vraiment dangereux aujourd'hui[9]. » Contrairement à une idée reçue, ce n'est pas la réalité qui se dérobe mais plutôt nous qui nous refusons à elle. Les obstacles à la connaissance sont en nous. Or que se passe-t-il ? Un consensus a émergé autour de deux nouveaux périls : la prolifération des armes de destruction massive (balistiques, nucléaires, bactériologiques, chimiques[10]) et le terrorisme international. Certes, la question criminelle est souvent envisagée, mais de façon subsidiaire et condescendante. Cette *vision* est-elle juste et pertinente ? Notre propos consistera justement à montrer combien cet oubli est porteur de conséquences graves pour la sécurité du monde. Les grandes crises contemporaines (Kosovo, Irak, Corée du Nord, Cachemire, etc.), quelle que soit leur dangerosité objective, participent malgré elles d'un effet de diversion (involontaire) dont profitent de puissants et lucides acteurs criminels. Dégageons d'ores et déjà deux idées – qui, comme nous le verrons, ont un fondement commun – dont la compréhension nous paraît essentielle dans le cheminement de ce livre. D'une part la différence radicale entre terrorisme et grande criminalité organisée [a)] et d'autre part la difficulté première des médias à appréhender l'invisible [b)].

a) On a beaucoup glosé sur les liens et les points communs entre le terrorisme et la grande criminalité organisée. Au point d'en oublier les différences essentielles. Le terrorisme est par essence clandestin et subversif. Il est dans sa nature d'éclore à un moment ou à un autre (attentats, revendications) afin de s'affirmer dans sa dimension politique de contestation et de conquête du pouvoir. La grande criminalité organisée est essentiellement parasitaire et dissimulée. Rien fondamentalement ne doit la conduire à se révéler au grand jour, sa nature essentiellement prédatrice lui commandant naturellement la discrétion. Un projet politique même violent ne peut concevoir la clandestinité que comme une étape et une parenthèse, une contrainte momentanée face aux périls de la répression. La grande criminalité organisée fait de sa dissimulation permanente une condition de survie aux épreuves du temps et de la répression. La logique terroriste est faite de confrontation, là où la grande criminalité organisée ne rêve que d'intégration au système. Le terrorisme se nourrit d'une lumière éclatante, de fulgurances ponctuelles et fracassantes, pendant que la grande criminalité organisée se repaît de l'ombre. La scène sied à la subversion politique, et les coulisses au parasitisme criminel. Pour autant, cette criminalité invisible n'est pas sans victimes. Celles-ci sont simplement occultées.

b) Que peut comprendre alors une société médiatique[11] à un monde invisible ? La question est d'importance. En effet, les médias remplissent souvent la fonction de clergé (dire le bien et le mal). Leurs décrets orientent et influencent non seulement les humeurs de leurs « fidèles » mais les décisions des gouvernants. La presse tend désormais à définir la réalité et à dessiner l'horizon politique. Or que montrer à Corleone, paisible bourgade de Sicile ? Rien, sinon de sympathiques et goguenards villageois. Les médias façonnent un nouveau type d'homme, émotif, pressé et doté d'une attitude mentale particulière selon laquelle tout ce qui ne se montre pas n'existe pas. La médiasphère appréhende le plus souvent le visible immédiat, l'urgence et le superficiel. Sans pousser trop loin le paradoxe, on peut dire que les médias dissimulent autant le réel qu'ils ne parviennent à le montrer. Des pans entiers de la réalité sont ainsi cachés par les apparences médiatiques, à la grande satisfaction des acteurs les plus discrets de la scène internationale.

Pour percevoir l'importance inédite du crime organisé et des mafias dans l'ordre nouveau du monde, il faut tenter d'échapper aux préjugés du temps, aux vérités faciles, aux idées reçues, aux évidences commodes. N'en doutons pas, les vraies menaces sont celles que l'on ne perçoit pas (encore), qui demeurent non détectées et invisibles.

Le terrorisme et les mafias relèvent ainsi de deux ordres de menaces bien distinctes : celles de *surface et de conjoncture*, adaptées aux empressements médiatiques, et celles *souterraines et persistantes* quasi invisibles pour les observateurs pressés ou timides.

Le phénomène mafia relève d'un intéressant paradoxe que l'on peut synthétiser dans la formule : *crime de très haute intensité et de très faible visibilité*. Comme nous le verrons, ce paradoxe n'est qu'apparent puisque les mafias tirent justement leur force de leur capacité à demeurer invisibles.

PREMIÈRE PARTIE

La géopolitique, les mafias

Cette première partie a un objectif : démontrer la pertinence d'une nouvelle discipline géopolitique, la géopolitique des mafias. Pour cela, nous nous appuierons sur les acquis de la géopolitique traditionnelle et notamment sur les travaux de « l'école française de géopolitique[1] » (chapitre premier). Puis nous montrerons comment les mafias ont été et sont encore largement des puissances discrètes et occultées, phénomène qui tend à s'aggraver depuis les attentats du 11 Septembre 2001 (chapitre II). Enfin, nous entreprendrons de faire de « l'objet mafia » un sujet d'étude géopolitique en soi : celui d'entités criminelles transnationales et quasi invisibles (chapitre III).

Chapitre premier

LE CHAOS MONDIAL, NOUVEL OBJET D'ÉTUDE POUR LA GÉOPOLITIQUE

Les outils d'analyse

La compréhension de ces entités atypiques que sont les mafias implique l'utilisation d'outils intellectuels différents de ceux de la criminologie classique (même pluridisciplinaire). Il faut puiser ailleurs, vers des disciplines pour nous originales : la géopolitique certes, mais aussi la topographie, la sociologie des sociétés secrètes, les sciences politiques, l'éthologie, l'anthropologie, l'économie, la géographie[1], etc. Car l'objet mafia ne ressemble à nul autre au sein de l'espèce criminelle. Il concerne en effet des entités vivantes, fluides, polymorphes, disposant de facultés d'expansion immenses à l'échelle planétaire, avec une prédisposition unique pour gangrener les parties saines du tissu social. La mobilité des mafias, leur faculté de dissimulation et d'adaptation relèguent les autres formes de crimes connus au rang de petites et moyennes entreprises. Par sa nature complexe et sa dimension nouvelle, *l'objet mafia* oblige à déborder le champ traditionnel d'investigation de la criminologie classique. Surtout, cet objet spécifique ne peut se réduire à une simple analyse en termes d'association criminelle ou de crime organisé. Cette complexité explique la multiplicité des *paradigmes* tentant de cerner l'essence mafieuse : entreprise illégale, industrie de la protection, parenté fictive (fraternité), bureaucratie, sous-culture, etc.[2]. Ces modèles interprétatifs méritent réflexion et confrontation. Souvent, ils se combinent plus qu'ils ne se contredisent. Cependant, la production intellectuelle sur les phénomènes mafieux est maigre. Souvent factuelle et historique, donc peu explicative et très rétrospective, elle souffre de la nature même du sujet : caché et opaque, il se dérobe à l'analyse et se prête surtout aux débordements folkloriques. Sans compter qu'une croyance dans les effets automatiques et positifs du progrès politique et économique – qui devaient fatalement faire disparaître ces archaïsmes de l'histoire – n'a pas incité à la recherche universitaire. Dans cet ouvrage, nous utiliserons de façon privilégiée une grille d'analyse des mafias en termes de *société secrète et fraternelle.*

Qui plus est, la criminologie classique, même pluridisciplinaire, répond mal au besoin de compréhension des mafias. En effet, la criminologie recèle un tropisme individualiste. Elle s'intéresse d'abord et surtout à l'individu criminel et aux réponses de la société au crime (prévention-répression). Elle appréhende donc mal un phénomène essentiellement collectif dont les dimensions géographique et historique sont déterminantes. Et là, la géopolitique se révèle un outil aux ressources plus riches que la criminologie classique. La géopolitique (comme d'ailleurs la géographie) permet en effet une analyse physique et spatiale d'un phénomène éminemment social.

L'étatisme, stade infantile de la géopolitique

En 1900, le Suédois Rudolf Kjellèn (1864-1922), professeur de sciences politiques et d'histoire, invente le néologisme « géopolitique[3] ». Il la définit ainsi : « la science de l'État comme organisme géographique tel qu'il se traduit dans l'espace », « l'étude de l'État considéré comme un organisme géographique, ou encore comme un phénomène spatial, c'est-à-dire comme une terre, un territoire, un espace, ou plus exactement encore, un pays » (*L'État, comme forme de vie*, 1916). Le général Karl Haushofer (1869-1946) voit dans la géopolitique « la conscience géographique de l'État » ou « la science de l'État en tant qu'organisme géographique, tel qu'il se manifeste dans l'espace ». Cette « science » nouvelle de l'État dans ses rapports avec la géographie est fortement marquée par les circonstances historiques de sa genèse. La seconde moitié du XIXᵉ siècle est en effet dominée par le triomphe, tant du concept que de la réalité politique, de l'État-nation et par la farouche compétition des puissances européennes. La géopolitique naissante apparaît donc comme une réflexion exclusive sur les rapports de l'État avec son espace et en définitive sur les conditions de la puissance étatique dans sa dimension territoriale. La géopolitique classique étudie ainsi les rapports entre la politique des États et la géographie.

Cette première géopolitique va sombrer, victime d'un excès d'*idéologie*. Ses défauts d'origine lui sont en effet fatals. Le premier est un déterminisme géographique un peu naïf, le « géographisme » : l'histoire ne serait que l'expression de lois géographiques, et le destin d'un pays se trouverait prédestiné par son positionnement sur le globe. Conséquence directe de cette survalorisation de la géographie, le second défaut est une ambition de s'imposer comme un savoir conseillant le prince, comme un guide intellectuel des gouvernants. La géopolitique semble servir l'expansionnisme allemand (Friedrich Ratzel, Karl Haushofer) ou anglo-saxon (Halford Mackinder, Alfred Mahan, Nicolas Spykman). La géopolitique se verra accusée d'être devenue la simple justification universitaire de la volonté de puissance et de l'impérialisme de l'Allemagne (l'espace vital), puis de la Grande-Bretagne et des États-Unis (la guerre froide-endiguement). La géopolitique s'est ainsi identifiée à une mystique de la conquête territoriale, à une libido spatiale d'États exagérément agressifs, à une propagande guerrière.

Il est vrai que la géopolitique peut être aisément détournée pour donner une explication étroite des événements historiques, ainsi que Raymond Aron l'avait décelé dans *Paix et guerre entre les nations*[4] : « Parce que le cadre ne détermine jamais entièrement le déroulement du jeu, la perspective géopolitique, toujours partielle, se dégrade aisément en idéologie justificatrice. » Le même auteur donne également une définition critique, complète et un peu oubliée de la géopolitique : « La géopolitique combine une schématisation géographique des relations diplomatico-stratégiques avec une analyse géographico-économique des ressources, avec une interprétation des attitudes diplomatiques en fonction du mode de vie et du milieu (sédentaires, nomades, terriens, marins)[5]. »

Éclipsée après la Seconde Guerre mondiale, la géopolitique renaît dans les années 1970 avec des ambitions plus modestes. Cette nouvelle géopolitique se veut simplement *une méthode*. Ni normative (conseiller le prince), ni scientifique (dégager des lois), ni prospective (prédire), la géopolitique moderne se définit comme un outil de compréhension et de déchiffrement des relations internationales. Dégagée du prophétisme politique, la géopolitique moderne prétend être une simple clef de lecture des événements internationaux.

François Thual dégage avec clarté les trois principes organisant la géopolitique moderne[6]. Premier principe : tout phénomène international est l'expression d'intentions. La géopolitique recherche les *intentions réelles* des acteurs internationaux, au-delà des apparences et des faux-semblants. S'il y a des secrets, il n'y a pas en revanche de mystères indéchiffrables à l'observateur avisé. D'une certaine façon, la géopolitique est une quête des motivations cachées des acteurs internationaux. Il n'y a pas de lois générales mais des facteurs à combiner. François Thual écrit avec justesse que « toute posture géopolitique se ramène soit à une volonté de réaliser des ambitions, soit à une volonté de contrer une menace[7] ». Deuxième principe : la géopolitique recherche *les constantes et les continuités* des comportements et des intentions. La géopolitique réfléchit donc sur la mise en perspective et sur le temps. Troisième principe : les comportements s'inscrivent dans un *espace concret*.

En répondant aux trois questions quoi ?, quand ?, où ?, la géopolitique ambitionne de dépasser les seuls discours politiques et diplomatiques. C'est une entreprise de *dévoilement*[8] des ambitions occultes des acteurs politiques internationaux. Comme le dit François Thual, « la géopolitique se doit donc derrière le grain des événements de retrouver la trame des causes et des objectifs[9] ». Il y a des causes structurelles et permanentes aux phénomènes internationaux que la géopolitique doit tenter de saisir. Elle repère les répétitions et les constantes de l'histoire dans ses relations avec la géographie pour éclairer les conflits internationaux et les postures diplomatiques. C'est une discipline des continuités et du dépassement des apparences et du visible immédiat.

Reprenant une idée de Friedrich Ratzel, également présente chez Raymond Aron[10], Yves Lacoste dépasse définitivement le géographisme de la géopolitique classique en insistant sur la notion de représentation. Une représentation est l'ensemble des idées et perceptions collectives (religion, idéologie, etc.) structurant la vision du monde d'un groupe social qui, au fil du temps, devient un véritable mobile de posture géopolitique. Ce qui fait dire à Yves Lacoste que, dans « les multiples cas où l'on parle de géopolitique aujourd'hui, il s'agit en fait de rivalités de pouvoir sur des territoires et sur des hommes qui s'y trouvent ; dans ces confrontations de forces politiques, chacune d'entre elles use de divers moyens, et notamment d'arguments, pour prouver qu'elle a raison de vouloir conserver ou conquérir tel territoire et qu'inversement les prétentions de sa rivale sont illégitimes[11] ». Les conflits territoriaux sont le fruit de querelles préalables de représentation qui leur donnent une dimension psychologique, émotive et irrationnelle forte.

Ainsi, la matière géopolitique se fonde encore largement sur trois pôles : le territoire, l'État et l'identité.

Cependant, l'État-nation n'est plus l'unique forme de représentation géopolitique. Des formes concurrentes et rivales se dessinent et s'affirment. Et voilà que surgit un nouveau problème : l'État se trouvant historiquement être la source et la raison d'être de la géopolitique, une géopolitique non étatique est-elle possible ? Par exemple, une géopolitique prétendant penser les mafias et le crime organisé transnational est-elle imaginable ?

La matière géopolitique symbolise à sa manière le succès de l'État-nation : elle est le produit historique d'une forme précise de structuration de la collectivité publique. Il n'est donc pas étonnant qu'aujourd'hui encore cette discipline perçoive le monde essentiellement à travers le prisme étatique. Ce parti pris historique était admissible et cohérent jusqu'à la chute du mur de Berlin (1989) puisque la réalité internationale était encore essentiellement dominée par des acteurs étatiques. D'ailleurs, cette *priorité étatique* accordée par la géopolitique ne pouvait qu'être confortée par la création des nouveaux États issus de la fin de l'ère bipolaire. De ce point de vue, au XXe siècle, la prolifération des États surgis de la décomposition des empires a été confortée par la fin du communisme.

Par ailleurs, la géopolitique ignore-t-elle toujours les nouveaux acteurs internationaux, non étatiques et transnationaux ? Certes non. Les flux financiers, commerciaux ou culturels, pour ne citer que les principaux, sont pris en compte par cette discipline. Mais la plupart du temps pour en relativiser l'importance. N'oublions pas non plus que pendant l'euphorie de l'après-guerre froide (1989-2001), lorsqu'il s'agissait encore de « toucher les dividendes de la paix », la marginalisation de l'État, voire sa disparition furent hâtivement et naïvement proclamées. « La fin de l'histoire » était proche : le marché et la démocratie devaient interdire de futurs conflits. Les attentats du 11 Septembre 2001 aux États-Unis ont ramené à la raison les fossoyeurs de l'État-nation. L'État et la politique sont brutalement revenus aux avant-postes, et la géopolitique à ses premières amours. En définitive, tant les circonstances de sa genèse que la configuration du monde moderne ne peuvent donc que conforter la géopolitique dans son *tropisme étatique*. L'État demeure le référentiel principal et le cœur de la réflexion géopolitique. L'État est encore perçu comme la construction politique centrale dans l'exercice de la puissance sur un espace, le principal créateur de liens politiques sur la scène tant intérieure qu'internationale. Pourtant n'y aurait-il pas d'autres sources de puissance politique de nos jours ? Pour paraphraser Hegel, peut-on encore considérer que l'État est l'horizon indépassable de la géopolitique ?

En tout cas, cet étatisme amène la géopolitique à relativiser à l'excès, voire à nier l'existence même de certains acteurs transnationaux non étatiques, en premier lieu, le crime organisé transnational et sa forme la plus aboutie, les mafias. En soi, ce constat n'est ni étonnant ni propre à la géopolitique tant le crime, en tant que sujet d'étude, souffre d'un manque chronique de considération et d'honorabilité scientifiques. Reléguée au rang des faits divers, la dimension stratégique des phénomènes criminels est imparfaitement comprise. Rares sont les auteurs à considérer les mafias et les Organisations criminelles transnationales (OCT) comme de véritables *puissances*. Il y a des exceptions[12]. Cependant, la plupart des auteurs minimisent son importance ou l'occultent carrément. Quand le crime émerge dans la réflexion géopolitique, c'est encore trop souvent pour le lier à une logique étatique (« un outil au service de »), en un ultime sursaut intellectuel destiné à préserver la prééminence de l'État. Une mafia ou une OCT se voit dénier toute autonomie politique pour être ramenée à un piteux et infantilisant rôle d'acteur instrumentalisé, ne se définissant qu'en fonction de l'État, dans une logique de lutte entre les États ou contre l'État. Pourtant, les mafias sont aujourd'hui de véritables « puissances configuratrices » (Martin Heidegger) du monde moderne, à l'instar des États, des multinationales et des Organisations non gouvernementales (ONG).

Derrière cet oubli total ou partiel se dissimule une réelle incapacité à penser une OCT et *a fortiori* une mafia comme un véritable *acteur politique* doué d'une *volonté autonome* et d'une *capacité d'influence sur les relations internationales*. Empressons-nous ici d'ajouter qu'il n'est pas question de réinventer on ne sait quel complot historique sur « le crime, nouvelle main invisible des relations internationales » ou de substituer un monisme explicatif à un autre, tel l'économisme des marxistes et des libéraux, mais de considérer le crime organisé transnational comme *un facteur* déterminant de compréhension du monde moderne.

Pour autant, l'émergence du crime organisé comme sujet géopolitique n'a de sens qu'à travers l'étude des *organisations* (OCT et mafias), et ce plus qu'en termes de flux de *produits criminels* (drogues, armes, prostitution, etc.). En effet, une activité criminelle n'a en soi ni volonté, ni objectif, ni pérennité. Un fait criminel n'existe qu'à travers des acteurs criminels. Derrière les trafics, ce sont des hommes et des entités qu'il convient de comprendre, avec leurs logiques et leurs ambitions.

La fin des empires ?
Fragmentation du monde et empires invisibles

ORGANISATIONS CRIMINELLES TRANSNATIONALES ET ÉTATS ÉCHOUÉS

Le XXe siècle marque la fin des empires nationaux : russe, ottoman, austro-hongrois, allemand, français, britannique, belge, italien, espagnol, portugais, et finalement soviétique. Ce phénomène géopolitique central du siècle dernier a eu pour corollaire une impressionnante prolifération d'États. D'une quarantaine au début du XXe siècle, ils sont environ deux cents aujourd'hui. Nombre d'entre eux sont de ce fait de micro-États, des États faibles, à la viabilité politique et économique douteuse. Ou pire encore, des caricatures d'États, vides d'autorité et de pouvoir. Cette fragmentation généralisée du monde a divisé la planète en autant de souverainetés politiques nouvelles et parfois artificielles.

Un exemple nous en est fourni en avril 2004 avec l'annonce de la faillite d'un micropays du Pacifique : l'île de Nauru. Indépendante depuis 1968, nichée au cœur du Pacifique Sud, peuplée de 12 500 habitants répartis sur 21 km^2, Nauru a longtemps vécu de ses réserves de phosphate. Puis, les réserves s'épuisant, Nauru s'est alors lancée dans la finance internationale. Jusqu'à compter sur l'île le nombre étonnant de 400 banques offshore qui, présume-t-on, auraient participé au blanchiment de milliards de dollars de la criminalité organisée russe, mais aussi des Triades et des yakuza. Ce qui, malgré tout, au final, n'a pas empêché cette caricature d'État de se retrouver en cessation de paiements. Combien d'autres Nauru actuellement sur la planète ?

Or l'histoire du XXe siècle nous a appris que la création d'États artificiels provoque toujours un *vide géopolitique* où vient s'engouffrer une puissance agressive en quête de territoires. Il paraît que les leçons de l'histoire ne servent jamais. Pourtant, le meilleur exemple nous est offert par le traité de Versailles (28 juin 1919) qui donne naissance, sur les décombres de l'Allemagne et de l'Autriche-Hongrie, à une myriade de nouveaux États qui finiront avalés d'abord par le IIIe Reich dans les années 1930 puis, après la Seconde Guerre mondiale, par l'Union soviétique. Qui aujourd'hui comble déjà ou comblera demain le grand vide provoqué par la fin de la bipolarité ? *A priori*, aucun État n'a plus l'ambition ni d'ailleurs les moyens d'une nouvelle conquête territoriale. Cependant, la balkanisation du monde provoque déjà et de manière presque mécanique de véritables appels d'air impérialistes. La nature politique a tout simplement horreur du vide géopolitique.

Reste à envisager l'hypothèse, aujourd'hui en partie vérifiée, qu'un autre type d'acteur géopolitique, non étatique cette fois, assume cette tâche, comble ce vide. Un acteur criminel à la dimension d'un empire ? Dans *La Planète émiettée*, François Thual, sans défendre un point de vue aussi pessimiste, écrit *a minima* que « cet émiettement de la planète peut favoriser le développement du crime organisé[13] ». Un exemple ? Les Serbes sont chassés du Kosovo en 1999 par l'OTAN : le vide politique profite à l'UCK. Qui, pour l'essentiel, sous couvert de lutte de libération nationale et de panalbanisme, n'est qu'un des masques de la mafia albanaise – tout cela sous le regard myope d'une administration internationale riche et complaisante. Depuis cette petite « Colombie balkanique » partent désormais des flux ininterrompus de stupéfiants, d'armes, de prostituées.

En fait, les mafias contemporaines disposent de la *volonté* et des *moyens* de cet expansionnisme.

ORGANISATIONS CRIMINELLES TRANSNATIONALES ET AUTONOMIES MOLLES

Mais les États faibles ne sont pas les seules proies géopolitiques possibles des mafias. Les processus d'autonomie et de décentralisation, qui sont autant de mécanismes de transferts de pouvoirs de l'État vers des unités politiques locales, ne peuvent qu'intéresser les mafias. Une région autonome au sein d'un État-nation classique n'est pas forcément très différente d'un jeune et précaire État. Il est à ce titre significatif que le seul choix directement politique opéré par Cosa Nostra de Sicile et par la Ndrangheta dans leur histoire le fut brièvement à la sortie de la Seconde Guerre mondiale au profit d'un chimérique projet d'autonomie de l'île et du sud du Mezzogiorno. Une caricature d'État ou un État décentralisé se contrôle, aujourd'hui encore, plus facilement qu'un État centralisé et mûri par l'expérience historique. De manière inexpliquée, cette tentation séparatiste reémergea au début des années 1990. Au moment où Cosa Nostra de Sicile est en pleine stratégie terroriste (1992-1993)[14] et où la Ligue du Nord remporte ses succès électoraux, un mystérieux parti intitulé *Sicilia Libera* (fondé par Tullio Cannella et Vincenzo Edoardo La Bua le 8 octobre 1993) œuvre sous les ordres des Corleonais[15]. *Sicilia Libera* remporte 9 % des voix aux élections de la province de Catane (Sicile). D'ailleurs, en 1993, le repenti Leonardo Messina, membre de la Famille mafieuse de Caltanissetta (Sicile), fait une révélation étonnante qui sera tenue secrète jusqu'en 1999. « Selon Leonardo Messina, les divers représentants départementaux de Cosa Nostra s'étaient réunis dans la région d'Enna, en septembre-octobre 1991, pour "jeter les bases d'un nouveau projet politique" de nature séparatiste : créer une nouvelle formation, la Ligue du Sud, appuyée par une aile de la franc-maçonnerie et par Cosa Nostra, dans laquelle entreraient des hommes de l'organisation afin de s'opposer à la Ligue du Nord qui était, à ses dires, une expression de la loge P2 de Licio Gelli et Giulio Andreotti[16] [...]. »

Ainsi les mafias caressent-elles toujours ce vieux rêve d'un nouveau port franc, à l'image de Shanghai, avant (1920-1930), ou de Tanger, après la Seconde Guerre mondiale (jusqu'en 1960).

Mais les mafias ne se contentent pas de récupérer les dépouilles d'États faibles ou de régions autonomes fantoches. Les mafias participent aussi activement à la décomposition du monde moderne, à sa fragmentation géopolitique, en redécoupant de manière invisible les cartes officielles, en imposant *leur* géographie. Les mafias concourent à cette *nouvelle géographie planétaire éclatée et non étatique*, si caractéristique de la vie internationale actuelle. En y ajoutant une dimension spécifique d'invisibilité : *une géographie de frontières invisibles* mais bien réelles. Dans ce processus historique de décomposition territoriale, les mafias profitent facilement du phénomène d'ethnicisation violente du monde. Car, comme nous le verrons, une mafia est d'abord une réalité ethnique, instrumentalisant des traditions et s'ancrant dans des réalités géographiques précises.

LES MAFIAS, PUISSANCES INVISIBLES

On doit à Pierre George, géographe et géopoliticien, membre de l'Institut, le concept fécond d'empire invisible. Dans *La Géographie à la poursuite de l'histoire*[17], Pierre George développe cette intuition :

> « Les actions politiques et économiques banales sont survolées et commandées par des relations invisibles, qui débordent des cadres politiques et organiques traditionnels.
> « De nouveaux empires invisibles sur la carte, sans contours matériels et juridiques, apparemment immatériels se constituent. Ils ne figurent ni dans les atlas ni dans les répertoires politiques, mais étendent leurs filets sur l'ensemble de la planète et concentrent leurs effets de puissance en certains points privilégiés qui deviennent les lieux de confrontation des pouvoirs économiques et techniques. Originairement, et par nature indifférents aux lieux, ces empires s'apparentent à un ou plusieurs pavillons politiques qui leur donnent une identité historique et géographique. Selon les opportunités, ils se recommandent d'une raison sociale ou d'une couverture politique. »

À la géographie politique classique vient se superposer une nouvelle géographie des pouvoirs (économiques). Ce que Pierre George qualifie de « nouvelle approche géopolitique » implique une autre « hiérarchie qualitative et fonctionnelle des lieux ». Pierre George pensait principalement aux réseaux économiques et financiers (paradis fiscaux, Bourses, etc.). Transposons cette vision à d'autres réalités contemporaines tels les flux criminels. On se rend compte alors que les mafias et certaines OCT ont toutes les « apparences » de ces empires invisibles.

L'empire classique, dont le modèle a (temporairement ?) sombré, était fait d'emprise territoriale, d'appétit pour ne pas dire de gloutonnerie spatiale. Les empires modernes (politiques ou criminels), invisibles ou non, sont tout en *projection et protection*. Des empires déterritorialisés et de possessions invisibles. Aux pouvoirs légaux, reconnus, apparents se superposent des pouvoirs occultes et clandestins. Leur proximité pourra produire du conflit mais aussi (et surtout ?) de la coopération. Cette définition nouvelle de l'empire vaut pour les mafias et les OCT. Mais comment ne pas réaliser qu'elle pourrait également s'appliquer à la seule superpuissance du moment, les États-Unis, dont le système politique tolère d'ailleurs parfois, quand cela l'arrange, les mafias et les OCT ? Il y a des cohabitations significatives.

Ces structures invisibles présentent l'avantage d'être incomparablement plus *solides* car *moins exposées* politiquement, médiatiquement et judiciairement. Cosa Nostra nord-américaine naît dans les années 1930 du talent entrepreneurial d'une poignée d'hommes (Meyer Lansky[18], Charles « Lucky » Luciano[19], etc.) en se fondant, entre autres, sur ce qui deviendra un principe de base de l'organisation, *Lansky's first law* : se retirer en coulisses, laisser les activités criminelles de rue, exposées et visibles, aux autres groupes ethniques (noirs, hispaniques, etc.). L'image de l'organisation tirant discrètement les ficelles d'une marionnette est de ce point de vue juste. Pour ces « pères fondateurs », il s'agit bien de devenir un acteur de l'ombre pour survivre et pouvoir construire un empire durable.

La géopolitique professe une ambition de dévoilement des intentions cachées des acteurs internationaux : ne devrait-elle pas aussi en démasquer ses acteurs dissimulés ? Car il est bien question ici de *masques* : des *apparences « politiques »* dissimulant trop souvent des *réalités criminelles.*

Chapitre II

LES MAFIAS, PUISSANCES DISCRÈTES ET OCCULTÉES

Caché ou clandestin ?
Menace terroriste et menace mafieuse

Terrorisme et mafias entretiennent de notables différences qui éclairent crûment l'attitude de l'État à leur égard.

La plus évidente réside dans leurs *objectifs* respectifs : le pouvoir ou le triomphe d'une idée pour l'un (le terrorisme) et le profit pour l'autre (les mafias). Ce, quelle que soit la perméabilité nouvelle entre les sphères criminelles et politiques depuis l'abolition de l'ordre bipolaire du monde : l'arme terroriste est ponctuellement utilisée par des mafias en butte à une répression étatique gênante, et des entités naguère purement politiques ont dégénéré dans le crime de droit commun. Or cette évidence sur l'opposition des buts mérite réflexion. Car qu'implique-t-elle réellement ? Le terrorisme vise à la destruction du système qu'il prend pour cible et s'affirme ainsi comme *extérieur* à lui. En revanche, les mafias vivent du système au point d'en constituer un *rouage*.

Il existe cependant une autre différence (pouvoir-profit), peu comprise et fondamentale, mettant en exergue la nature essentiellement autre de leur *fonctionnement*. Les entités mafieuses et terroristes naissent et croissent dans le secret, et leur genèse est souterraine. Toutefois, la clandestinité est la raison d'être permanente et indépassable d'une mafia alors qu'elle n'est qu'une parenthèse entre deux apparitions (attentats, revendications, textes de doctrine) pour une entité terroriste. Cette clandestinité permanente de la mafia est à ce point constitutive qu'elle s'accommode à merveille de sa négation officielle ; au point même que la mafia y œuvre elle-même, pour mieux se faire oublier[1]. En revanche, le terrorisme se doit pour exister d'émerger de temps à autre : son destin est fatalement éclatant puisque sa justification ultime réside peu ou prou dans une reconnaissance publique, quel qu'en soit le mode (horrifié, apeuré, etc.). C'est d'ailleurs cette lumière, cette exposition au sens photographique du terme, qui oblige l'État à réagir contre le terrorisme et au final, parfois, à remporter la victoire. À un moment ou à un autre, le terrorisme doit se révéler dans une forme éruptive. Cependant, une mafia naît, croît, conquiert, en s'efforçant d'apparaître le moins possible au grand jour. L'État peut alors développer des comportements d'évitement.

Les fonds marins voient ainsi cohabiter dans les mêmes eaux : des poissons ou mollusques à ce point familiarisés avec l'obscurité des abysses que nombre d'entre eux sont aujourd'hui encore inconnus et des mammifères devant capter à la surface l'oxygène nécessaire à leur survie.

C'est ainsi qu'un territoire dominé par une réalité de type terroriste/guérilla est physiquement *un champ de ruines*, un espace chaotique et dangereux, en proie à un constant désordre. Beyrouth pendant la guerre civile (Liban, 1975-1990), Mogadiscio face aux troupes américaines (Somalie, octobre 1993), Karachi (Pakistan) aujourd'hui sont des lieux invivables. Comparons-les à des territoires sous influence mafieuse : Hong Kong (Chine) est un havre de prospérité capitaliste, et Corleone (Italie, Sicile) une charmante et paisible bourgade méditerranéenne. Qui pouvait ignorer dans le premier cas l'existence d'une emprise menaçante ? Personne. Dans la seconde situation, le touriste peut tout ignorer de l'existence des Triades ou de Cosa Nostra.

Ici, la langue anglaise, plus subtile que le français, opère une habile distinction entre la notion de *clandestin* (clandestin) et celle de *covert* (couvert, caché, voilé, secret) qui recouvre justement la différence entre l'invisibilité temporaire du terrorisme (*clandestin*) et l'invisibilité en principe permanente d'une mafia (*covert*).

Là se situe le gouffre séparant une entité intégrée et invisible (les mafias) d'une menace extérieure et visible (le terrorisme).

Cécité, négation, enracinement

On ne voit pas car on ne veut pas voir. Depuis le XIXe siècle, nombre d'institutions universitaires, politiques et médiatiques concourent à propager une idée fausse et nocive : la Mafia, puis les mafias n'existent pas.

Les Mafias de Sicile et des États-Unis offrent probablement le meilleur exemple de ce travail d'enfouissement par un triple discours de négation, de relativisation et de folklorisation. On pourrait d'ailleurs dresser un amusant et répétitif florilège des naïfs et des complices qui ont refusé de voir malgré les indices et parfois les évidences. Curieusement, les chercheurs en sciences sociales n'ont pas été les derniers à se tromper, et donc à tromper. À se demander d'ailleurs si l'outil méthodologique utilisé, une certaine sociologie, riche de présupposés, n'est pas directement en cause dans cet échec[2].

L'existence de Cosa Nostra sicilienne (puis nord-américaine) a été niée dans sa réalité d'entité formelle pendant un siècle, de sa naissance au XIXe jusqu'aux années 1980. L'accumulation des témoignages de repentis et les maxi-procès (années 1980-1990) parviendront péniblement à briser ce mur de la négation. Il faut se souvenir de ces innombrables travaux universitaires ou de ces lénifiantes déclarations ministérielles américaines et italiennes expliquant péremptoirement que « la Mafia n'existe pas » ; que derrière l'acharnement de certains à vouloir en démontrer la réalité se cachait un insupportable racisme : celui des Italiens du Nord contre le Mezzogiorno ou celui des Anglo-Saxons contre les nouveaux immigrants italiens. La clairvoyance fut du côté de quelques modestes praticiens (policiers, magistrats, universitaires, journalistes), isolés, qui, prêchant dans le désert, l'ont parfois payé de leur vie. A-t-on retenu la leçon ?

Le Palermitain Giuseppe Pitré (1841-1916), spécialiste des traditions populaires, joua un rôle célèbre dans ce processus de dissimulation, au cours d'une série d'articles (1889) qui demeurent aujourd'hui encore exemplaires. Sa thèse fera office de table de la loi jusqu'aux années 1980 : « La Mafia n'est ni une secte ni une association, elle n'a pas de règlements ni de statuts. Le mafieux n'est pas un voleur, ce n'est pas un malandrin, et si, dans la fortune

Quand un *Boss* sicilien nie l'existence de Cosa Nostra

Calogero Vizzini, chef légendaire de Cosa Nostra, originaire de Villalba en Sicile, qui fut l'un des artisans du débarquement américain en 1943 dans l'île, se dépeint alors publiquement de la manière suivante :

« Certains journalistes de *Voices* disent que je suis un *mafioso*. Je me suis posé cette question plus d'une fois et je dois admettre que j'ai toujours donné une réponse positive : je suis un *mafioso* et je me présente à vous, communistes siciliens, en tant que tel. Je souligne que vous êtes siciliens et que vous ne venez pas d'une autre région, parce que vous seuls pouvez me comprendre quand je parle de la *Mafia*. Je suis quelqu'un qui a toujours éprouvé de la compassion pour le chagrin d'autrui, pour leurs difficultés financières, la misère dans laquelle ils vivent, je me suis toujours personnellement impliqué pour les soulager. Je dois avouer que souvent, je suis rentré à la maison sans un sou en poche car j'avais tout donné à ceux qui m'en demandaient dans les rues.

« Je me suis toujours opposé à ceux qui voulaient m'en imposer et en cela je n'ai jamais fait d'exception : je respecte mes camarades et j'entends être respecté à mon tour. Je me suis toujours élevé contre l'oppression et la maltraitance des faibles même si je ne les connaissais pas personnellement. Comme vous voyez, je suis un *mafioso* à notre manière, à la manière sicilienne, donnant ce que je peux à ceux qui en ont besoin, respectant et me faisant respecter, ne tolérant pas que l'on se moque des faibles, respectant l'honneur des autres et m'assurant que je suis moi-même respecté[3]. »

nouvelle dont a joui ce terme, il a été appliqué aux voleurs et aux malandrins, c'est parce que le public, qui n'est pas toujours cultivé, n'a pas eu le temps de raisonner sur la valeur du mot, et ne s'est pas soucié de savoir que, dans la façon de sentir du voleur ou du malandrin, le mafieux est uniquement un homme courageux et solide, un homme qui ne s'en laisse pas conter, et, en ce sens, le fait d'être mafieux est nécessaire, et même indispensable. La mafia est la conscience de son être propre, la conception exagérée de la force individuelle, seul et unique arbitre de tout contraste, de tout conflit d'intérêts ou d'idées ; d'où l'intolérance à l'égard de la supériorité et plus encore de l'arrogance d'autrui. Le mafieux veut être respecté et il respecte presque toujours. S'il est offensé, il ne s'en remet pas à la loi, à la Justice, mais il sait personnellement se rendre justice ; et quand il n'en a pas la force, il agit par le moyen d'autres gens qui ont le même sentiment que lui. »

Quand un mafieux américain nie l'existence de Cosa Nostra

Bill Bonanno fut un « homme d'honneur » de la Famille de Cosa Nostra fondée par son père Joseph. L'homme n'est pas un repenti. Il se définit comme un *homme de tradition* persécuté par le gouvernement des États-Unis. Ses mémoires, *Bound by Honor*[4], méritent ainsi de retenir l'attention car ils forment une synthèse des mensonges, omissions et mythes mafieux :

– *Mafieux peut-être, la Mafia aucunement* : « Afin qu'il n'y ait aucune confusion, une véritable distinction doit être faite entre les termes *Mafia* et *mafieux*. Le premier est un terme imaginaire qui a été commodément utilisé par les services répressifs et les médias comme un nom attrape-tout pour une conspiration criminelle organisée et centralisée avec des tentacules de pieuvre mondiale. L'autre terme est enraciné dans la réalité, dans le caractère et les valeurs des hommes et des femmes qui furent les créateurs au quotidien de l'histoire sicilienne. Quelques-uns de ces mafieux devinrent membres d'une société secrète ou d'une autre, émigrèrent aux États-Unis, et se regroupèrent en Familles. [...] D'abord, il doit être dit que le terme *mafieux* lui-même est ambigu. Il est utilisé à la fois comme nom et comme adjectif. Une personne peut être un mafieux dans le sens où il est membre d'un clan organisé mais dans le même temps il peut ne pas posséder ces qualités définies comme mafieux. D'un autre côté, quelqu'un qui n'a aucune affiliation, quelque doute qu'il puisse y avoir, peut être mafieux juste en étant ce qu'il est. Le genre n'a rien à voir à ça. Une femme belle et fière peut être qualifiée de mafieuse. Il n'est même pas nécessaire d'être un être humain pour faire preuve de qualité mafieuse. Un cheval avec un certain maintien, un loup, un lion peut être mafieux. » Bill Bonanno tente de nous convaincre que la Mafia en tant qu'organisation criminelle est un fantasme ; c'est, au mieux, une sorte d'association culturelle à base familiale, ou « une confédération de fiefs particuliers travaillant en harmonie spontanée ». Ce qui n'empêche pas Bill Bonanno de se contredire dans le même livre en décrivant la naissance et le fonctionnement de la Commission et de parler de Cosa Nostra comme d'une organisation clandestine.

– *Un insupportable racisme.* « [...] notre Famille fut ciblée non en raison de ce que nous avions fait mais à cause de ce que nous étions et de ce que nous représentions. »
– *Un passé révolu (colorful past).* « La Mafia fut à son apogée dans les années 1950 et entra en déclin pendant la décennie suivante. L'élection de John F. Kennedy puis son assassinat marquèrent la fin de la Mafia[5]. En oubliant ses valeurs et ses traditions, la Mafia a perdu toute crédibilité et tout pouvoir. La Mafia n'est plus qu'un souvenir. »

Tout un courant sociologique[6] a prolongé ce travail d'aveuglement. Il s'est échiné à démontrer en substance que Cosa Nostra n'existe pas comme entité formelle et permanente ; que seuls les mafieux existent. Ces folkloristes et sociologues ne sont pas isolés. Des politiciens les accompagnent. Par exemple le président du Conseil Vittorio Emanuele Orlando, sicilien, qui affirme en 1925 lors d'un discours public : « Si, par mafia, on entend le sens de l'honneur poussé jusqu'au paroxysme, la générosité qui affronte le fort et est indulgente envers le faible, la fidélité aux amis plus forte que tout, même que la mort, si par mafia, on entend ces sentiments et ces attitudes, même avec leurs excès, alors, il s'agit de signes distinctifs de l'âme sicilienne. Mafieux, je me proclame et je suis fier de l'être ! » Ce « culturalisme » facile fédérait tous ceux qui, quels que soit leurs mobiles, se retrouvaient pour ignorer la réalité.

Qui mieux est, les mafieux eux-mêmes participent de ce brouillage. Les membres de la Mafia sicilienne et nord-américaine sont évidemment les premiers à nier l'existence de l'organisation[7]. Le *Boss* Bill Bonanno, fils du fondateur de la Famille new-yorkaise éponyme, affirme complaisamment dans ses mémoires, *Bound by Honor*[8], que la Mafia n'existe pas.

Ces écrivains, politiciens et mafieux entonnent tous le même refrain. La Mafia ? Un mythe ! tout au plus une culture, une manière d'être, un comportement fait de fierté et de liberté. Tout cela a évidemment un sens quand on connaît la poésie de Charles Baudelaire : la plus grande ruse du diable est de faire croire à son inexistence[9]. Ce qui était fort commode pour tout le monde : réprime-t-on un code social, un fait culturel ou une mentalité ?

Au total, cette négation a porté sur l'existence d'une *organisation formelle* comparable à un État ou à une entreprise, ayant une dimension propre de rationalité et d'impersonnalité. La « personne morale Mafia » est refusée d'existence. Il n'y a ni association secrète, ni règles, ni statuts. Cosa Nostra se voit reconnaître au plus le caractère de « système social traditionnel », sans structure autonome et permanente, une sorte de réseau de parenté mâtiné d'une culture particulière. À la même époque, cette thèse pouvait être véhiculée aussi bien par un chef-d'œuvre du cinéma, *Le Parrain* (1972), que par un sociologue faisant autorité, Francis A. J. Ianni. Le livre de Francis A. J. Ianni, *Des affaires de famille, la mafia à New York*[10], mérite d'être cité car il fera longtemps autorité sur le sujet : « Les organisations criminelles secrètes comme celles des Italo-Américains ou comme les familles de la *Mafia* sicilienne ne sont pas des organisations formelles comme les gouvernements ou les grandes entreprises. Elles ne sont pas rationnellement structurées en une hiérarchie de situations et de fonctions en vue d'obtenir des profits maximum et un accomplissement efficace des tâches. Ce sont plutôt des systèmes sociaux traditionnels dont le fonctionnement et les valeurs culturelles n'ont rien à voir avec la bureaucratie moderne et ses vertus. Comme tous les systèmes sociaux, elles n'ont pas de structure que l'on puisse isoler de leur fonctionnement ; et [...], elles n'ont pas non plus de structure indépendante de leur "personnel" en place. Et quand les valeurs culturelles qui étayent le système social faiblissent, les familles aussi faiblissent et meurent. » Le sociologue conclut par un propos accusateur et moqueur sur le thème du complot : « Mais ce qui est caractéristique du crime italien, c'est le mythe qui l'accompagnait, mythe qui fut principalement suscité par le besoin qu'ont les Américains, nourris de politique populiste, de croire à de formidables conspirations pour expliquer la réalité. Si l'exemple des Lupollo permet de tirer des conclusions, les voici : les facteurs constitutifs d'une *Mafia* existent assurément encore ; mais il s'agit davantage d'une attitude culturelle et d'un réseau de parenté, attributs spécifiques de la civilisation italienne, que d'un modèle de puissante société d'affaires comme aurait tendance à le croire l'imagination américaine. »

Affirmations étonnantes puisque ce professionnel de l'observation sociale a vécu immergé au sein de la famille Lupollo (*alias* en fait d'une Famille de New York). Encore récemment[11], les meilleurs auteurs ont développé cette thèse. Les analystes marxistes, tel l'historien Eric Hobsbawm[12], ne furent pas les derniers à participer à cette œuvre d'enfouissement et de légitimation en affirmant que la mafia n'était qu'un code culturel primitif, une sous-culture de résistance archaïque à la modernisation forcée imposée par l'État.

Cette mode de la négation s'est propagée jusqu'à nos jours dans tous les pays où des mafias se sont développées. Cette conception de la Mafia – et des mafias en général – est d'autant plus troublante qu'elle s'est constamment trouvée en contradiction avec les résultats d'une multitude d'enquêtes judiciaires, policières et journalistiques. Dès le XIXe siècle, puis régulièrement, en Sicile, le tableau judiciaire de la Mafia ne souffre en effet aucune ambiguïté. Policiers et magistrats décrivent chaque fois une société secrète à dessein criminel avec rites et initiation. Ainsi, paradoxalement – mais est-ce un vrai paradoxe ? –, de modestes praticiens, policiers ou magistrats, pourtant détenteurs de leur seul savoir professionnel, furent plus clairvoyants que des professionnels de la connaissance scientifique, sociologues ou anthropologues. La réponse à cette bizarrerie se trouve probablement dans la formule de Mao Tsé-toung : « L'œil du paysan voit juste. » En fait, le mépris de *la chose judiciaire et policière* par les chercheurs a certainement facilité inconsciemment l'occultation de la *chose mafieuse.* Peut-on se fier à un prolétariat d'État ?

Cette vérité acquise – la Mafia est bel et bien une structure formelle et permanente –, il se trouva encore des commentateurs pour faire la fine bouche. La preuve définitive de l'existence de la Mafia comme organisation formelle parvient d'abord par des repentis, au moyen d'enquêtes judiciaires : quel crédit leur accorder ? Les juges n'avaient-ils pas orienté les confessions dans le sens de leurs présupposés, usant d'une démarche plus déductive qu'inductive ? On parla alors de « thèse ou de vérité judiciaire » afin de la mettre en doute. Ce fut la dernière ligne de défense, un peu misérable, d'une entreprise de négation en déroute.

Mais cette prise de conscience fut longue et douloureuse pour certains. Car on combat difficilement les préjugés de son époque, et celui qui s'y essaie risque de passer momentanément pour un fou. Le 30 mars 1973, Leonardo Vitale, *homme d'honneur* de la Famille d'Alterello di Baida (Sicile), se présente à la police de Palerme. Il livre les secrets de Cosa Nostra : le rituel, la hiérarchie, les Familles, etc. Il n'est pas cru et se retrouve interné dans un hôpital psychiatrique. Il meurt assassiné en 1984. Il faudra attendre une dizaine d'années, et les confessions de Tommaso Buscetta, pour que la justice prenne enfin au sérieux son témoignage. Pourtant, aux États-Unis, dans les années 1962-1[illegible] repenti Joe Valachi avait déjà commencé à faire des révélations identiques.

On connaît le proverbe : « Celui qui a raison 24 heures trop tôt est pris pour un fou pendant 24 heures. » Ce fait divers prouve qu'une révélation n'a de chances de produire des effets positifs que si le contexte le permet : les esprits doivent être mûrs pour accueillir des vérités neuves et dérangeantes. Ce que Tommaso Buscetta avait compris en se refusant à dire au juge Giovanni Falcone ce qu'il savait des rapports entre la Mafia et la classe politique italienne. Cette retenue ne provenait nullement d'une défiance à l'égard du juge Falcone mais d'une conviction sage et éclairée par l'expérience : « [Mais] si j'avais parlé trop tôt, je l'ai déjà dit, nous aurions tous les deux fini à l'asile, criminel pour moi, civil pour lui[13]. »

À y regarder de près, les déclarations de Joe Valachi ou de Tommaso Buscetta n'ont pas le privilège de la nouveauté ou de l'antériorité. L'histoire démontre que quelques autres avaient déjà relaté l'essentiel, mais leurs propos s'étaient perdus dans *l'indifférence*. En 1937, un médecin de Castelvetrano, Melchiorre Allegra, se présente dans un commissariat de police pour y dévoiler son appartenance à une association criminelle « très puissante », qui comprenait beaucoup de monde, de toutes catégories sociales y compris des meilleures et dont les adhérents étaient appelés « hommes d'honneur ». Le médecin raconte comment il est entré dans la société secrète en 1911 et donne la liste des mafieux qu'il connaît. Ce qu'il raconte concorde avec ce que diront Vitale et Buscetta plusieurs décennies plus tard. Le journaliste Mauro de Mauro aura beau exhumer cette confession en 1962, dans le quotidien *L'Ora* de Palerme, elle restera sans conséquence sur la prise de conscience de la réalité mafieuse[14].

Puis le réel s'est imposé. Les faits devenaient trop aveuglants. L'idéologie négationniste a alors rusé, pris un autre visage, plus subtil. Il fallait user d'un subterfuge pour continuer à endormir les esprits, pour les empêcher de se réveiller. *Un avis de décès* de la Mafia a été diffusé, souvent d'ailleurs en toute bonne foi. La reconnaissance de la Mafia tardivement acquise, on s'empressa immédiatement de la déclarer moribonde. La Mafia vivait ses dernières années, il n'y avait plus matière à s'en préoccuper ! Cependant, et comme par hasard, le phénomène Mafia était récupéré par le cinéma dans un processus désormais bien connu d'assimilation et d'intégration. Faute désormais de pouvoir affirmer son inexistence, on ne cesse depuis d'annoncer son déclin et sa mort imminente. Ce *rituel funéraire* est permanent et ancien. Chaque succès judiciaire ou presque s'accompagne de péremptoires propos sur « l'enterrement de la Mafia ». On en trouve de multiples exemples qu'il serait fastidieux d'énumérer. En Italie, après les maxi-procès de 1987 contre Cosa Nostra de Sicile ou à Naples en 1912 après un maxi-procès contre la Camorra ! Encore récemment, en mars 2004, le grand magazine américain *Time* titrait à propos de Joseph « Big Joey » Massino, chef de la Famille Bonanno : « *The last Don*[15] » (« Le dernier parrain »). Cet acharnement médiatique à constamment enterrer le phénomène mafieux a pour effet évident d'affaiblir la vigilance de l'opinion publique et des autorités publiques chargées de sa répression. Pourquoi se soucier d'une entité criminelle moribonde[16] ?

À une reconnaissance tardive et au forceps a succédé un enterrement immédiat. À y regarder de près, on note avec amusement que les bulletins de victoire annonçant le déclin mafieux sont allés de pair avec de fort réels succès sur le terrain criminel. Ce raccourci, du berceau au caveau, est étrange et participe en définitive du même processus de négation plus ou moins conscient. Les médias jouent un rôle important dans ce dangereux rituel tenant du réflexe conditionné. Dans un réflexe pavlovien, la presse ne semble capable d'évoquer les affaires criminelles, et donc mafieuses, que sous l'angle mortuaire et rétrospectif : « le dernier parrain », « la fin de la Mafia », etc. Ce qui s'explique aisément. La connaissance journalistique du phénomène mafieux se fait uniquement lors des incidents (arrestations, assassinats, etc.). L'accidentel et l'épisodique sont pris pour l'essentiel.

Dans un registre comparable, le recours systématique à l'histoire participe parfois involontairement de l'enfouissement des réalités mafieuses. Il est légitime et indispensable de connaître le passé. Cependant, l'évocation du fait mafieux sous ce seul angle peut induire une conclusion fausse : le phénomène relève d'un passé aussi révolu que folklorique (*colorful past* !). On ressasse complaisamment les mêmes épisodes glorieux de ces mafias en les insérant dans leur contexte politique et économique, en les *intégrant* à l'histoire du pays. Sans s'interroger sur leur réalité présente. Le détour historique nous éloigne alors du présent au lieu de l'éclairer.

Il est symptomatique que le principal vocable utilisé par les membres de la Mafia nord-américaine, *Cosa Nostra*, n'ait été connu du public qu'en 1963 avec les confessions de Joe Valachi. De même, l'organisation existe, son nom aussi, mais signe persistant d'une crainte révérencielle et d'une mise à distance psychologique, Cosa Nostra est généralement désigné aux États-Unis par l'euphémisme *the mob*, le gang, la pègre. Le film de Francis Ford Coppola, *Le Parrain*, ne cite pas une seule fois le mot *Mafia*[17]. Il est vrai que le producteur, Al Ruddy, se savait observé par l'Organisation : la Mafia exigea que des membres de la Ligue des droits civils italo-américains jouent dans le film. Cet évitement linguistique tient autant de la pensée magique (le mot porte-malheur) que de la peur la plus banale.

Évidemment, toutes les mafias ont connu ou connaissent encore ce processus de négation. C'est en quelque sorte un point de passage obligé et providentiel (pour elles). Qui, avant la guerre du Kosovo (1998), avait conscience de l'existence d'une véritable mafia albanaise ? Personne. Il faudra attendre un livre paru en 2000 pour réellement la découvrir[18], alors que son existence remonte au XIXe siècle. Au Japon, après la Seconde guerre mondiale, les yakuza faisaient l'objet d'un même travail de négation.

Des sarcasmes analogues prévalaient pendant la guerre froide lorsque était avancée l'existence des Triades à Hong Kong et ailleurs en Asie du Sud-Est. Les Triades ? un mythe, tout au plus des bandes de rue désorganisées, répondaient en chœur les autorités britanniques de la presqu'île. En 1976, un très officiel *Fight Crime Committee* à Hong Kong expliquait que les Triades avaient dégénéré – on progresse : elles avaient donc existé ! – en bandes de petits criminels. Conclusion : la répression des Triades doit être laissée aux forces de police locales. Le même comité d'experts reconnaît enfin en 1986 que les Triades regroupent – elles existent donc ! – entre 70 000 et 120 000 membres et avoue que l'extension de leurs activités criminelles devrait inciter à faire voter des lois plus sévères[19]. Un constat juste mais trop tardif. La bonne foi ignorante des experts officiels locaux n'était d'ailleurs pas en cause. Les officiers de la police britannique méconnaissaient le monde qu'ils étaient censés combattre. Parlant rarement la langue du cru, ils s'en remettaient à la masse de leurs subordonnés et traducteurs indigènes, infiltrés à grande échelle par les Triades. Les Triades étaient officiellement des vestiges d'un glorieux passé, des organisations en pleine dégénérescence ne méritant pas une excessive attention. La plupart des polices du Sud-Est asiatique se relayaient pour développer ce point de vue. Et, longtemps, l'Organisation internationale de police criminelle (OIPC ou Interpol) a défendu cette thèse lénifiante.

Piero Grasso, procureur général du parquet de Palerme, rappelle cette vérité première : « Cosa Nostra fait tout pour faire passer l'idée qu'elle est inexistante[20]. » Un de ses prédécesseurs, Giancarlo Caselli, porte un jugement identique : « Cosa Nostra s'est enterrée et s'emploie à se faire oublier[21]. » En fait, une mafia est le plus dangereuse lorsqu'on la croit inexistante ou morte.

Le fait mafia a pu prospérer grâce à une double invisibilité. L'une objective résultant de sa nature profonde (le caractère de société secrète[22]), l'autre subjective provenant de la cécité plus ou moins volontaire de nombre d'« observateurs[23] ». Avec une conséquence aussi inéluctable que dangereuse : son *installation-enracinement* profond au cœur des sociétés modernes. La période de l'incrédulité passée, la prise de conscience survient. Généralement, il est alors trop tard.

Les formes de l'enfouissement de la réalité mafieuse

– *La négation* : ça n'existe pas.
– *La relativisation* : ce n'est pas si grave.
– *La folklorisation* : un passé révolu.
– *L'enterrement* : on a gagné, c'est mort.
– *L'éloignement* : chez les autres, pas chez nous.
– *La psychiatrisation* : ce sont des idées de fous.
– *L'évitement linguistique/pensée magique* : ne pas prononcer le nom.

Hoover, « l'homme invisible » : le négationnisme à l'œuvre

Combat-on ce qui n'existe pas ? Évidemment non. Pendant que l'État regarde ailleurs, ces empires invisibles s'installent, en toute tranquillité. Les États-Unis nous offrent de cela un exemple révélateur. Le principal artisan de la lutte contre le crime organisé aux États-Unis au XXe siècle fut John Edgar Hoover, directeur du *Federal Bureau of Investigation* (FBI) de 1924 à 1972[24]. Un demi-siècle de règne au cours duquel Hoover, pour d'obscures raisons, nie l'existence de Cosa Nostra. Pour lui, il s'agit d'une invention de journalistes, une opération de diversion face au communisme, menace prioritaire, etc. Les Familles de Cosa Nostra n'en demandaient pas tant pour s'établir, croître et prospérer au pays du capitalisme triomphant. Les deux grandes « institutions fédérales » du XXe aux États-Unis, Cosa Nostra et le FBI, naissent ainsi à la même époque et se développent parallèlement en une sorte de pacte de non-agression implicite. Ces deux nouvelles puissances américaines vont soigneusement s'éviter plusieurs générations durant, conscientes qu'une confrontation obérerait leur devenir respectif.

Une analyse chronologique fine démontre que l'attitude du FBI et de Hoover à l'égard de Cosa Nostra évolua. Le FBI eut un comportement décent dans ses débuts (années 1920), c'est-à-dire normalement agressif, pour devenir franchement complaisant dans les années 1930, sans explication apparente. De manière très étrange, John E. Hoover déclare en 1938 que le criminel américain « n'était pas originaire d'un pays étranger, mais qu'il était de souche américaine avec un nom très patriotique[25] ». Des paroles qui durent assurément faire chaud au cœur des *Boss* de Cosa Nostra du moment (Charles « Lucky » Luciano, etc.). Le spécialiste de Cosa Nostra Carl Sifakis porte un jugement sévère sur la responsabilité de Hoover dans le succès du crime organisé aux États-Unis : « Sans un homme comme Hoover à la tête du FBI, il est évident que le crime organisé et la Mafia n'auraient jamais pu atteindre ces sommets de pouvoir, de santé et d'organisation administrative[26]. »

Parmi les trois causes expliquant le succès de Cosa Nostra, à côté de la Prohibition et de la Grande Dépression, Carl Sifakis désigne clairement l'impéritie de John E. Hoover qu'il rebaptise justement : *« the invisible Mr. Hoover »*. Il fut en effet aussi invisible dans la lutte antimafia que la Mafia fut longtemps invisible aux yeux du public et des autorités fédérales. Pourquoi ? John E. Hoover préféra des cibles plus faciles, médiatiques et surtout moins dangereuses. Il fit le choix de la quantité – faire du chiffre – plutôt que la qualité – Cosa Nostra. Présenter au public et au Congrès des statistiques et des arrestations visibles et flatteuses afin d'obtenir aisément du succès et des budgets en croissance. John E. Hoover privilégie le *glamour crime*, les enlèvements et les vols à main armée (Bonnie and Clyde, Dillinger, etc.), grâce notamment à des listes publiques destinées à tenir l'opinion et la presse en haleine : *Top Ten Fugitives* et *Public Enemy Number One*. C'est une pure stratégie de communication et de publicité à la gloire du *Bureau* et de son tout-puissant patron. S'attaquer à Cosa

Nostra aurait impliqué des enquêtes longues, peu spectaculaires et à l'issue incertaine.

John E. Hoover et Cosa Nostra, l'un dans la lumière des médias, l'autre dans l'ombre du crime et de sa nature secrète, ont pu de la sorte atteindre des sommets. En 1950, dans le cadre d'une commission officielle – dont John E. Hoover tente en vain d'empêcher la constitution –, le sénateur Estes Kefauver mène des auditions sur le crime organisé dans tout le pays (14 villes visitées) et conclut à l'existence d'une organisation criminelle nationale et formelle. Il échoue toutefois à susciter une *National Crime Commission* destinée à coordonner la lutte contre le crime organisé et tout spécialement contre Cosa Nostra. John E. Hoover s'y oppose en accusant Estes Kefauver de vouloir créer une « Gestapo américaine[27] ». Un premier accident va timidement faire réagir le pouvoir fédéral. Par hasard (ou peut-être sur dénonciation, peu importe), le 14 novembre 1957, la police de la petite ville d'Apalachin (État de New York) fait irruption au milieu d'une *barbecue party* qui dissimule en réalité une véritable conférence secrète réunissant dans les Appalaches presque tous les *Boss* de Cosa Nostra américaine, soit près de quatre-vingts personnes. Cette découverte met à mal brutalement la thèse d'un gangstérisme italo-américain désorganisé[28].

Le scandale est tel que John E. Hoover est obligé de réagir. Il met en place au sein du FBI un nouveau service, le *Top Hoodlum Program* (« programme super-voyous »), puissamment doté de quatre agents au niveau central. Dans chaque ville majeure (Chicago, Boston, etc.), le FBI doit identifier les 10 principaux gangsters. Puis l'idée du sénateur Estes Kefauver d'un comité d'étude et de coordination permanent est reprise, mais en vain, en 1960, par Robert Kennedy, rapporteur principal du *Comité McClellan* sur le racket. John E. Hoover lance la contre-attaque en faisant monter en ligne les ultraconservateurs du Sénat, comme Barry Goldwater. Le directeur du FBI ne cesse d'expliquer que la lutte contre le crime organisé doit dépendre principalement des seules polices locales. Cosa Nostra ne demande rien d'autre.

Un nouvel accident se produit, sept ans après Apalachin. En 1963, un simple *soldat* de la Famille Genovese de New York, Joe Valachi, condamné pour trafic de drogue, puis pour le meurtre d'un codétenu, décide de parler. Entendu par le *Bureau of Narcotics*, et non par le FBI, du moins au début, Joe Valachi apporte la preuve que Cosa Nostra a le visage d'une puissante organisation nationale avec règles, statuts et discipline. Joe Valachi confirme les conclusions du sénateur Estes Kefauver et les intuitions des agences fédérales autres que le FBI (*Alcohol and Tobacco Unit, Internal Revenue Service, Federal Bureau of Narcotics*). Devenu ministre de la Justice, Robert Kennedy obtient l'audition publique de Joe Valachi par le *Comité McClellan*. Avec Robert Kennedy comme ministre, le FBI est désormais contraint d'enquêter sérieusement sur Cosa Nostra[29]. En particulier dans les deux villes les plus sensibles à la présence mafieuse que sont Chicago et New York.

Au bureau de New York, où moins d'une douzaine d'hommes traitait du crime organisé jusque-là, les effectifs bondissent à 115 ; à Chicago, le nombre passe de 6 à 80. Très vite mais momentanément, le FBI devient ce qu'il n'avait jamais été : une réelle menace pour Cosa Nostra. John E. Hoover n'en sort pas pour autant vaincu. Avec l'assassinat de John F. Kennedy (22 novembre 1963), la lutte contre le crime organisé s'arrête net. Le FBI replonge dans sa léthargie première face à Cosa Nostra. Il faut attendre la seconde élection de Richard Nixon et la mort de Hoover (1972) pour que Cosa Nostra ait réellement un adversaire face à elle, soit avec quarante ans de retard. Et même plus, puisque ce n'est qu'en 1981 que le bureau de New York du FBI lance enfin une attaque concertée contre les cinq Familles de la ville.

S'interroger sur les mobiles de la cécité hooverienne (peur, paresse, intérêt, corruption, chantage, etc.) n'a d'ailleurs qu'un intérêt anecdotique et secondaire au regard des effets ultérieurs d'une telle attitude. Les biographes et les historiens doivent certes légitimement s'interroger sur la nature des relations personnelles entretenues par John E. Hoover avec Cosa Nostra[30]. Cosa Nostra faisait-elle chanter John E. Hoover ? Sa vie privée ne fut pas exemplaire, du moins pour l'époque (goût pour le jeu et les paris, homosexualité cachée et travestissement). Les témoignages démontrent aujourd'hui combien Cosa Nostra était consciente des faiblesses du directeur du FBI et sut en jouer. Aux causes privées se superposent en réalité des raisons plus politiques. En fait, John E. Hoover nia probablement l'existence de Cosa Nostra afin de ne pas être confronté à un adversaire jugé hors de portée pour son service. La tâche pouvait apparaître fort intimidante. Cosa Nostra disposait alors d'une puissance telle qu'elle se trouvait en position de mettre en échec un service de police fédérale aussi jeune et inexpérimenté que le *Bureau*. Car la passion anticommuniste et la détestation du mouvement des droits civiques (Martin Luther King, par exemple) ne peuvent à elles seules expliquer l'attitude de John E. Hoover. Dans l'histoire de cet échec, J. Edgar Hoover est autant un symbole que le symptôme d'une faillite globale. Son histoire personnelle ne constitue qu'une partie de l'explication. C'est tout un système politique (présidents, ministres de la Justice, gouverneurs, maires, etc.) et judiciaire dont le comportement apparaît rétrospectivement douteux. En fait, il n'existe à cette époque aucun consensus ni aucune prise de conscience profonde pour lutter contre une organisation pénétrante et redoutable – donc négligée. Fondamentalement, les États-Unis ne ressentent pas alors de vrai malaise face au crime organisé. La libre entreprise est un tout. Cosa Nostra aimait autant l'argent et l'anticommunisme que l'establishment américain. Au fond, le crime organisé faisait déjà partie de l'*American way of life*[31].

Mais, au-delà des causes, il est primordial de s'intéresser aux effets de ce pacte de non-agression mutuelle conclu pendant près de 50 ans entre les deux puissances fédérales que sont Cosa Nostra et le FBI. Cette faute originelle a eu une conséquence majeure : un enracinement durable (définitif ?) de Cosa Nostra dans la vie politique, économique et sociale américaine qui a désormais des dimensions telles qu'aucune instance fédérale ne se risquerait à annoncer ou à envisager son éradication totale. Quel candidat aux élections présidentielles se risquerait à déclarer « la guerre à la Mafia » ?

Conclusion ? Les débuts de partie sont cruciaux. Que l'État commette une faute d'inattention de longue durée par aveuglement ou par paresse, une réaction tardive le condamne alors à ne traiter que des épiphénomènes criminels sans pouvoir toucher aux racines. Pire encore, une répression en pointillé peut, de façon involontaire et paradoxale, participer du renforcement de ces mafias. Dans un jeu « naturel » de « lutte pour la vie », une répression sporadique élimine involontairement les moins adaptés et les plus faibles, élague les branches criminelles les moins dures, aidant le tronc à se régénérer.

La leçon a-t-elle été retenue ? Se souvient-on aujourd'hui des conséquences fâcheuses de la timidité antimafieuse de Hoover ? On peut en douter. Huit mois après les attentats du 11 Septembre 2001 – qui ont notamment révélé les carences du système de renseignement intérieur américain –, le FBI de Robert S. Mueller s'est engagé dans une réforme en profondeur de ses objectifs et de ses structures. Réforme qui relègue brutalement au rang de sixième priorité la lutte contre les *transnational and national criminal organizations*, ce qui équivaut à peu près à l'expédier aux oubliettes. Cosa Nostra et les autres mafias présentes aux

États-Unis ont donc implicitement le champ libre[32]. L'Union soviétique hier, Oussama Ben Laden aujourd'hui, offrent aux mafias une occasion de prospérer en relative impunité. Robert S. Mueller a-t-il été un nouveau John E. Hoover ? L'histoire nous apprend que, fondamentalement, un État ne sait s'occuper sérieusement que d'un ennemi à la fois. Et, généralement, du plus voyant en priorité. Ou du moins gênant.

En soi, l'inertie hooverienne et la débandade d'Apalachin n'auraient que la valeur d'anecdotes historiques plaisantes si, au-delà de leurs effets sur l'histoire américaine, elles ne comportaient pas également de puissantes leçons. Aujourd'hui, combien de nouveaux John E. Hoover dans le monde à la tête de grands services de répression ou de sécurité ? Combien faudra-t-il d'incidents de type Apalachin pour éveiller les consciences ?

L'histoire nous offre d'autres exemples de responsables policiers détournant ostensiblement le regard de la réalité mafieuse. Dans les années 1970, Naples connaît une augmentation vertigineuse des meurtres. Un homme, Raffaele Cutolo, a décidé de s'emparer du pouvoir au sein de la Camorra en éliminant les anciens chefs. Il fonde la *Nuova Camorra Organizzata* (NCO) face à la vieille génération des camorristes regroupés dans la *Nuova Famiglia*. Le préfet de police de Naples, Colombo, frère d'un ministre démocrate-chrétien, laisse faire. Lors d'un dîner en ville, il explique sa dangereuse tactique : « De toute façon, ils se tuent entre eux[33]. » Colombo affirme que la Camorra, ancienne ou nouvelle, n'existe pas, qu'il s'agit en fait d'une masse de vulgaires délinquants sanguinaires mais en définitive ordinaires. La Camorra n'existe pas en tant qu'entité, sa capacité d'organisation et de pénétration de la société est niée. Pendant dix ans, le préfet Colombo regarde passivement et complaisamment. Raffaele Cutolo n'en demande pas tant pour développer son projet criminel et transformer la Campanie en place forte.

La psychologie a depuis longtemps montré que l'être humain avait une nette tendance à refouler les phénomènes nouveaux, dérangeants, effrayants et apparemment incontrôlables, pour se concentrer sur ce qui était familier, connu et contrôlé. Ces *stratégies d'évitement* sont le lot quotidien du règne animal. Dans *The Lucifer Principle*[34], Howard Bloom montre que les superorganismes humains en compétition savent développer des comportements de « fermeture perceptuelle » en tout point comparables à ceux observés chez les chiens ou les chimpanzés. Se sachant dominée et voulant éviter une confrontation perdue d'avance, la bête « snobe » son rival. Un vieux singe détourne son regard de celui d'un rival plus jeune qui sortirait probablement vainqueur d'un combat direct. « Comme le chimpanzé qui espère pouvoir s'accrocher à sa prééminence en ignorant son rival », l'État regarde ailleurs. La cécité volontaire et instinctive le préserve, momentanément. Mais l'évitement n'est qu'une modalité de la fuite. À terme, la hiérarchie réelle des pouvoirs s'impose toujours.

Le *syndrome Hoover* resurgit également sous une forme à la fois plus grossière et, à l'examen, relativement amusante (si tant est que ce type de problème puisse admettre un tel qualificatif) et que l'on qualifiera de *syndrome de Tchernobyl.* Souvenons-nous de la catastrophique explosion d'une centrale nucléaire ukrainienne (1986) dont les nuages radioactifs avaient eu, officiellement, le bon goût de s'arrêter aux frontières de la France. Le drame est réel mais il contourne miraculeusement le territoire national. Parfois, il en est de même des organisations de type mafia. Au nom d'une étrange « exception criminologique » (et non culturelle cette fois), ces criminels japonais, chinois, italiens ou albanais, bien qu'européens pour certains d'entre eux, dédaigneraient notre pays. Tout au plus concède-t-on leur présence pour de pacifiques vacances ou d'innocents investissements. En fait, ces péremptoires et imprudentes affirmations masquent généralement une ignorance, un défaut de connaissances opérationnelles. Puisqu'on ne sait pas, puisque l'on n'a pas l'humilité d'avouer que l'on ignore, on se réfugie dans l'erreur. On maquille son ignorance en proclamant une inexistence factice.

Chapitre III
UN NOUVEL ACTEUR GÉOPOLITIQUE, LES MAFIAS

Polysémie et nouveau concept

La fortune du mot « mafia » est indéniable. À l'origine, le terme se contente de désigner une organisation criminelle apparue à Palerme en Sicile (Italie) au XIXe siècle. Depuis la fin du XXe siècle, le nom propre s'est transformé, corrompu diraient certains, en nom commun synonyme de crime organisé. Tout est devenu *mafia* : mafia russe, colombienne, des hormones, du sport, etc. Ce succès linguistique s'explique autant par la puissance du mythe créé par l'organisation sicilienne, la *Mafia* (avec un M majuscule) ou *Cosa Nostra*, que par son indéniable réussite sur le terrain criminel. Cette mutation du mot a deux conséquences. D'abord de banaliser à l'extrême la dangerosité d'une organisation, la *Mafia*, ayant pourtant accédé aux sommets du crime organisé. Ensuite, le néologisme générique *mafia* (sans majuscule, cette fois) court le risque de sombrer dans la médiocrité et la confusion alors même qu'il présente un véritable intérêt pour la criminologie contemporaine. Cette dilution accélérée du mot est pourtant un puissant révélateur qui mérite l'attention. Le concept *mafia* devrait susciter une analyse sereine et approfondie. La popularité soudaine du mot traduit (trahit ?) probablement une évolution majeure et insoupçonnée du monde criminel. Comme si l'inventivité linguistique, mieux que les spécialistes, pressentait une situation nouvelle. La langue et les mots ont ceci de commun avec le crime de naître dans la rue, au contact des réalités sociales.

Le nom propre (*Mafia* ou *Cosa Nostra*) s'est mué en nom commun (*mafia*). Cependant, pour qu'il accède au stade final de *concept criminologique*, le mot mafia a désormais besoin d'une définition qui lui donne une vraie portée opératoire. Il existe en effet une élite criminelle mondiale formant une sorte d'aristocratie du crime : des superpuissances criminelles présentant les contours d'empires nouveaux. Les *Mafias s*icilienne et italo-américaine ont désormais des concurrentes presque aussi dangereuses ; parfois aussi anciennes, avec lesquelles elles forment une sorte de « première division » du crime organisé à l'échelle planétaire. Encore faut-il définir ce concept nouveau, la *mafia*, avec rigueur. C'est pourquoi nous proposerons huit critères de reconnaissance et d'identification des vraies mafias : le contrôle territorial, la capacité d'ordre et de domination, le sens de la hiérarchie et de l'obéissance, le secret et l'initiation, la dimension ethnique et Familiale, la polycriminalité, les mythes et légendes, l'ancienneté et la pérennité.

Ces *mafias* sont à ce jour au nombre de neuf[1], nées sur trois continents différents (Europe, Amérique, Asie) : Mafia-Cosa Nostra de Sicile (Italie), Mafia-Cosa Nostra italo-américaine (États-Unis), Ndrangheta de Calabre (Italie), Camorra de Campanie (Italie), Sacra Corona Unita des Pouilles (Italie), Triades (Chine), Yakuza (Japon), mafia albanophone (Albanie, Kosovo), maffya turque (Turquie). Ces mafias se ressemblent sans être identiques car elles dépendent étroitement des réalités historiques et sociales des régions où elles sont nées. Ces entités criminelles initient une part importante des grands trafics mondiaux (drogues, prostitution, immigration clandestine, armes, etc.) et, dans leurs épicentres, pratiquent le racket systématique des activités économiques majeures (adjudications de marchés publics, construction, contrefaçons, cinéma, etc.). Situées au sommet de la pyramide du crime, elles dominent aisément les espèces criminelles inférieures (criminalité ordinaire, délinquance de rue). Plus inquiétant encore, ces mafias ne se contentent pas d'être *dominatrices*. Elles sont également, aujourd'hui, *indestructibles*, comme imperméables à la répression. Aucune d'entres elles à ce jour n'a été éradiquée pour de bon.

Nommer correctement un objet social n'est pas une lubie ou une préciosité de théoricien mais une étape préalable nécessaire et indispensable à toute action efficace sur le réel. C'est un acte fondateur sans lequel aucune pensée ou action ultérieure ne peut s'épanouir. Pourquoi ? Nommer permet d'abord de *révéler* (au sens photographique du terme) une réalité sociale jusque-là enfouie ou occultée[2]. Le problème est dès lors identifié et peut faire l'objet d'une prise de conscience. Ensuite, de la qualification juste des choses découle en principe une *compréhension de la nature* de cet objet nouveau. Dans *Classes laborieuses et classes dangereuses*[3], Louis Chevalier démontre l'importance que le livre d'Eugène Sue, *Les Mystères de Paris*, eut au XIXe siècle pour les réformateurs sociaux. Ces derniers, dit Chevalier, « ont pris conscience de leur propre condition, l'ont découverte, parce qu'ils trouvaient dans cet ouvrage les images ou seulement les mots qui allaient désormais leur permettre de désigner les faits qu'ils comprenaient mal : impuissants qu'ils étaient à les désigner, à les nommer[4] ».

Le choix des mots : le concept mafia

Nommer correctement est vital[5]. Dans *Le Choix des mots* (1995)[6], le philosophe Clément Rosset souligne l'antériorité des mots sur la formulation de toute pensée : « L'écriture n'a jamais été ce que Jacques Derrida, après Rousseau, appellerait un "dangereux supplément" à la pensée ; elle n'est pas non plus seulement la "manifestation" de la pensée. En réalité, elle *est* la pensée elle-même. Car il n'y a pas de pensée préalable et en quelque sorte préfabriquée. Il n'y a pensée qu'à partir du moment où celle-ci se formule, c'est-à-dire se constitue par la réalité des *mots*. »

Il n'existe pas de pensée véritable avant *le choix des mots* et *l'écriture.* Reprenant le vers fameux de Boileau dans *L'Art poétique* – « *Ce qui se conçoit bien s'énonce clairement* » –, Clément Rosset ajoute : « Ce qui se conçoit est ce qui s'énonce. » L'idée vient toujours après le mot : « Sans le mot qui seul compte dans l'expression d'une pensée, la pensée en question n'est qu'un pur fantôme en attente de corps. Là où les mots manquent pour la dire, manque aussi la pensée. »

Une idée ne surgit qu'une fois le mot trouvé. Faute du mot juste, la pensée s'étiole. La pensée a besoin d'une *représentation* pour exister réellement.

Cependant, Clément Rosset va au-delà en soulignant que « l'empire des mots ne gouverne pas seulement la pensée en acte, comme le dirait Aristote, mais aussi, ou du moins assez fréquemment, l'action tout court. Je ne songe point ici à ces verbes "performatifs", chers à Austin, qui ont certes le privilège de réaliser la chose du fait même qu'on prononce le mot qui la désigne, mais ne réalisent en fait que des pseudo-actions ("je le jure", "je le promets", "je te baptise"). Je songe plutôt au grand nombre d'actes réels qui ne seraient jamais réalisés sans l'appoint préalable des mots qui, du fait même qu'on les prononce, rendent soudain possible une performance à laquelle on n'aurait même pas osé penser, sans le pouvoir qu'ont les mots de *décrire*, avant qu'on s'aventure plus avant, quelque acte apparemment extravagant et irréalisable. Car ce qui est dicible n'est pas loin de ce qui est dit, ce qui est dit n'est pas non plus très loin de ce qui est réalisable, ce qui enfin est réalisable frôle de près le domaine de ce qui pourrait être un jour bel et bien réalisé – comme on peut l'observer, par exemple, dans *Les Liaisons dangereuses* de Laclos. Hegel disait que la liberté consiste dans la conscience que l'esprit se donne. Je dirais pour ma part, dans un sens qui me paraît assez voisin, que le pouvoir d'agir dépend dans une grande mesure du vocabulaire dont nous disposons ainsi que de la manière plus ou moins opportune dont nous savons le faire fructifier ».

Les mots, la pensée et enfin l'action.

Dans *Introduction à la métaphysique* (1952)[7], Martin Heidegger explique : « De quel genre est-ce *nommer* ? Que veut dire même en général *nommer* ? Nommer consiste-t-il dans le fait d'affubler quelque chose d'un nom ? Et comment en vient-on à un nom ? [...]. Le verbe "nommer" dérive du substantif "nom". Là-dedans persiste la racine "gno", c'est-à-dire, connaissance. Le nom fait faire connaissance. Qui a un nom est connu au loin. Nommer c'est-à-dire montrer [...]. Nommer dévoile, libère de l'abritement. » Ou encore : « Les noms sont des mots qui exhibent. Ils présentent à la représentation ce qui est déjà. Par la vertu de l'exhibition, les noms attestent leur souveraineté magistrale sur les choses. »

Réseaux, pouvoir, puissance

L'émergence du crime comme problème géopolitique majeur ne s'apparente pas à une mode éphémère. Loin d'être un de ces « mouvements de surface » dont parlait l'historien Fernand

Braudel, le crime de niveau stratégique apparaît comme un élément de *changement durable* dans les relations internationales. Un nouvel acteur s'est ainsi imposé sur la scène géopolitique, sans invitation ni annonce officielles par une quelconque instance politique traditionnelle. Ce constat dérange. L'*acteur criminel* manque d'honorabilité. L'objet ne possède pas tous ses quartiers de noblesse. Qui ose alors se pencher sur lui ? La *perception* du crime est encore largement marquée par la marginalité, l'exceptionnel, le fait divers, l'accessoire, le folklore. Pourtant, le fait social (marginal) est devenu un fait politique (majeur). Pour certains, la *matière criminelle* sent encore trop la rue et pas assez les lambris pour mériter une attention sérieuse. Or ce statut mineur et quelque peu folklorique constitue un obstacle important à une prise de conscience de sa dimension nouvelle, celle de la poussée du monde criminel vers le centre.

Du temps de la guerre froide, le crime était certes une réalité souvent inquiétante et parfois perturbatrice, mais rarement un facteur déterminant de compréhension des enjeux internationaux (guerres, commerce, etc.). Avec la fin de l'ère bipolaire, le crime est sorti de son rôle marginal pour accéder au centre de la société humaine. Ce saut qualitatif de la marginalité vers le centre doit nous inciter à une révision déchirante : il nous faut cesser de considérer l'État comme l'unique siège de coercition et d'influence du monde moderne. Les mafias sont devenues des *puissances* à part entière. Le concept est ici entendu à la façon de Max Weber : « *Puissance* [*Macht*] signifie toute chance de faire triompher au sein d'une relation sociale sa propre volonté, même contre des résistances, peu importe sur quoi repose cette chance[8]. » N'y voir qu'une simple facilité de langage serait une dangereuse illusion. Les mafias disposent désormais de tous les *attributs de la puissance* d'un acteur (géo)politique.

En pleine guerre froide, Raymond Aron a donné une analyse désormais classique de la puissance : « Au sens le plus général, la puissance est la capacité de faire, produire ou détruire. Un explosif a une puissance mesurable et, de même, une marée, le vent, un tremblement de terre. La puissance d'une personne ou d'une collectivité n'est pas mesurable rigoureusement en raison même de la diversité des buts qu'elle s'assigne et des moyens qu'elle emploie. Le fait que les hommes appliquent leur puissance essentiellement sur leurs semblables donne au concept, en politique, sa signification authentique. La puissance d'un individu est la capacité de *faire*, mais, avant tout, celle d'influer sur la conduite ou les sentiments des autres individus. J'appelle puissance sur la scène internationale la capacité d'une unité politique d'imposer sa volonté aux autres unités. En bref, la puissance politique n'est pas un absolu mais une relation humaine[9]. » La puissance ainsi entendue est une mise en œuvre de *forces* (militaires, économiques ou morales) « dans des circonstances et en vue d'objectifs déterminés[10] ». La puissance désigne à la fois un rapport entre les hommes et un potentiel d'action (une capacité et non un acte) sur les hommes. Dans le même ouvrage, Raymond Aron donne la liste des éléments constitutifs de la puissance, quels que soit les siècles : *le milieu* (espace), *les ressources* (nombre d'hommes et matériaux) et *la capacité d'action collective* (organisation, commandement, discipline, solidarité). Ces critères s'appliquent parfaitement aux mafias qui, comme nous le verrons plus loin, sont le plus souvent des réalités territoriales, fermées, riches, disciplinées, animées d'un véritable dessein collectif. Même un critère aussi apparemment étranger que le contrôle des ressources naturelles peut s'appliquer à plein. Il suffit pour cela de connaître la situation de rareté de l'eau en Sicile et la manière dont Cosa Nostra gère son débit – sa pénurie, en fait – pour mesurer la réalité d'une puissance discrète.

Contrairement à une idée un peu convenue, la fin de l'ère bipolaire n'a pas remis en cause ces critères traditionnels de la puissance. Brièvement (1989-2001), certaines illusions sur les nouveaux déterminants de la puissance se sont exprimées. Il était question de *soft power* (connaissance, culture, idéologie, information) ou de l'*interdépendance économique* et de *la richesse des nations* (mondialisation des échanges). En résumé, la maîtrise des flux intellectuels (influence, attraction) et économiques (prospérité) devait constituer les nouvelles sources de la puissance. L'argent et la communication devaient à eux seuls redéfinir les fondements de l'action collective. Quelques attentats et crises majeures plus tard, le réel s'est à nouveau imposé, et il a fallu admettre que des innovations technologiques et intellectuelles – mêmes importantes – ne pouvaient à elles seules bouleverser les fondamentaux de la puissance. En résumé, nous sommes revenus à des fondamentaux qu'une passagère euphorie nous avait fait oublier. On a alors redécouvert simplement le rôle de l'État dans le contrôle de l'espace et des ressources (individus, biens et services). Subitement, le *soft power* a fait pâle figure face à un indispensable et premier *hard power*. En revanche, le bouleversement stratégique et géopolitique né de la disparition de l'ordre bipolaire a fait émerger sur la scène internationale de nouveaux acteurs – les Organisations criminelles transnationales (OCT) et les mafias – dotés de cette puissance traditionnelle. Acteurs qui, vivant dans le monde réel, ne se sont jamais bercés d'illusion sur les déterminants réels de la puissance.

Mais, à la différence des acteurs classiques dotés de la puissance traditionnelle comme les États, les mafias fonctionnent aussi en *réseaux*, horizontalement, donnant à leur action collective une capacité supplémentaire de mouvement et d'adaptation. De la sorte, les flux des puissances mafieuses mettent en échec les postures statiques et verticales des États-nations.

D'autant que la nature réelle du *pouvoir* mafieux n'a rien de bienveillant. Ce *pouvoir* éminemment temporel est-il, pour reprendre une distinction chère à Raymond Aron[11], de type économique (la richesse), politique (l'autorité légitime) ou militaire (les armes) ? À la base, le pouvoir mafieux est d'essence militaire : la force brute procurant ensuite richesse et légitimité. C'est un pouvoir de rue, de faubourg, de bas-fonds quelle que soit l'ascension sociale ultérieure de ses chefs. La violence conduit à l'argent, puis se blanchit, s'embourgeoise, se légitime enfin. La relation causale est ici clairement chronologique. Cependant, sa nature profonde est militaire. La violence demeure en toute hypothèse sa source, sa raison d'être et son appui ultime.

Le pouvoir mafieux est par ailleurs *autonome*. Il se suffit à lui-même, puise sa vitalité, sa légitimité et sa raison de manière interne. Il ne dépend dans ses objectifs et dans ses moyens d'aucun donneur d'ordre extérieur. Une mafia donne des ordres et n'en reçoit pas. L'idée par exemple d'un « troisième niveau » n'a pas de sens. Dans les années 1980, la presse italienne avait popularisé la thèse selon laquelle à la Mafia agricole (« premier niveau »), celle des origines, avait succédé dans les années 1960 une mafia urbaine (« deuxième niveau »), puis une mafia politique (« troisième niveau ») tirant les ficelles. Sans même évoquer la dimension conspiratrice de cette vision, elle renvoyait l'image erronée et rassurante d'un pouvoir mafieux soumis et subsidiaire : de simples marionnettes manipulables.

À quoi reconnaît-on un pouvoir autonome ? Par exemple à sa capacité à se soustraire à un autre pouvoir, en principe premier et supérieur. Ainsi, comment ne pas être fasciné par les exemples fournis par deux chefs successifs de Cosa Nostra de Sicile, Salvatore « Toto » Riina et Bernardo « Binu » Provenzano ? Ces deux hommes parviennent sur la longue période à vivre dans la clandestinité, en restant en Sicile, alors qu'ils sont – en principe – recherchés par la justice. Toto Riina pendant 23 ans (1970-1993) jusqu'à son arrestation. Et Bernardo Provenzano a échappé à la justice pendant 43 ans, de 1963 à 2006 (date de son arrestation), tout en prenant la succession de Toto Riina et en réorganisant Cosa Nostra. Pourtant, la clandestinité coûte cher et suppose des affidés compétents et en nombre. Pouvoir se soustraire de la sorte à l'État sur la durée est manifestement le signe d'un réel pouvoir politique et financier doublé d'un contrôle territorial dont peu d'entités peuvent aujourd'hui se targuer.

La constitution des mafias en *phénomènes de pouvoir* représente aussi l'élément de différenciation crucial par rapport à d'autres formes de criminalité organisée qui, peu ou prou, ne sont que des phénomènes de simple marginalité relevant de la criminologie classique. Mais cet objet mafieux, dont on voit désormais qu'il concerne décidément la géopolitique, quel est-il ? Comment fonctionne-t-il ? Comment se répand-il ? Tel est l'objet de la deuxième partie de cet ouvrage.

DEUXIÈME PARTIE

Expansion des mafias : l'approche géopolitique

Dans cette deuxième partie, nous tenterons de montrer l'emprise politique et géographique des 9 mafias sur une partie du monde moderne. D'abord, nous décrirons chacune de ces mafias dans son histoire récente, en détaillant ses spécialités criminelles et sa diffusion mondiale (chapitre IV). Puis nous envisagerons spécifiquement leur dimension géographique en revenant précisément sur leurs berceaux historiques qui, nonobstant leurs diffusions mondiales, constituent encore aujourd'hui leurs bastions (chapitre V). Ensuite, nous réfléchirons, partant de l'histoire, aux modalités de cette expansion mondiale, et ce afin de répondre à cette simple question : comment ces mafias ont-elles pu se développer de manière si inquiétante ? (chapitre VI). Enfin, nous envisagerons les modalités au quotidien de cette expansion (chapitre VII).

Chapitre IV

LE « G. 9 » DU CRIME ORGANISÉ

Pourquoi parler de « G. 9 » des mafias par référence au fameux club des plus grands pays industrialisés de la planète, le « G. 7, G. 8 » ? Non pour évoquer un fantasmatique « gouvernement mondial du crime » mais plutôt pour souligner l'*expansion et la puissance nouvelles* de ces entités criminelles hors normes. Entités dont les relations sont plus fondées sur le *partenariat ponctuel* que sur l'affrontement direct. Les mafias développent des *stratégies* de répartition des *sphères d'influence* et de *maximisation des profits* qui les incitent plus à la coopération et au partage qu'à la guerre entre elles.

EUROPE (ITALIE)

Cosa Nostra de Sicile[1]

La première référence connue de l'existence de la Mafia-Cosa Nostra remonte à 1837 dans un rapport écrit du procureur général de Trapani, Pietro Calà Ulloa, au ministre de la Justice d'alors. Le procureur décrit la Mafia telle que nous la connaissons aujourd'hui. Pietro Ulloa n'utilise pas le mot « Mafia » : il parle de *fratellanza*. Puis le mot « Mafia » apparaît en 1863, dans une comédie populaire à grand succès, intitulée *I Mafiosi della Vicaria* – il s'agit d'une prison de Palerme. Une autre trace écrite officielle surgit en 1865, quand un officier de police sicilien enregistre l'arrestation d'un suspect pour complicité d'« un crime de mafia » (*un delitto di mafia*).

Cosa Nostra de Sicile est à la fois le modèle historique et la référence permanente de ce qu'est aujourd'hui une véritable superpuissance criminelle. Pour autant, sa genèse réelle est obscure. La thèse la plus communément admise tente de trouver ses origines dans deux phénomènes historiques du XIXe siècle : la désintégration du féodalisme et le latifundisme insulaire. En opposition avec le pouvoir de Naples, les riches propriétaires terriens de l'île se seraient appuyés sur des compagnies de gardes privés sans scrupule (*gabellotti* et *campieri*) leur permettant de réprimer les nombreuses révoltes paysannes. Ces gardes se seraient enrichis et auraient conquis leur autonomie, pour ensuite créer Cosa Nostra. On est donc loin de la mythologie populaire faisant des mafieux des libérateurs et des défenseurs des pauvres. Les premiers mafieux – et les autres par la suite – seraient plutôt des défenseurs des privilégiés. L'origine du *mot* est tout aussi obscure que celle de la *Chose*. La quête de son sens réel et premier ne présente d'ailleurs qu'un intérêt mineur tant les versions divergent. La question apparaît d'autant plus mineure que les mafieux tant siciliens qu'américains ont, semble-t-il, toujours privilégié le terme de *Cosa Nostra* (*Notre Chose*) plus neutre et désignant un entre-soi très caractéristique. Mafia est en fait un mot pour les médias et le public[2].

Les descriptions de Cosa Nostra depuis le XIXe siècle démontrent de manière troublante la très grande permanence des structures, des rites d'initiation et de l'implantation des Familles de l'île, comme si le temps n'avait eu qu'une prise très relative sur cette réalité sociale.

Les « hommes d'honneur » sont tous affiliés à une Famille, connue sous le nom très révélateur de *cosca* (« cœur d'artichaut », *cosche* au pluriel). Chaque Famille gouverne un territoire délimité. Le respect du principe est si poussé que, par exemple, un mafieux doit obtenir une autorisation de la Famille locale, s'il souhaite simplement acheter une maison ou un terrain sur le territoire d'une autre *cosca*. Ce territoire de base est une commune et ses alentours ; et, à Palerme, un quartier (*borgata*). Sur ce territoire souverain, aucune autre Famille ne peut agir sans autorisation préalable. À Palerme règnent une ou plusieurs Familles par quartier (environ 70 à 90 Familles pour Palerme et sa banlieue), alors qu'ailleurs dans l'île une seule Famille contrôle une agglomération. Une Famille prend généralement le nom du lieu où elle opère ; sinon la Famille porte le nom de son chef historique. Le responsable de la Famille est en principe élu par les autres membres de la Famille. Il est désigné sous le vocable de *rappresentante* (représentant) ou de *capofamiglia* (chef de Famille).

Encore faut-il ne pas trop idéaliser ce principe démocratique. Ici, comme dans d'autres systèmes sociaux, ce principe démocratique est fréquemment violé par une nette tendance à l'oligarchie et surtout par la violence intrinsèque des liens mafieux : le pouvoir se prend plus qu'il ne se donne. L'élection est un processus formel qui consacre d'abord des rapports de force et de pouvoir prédéterminés. Selon le repenti Leonardo Messina, il faut au moins dix hommes d'honneur pour constituer une Famille. Pour des raisons de sécurité et d'élitisme, les Familles ont volontairement un nombre restreint d'« hommes d'honneur ». En 1993, la Famille de Corleone ne comptait que 39 initiés, y compris les fugitifs et les emprisonnés. D'autres *cosche* ont des dimensions moins modestes. À la même époque, la Famille palermitaine de Corso dei Mille regroupait 65 initiés (et 39 associés). En moyenne, une Famille sicilienne regroupe entre 25 et 30 « hommes d'honneur ». Face à la criminalité ordinaire, les Familles mafieuses se retrouvent donc parfois en grande infériorité numérique, quel que soit par ailleurs le nombre de leurs associés. Ainsi, la Famille de Catane dirigée par Benedetto Santapaola n'a, semble-t-il, jamais dépassé les 10 initiés, ce qui la plaçait en grande vulnérabilité dans les années 1970 face à des gangs locaux nombreux et actifs (les Cursoti, les Laudani, les Pillera-Cappello, etc.). Mais, en décidant d'initier Guiseppe Pulvirenti, le puisant chef d'une grande partie de la criminalité locale, la Famille de Catane put rétablir un réel équilibre des forces. L'initiation de Pulvirenti permit d'inclure automatiquement dans la sphère de Cosa Nostra de Catane comme associés tout son gang. L'anoblissement du chef de gang pacifiait et équilibrait la situation criminelle.

Les Familles se concentrent essentiellement dans la partie occidentale de l'île. Hier comme aujourd'hui, qui commande Palerme commande l'île. Et aussi au-delà. Il arrive en effet que des membres d'une Famille quittent la Sicile. Le droit de constituer sur place, à l'étranger, une nouvelle « équipe » (*decina* : dizaine) et plus rarement une nouvelle Famille peut leur être reconnu.

Cependant, même après plusieurs générations, cette équipe ou cette Famille reste subordonnée hiérarchiquement à sa Famille d'origine. Ainsi les initiés présents aujourd'hui encore dans la partie néerlandaise de l'île de Saint-Martin (Antilles) dépendent-ils toujours de la Famille Benedeto Santapaola de Sicile (Catane).

Une *Commission interprovinciale* (souvent improprement appelée « Coupole » par les forces de police) regroupe les représentants (*capomandamenti*) des Familles de toute l'île et sert de sorte d'exécutif régulant les conflits. Chaque *capomandamento* représente le territoire de 3 ou 4 Familles (« canton » ou *mandamento*[3]). L'institution de la Commission est née dans les années 1970 (probablement en 1975). Il existe également une Commission spécifique pour les seules Familles de Palerme depuis 1957. Cosa Nostra de Sicile a importé cette institution des États-Unis, où elle fonctionne depuis les années 1930.

L'histoire récente de Cosa Nostra est marquée par la prise de pouvoir dans les années 1980 par la *cosca* de Corleone, agglomération de la province de Palerme. Ceux que l'on appelle les *Corleonais* sont en fait historiquement une coalition formée par la *cosca* de Corleone (Toto Riina, Bernardo Provenzano, etc.) et leurs alliés au sein des autres Familles de l'île. Ces Corleonais – que les chefs palermitains appelaient au début avec mépris « U Viddanu » (« les ploucs, les péquenots ») – réalisent un coup de force sanglant sur plusieurs années (1980-1983) qui se solde par des centaines de morts parmi leurs opposants au sein de Cosa Nostra (faction dite Inzerillo-Bontate). Au même moment, les Corleonais assassinent les principaux représentants de l'État pouvant créer un danger ou un obstacle (policiers, juges, élus). Cette guerre des Familles (« la seconde guerre de Cosa Nostra », la première remontant aux années 1960) provoque une succession de repentances judiciaires, dont celles célèbres et efficaces de Tommaso Buscetta (1984), Salvatore Contorno (1985), Antonino Calderone (1987) et Francesco Marino Mannoia (1989). Leurs témoignages viennent apporter la preuve définitive de l'existence de Cosa Nostra en tant qu'entité formelle et hiérarchisée (« organisation »). Ce que la presse résumera sous le vocable de *Théorème Buscetta*. Au milieu des années 1990, sur 1 200 repentis appartenant à des organisations criminelles, 35 % proviennent de Cosa Nostra. Surtout, ces aveux conduisent aux fameux maxi-procès, dont celui de Palerme (1986-1987). S'estimant en état de légitime défense face à un État – en fait quelques magistrats et policiers – devenu anormalement agressif et une Démocratie chrétienne désormais incapable de

L'organisation traditionnelle de Cosa Nostra en Sicile

En 1994, le repenti Tommaso Buscetta décrit la structure type de Cosa Nostra. Ce schéma n'a pas fondamentalement évolué depuis[4].

Cosa Nostra se présente comme une pyramide. À la base, les *soldats* (*soldati* en italien) ou *hommes d'honneur* (*uomini d'onore* en italien) qui appartiennent tous à l'entité de base, la *Famille* (*famiglia* en italien) ou *cosca* (*artichaut* en français). La taille des Familles évolue de quelques dizaines de membres à deux cents pour les plus grandes (à Palerme). Un groupe de 10 soldats forme une *dizaine* (*decina* en italien) avec à sa tête un *chef de dizaine* (*capodecina* en italien). Une Famille est gouvernée par un *chef* (*capo* en italien), théoriquement élu, également connu sous le vocable de *représentant* (*rappresentante* en italien) qui choisit son adjoint (*vice capo* en italien). Est aussi élu un *conseiller* (*consigliere* en italien) théoriquement choisi sur la base de l'expérience et de l'âge. En cas d'empêchement pour le chef d'exercer ses fonctions (isolement carcéral par exemple), l'autorité est assurée provisoirement par un *régent* (*reggente* en italien). Trois ou quatre Familles sur une aire géographique déterminée composent un *mandamento* avec à sa tête un chef (*capomandamento* en italien) élu à la *commission provinciale* (*commissione* en italien) pour 3 ans. Il y a une commission pour les provinces d'Agrigente, Caltanissetta, Catane, Trapani et Palerme, là où historiquement la présence mafieuse est la plus dense[5]. Une Commission interprovinciale (*Commissione interprovinciale* en italien) ou Région (*Regione* en Italien), dominée par les Familles de Palerme et de sa province constitue en fait l'organe de régulation ultime.

Capo interprovinciale ou *capo dei capi*
Commissione interprovinciale
Capo commissione-commissione
(des provinces d'Agrigente, Caltanissetta, Catane, Trapani et Palerme)
Capo mandamento/mandamento (3 Familles)
Capo Famiglia-Famiglia
Vice capo, Consigliere, Reggente
Capodecina
Soldati

les aider, les Corleonais optent alors pour une stratégie de confrontation brutale de type terroriste : assassinats des magistrats Giovanni Falcone et Paolo Borsellino, de politiciens naguère amis de la Démocratie chrétienne comme Salvo Lima (1992), etc. En juillet 1992, le gouvernement de Giuliano Amato décide ainsi d'envoyer en Sicile 7 000 militaires afin de ramener l'ordre et de rassurer la population. À cette date, l'ensemble des forces de sécurité présentes sur l'île se monte à environ 27 000 personnes, soit un record de 1 pour 185 habitants. « L'opération Vêpres siciliennes » est destinée à permettre à l'État de se réapproprier le contrôle physique du territoire et le monopole de la violence légitime. Malgré son efficacité, l'opération s'arrête l'année suivante. La stratégie de terrorisme des Corleonais se poursuit par la campagne d'attentats à la bombe commis à Rome, Milan et Florence (1993). Dans quel but ? L'explication se trouve peut-être dans ce propos de Salvatore « Toto » Riina rapporté par un repenti : « Vous devez faire la guerre pour négocier la paix[6]. » Créer une situation de désorganisation telle que l'État soit obligé de desserrer l'étau sur Cosa Nostra[7]. Le terrorisme aurait eu une fonction classique de message politique et de demande d'ouverture des négociations.

Cependant, Toto Riina, devenu le chef incontesté, accentue la centralisation de Cosa Nostra. Ainsi, afin de renforcer son contrôle sur les Familles situées hors de la province de Palerme, Toto Riina introduit au milieu des années 1980 une nouvelle fonction : l'« ambassadeur ». C'est un représentant direct des Corleonais dans les provinces qui peut contacter directement les « hommes d'honneur » des différentes Familles, en s'affranchissant de la hiérarchie, et ce pour obtenir des informations ou même leur donner des ordres.

La politique de terrorisme cesse avec l'arrestation de Toto Riina (1993)[8]. Son successeur à la direction de Cosa Nostra, Bernardo Provenzano, décide de revenir à une stratégie plus classique d'enfouissement, de silence et de discrétion. Un mot d'ordre : se faire oublier. On suggère même que Bernardo Provenzano aurait « facilité » l'arrestation d'un Toto Riina devenu encombrant. Il convient en effet de quitter la première page des journaux pour redevenir invisible. Plus question de « cadavres d'excellences » ou d'attentats. D'ailleurs, les historiens de la chose mafieuse savent que Cosa Nostra connaît cycliquement ces périodes d'immersion pour sortir d'une phase difficile. Le calme et l'oubli lui permettent ainsi de rétablir son pouvoir territorial. L'État et l'opinion s'imaginent alors que Cosa Nostra est affaiblie alors qu'elle n'est que plus dissimulatrice. Parallèlement, Bernardo Provenzano semble avoir restreint le nombre de nouveaux initiés et renforcé les critères de sélection afin de juguler les risques de trahisons (repentis). Des repentances qui, au-delà des conséquences judiciaires, ne peuvent qu'affaiblir le sentiment de confiance mutuelle que les initiés doivent développer entre eux. Par ailleurs, le centralisme excessif imposé par Toto Riina semble également avoir vécu. Celui que sa force fait surnommer « 'U Tratorri » (le tracteur) a repris en main Cosa Nostra d'abord comme *régent* (chef intérimaire quand le titulaire est empêché d'exercer ses fonctions) puis comme *Capo di tutti capi* (chef de tous les chefs).

Le cas de Bernardo Provenzano n'est pas banal. Il est en principe recherché pour le meurtre d'un gangster rival, Francesco Paolo Streva, à partir de septembre 1963 ; une prime de 4,5 millions de dollars est promise pour son arrestation. Plus de quatre décennies de fuite ! La dernière photo connue de lui date de 1959. En réalité, sa traque n'a réellement débuté qu'après les assassinats des juges Giovanni Falcone et Paolo Borsellino (1992), organisés avec Toto Riina. Jusque-là une certaine tolérance ambiante n'avait pas rendu les autorités très motivées pour se lancer à sa recherche. Bernardo Provenzano est finalement interpellé en avril 2006, en Sicile, à Corleone (!), le jour même où la droite italienne menée par Silvio Berlusconi perd les élections législatives ; probablement un heureux hasard...

Les succès judiciaires remportés par l'État italien dans les années 1980-1990 ont inévitablement suscité des analyses rapides et naïves sur « les dernières années de la Mafia ». Succès très relatifs à l'examen, nombre de procès ayant au final échoué, en appel ou en cassation, à obtenir des condamnations définitives contre les mafieux interpellés.

D'autant que Cosa Nostra a manifestement surmonté cet orage judiciaire. Les chiffres officiels des services de l'antimafia montrent que Cosa Nostra a su reconstituer ses forces. En 1985, la Sicile comptait 181 Familles et 5 487 initiés. Puis 5 400 en 1995, 5 700 en 1996 et 5 500 en 1997. En 2002, l'île compte une centaine de Familles, dont plus de 70 dans la seule province de Palerme, avec au total 5 200 initiés. Est-ce là le visage d'une défaite ? On peut évidemment rappeler avec bon sens, comme le fit en son temps le juge Giovanni Falcone, qu'aucun phénomène social n'est éternel. Il n'en demeure pas moins que Cosa Nostra ne présente pas à l'aube du XXIe siècle l'aspect d'un moribond.

Ainsi, l'emprise de Cosa Nostra sur la vie politique de l'île ne se dément pas. Hier *via* la Démocratie chrétienne, aujourd'hui, souvent, par l'entremise de Forza Italia, le parti de Silvio Berlusconi (apparu en 1993). Pour se convaincre de cette mainmise sur la vie politique locale, rappelons que de mai 1991 à décembre 2000, 30 conseils municipaux ont été dissous en Sicile par l'État pour collusion mafieuse. Si la collusion entre Cosa Nostra et une partie de la Démocratie chrétienne est désormais un fait historique documenté, incontestable et appartenant au passé, celle de Cosa Nostra et de Forza Italia reste à écrire.

Un temps chauffeur de Bernardo Provenzano, le repenti Antonino Giuffrè a fait des révélations devant le tribunal de Palerme (janvier 1993). Au centre de ses déclarations, Marcello Dell'Utri[9], un ami et collaborateur de Silvio Berlusconi depuis 1974 – en l'occurrence P-DG de *Publitalia* (1983), la société publicitaire de *Fininvest*, l'empire médiatique de Berlusconi[10]. Antonino Giuffrè explique que le futur président du Conseil a régulièrement rencontré les chefs de Cosa Nostra dans les années 1980. À cette époque, Silvio Berlusconi redoute les enlèvements. Pour le rassurer, M. Dell'Utri lui présente un ami, le mafieux Vittorio Mangano[11], qui devient officiellement le palefrenier de la somptueuse villa d'Arcore, près de Milan. Depuis les années 1970, il règne en effet une atmosphère pesante pour les entrepreneurs milanais : enlèvements, attentats, racket. L'insécurité règne. Subitement, dès l'arrivée de Vittorio Mangano à Arcore en 1974, les dangers planant autour de Silvio Berlusconi semblent brutalement s'évanouir. Comme si le palefrenier avait aussi révélé des qualités de garde du corps-assureur. Il se peut même que Vittorio Mangano utilise alors sa position privilégiée pour transformer les villas de Silvio Berlusconi en refuges pour mafieux en fuite[12]. La présence de Vittorio Mangano facilite aussi les contacts les moins avouables, comme le précise Antonino Giuffrè : « Quand Vittorio Mangano a été embauché à Arcore, le *Boss* [de Palerme] Stefano Bontate et d'autres personnes qui lui étaient proches rencontraient Berlusconi avec l'excuse d'aller chez Mangano. » Et encore : « Marcello Dell'Utri était une personne proche de Cosa Nostra, sérieuse et à laquelle on pouvait se fier. » Antonino Giuffrè va loin dans ses accusations. Il affirme avoir participé à une réunion, en janvier 1993, de la Commission de Cosa Nostra au cours de laquelle Dell'Utri fut défini comme « l'un des canaux par lequel Cosa Nostra avait obtenu des garanties politiques pour le futur de l'organisation » ; « Provenzano m'a dit en 1993 que, grâce à la naissance de ce parti politique [Forza Italia], il pensait que les problèmes de Cosa Nostra pourraient être résolus dans un délai de dix ans. » Antonino Giuffrè précise que Cosa Nostra a fait voter pour Forza Italia aux élections législatives de 1994 et 2001. Si l'on en croit le repenti, Cosa Nostra et le jeune parti de Silvio Berlusconi avaient conclu un accord informel : Bernardo Provenzano conservait un profil bas, soutenait Forza Italia, et en échange ce parti assouplissait le régime de détention des mafieux emprisonnés, revoyait la loi sur les repentis et atténuait les peines contre les membres de Cosa Nostra.

Finalement, le 11 décembre 2004, après 7 ans de procès, le tribunal de Palerme condamne le sénateur à vie Marcello Dell'Utri à 9 ans de réclusion criminelle pour « complicité d'association mafieuse », avec interdiction à vie de toute fonction publique. Les procureurs affirment que l'ami de Silvio Berlusconi a été « l'ambassadeur de Cosa Nostra à Milan » et qu'il a joué un « rôle charnière » entre la Fininvest et la Mafia depuis les années 1970 : il fut « le garant des intérêts mafieux à l'intérieur de la Fininvest ». Toujours selon l'accusation, M. Dell'Utri fut « l'intermédiaire et l'homme providentiel pour résoudre les problèmes d'organisation de la Mafia », spécialement en préparant *via* Forza Italia l'arrivée de « forces politiques bien disposées » à l'égard de Cosa Nostra.

En effet, se pose désormais la question de savoir si, au début des années 1990, les Corleonais de Toto Riina et Bernardo Provenzano n'ont pas décidé volontairement de changer de stratégie politique, de créer de nouvelles alliances et de nouveaux équilibres en abandonnant une Démocratie chrétienne usée et désormais incapable de leur garantir l'impunité et ce pour miser sur un homme et un parti nouveau : Silvio Berlusconi et Forza Italia. Bref, susciter une *nouvelle donne politique* à l'aide d'un *nouveau parti politique* afin de disposer d'interlocuteurs plus disponibles et plus efficaces. Aux élections de mars 1994, qui portent Silvio Berlusconi au pouvoir pour la première fois, la Sicile vote massivement pour l'alliance formée par Forza Italia, l'Alliance nationale et la Ligue du Nord (*Pôle des libertés*). En 2001 (pour la seconde victoire de Forza Italia), le parti de Silvio Berlusconi remporte en Sicile un succès électoral tel que même la Démocratie chrétienne à son apogée n'en a jamais connu. À ce jour aucune preuve formelle n'existe de l'association mafieuse de Silvio Berlusconi, en revanche nombre de ses élus sont compromis en Sicile et dans tout le Mezzogiorno.

S'il est encore difficile de démontrer l'existence d'un accord électoral formel entre Forza Italia et Cosa Nostra, il est évident que Cosa Nostra a fait voter pour les partisans de Silvio Berlusconi. Au minimum, ce nouveau parti a été *perçu* comme non hostile par les mafieux (de Sicile, des Pouilles, de Campanie et de Calabre). N'oublions pas que Silvio Berlusconi et Cosa Nostra nourrissent une même détestation, vitale d'ailleurs, pour le système judiciaire italien.

Au-delà du Mezzogiorno, Cosa Nostra de Sicile est présente dans le nord de l'Italie (Lombardie, Piémont, Toscane, etc.), en Europe (Allemagne[13], France, République tchèque, Grande-Bretagne, Belgique, Espagne[14]), en Russie, aux États-Unis, en Afrique noire (Afrique du Sud, Angola, etc.), en Amérique latine (Argentine, Bolivie, Brésil, Venezuela, Uruguay, Panama, Costa Rica, etc.), dans les Caraïbes et les Antilles néerlandaises (Saint-Martin).

Cosa Nostra tire toujours l'essentiel de ses revenus du racket, des marchés publics truqués et dans une moindre mesure du trafic des stupéfiants. Ce dernier marché semble avoir été partiellement déserté. Pourquoi ? On invoque souvent un manque de compétence opérationnelle ou un certain éloignement des routes actuelles du trafic. Ces explications semblent erronées. Il faut plutôt y voir un souci tactique face à la pression répressive sur ce secteur criminel. D'autres formes d'enrichissements criminels offrent en effet des gains au moins équivalents pour un risque judiciaire moindre.

Dans la seconde moitié des années 1980, une organisation concurrente s'est manifestée : la *Stidda* (« étoile, fragment, étincelle » en dialecte sicilien). Présente uniquement dans le sud de l'île, dans les provinces de Caltanissetta et d'Agrigente, la Stidda était composée de mafieux transfuges de Cosa Nostra qui avaient été « déposés », c'est-à-dire renvoyés. Imitant l'organisation et la culture de sa puissante rivale, la Stidda commença à sérieusement la concurrencer dans cette partie de l'île. Toutefois, le déclin de la Stidda se produisit à partir de 1993 sous l'action conjuguée de la répression étatique, de rivalités internes, de défections, de trahisons et de Cosa Nostra elle-même. D'ailleurs, était-il réaliste de vouloir concurrencer Cosa Nostra à domicile ? Les rapports entre Stidda et Cosa Nostra sont une longue suite de trêves, de conflits et parfois d'intégration de certains *stiddari* ou *stiddaroli* dans Cosa Nostra. La Stidda est désormais une histoire quasi enterrée[15].

La Ndrangheta (Calabre)[16]

L'existence de la Ndrangheta est attestée de façon certaine depuis les années 1880, par diverses condamnations judiciaires ; cependant la Ndrangheta est également signalée mais de manière moins nette depuis le XVIIIe siècle. Le mot dériverait du grec ancien, encore répandu dans les montagnes de l'Aspromonte, désignant « un homme noble et courageux ». Les ndranghetistes appellent parfois leur association l'*Onorata Società* (l'*Honorable Société*), vocable que Cosa Nostra utilisait également par le passé.

La Ndrangheta est composée de Familles, les *locali* (« places » en italien, *locale* au singulier) dont les multiples branches s'appellent les *N'drine* (*N'drina* au singulier), prenant d'ordinaire le nom de leur chef. Il peut même exister des sous-branches : les *sotto-'drine*. Les *N'drine* ont une large autonomie opérationnelle et administrative. Certaines ont parfois acquis une puissance supérieure à la *locale* dont elles dépendent. Les *locali* sont segmentées en deux sociétés parfaitement distinctes[17]. La relation entre une *locale* et les *N'drine* peut s'analyser comme le rapport entre une « Famille dominante » et des « Familles vassales ».

Selon le repenti Giovanni Gullà, durant les années 1970, les chefs les plus importants de la Ndrangheta, ceux traditionnellement désignés sous le nom de *mamma santissima*, introduisent une réforme destinée à accroître leur invisibilité et leur pouvoir en créant un niveau supérieur et caché : *la Santa*. Seuls les *santisti* sont censés se connaître entre eux. Ce niveau de pouvoir doit demeurer ignoré des autres membres de la Ndrangheta. La *Santa* forme une sorte de secte secrète à l'intérieur de la Ndrangheta. Puis, le rang de *santista* ayant eu tendance à se banaliser, le nombre des bénéficiaires augmentant, est apparue vers 1978 une fonction supérieure : *vangelo* (évangile). Ensuite, d'autres positions hiérarchiques ont été imaginées : *trequartino* (trois quarts), *quintino* (cinquième) et, tout en haut, *associazone* (société), un grade réservé aux plus hauts chefs. Cette réforme initiée par Girolamo « Mommo » Piromalli, chef de la Famille de Gioia Tauro, vient bousculer de nombreuses traditions de la Ndrangheta. L'invention des *santiste* devait faciliter le développement d'activités criminelles prohibées jusque-là, tels le trafic de drogue ou les enlèvements, ou très lucratives comme les marchés publics truqués. Les *santiste* vont ainsi pouvoir entrer en contact avec les institutions et le monde politique, en particulier *via* la franc-maçonnerie à laquelle désormais l'affiliation n'est plus interdite. La réforme ne prend corps qu'après la fin de la « première guerre de la mafia » (1974-1976) qui voit la défaite des chefs traditionnels et la prise de pouvoir des frères De Stefano dans la province de Reggio de Calabre.

Les Familles de la Ndrangheta nourrissent des liens plus étroits avec leurs familles biologiques que ceux existant, par exemple, dans Cosa Nostra. Là aussi, contrairement à sa consœur sicilienne, la Ndrangheta n'a pas le souci de limiter la taille de ses *locali*. Ces deux particularités expliquent pourquoi les ndranghetistes tentent souvent de maximiser le nombre de leurs descendants afin d'augmenter leur puissance. Par ailleurs, la Ndrangheta n'est pas la mafia désorganisée que l'on présente souvent. Les chefs des *locali* se rencontrent chaque année, à l'automne, en septembre. Cette réunion, connue sous le nom de *crimine*, sert à définir les stratégies et à résoudre les conflits entre les Familles. Il s'agit moins d'un organe de direction que d'un système de régulation. Lors de la *crimine*, chaque *capo società* rend compte devant ses pairs des principaux événements survenus sur son territoire (homicides, enlèvements, etc.), du nombre des nouveaux initiés et des punitions infligées aux membres de sa Famille. À chaque *crimine* un responsable est élu, le *capo crimine*, qui n'officie que pendant le temps de la réunion.

La Ndrangheta connaît malgré tout des périodes de guerre de Familles. Entre novembre 1985 et 1991, un conflit entre deux Familles de Reggio de Calabre, les De Stefano et les Imerti-Condello, fait environ 564 morts, soit la moitié des meurtres répertoriés pour la province durant cette période (1 038). Notons que Cosa Nostra joua – si l'on en croit des repentis – un rôle pacificateur important en incitant les parties à arrêter ces sanglants débordements. Il y eut toutefois une contrepartie à cette contribution de Cosa Nostra à la paix entre clans de la Ndrangheta. Cosa Nostra demanda et obtint de la Ndrangheta l'assassinat du juge calabrais Antonio Scopelliti qui devait conduire l'accusation contre elle devant la Cour suprême en janvier 1992. Réputé impossible à intimider et à corrompre, il devait être éliminé. Ce qui fut fait en août 1991 par des membres du clan De Stefano.

Leur consœur sicilienne incita aussi les chefs de la Ndrangheta à susciter un appareil de régulation fort et permanent, ayant un véritable pouvoir hiérarchique sur les *locali*, comparable à la

Commission de Sicile. Intitulé *camera di controllo* (chambre de contrôle), *camera di canalizzazione* (chambre de canalisation) ou plus simplement *province,* ce nouveau superorgane collégial de régulation serait composé de trois corps inférieurs dits *mandamenti* – comme en Sicile ! Ces trois entités représentent respectivement les chefs des trois principales parties de Calabre : Reggio de Calabre, Ionienne et Tyrrhénienne. La *province* a réussi – peut-être provisoirement – à faire baisser la violence entre les Familles. D'une centaine d'homicides jusqu'aux années 1990 dans la seule province de Reggio de Calabre, ceux-ci ont brutalement chuté pour presque disparaître : 15 en 1998, 13 en 1999 et 1 en 2000. La *province* remplit aussi d'autres fonctions : la relation avec les autres organisations criminelles, avec les loges maçonniques et le monde politique. Le repenti Pasquale Barreca de la Famille De Stefano en vient même à affirmer qu'en Calabre « la Ndrangheta et la franc-maçonnerie sont devenues une seule chose ».

La Ndrangheta connaît donc depuis les années 1990 un processus de centralisation qui correspond en fait à la nécessité de rationaliser l'utilisation d'une violence de plus en plus incompatible avec d'une part une insertion croissante dans les processus économiques et d'autre part une tolérance moins grande de l'opinion et des institutions.

Si l'on en croit le seul repenti Pasquale Barreca, cette innovation administrative s'est également traduite par l'adoption d'un nouveau nom pour la Ndrangheta : *Cosa Nuova* (*Chose Nouvelle*). Si ce changement de nom venait à être confirmé, il traduirait plus nettement encore l'influence de Cosa Nostra sur sa sœur calabraise. En fait, la Ndrangheta tend à se doter d'une organisation plus centralisée à l'image de Cosa Nostra.

L'influence de la Ndrangheta sur la vie politique locale n'est pas une chimère. Dans les petites et moyennes municipalités de Calabre, la Famille locale de la Ndrangheta peut contrôler jusqu'à 40 % des votes ; ce pourcentage décroît à 15 ou 30 % dans les villes plus importantes. On doit d'ailleurs, bien involontairement, à l'action de la Ndrangheta le fameux « décret Taurianova » (1991) – du nom d'une ville de Calabre dont le conseil municipal avait été compromis – qui permet au président de la République de dissoudre par décret les administrations locales dont les élus ont des liens directs ou indirects avec des entités mafieuses ou dont le fonctionnement est entravé par des menaces. L'infiltration mafieuse des élites locales est profonde puisque, de 1990 à 2003, pas moins de 24 administrations communales ont dû être dissoutes en raison de leur proximité avec la Ndrangheta.

La Ndrangheta sait profiter de sa situation géographique unique pour développer ses trafics avec l'Afrique du Nord, les Balkans et la Turquie.

Dans son rapport 2003, la Commission nationale antimafia précise, peut-être de manière excessive, que la mafia calabraise est devenue la première et la plus dangereuse des organisations criminelles présentes en Italie.

La Ndrangheta est implantée en Italie du Nord (Toscane, vallée d'Aoste, Vénétie, Trentin/Haut-Adige, Latium, Ligurie, Piémont et Lombardie/Milan), en Amérique du Nord (États-Unis, Canada) et du Sud (Brésil, Venezuela, Argentine, Colombie, etc.), en Europe (Albanie, France, Belgique, Allemagne, Pays-Bas, Espagne), en Russie, en Turquie, en Afrique du Nord et en Australie.

Il y aurait aujourd'hui environ 155 Familles criminelles – dont plus de la moitié à Reggio de Calabre – représentant environ 6 000 membres. Il s'agit d'un chiffre relativement constant si l'on se fie aux données officielles : 5 600 en 1995, 5 616 en 1996. Alors même que la Calabre compte environ 2 100 000 habitants. Le ratio Ndranghetistes/population en Reggio de Calabre est donc très élevé. Peu de régions au monde ont une telle concentration mafieuse.

La Ndrangheta est une mafia rurale, très violente, difficilement pénétrable. Jusqu'à présent les repentis y furent rares. L'importance des liens naturels/biologiques dans la structuration des Familles calabraises explique probablement l'hermétisme de la Ndrangheta. Un des principaux chefs de la Ndrangheta, Guiseppe Barbaro, est en fuite depuis 1987.

Longtemps connues pour ses enlèvements très médiatisés d'enfants de personnalités, les spécialités actuelles de la Ndrangheta sont plutôt le racket, les marchés publics truqués et surtout le trafic de stupéfiants. La Ndrangheta joue même un rôle central dans ce secteur et ce en association avec les cartels colombiens.

L'avenir de la mafia calabraise s'annonce sous de bons auspices : des flots d'argent affluent en effet dans une des régions les plus pauvres d'Europe. Ceux d'abord des fonds de développement de l'Union européenne. Ensuite, ceux de la construction du fameux « pont de Messine » devant relier le continent à la Sicile.

La Famille ndranghétiste

Une Famille Ndranghétiste est stratifiée en deux sociétés bien distinctes. Chaque société comporte des niveaux d'affiliation :

LA SOCIÉTÉ MAJEURE (società maggiore) :
Associazione o Società
Trequartino o quintino
Vangelista
Santista
Camorrista di sgarro
Camorrista

NB : À côté de ces différents niveaux d'affiliation, diverses fonctions existent : *capo locale* (« chef de Famille »), *capo società* (« chef de société » qui est l'adjoint du chef de Famille ; en fait les deux fonctions sont souvent confondues), *contabile* (« comptable » qui gère la caisse appelée *bacinella* ou *cassa comune*), *mastro di giornata* (« maître du jour » qui distribue le travail et transmet les ordres au chef de la société mineure), *mastro di buon ordine* (« maître du bon ordre » qui est une sorte de juge des conflits).

LA SOCIÉTÉ MINEURE (società minore)
Picciotto sgarrista (après six mois d'affiliation et une autre cérémonie)
Picciotto liscio (nouveaux affiliés)

NB : les *picciotti* peuvent être assignés à diverses fonctions : *capo giovane* (« jeune chef »), *picciotto di giornata* (« garçon de jour » qui distribue le travail parmi les autres *picciotti* et les coordonne) ou *puntaiolo* (« expert en couteau » qui s'occupe de la caisse).

La Camorra (Campanie[18])

La première preuve officielle de l'existence de la Camorra comme entité organisée date de 1820, à Naples. Un rapport de police relate alors une rencontre à but disciplinaire : le simple gang de rue a semble-t-il vécu, et un changement qualitatif est apparu avec l'idée de hiérarchie et de discipline. Dès 1860, il est établi que la Camorra ne se contente pas de pratiquer l'extorsion et s'est lancée dans la contrebande, pratique criminelle qui est encore sa grande spécialité. On a aujourd'hui oublié qu'au début du XXe siècle la Camorra est perçue, à tort ou à raison, comme l'organisation criminelle la plus puissante au monde.

Pour autant, la Camorra n'a jamais eu l'architecture unifiée et relativement homogène de sa consœur sicilienne. La Camorra s'est toujours caractérisée par une réelle instabilité de ses structures, ses incessantes luttes de gangs et une certaine dimension de « criminalité de voie publique ».

Le grand tournant se produit au cours des années 1970-1980. Il faut attendre l'initiative de Raffaele Cutolo pour voir apparaître une tentative de création d'une entité unifiée, rationalisée, sous l'autorité d'un seul chef, disposant d'un fonds idéologique. Raffaele Cutolo fonde la *Nuova Camorra Organizzata* (Nouvelle Camorra organisée, *NCO*) dans sa ville d'Ottaviano le 24 octobre 1970. Il impose serment d'initiation, statut et règles, afin de retrouver le souvenir de la Camorra du siècle précédent. Le fief de la *NCO* se situe plutôt à l'est de Naples (où se trouve Ottaviano), et Raffaele Cutolo le campagnard fait appel à l'identité de la Campanie rurale plus que de sa capitale Naples. Du fait de l'incessante incarcération de Raffaele Cutolo[19], la *NCO* est au départ un gang de prison qui parvient ensuite à étendre son empire sur toute la Campanie. Cette expansion se réalise d'ailleurs à grande vitesse. La *NCO* pratique d'abord l'extorsion à grande échelle sur le monde des affaires. Elle se lance ensuite dans le trafic de la cocaïne, l'héroïne faisant l'objet d'une plus grande vigilance policière et, alors, d'un quasi-monopole par Cosa Nostra. Le pouvoir de Raffaele Cutolo n'est pas sans partage. Il est contesté par divers gangs, regroupés autour de Michele Zaza, prenant l'appellation de la *Nuova Famiglia* (Nouvelle Famille, *NF*). Avec Michele Zaza, on retrouve : Antonio Bardellino, Lorenzo Nuvoletta, Carmine Alfieri, Pasquale Galasso. Michele Zaza, surnommé « le fou » (*o' pazzo*), est basé à Nola, dans la banlieue de Naples. Il est alors le grand spécialiste de la contrebande de cigarettes. La *Nuova Famiglia* entretient de très bonnes relations avec Cosa Nostra de Sicile. Marque suprême de confiance, ce fils de pêcheur de Portici avait même été coopté – selon Tommaso Buscetta – à la Commission de Cosa Nostra de Sicile. À partir de 1977, une vraie guerre fait rage entre les deux parties (« la première guerre de la Camorra »). De 1977 à 1983, plus de 1 500 personnes sont assassinées en Campanie. Michele Zaza et la *NF* en sortiront vainqueurs. L'affrontement est d'autant plus dur que les deux parties veulent alors s'approprier la manne financière venant de Rome. Le terrible tremblement de terre du

23 novembre 1980 (2 735 morts, 8 848 blessés, 300 000 sans abris) déverse en effet sur la Campanie 40 milliards de lires destinés à la reconstruction. La technique de la Camorra consiste à orienter l'argent de la reconstruction vers des « sociétés amies ». Ce drame marque un tournant dans l'histoire de la Camorra qui, en détournant une grande partie de l'aide, se transforme en véritable pouvoir économique. L'Italie découvre alors qu'il y a une autre entité criminelle au sud de l'Italie, aussi redoutable que Cosa Nostra.

La conjonction des profits tirés du trafic de stupéfiants et des subventions-crédits du tremblement de terre projettent la Camorra dans une autre dimension. La Camorra dispose désormais d'assez de ressources financières pour s'émanciper de sa dépendance à l'égard du pouvoir politique et, dans une moindre mesure, de Cosa Nostra de Sicile. La Camorra peut commencer ses investissements massifs dans l'économie légale : construction, tourisme, commerce, services, etc.

La Camorra de la *NCO* et de la *NF* attire à elle une foule de criminels. On estime ainsi à plus de 10 000 le nombre de leurs membres dans les années 1980.

Mais la dangerosité ou, plus simplement, la visibilité de Raffaele Cutolo sont devenues embarrassantes. Le 17 juin 1983, une opération coordonnée de la police et des carabiniers provoque l'arrestation de 800 camorristes. L'année suivante, Raffaele Cutolo tente en vain de tirer parti de son rôle d'intermédiaire et de négociateur dans l'enlèvement par les Brigades rouges du politicien démocrate-chrétien Ciro Cirillo[20]. En fait, la *NCO* est en déclin. Les partisans de la *Nuova Famiglia* ont gagné la partie. La guerre qui oppose la *NF* et la *NCO* aura fait environ 600 morts en trois ans. La *NCO* n'a pas survécu à ses péchés de jeunesse : violence excessive et arrogance. Tous les chefs de la Camorra ne tomberont pas dans ces travers. Ainsi, les frères Nuvoletta (Angelo, Ciro, Gaetano et Lorenzo), issus de la petite ville de Marano au nord de Naples, savent former une Famille criminelle tout empreinte de la discrétion de leurs alliés de Cosa Nostra. Dans les années 1980-1990, une autre figure s'affirme au sein de la Camorra en la personne de Carmine Alfieri. Sa prise de pouvoir se fait dans la violence (« deuxième guerre de la Camorra »).

En effet, la Démocratie chrétienne semble alors avoir décidé de soutenir une faction de la Camorra moins voyante que la *NCO* de Raffaele Cutolo. Car à Naples aussi, l'histoire de la Camorra après la libération de l'Italie est, comme en Sicile, indissociable de celle de la Démocratie chrétienne. Avec une nette corrélation entre les territoires tenus par les Familles de la Camorra et les succès électoraux de la Démocratie chrétienne. Ainsi la compromission du maire démocrate-chrétien de Naples Antonio Gava, d'abord avec Raffaele Cutolo puis avec Carmine Alfieri, est-elle devenue un cas d'école.

Au début des années 1990, Gennaro Licciardi fonde dans un quartier nord de Naples (Secondigliano) l'*Alliance de Secondigliano* dont la direction sera reprise après sa mort par sa sœur Maria, finalement arrêtée en juin 2001.

Un optimisme naïf avait prévalu au milieu des années 1990 avec l'arrestation de Carmine Alfieri (1992 ; devenu repenti en 1993) et la mort des principaux chefs de la Camorra : Gennaro Licciardi, Lorenzo Nuvoletta et Michele Zaza (1994). À tort, car le pouvoir de la Camorra est toujours intact. Et de nouveaux noms ont fait leur apparition : Edoardo Contini, Guiseppe Misso, Pasquale et Salvatore Russo, Michele Zagaria, etc.

La Camorra a pour activités criminelles majeures et traditionnelles le racket des commerçants, l'usure, les marchés publics truqués, le trafic de drogue et de cigarettes. La Camorra s'est aussi diversifiée : trafic d'armes, d'êtres humains, prostitution, etc. Il est fort possible que la captation des marchés publics soit aujourd'hui la principale source de revenus de la Camorra.

La Camorra a su infiltrer toute la société de Campanie. Les syndicats de salariés par exemple, ce qui est loin d'être neutre dans une région structurellement rongée par le chômage et la pauvreté. La classe politique également, au point qu'aucune élection ne peut se gagner sans la Camorra, dans les zones de Campanie où elle est influente. La capacité désormais avérée de la Camorra à déplacer des votes nombreux fait de cette entité criminelle un acteur politique à part entière. La Camorra dispose de ses propres candidats ou donne son imprimatur à d'autres. Sans exagérer, la situation politique de la Campanie peut être qualifiée de dramatique en raison du rôle central joué par la Camorra dans le jeu électoral. Deux exemples tirés de l'histoire récente de Naples suffiront à démontrer la gravité du problème. En 1990, sur 80 conseillers municipaux, 38 étaient sous enquête pour association avec la Camorra. Lors des élections municipales de juin 1992, 189 des 923 candidats avaient un passé judiciaire[21]. La pénétration de la sphère économique n'est guère plus rassurante. Les investissements camorristes dans l'immobilier, le tourisme ou l'agriculture sont massifs. La domination quasi complète de la Camorra sur les activités criminelles régionales et son immersion dans l'économie légale de Campanie expliquent à la fois sa popularité et la dépendance d'une frange significative de la population à son égard. Ainsi, en 1990, le seul trafic de drogue employait 25 000 personnes en Campanie[22]. La Camorra est aussi un employeur majeur de Campanie. Des dizaines de milliers d'emplois se trouvent sous sa coupe. Actuellement, la police considère que 80 000 à 100 000 personnes travaillent directement ou indirectement pour la Camorra. À tort ou à raison, la Camorra n'est pas perçue par des franges larges de la population comme un phénomène négatif mais plutôt comme l'expression d'une saine révolte face à un État inefficace et corrompu. La Camorra n'apparaît donc pas comme une entité extérieure à la société napolitaine mais comme une de ses émanations instinctives. Un magistrat du parquet de Naples a pu décrire (1999) la Camorra sous les traits d'une « poussière » : difficile à voir et pourtant en dépôt partout[23].

La Camorra demeure aujourd'hui une entité criminelle atypique dans la mesure où, à la différence de Cosa Nostra, elle recrute massivement et ne dispose pas d'une hiérarchie claire et stable. La Camorra ressemble plus à une fédération souple de gangs apparaissant et disparaissant rapidement qu'à une entité homogène. Le modèle est moins pyramidal qu'horizontal[24]. Les Familles s'allient et s'affrontent au gré des intérêts et des circonstances sans structure constante de régulation apte à juguler et à contrôler ces explosions de violence. Il s'agit d'une juxtaposition de Familles, sans structure de coordination, vivant de manière relativement autonome sur leurs territoires respectifs.

À Naples, plus d'ailleurs que dans le reste de la Campanie, les clans camorristes se livrent constamment des guerres de territoires, assez sanglantes, donnant parfois à cette criminalité mafieuse le visage des gangs juvéniles nord-américains. En 1981, la Camorra fut responsable de 273 assassinats. En 1997, le ministre de l'Intérieur, Giorgio Napolitano, dut dépêcher 600 hommes de troupe et 200 policiers et carabiniers supplémentaires à Naples pour tenter de calmer une ville en proie à des règlements de comptes incessants et meurtriers, survenant dans la rue et en plein jour. Le bilan de ces règlements de comptes mafieux à Naples n'est pas négligeable : 87 morts (sur un total de 139) en 1996 et 130 morts en 1997. Puis à nouveau en 2000, 500 policiers durent être envoyés en renfort. En 2004, une lutte sanglante pour le contrôle du trafic de la drogue à Naples commence à opposer le chef de clan Paolo Di Lauro (dit « Ciruzzo le millionnaire ») à des ex-membres de sa Famille. En effet, depuis que Paolo Di Lauro a dû prendre la fuite en 2002 pour échapper à une arrestation, ses fils ont apparemment quelques difficultés à asseoir leur pouvoir Famillial. Le bilan pour 2004 est lourd : plus de 130 morts, essentiellement dans les quartiers populaires de Scampia et de Secondigliano (nord de Naples). Le ministre de l'Intérieur, Giuseppe Pisanu, promet de manière fort martiale que « l'État rendra coup pour coup » et envoie quelque 300 hommes en renfort à Naples, dans une ville déjà bien pourvue en forces de l'ordre (1 policier pour 238 habitants !). Ce nouvel accès de violence réveille la classe politique et les autorités locales. En raison d'un calme apparent – et d'ailleurs très relatif – régnant depuis une dizaine d'années à Naples et dans sa région, beaucoup avaient voulu se convaincre que la Camorra avait miraculeusement disparu. Elle était simplement redevenue un peu plus silencieuse.

Au début des années 2000, il semble que les gangs camorristes en milieu urbain comprennent chacun environ 50 à 70 membres et seulement 30 à 40 en zone rurale. Il y aurait environ 100 Familles criminelles représentant 6 000 à 7 000 membres[25]. Les efforts de structuration entrepris dans les années 1980 par la *Nuova Famiglia* et la *Nuova Camorra Organizzata* semblent avoir vécu. De ce fait, il est donc peut-être excessif de présenter l'arrestation d'Angelo Nuvoletta (2001) comme celle du « chef » de la Camorra.

La présence de la Camorra à l'étranger est bien établie. En particulier en Europe (France, Allemagne, Suisse, Pays-Bas, Espagne, Autriche, Albanie, Monténégro, etc.), au Canada, aux États-Unis, en Australie et en Amérique latine (Argentine, Bolivie, Brésil, Venezuela, Uruguay). Ainsi, de manière très significative, fut arrêté à Buenos Aires en 1997 Mario Fabbrocino, un membre célèbre de la Camorra, en fuite depuis dix ans.

La Sacra Corona Unita (Pouilles[26])

La Sacra Corona Unita (*SCU, Couronne sacrée et unifiée*) est la plus jeune des mafias italiennes[27]. Son acte de naissance remonte aux années 1970-1980 lorsque Raffaele Cutolo, chef de la *Nuova Camorra Organizzata*, se rend dans les Pouilles pour y organiser les malfaiteurs locaux et étendre l'influence de la Camorra. Ce tutorat est grandement facilité par la périlleuse politique pénitentiaire des autorités italiennes ayant conduit, à partir des années 1950, à incarcérer ou à assigner à résidence dans les Pouilles de nombreux camorristes, ndranghetistes et mafieux. Raffaele Cutolo va ainsi introniser dans la *NCO* de nombreux criminels des Pouilles. Sous son impulsion et la direction de Guiseppe Iannelli émerge la *Nuova Grande Camorra Pugliese* (la *Nouvelle Grande Camorra des Pouilles*). Cependant, les criminels des Pouilles cherchent peu à peu à s'émanciper de la tutelle camorriste. Cette émancipation est facilitée par la guerre fratricide qui oppose alors les factions de Raffaele Cutolo (*NCO*) et de Carmine Alfieri (*NF*). La *Sacra Corona Unita* actuelle a probablement émergé dans la prison de Lecce, en 1983, sous l'impulsion du Calabrais (et membre de la Ndrangheta) Giuseppe Rogoli. Il fédère les groupes d'Umberto Belloco, Guiseppe Iannelli, Giosuè Rizzi et Cosimo Cappellari. En fait, à la chute de Raffaele Cutolo, la *SCU* bénéficie de l'aide de la Ndrangheta dont la *SCU* a emprunté les rituels. Ces liens forts entre la toute jeune *SCU* et la Ndrangheta ont depuis perduré.

D'un point de vue historique, l'apparition de la *SCU* peut se comprendre comme le résultat du choix tactique opéré par les consœurs et voisines de Campanie et de Calabre, à des périodes différentes, afin de disposer d'un appui opérationnel dans les Pouilles.

Le mode de structuration interne de la *SCU* est plutôt de type camorriste, c'est-à-dire horizontal.

La *SCU* est idéalement placée au débouché de la mer Adriatique, face aux Balkans et à l'Albanie, au long d'un littoral des Pouilles qui s'étend sur plus de 600 km. Les Pouilles constituent de la sorte un débouché naturel pour tous les trafics criminels issus d'Europe centrale – nonobstant la voie terrestre par l'ex-Yougoslavie. On ne s'étonnera donc pas de constater la proximité des liens criminels de la *SCU* avec la mafia albanaise. Ainsi, entre le port de Vlora (sud-ouest de l'Albanie) et la côte italienne des Pouilles, la distance la plus courte est d'environ 65 km, soit 2 heures de traversée en bateaux rapides (chargés de clandestins, de drogues ou d'armes). En raison de sa situation géographique privilégiée, la région des Pouilles constitue donc une porte d'entrée majeure pour tous les trafics vers l'Europe occidentale. Par *tropisme balkanique naturel*, la *SCU* est la grande bénéficiaire historique de l'éclatement de l'ex-Yougoslavie survenue dans les années 1990.

Les Familles des Pouilles ont quelque peu abandonné la contrebande traditionnelle (cigarettes, alcool, etc.). L'essentiel de leurs revenus provient du racket et surtout du trafic de drogue et d'êtres humains.

Les affiliés de la SCU sont moins nombreux que dans les entités sœurs et voisines d'Italie. Les données officielles situent ce chiffre à environ 2 000 membres.

La SCU se signale en dehors des Pouilles. Dans le nord de l'Italie : Lombardie, Toscane, Vénétie, Émilie-Romagne, Ligurie, Latium et dans le Piémont (Turin) dès la fin des années 1980 ; en Amérique latine (Argentine, Bolivie, Brésil, Venezuela, Uruguay) ; en Europe (Allemagne, Belgique, Albanie, Kosovo, Monténégro) ; aux États-Unis.

BALKANS ET AIRE EURASIATIQUE

Mafia albanaise (Albanie, Kosovo, Macédoine)[28]

Plus que de mafia albanaise, il est judicieux de parler de mafia albanophone. Les Albanais, mafieux ou non, se répartissent principalement sur quatre territoires, à savoir : l'Albanie, le Kosovo, la Macédoine et la Serbie-Monténégro. La géopolitique aide à comprendre le développement d'une mafia dans les territoires albanophones. Par l'histoire et la géographie, les Albanais entretiennent des liens ancestraux et étroits avec la Turquie et l'Italie[29], deux pays où le crime organisé a acquis ses lettres de noblesse. L'espace albanophone et ses habitants ont toujours constitué un pont entre ces deux pays, en termes de réseaux économiques et sociaux. Par ailleurs, les Balkans, donc fatalement l'Albanie et le Kosovo, sont traditionnellement le maillon central de la route de l'héroïne provenant de Turquie et d'Asie. En outre, l'émigration albanaise aux États-Unis et en Europe (Suisse, Allemagne, Belgique, Suède), largement suscitée dans les années 1980 par la répression communiste, a créé une diaspora dont l'action fut décisive dans l'implantation et la structuration de la mafia albanaise. L'effondrement du communisme et le chaos politique qui s'est ensuivi ont ensuite joué le rôle d'accélérateur pour son développement international. La touche finale survint avec la

« libération » du Kosovo de la domination serbe. Après « la guerre des 78 jours », la mafia albanaise est simplement entrée au Kosovo sur les talons de l'OTAN.

Au Kosovo, un calme relatif et apparent ne doit pas tromper : en réalité, 15 clans se partagent le pays.

En Albanie, la mafia met durablement en danger la stabilité politique et économique du pays. Et le diagnostic est unanime. Qui le dit ? L'Union européenne (2003) : « La criminalité organisée constitue toujours un très grave problème en Albanie. On estime qu'elle est capable de pénétrer les centres de pouvoir du pays, que ce soit au niveau politique ou au niveau économique. Cette situation menace les perspectives d'une mise en ordre satisfaisante de l'État de droit et, en définitive, les chances de l'Albanie de jouir d'un développement à la fois sain et durable, et d'adhérer un jour à l'UE[30]. » L'Assemblée parlementaire du Conseil de l'Europe (2004) : « L'impunité et la liberté d'action dont jouit la criminalité organisée – qui profite d'une administration défaillante et de l'inefficacité du système judiciaire – constituent une menace non seulement pour l'ordre public mais aussi pour les perspectives économiques et la stabilité politique du pays[31]. » Mais aussi le chef de la police de Tirana, Pjerin Ndreu (2003) : « Le crime organisé [...] est en train de devenir un danger potentiel pour la démocratie et les structures de l'État encore trop fragiles en Albanie. Des responsables de la politique, des hauts fonctionnaires de l'État et de la justice ont ouvertement soutenu ces trafiquants [de drogue] et ont facilité le blanchiment de l'argent provenant du crime, ce qui constitue une menace considérable pour l'existence d'une véritable économie nationale. Il n'est pas non plus exclu que ces trafiquants, une fois leur argent blanchi, blanchissent ensuite leurs noms et se lancent dans la politique » ; et d'accuser l'État « de fermer les yeux face au monde criminel[32] ». Ou encore le ministre albanais de l'Intérieur, Igli Toska, dans des termes très clairs (2004) : « Le crime organisé en Albanie est un danger très présent. Après avoir blanchi leur argent, les trafiquants essayent maintenant de blanchir leur réputation, en se lançant eux-mêmes dans la politique ou en achetant des médias. Une chose est sûre, des personnes impliquées directement ou indirectement dans le monde du crime figureront sur les listes de députés aux prochaines législatives. Une telle situation rendra les choses encore plus dangereuses pour l'État. [...] L'infiltration du crime organisé dans la vie politique et les médias rend très difficile le travail de la justice[33]. » La démonstration de cette collusion entre mafieux et politiciens albanais fut ainsi apportée à l'été 2004 quand des députés, toutes tendances politiques confondues, se sont opposés à l'adoption de lois sur l'organisation d'unités spéciales de la police pour lutter contre le crime organisé.

En Albanie et au Kosovo, les différents clans criminels du « pays » sont tous affiliés à un parti politique. D'une certaine manière, le plus gros des forces politiques de l'État albanais et de l'entité autonome kosovare sont les « faux nez » de ces clans criminels, à l'image de l'UCK durant la « guerre de libération » contre les Serbes. Certains ministres et hauts fonctionnaires albanais utilisent même leurs fonctions pour couvrir ou organiser les activités criminelles gangrenant le pays. Revenu au pouvoir en 2002, le Premier ministre albanais Fatos Nano affiche sa volonté de rompre avec les pratiques habituelles de corruption, de népotisme et de collusion avec la mafia. L'homme sait de quoi il parle : il fut incarcéré de 1993 à 1997 pour détournements de fonds lorsqu'il était dans l'opposition. Il semble cependant y avoir encore un gouffre du discours à la pratique. En effet, de graves soupçons de collusion mafieuse semblent s'accumuler à nouveau sur Fatos Nano.

En Albanie, les opérations anticrime sont plus destinées à éliminer la concurrence politico-criminelle (l'opposition politique et les clans criminels affiliés) qu'à entamer l'assainissement du pays.

Les clans criminels d'Albanie se retrouvent principalement dans les villes de : Elbasan (clan Pequini), Dürres (clans Koka, Berisha, Murati, Bezhi et Hasani), Fier (clans Xheu, Boria), Shëngjin, Shkoder (clans Lushaj, Bubaci, Gjeka et Gusha), Tirana (clans Rama et Markaj) et Vlora.

La mafia albanaise est d'une extrême violence et nettement polycriminelle. Ces clans s'illustrent ainsi, selon les cas, dans le trafic de drogue, de cigarettes, d'êtres humains (prostitution-proxénétisme et immigration clandestine), de véhicules volés, d'armes et dans les marchés publics truqués. Le trafic de drogue est une activité centrale qui conditionne en réalité l'action « politique » des « rebelles » albanophones de la région. Ces « rebelles » ne se contentent pas de protéger les populations albanophones menacées. Ils s'assurent en réalité du contrôle de la route des trafics. Certaines émeutes ou offensives « militaires » ont ainsi des explications mafieuses au-delà de la cause panalbanaise.

La valeur de la drogue transitant *via* l'Albanie vers l'Europe dépasse les 2 milliards de dollars par an. Et 25 à 30 % du marché européen des stupéfiants en provenance des Balkans viennent d'Albanie.

Cette mafia prospère surtout sur sa diaspora européenne estimée à environ 700 000 personnes. Elle est implantée en Suisse, France, Italie, Suède, Pays-Bas, Allemagne, Grèce, Autriche, Belgique, Luxembourg, Espagne, Grande-Bretagne, Danemark, Norvège, Bulgarie, République tchèque.

Cette implantation mafieuse en Europe n'a plus rien d'anecdotique. Selon la police britannique, 70 % de l'industrie du sexe (maisons closes et « salons de massage ») de Londres est aux mains des gangs albanais qui se sont répartis les différents quartiers de la capitale en fonction de leurs origines géographiques[34]. En 2003, dans le cadre de l'opération « Kanun », la police belge a démantelé en Wallonie, à Verviers, près de Liège, un gang albanais d'une quinzaine de membres discrets, mobiles et très violents œuvrant dans la prostitution, les cambriolages (plus de 1 000 en un an), le trafic d'armes et de drogue, avec des ramifications en France (Nice, Paris et Valence), en Biélorussie, en Allemagne, aux Pays-Bas et en Grande-Bretagne[35].

Aujourd'hui, un fait politique aussi simple dans son énoncé qu'inquiétant dans sa réalité se dessine : *deux aires territoriales sous nette influence mafieuse*, l'Albanie et le Kosovo, s'enracinent au cœur des Balkans. Dont l'une, le Kosovo, est sous protectorat international. Pour nombre d'observateurs, l'entité albano-kosovare prend désormais des allures de petite « Colombie européenne ».

Maffya turque (Turquie et Asie centrale)[36]

La maffya turque est-elle une vue de l'esprit ? Un rapport de la chambre de commerce d'Ankara rendu public à l'été 2004 nous invite à ne pas tomber dans ce piège[37]. Ces professionnels de l'économie turque ne s'embarrassent pas de périphrases : il existe bien une maffya turque, et elle brasse environ 60 milliards de dollars de l'économie souterraine nationale. Soit un quart du revenu du pays. Une centaine de secteurs d'activités sont touchés.

La maffya turque a vécu deux grandes périodes. À l'origine, la Turquie connaît des bandits d'honneur traditionnels, les *Kabadayi* (« fanfarons, matamores, fiers-à-bras »), sortes de gangsters-patriotes qui, pendant la guerre d'indépendance du pays, se voient officiellement confier des missions de garde de certains bâtiments officiels. Ces marginaux transformés en milice officielle sont apparemment respectés du petit peuple. Les pauvres et les faibles ont pris l'habitude de se tourner vers les *Kabadayi* en dernier recours. Ces *Kabadayi* contrôlent des territoires des grandes villes, se réservent certaines activités criminelles et perçoivent une taxe sur les autres. Puis les *Kabadayi* se transforment petit à petit en *Baba* (« père, papa »), c'est-à-dire en véritables parrains du crime. Cependant, en Anatolie de l'Est, on assiste à l'émergence de *Reis* (« conducteur, chef ») de tribu, aussi appelés *Aga*, qui étaient des grands propriétaires terriens puissants, aux comportements mafieux évidents.

La maffya turque moderne date des années 1940 quand les *Baba* s'enrichissent brutalement grâce au trafic international des stupéfiants mené en liaison avec les mafias italiennes. Alliance qui ne se dément plus depuis. La Turquie est, rappelons-le, sur la route historique et naturelle du commerce, et de tous les trafics, depuis l'Antiquité, entre l'Asie et l'Europe. Le grand *Baba* de l'après-guerre fut Bekir Celenk[38].

La Turquie contemporaine n'a rien à envier à la Sicile ou au Japon en matière de symbiose criminelle. Ce fait mérite d'autant plus d'être souligné que ce pays d'Asie est officiellement candidat à l'intégration européenne. La maffya turque est certes appelée « le monde souterrain » mais aussi de façon très révélatrice « l'État profond », expression décrivant bien l'alliance traditionnelle régnant entre les politiciens, le monde des affaires, les organes de sécurité et les couches supérieures du crime organisé du pays.

Un fait divers, désormais célèbre, révèle au grand jour cette collusion : « l'affaire de Susurluk[39] ». Le 3 novembre 1996, à Susurluk (bourg proche de la ville d'Anatolie de Balikesir), se produit un accident de la circulation peu banal. Une Mercedes blindée s'encastre sous un poids lourd avec à son bord quatre passagers dont la seule réunion, en raison de leurs noms et qualités, crée immédiatement un immense scandale. Les trois premiers décèdent dans l'accident : Huseyin Kocadag, directeur adjoint de la police d'Istanbul (président de l'académie de police turque, ex-fondateur d'unités spéciales anti-PKK) ; Abdallah Catli[40], militant nationaliste, ex-organisateur d'opérations « antiterroristes » dans les années 1970 et surtout criminel recherché par Interpol et la justice turque pour assassinats et trafic de stupéfiants ; Gonca Us, maîtresse de Catli et ex-miss cinéma de Turquie ; Sedat Bucak, député du DYP, le parti de Tançu Ciller, et chef d'une puissante tribu kurde engagée dans la lutte anti-PKK. Surtout, il est retrouvé dans la Mercedes des éléments matériels plutôt compromettants. Abdallah Catli détenait 6 cartes d'identité avec sa photo, à six noms différents, une carte de police au nom du « commissaire Mehmet Ozbay », un passeport officiel et un permis de port d'armes signés par Mehmet Agar, ex-directeur de la police nationale et ex-ministre de l'Intérieur de Tançu Ciller. Tous ces personnages ont en commun le combat contre le séparatisme kurde du PKK et des intérêts matériels bien compris. Dans l'opinion publique, le scandale est immense. Pour autant, le système politique turc n'en tire aucune conséquence.

Cette symbiose politico-criminelle révélée par « l'affaire de Susurluk » trouve son origine immédiate dans les années 1970-1980 au moment où la Turquie est au bord du chaos. Des groupes « terroristes » de toute nature plongent alors le pays dans l'anarchie. Dépassés par les événements, des décideurs militaires (« Section de la guerre spéciale » de l'état-major) et policiers (« Section des opérations spéciales ») s'appuient alors sur de jeunes nationalistes (les *Loups gris*, ou Ulkucu, aussi appelés *idéalistes*). En 1978 Abdallah Catli était le numéro 2 des *idéalistes*. Des « terroristes » arméniens, marxistes, kurdes et autres sont éliminés en Turquie et à l'étranger. Devenus intouchables en raison des services rendus à la nation, ces nationalistes financent leurs activités politiques et « antiterroristes » grâce au trafic de drogue et en s'alliant aux *Baba*. Et leur impunité les propulse vers le sommet des clans criminels. Les « nationalistes » devenus de vrais criminels contaminent alors certains secteurs de l'État et de la vie politique et continuent ensuite à servir l'État turc lors d'opérations spéciales en Asie centrale (Azerbaïdjan, etc.).

Au cours des années 1990, l'ambiance politique en Turquie est particulièrement délétère. Le gouvernement de Tançu Ciller[41] dégage une telle impression de collusion mafieuse que la presse turque parle ouvertement de « gang d'État ». Necmettin Erbakan, premier chef de gouvernement islamiste, lui succède (1996) mais doit rapidement démissionner sous la pression de l'armée (1997). Son successeur au poste de Premier ministre, Mesut Yilmaz[42], ne rassure pas plus l'opinion. Surtout quand la presse publie des conversations téléphoniques révélant une inquiétante intimité entre un ministre de son gouvernement et un mafieux notoire. Que nous apprennent ces conversations ? Que le ministre d'État Eyup Asik, numéro 2 du gouvernement, conspire avec le *Baba* Alaatin Cakici[43] pour privatiser la banque publique *Turkbank* en faveur de l'homme d'affaires Korkmaz Yigit. Alaatin Cakici doit

« convaincre » les concurrents de Korkmaz Yigit de sortir de l'appel d'offres. En échange, Korkmaz Yigit « soutiendra » le parti au pouvoir, l'ANAP. La révélation de cette collusion mafieuse contraint Eyup Asik à démissionner, et, un an plus tard, le gouvernement de Mesut Yilmaz tombe sur une motion de censure. Les « liens avec la mafia » sont devenus trop visibles. Évidemment, Tançu Ciller et Mesut Yilmaz déploient ensuite des trésors d'ingénuité pour empêcher la constitution d'une commission d'enquête parlementaire sur la corruption politique. Ces ennemis politiques pourtant irréductibles s'absolvent ainsi mutuellement en bloquant toute investigation.

La classe politique turque traditionnelle sort complètement discréditée de ces décennies de corruption mafieuse. Il n'est donc pas étonnant qu'aux élections législatives de l'automne 2002 les « islamistes modérés » de l'AKP (parti de la Justice et du Développement) sortent vainqueurs des urnes avec une forte majorité parlementaire : 363 des 550 sièges du Parlement. Les partis laïcs-kémalistes n'ont aucun élu. Cependant, le motif majeur du raz de marée de l'AKP est tu par les principaux commentateurs européens : l'AKP est la plus grande force politique turque à ne pas être corrompue par la maffya turque.

La maffya turque n'est pas homogène. Il semble qu'il faille opérer en son sein une répartition géopolitique, sur une base à la fois régionalo-ethnique et politique, entre les Familles criminelles d'origine kurde (à ce titre longtemps liées, de gré ou de force, au Parti des Travailleurs Kurdes, PKK) et celles proches des nationalistes panturcs des *Loups gris* (à ce titre longtemps liées aux services spéciaux ou à la police de l'État turc).

Ce lien entre une partie de la maffya turque et l'extrême droite « idéaliste » n'est un mystère pour personne, comme en témoigne l'interview donnée par le *Baba* Sedat Peker en 1999 au quotidien *Turkish Daily News*. Interrogé sur le point de savoir s'il appartient au « monde de la mafia », Sedat Peker répond avec arrogance et cynisme en usant d'une métaphore animalière plutôt explicite : « Je n'ai jamais eu le sentiment d'appartenir à la mafia ; je n'appartiens pas au monde souterrain. Seuls les myriapodes et les créatures inférieures vivent sous terre ; mon style de vie ressemble plus à celui d'un lion, d'un aigle ou d'un *loup gris*. Ces animaux détestent le meurtre et la trahison ; ils vivent et meurent noblement[44]. »

La maffya turque a pour première spécialité le trafic de stupéfiants. Le plus gros des stupéfiants (80 % probablement) venant d'Asie transite en effet par l'Anatolie. Cette *rente géographique* a deux conséquences. Elle explique pourquoi cette spécialité criminelle est d'abord le fait des Familles kurdes, situées en Anatolie orientale. Elle explique par ailleurs la richesse colossale des Familles de la maffya turque.

La maffya turque tire aussi une part de ses revenus du trafic des êtres humains et d'organes, du trafic d'armes, du racket et des jeux.

L'implantation internationale de la maffya turque est évidemment étroitement liée à sa diaspora. On comprend pourquoi les Familles turques sont si bien implantées en Europe occidentale, surtout en Allemagne, aux Pays-Bas, en Grande-Bretagne, en Espagne et en France. En janvier 2003, la police anglaise, Scotland Yard, lance une des plus grandes opérations de police de l'histoire de la Grande-Bretagne. Contre les partisans d'Oussama Ben Laden ? Non, la cible est une redoutable Famille de la maffya turque. 550 policiers investissent une quinzaine d'adresses dans le grand Londres. Les enquêteurs saisissent des armes, de l'argent liquide, des cigarettes de contrebande, de la drogue et arrêtent 23 personnes. Cette Famille kurde est suspectée d'être responsable d'un trafic international (Turquie, Pays-Bas, reste de l'Europe) de stupéfiants (de l'héroïne pour une valeur marchande de centaines de millions de livres sterling), d'une dizaine de meurtres dans la communauté turco-kurde de Grande-Bretagne et de racket. Cette Famille était à l'origine d'une dangereuse guerre de territoire dans le nord de Londres ayant fait de nombreux morts et blessés les trois années précédentes. La violence avait atteint un sommet en novembre 2002 lorsqu'une bataille de rue avait engagé une quarantaine de personnes et des armes à feu, provoquant un mort. Le National Criminal Intelligence Service[45] (NCIS) rappelle à cette occasion que les Turco-Kurdes sont responsables des trois quarts du commerce de l'héroïne dans le pays et que plus de la moitié des commerçants de cette communauté sont rackettés[46].

ASIE ORIENTALE

Triades (Chine, Taiwan)[47]

Le mot Triade a été inventé par les Anglais au XIXe siècle en référence au triangle symbolisant les liens entre le ciel, la terre et l'homme. Les Chinois parlent plutôt de *Sociétés noires* (*hei shehui*) ou de l'*Association-Société du ciel et de la terre* (*Tiandihui*). Les Triades s'inscrivent dans la longue histoire des sociétés secrètes en Chine dont ses habitants ont toujours eu, semble-t-il, un sens très prononcé.

UNE TRADITION ANCIENNE

Peu importe aujourd'hui de savoir si les origines patriotiques et quasi religieuses des Triades au XVIIe siècle (le monastère de Shaolin) ne sont qu'une belle légende[48] ou un fait historique plus ou moins avéré. Il est en revanche certain qu'à partir du XVIIIe siècle les Triades troublent régulièrement la paix publique en Chine. Dans *The Triad Society or Heaven and Earth Association*[49], William Stanton raconte les multiples révoltes des Triades contre les empereurs de Chine, notamment dans le sud du pays. Les premières rébellions des Triades semblent avoir eu lieu au Zhejiang en 1708 et à Formose (Taiwan) en 1787. Les Triades furent étroitement mêlées aux soulèvements des Taipings[50] et des Boxers[51]. Le dernier soulèvement des Triades se produisit apparemment en 1892. La puissance et le recrutement des Triades sont tels qu'ils inspirent une crainte permanente durant tout le XIXe siècle, y compris aux officiels du régime. William Stanton affirme par ailleurs que la plupart des trois millions de Chinois vivant alors à l'étranger (Inde, Malaisie, États-Unis, Siam, etc.) sont initiés. Quoi de plus naturel en effet : la société secrète offre aux migrants, bon gré mal gré, une sécurité dans un milieu inconnu, voire hostile.

L'écrivain anglais précise même qu'un tiers des habitants mâles de Hong Kong font parti des Triades. Les colonisateurs britanniques s'en aperçoivent en effet très vite. Trois ans seulement après avoir acquis Hong Kong (1842), les Britanniques doivent prendre une « ordonnance pour la suppression des Triades et autres sociétés secrètes » (janvier 1845). L'occupant réalise que les Triades contrôlent effectivement le territoire. L'ordonnance reste toutefois lettre morte. Les Triades perdurent, en ayant l'intelligence de ne se livrer à aucun débordement public d'hostilité. De même, il est indéniable que les Triades ont largement accompagné l'avènement de la république de Chine au début du XXe siècle[52].

UN PHÉNOMÈNE DE MASSE

Avec l'arrivée du communisme en 1949, les Triades fuient la Chine continentale pour se replier sur Hong Kong, Taiwan, Macao, Singapour et la Thaïlande, leurs opérations n'étant pas gelées pour autant. Les Triades en profitent par exemple pour essaimer de par le monde grâce à leur diaspora, notamment en Occident. Puis, à partir des années 1980-1990, deux phénomènes facilitent le retour des Triades sur la Chine continentale. D'abord, le déclin du communisme marqué par les réformes économiques de Deng Xiaoping. Ensuite, le retour au sein de la mère patrie de Hong Kong (1997) puis de Macao (1999). Réformes économiques et rétrocessions des territoires offrent ainsi aux Triades de nouveaux espaces d'action.

Cette ouverture des frontières dynamise des Triades qui représentent désormais au sein de la « grande Chine » un *véritable phénomène de masse*. Comme en témoignent certains faits divers. En septembre 2003, près de 9 000 personnes suspectées d'appartenir aux Triades sont arrêtées dans le cadre d'une opération conjointe des polices de Hong Kong, de Macao et de Pékin : 7 500 dans la province du Guangdong (Chine continentale), 1 041 à Hong Kong et 74 à Macao.

Les Triades pratiquent le trafic de drogue, d'armes, d'êtres humains, la prostitution, le jeu légal ou illégal, les contrefaçons (films, musique, cartes bancaires, etc.), le racket, l'usure et les enlèvements contre rançons. Leur implantation mondiale se calque peu ou prou sur celle de la diaspora chinoise. Elle est donc impressionnante : rares sont les pays à y échapper[53].

LES GRANDES TRIADES :
BERCEAUX HISTORIQUES ET IMPLANTATION MONDIALE

Les triades majeures	Origine berceau historique	Implantation mondiale	Effectifs
Sun Yee On (Nouvelle Vertu et paix)	Fondée en Chine continentale dans la région de Canton (1919) par Heung Chin *alias* Heung Yee-fong.	Base mondiale : **Hong Kong.** Diffusion : Macao et les chinatowns à travers le monde. En particulier au Canada (Toronto, Edmonton, Vancouver) et aux États-Unis.	Dominée par le groupe ethnique et linguistique des teochew originaire du Fujian et implantée dans le Cantonnais. Environ 50 000 membres. Probablement la première mafia au monde par sa puissance.
Sap Sze Wui (ou 14 K)	Fondée en Chine continentale en 1947 à Canton par le lieutenant général nationaliste Kot Siu-Wong dont le quartier général se trouvait au 14 Po Wah Road à Canton. Le K, référence au carat (*karat* en anglais) ou à la première lettre du nom de famille du général, est ajouté plus tard.	Base mondiale : **Hong Kong** (1949). Diffusion : les chinatowns à travers le monde. En particulier au Canada.	Dominée par les Chinois originaires du Fujian. Environ 50 000 membres.

Les triades majeures	Origine berceau historique	Implantation mondiale	Effectifs
Wo Chi tau (Le cartel/ fédération de l'Harmonie ou cartel/ fédération Wo)	Fédération de clans dont le premier fut fondé en 1908 à Hong Kong.	Base mondiale : **Hong Kong** (1949). Diffusion : les chinatowns à travers le monde.	Plus de 30 000 membres.
Chu Luen Pang (La bande des Bambous Unis)	Fondée à Taiwan en 1956 dans le village de Wing Wor, près de la capitale Taipei, célèbre pour ses massifs de bambous.	Base mondiale : **Taiwan**. Diffusion : Hong Kong, Chine continentale (Fujian), chinatowns à travers le monde.	10 000 à 20 000 membres.
Si Hai Pang (La bande des Quatre Mers)	Fondée à Taiwan en 1949.	Base mondiale : **Taiwan**. Diffusion : Hong Kong, Chine continentale (Fujian) et les chinatowns à travers le monde.	Plus de 10 000 membres.
Tai Huen Tsai (Le Grand Cercle)	Fondée à Hong Kong par des Gardes rouges fuyant la Révolution culturelle (1966-1976).	Base mondiale : **Chine continentale**. Diffusion : Hong Kong et les chinatowns à travers le monde. En particulier en Europe, au Canada et aux États-Unis (New York, Boston, Seattle, San Francisco, Los Angeles).	Plus de 5 000 membres.

Une Triade traditionnelle

Chef : Tête de dragon (Lung Tao)
ou Maître de la montagne (Shan Chu) : 489
ou Grand frère (Tai Lo)
Sous-chef (Fu Shan Chu) : 438
Comité des officiers

Maître des encens	*Sandale de paille*	*Pôle ou Bâton rouge*	*Éventail de papier blanc*
(recrutement, rituel des cérémonies)	(liaisons, communications, faux papiers)	(sécurité, discipline)	(administration, finances)
438	432 (*Cho Hai*)	426 (*Hung Kwan*)	415 (*Pak Tse Sin*)

Soldats (Sey Kow Jai)

49 49 49 49 49 49 49 49 49 49 49 49 49

Postulants ou Lanternes Bleues

Dans la culture chinoise, les chiffres ont une importance symbolique forte. À chaque grade correspond un numéro commençant par 4, chiffre considéré comme faste dans la numérologie chinoise. Le 7 est maudit et le 5 vénéré en référence au mythe fondateur des Triades[54]. Les nombres désignant les membres des Triades ont un sens caché. 49 proviendrait de la multiplication $4 \times 9 = 36$, ce chiffre rappelant le nombre de serments de la cérémonie d'initiation. 426 peut se décomposer en $4 \times 26 + 4 = 108$, en souvenir des moines combattants de Shaolin et des célèbres bandits des monts Liang[55].

Yakuza (Japon)[56]

À la frontière de la légende et de l'histoire, les Japonais font remonter l'émergence des yakuza[57] à l'époque féodale, au XVIIe siècle. Le terme yakuza apparaît au Japon sous le shogunat des Tokugawa (1603-1867). Le mot trouve son origine dans le vocabulaire des joueurs professionnels et désigne la combinaison perdante d'un jeu de cartes populaire appelé *hanafuda* (cartes fleuries) : 8 (*ya*), 9 (*ku*), 3 (*za*). Yakuza est ainsi synonyme de perdant, une image cultivée à souhait par les yakuza. Dans une société fermée et policée, les yakuza trouvent, semble-t-il, leur origine au sein de deux corporations : les joueurs professionnels (*bakuto*) et les colporteurs-camelots ambulants (*tekya*). Les yakuza estiment descendre essentiellement des *bakuto* dont ils ont conservé certaines traditions comme la punition du doigt coupé (*yubitsume*) ou encore les tatouages corporels (*irezumi*).

Selon une autre version, non contradictoire avec la précédente, les yakuza trouveraient aussi leur origine dans la démilitarisation des *samouraï*. À l'époque Tokugawa, le pays est alors unifié et pacifié. Le Japon se modernise, et la classe des *samouraï*, qui représente alors environ 10 % de la population, soit deux à trois millions de personnes, commence à disparaître. Cinq cent mille *samouraï* sont démobilisés. Certains deviennent des *ronin*, des samouraï sans maîtres, qui se transforment en bandits de grand chemin. Habillés de façon excentrique, terrorisant les villageois, ils sont surnommés les *kabuki-mono* (les fous). Certains forment même des gangs disciplinés, avec code et argot : *les hatamoto-yakko* (serviteurs du shogun). Les yakuza ne se réclament évidemment pas des *kabuki-mono* ou des *hatamoto-yakko* mais plutôt des *machi-yakko* (« serviteurs de la ville », « vigiles urbains ») qui protègent les habitants contre ces samouraï criminalisés. Les *machi-yakko* sont des laboureurs, des commerçants, des joueurs ou des *ronin* qui deviennent de véritables héros populaires. Au final, les yakuza sont-ils les héritiers des *hatamoto-yakko/kabuki-mono* ou des *machi-yakko ?*

Quoi qu'il en soit, depuis lors, les yakuza estiment incarner le rôle de gardiens des valeurs traditionnelles, le *bushido*.

Dans la longue histoire des yakuza, une constante historique se dégage. Celle d'une profonde familiarité avec le pouvoir politique. Les yakuza ne vont cesser de servir de force d'appui au pouvoir politique et au patronat japonais. Cette proximité ancienne avec les pouvoirs explique le nationalisme et le patriotisme exacerbé des yakuza. Aux XIXe et XXe siècles, les yakuza se mettent au service du pouvoir, à la fois pour réprimer les menées syndicales et pour concourir activement à l'aventure coloniale japonaise, croyant ainsi retrouver leurs origines samouraï. En Chine et en Corée, les yakuza font étalage de leur savoir-faire : attentats, trafics divers et renseignement. Les yakuza servent de force d'appoint au régime impérial, militariste et nationaliste. Se présentant volontiers sous l'aspect de « gangsters patriotes », les yakuza vont cultiver un anticommunisme militant et une proximité non dissimulée avec les organisations d'extrême droite et le parti conservateur. D'où la relative impunité dont ils vont jouir jusqu'à nos jours. Il est vrai que le système de valeurs des yakuza coïncide parfaitement avec celui de leurs alliés naturels (conservateurs, extrême droite et patronat). Pour autant, la défaite face aux Alliés ne contrarie que peu leur développement. La lutte contre le communisme – à nouveau – pousse en effet les forces d'occupation américaines à les considérer avec bienveillance. Par ailleurs, la pénurie d'après-guerre provoque l'émergence d'un très lucratif marché noir que les yakuza contrôlent vite. La drogue introduite par les soldats américains, le développement de la prostitution et la reconstruction d'un pays en ruine offrent soudainement des perspectives inespérées aux yakuza. Le « patriotisme » des yakuza trouve encore un terrain d'expression : les gangsters japonais doivent s'imposer face à des concurrents coréens et chinois. Les yakuza récupèrent en effet par la force leurs territoires criminels contestés par les *gens des pays tiers* (*daisangokujin*), les criminels issus des anciens pays colonisés. Ce qui ne peut que créer une certaine connivence et une convergence d'intérêts avec une police japonaise encore mal remise de la défaite. Comme en témoigne ce fait divers célèbre survenu à Kobe au cours duquel des yakuza volent au secours d'un poste de police assiégé par des *daisangokujin*. Toutes les conditions économiques et politiques sont ainsi réunies pour que les yakuza achèvent de s'installer au cœur de la société japonaise. Ces nouveaux yakuza de l'après-guerre proviennent certes des *bakuto* et des *tekya* mais également d'autres marges sociales : ainsi des *gurentaï* (voyous), profondément influencés par le modèle américain qu'ils imitent (costumes noirs, limousines, lunettes fumées, etc.).

Après guerre, les yakuza font comme toute la société japonaise : ils reconstruisent. Mais, de phénomène local avant guerre, les yakuza se transforment en fait social majeur et structuré. Les yakuza s'organisent plus nettement, et certaines Familles prennent une vraie dimension nationale.

Depuis 1945, les yakuza vivent en symbiose avec des courants influents du Parti libéral démocrate (PLD) qui domine la vie politique japonaise depuis la fin de la Seconde Guerre mondiale. Ici, le parallèle avec l'histoire trouble de Cosa Nostra de Sicile et de la Démocratie chrétienne est tout à fait pertinent.

La quasi-impunité des yakuza a semblé prendre fin avec la loi « anti-Boryokudan » entrée en vigueur en mars 1992. En fait, il n'en est rien. Cette loi, qui n'a d'ailleurs pas formellement interdit les yakuza, fait plus l'effet d'un habile trompe-l'œil que d'un sursaut national face au crime organisé. Certes, la pénétration croissante et déstabilisante des yakuza dans l'économie[58] obligeait à des mesures. Mais, à l'examen, il s'agit plus de sauver la face et de pratiquer un certain endiguement que de tenter d'éradiquer un phénomène ancré dans le tissu social japonais. Ce texte de loi n'a en effet que peu gêné les yakuza. Il a même entraîné deux effets inattendus. Il a contraint les mafieux nippons à l'enfouissement partiel de certaines de leurs activités criminelles. Désormais, les yakuza dissimulent – à peine, en fait – leurs activités derrière des façades commerciales, religieuses ou associatives. Les Yakuza sont repoussés vers une plus grande clandestinité, ce qu'ils qualifient eux-mêmes de « mafiaïsation ». Par ailleurs, la loi a accéléré un processus plus ancien de concentration des Familles en frappant les plus faibles. Dissimulation et concentration : rien qui ne puisse augurer d'un recul...

En 2003 et 2007, la police japonaise recensait 85 800 yakuza, regroupés dans 25 fédérations majeures[59]. Les deux tiers (69 %) des yakuza appartiennent à l'une des trois principales fédérations criminelles, chaque fédération regroupant plusieurs dizaines, voire centaines de gangs :

• Yamaguchi-gumi (Kobe, région du Kansai) : dirigé par Yoshinori Watanabe de 1989 à juillet 2005 et, depuis, par son n° 2, Kenichi Shinoda alias Shinobu Tsukasa (incarcéré en décembre 2005) ; environ 40 000 membres en 2007, officiellement (contre 12 000 membres en 1979), en réalité environ 25 000 plus 15 000 associés ; présent dans 43 préfectures du pays (sur 47) ;

• Inagawa-Kai (région du Kanto, siège dans la ville de Atami à 80 km de Tokyo) : dirigé par Ishii Susumu de 1986 à 1991, puis par le fils du fondateur Inagawa Yuko jusqu'en mai 2005 (date de sa mort), depuis la fonction est vacante car le successeur n'a pas été désigné ; environ 9 700 membres (4 475 membres en 1979) ; présent dans 21 préfectures du pays (sur 47) ;

• Sumiyoshi-Kai (région du Kanto, Tokyo, siège dans le quartier de Akasaka), aucun chef désigné à ce jour ; environ 12 300 membres (contre 6 194 membres en 1979) ; présent dans 18 préfectures du pays (sur 47).

Les autres fédérations criminelles ont des tailles plus modestes. Chaque fédération présente le visage d'un regroupement de fiefs. Le nombre des mafieux japonais a considérablement chuté. Selon Interpol, ils étaient 184 091 en 1963. Cependant, comme les chiffres l'attestent, les trois grandes fédérations en ont profité pour se renforcer. Répétons-le : il ne faut pas voir dans cette baisse globale d'effectifs un déclin né d'une quelconque désaffection populaire ou de la répression judiciaire, mais le fruit d'une politique de concentration et de sélection émanant des yakuza eux-mêmes après loi de 1992. Comme le dit un *Boss* yakuza : « Chacun cherche l'ombre d'un grand arbre[60]. » Cette concentration explique probablement l'efficacité et la cohésion croissantes des yakuza, et leur pénétration réussie dans le monde des affaires.

Aujourd'hui encore, les yakuza bénéficient à la fois d'une très grande *tolérance* et d'une parfaite *visibilité* sociales. Ils ont pignon sur rue sous la forme associative ou d'entreprise, avec adresses, cartes de visite, badges, pin's, magazines. Ils patrouillent au vu et au su de tous dans les rues en arborant des tee-shirts désignant leur gang. Ils sont acceptés en fait comme un élément permanent et normal de la société, comme l'expression de la marginalité inhérente à toute vie sociale. Tout bien comporte forcément un mal : et ce mal nécessaire se veut au service du bien ! « Le continent noir » – surnom des yakuza – est considéré comme l'ombre portée de la société. Supprime-t-on l'ombre sans toucher au soleil ?

On ne peut en douter lorsque l'on découvre au printemps 2003 sur un site Internet nippon spécialisé dans les enchères : pin's, cordons de téléphones portables et autres insignes à l'effigie des plus redoutables clans yakuza. En octobre, en effet, un inconnu proposait au plus offrant des pin's censés appartenir aux patrons du Sumiyoshi-Kai. Le site proposait aussi une chaîne dorée accompagnée d'une médaille à l'effigie du Yamaguchi-gumi. Car la vente en ligne de tels insignes n'est pas interdite au Japon ! Embarrassée par l'événement, la succursale japonaise de Yahoo avait donc demandé conseil à la police locale...

La puissance financière des yakuza n'est pas une légende. Ainsi, au hasard des enquêtes criminelles, la fortune de certains Parrains japonais apparaît-elle au grand jour. Susuma Kajiyama, haut cadre du Yamaguchi-gumi, est arrêté en août 2003 pour des prêts à taux usuraires : en décembre 2004, le canton de Zurich (Suisse) confisque 61 millions de francs suisses (40 millions d'euros) sur un compte détenu par le Parrain japonais au Crédit Suisse.

Les yakuza ont une implantation internationale plus limitée que les autres mafias. Leur présence est surtout évidente en Asie : les deux Corée, Chine, Taiwan, Thaïlande, Philippines, Vietnam et dans les îles du Pacifique (Hawaï). Également en Australie, en Amérique latine (Brésil, Paraguay), au Canada et aux États-Unis (principalement la côte Ouest, c'est-à-dire la Californie). La présence aux États-Unis et à Hawaï est surtout le fait de l'Inagawa-Kai[61]. Les yakuza se manifestent aussi dans les territoires américains du Pacifique que sont les îles Mariannes du Nord et à Guam (située à 2 500 km de Tokyo).

Les 25 principales fédérations de yakuza

Leur siège (ville)

Yamaguchi-gumi (Kobe)	Kyosei-kei (Hiroshima)
Inagawa-kai (Tokyo)	Goda-ikka (Yamaguchi)
Sumiyoshi-kai (Tokyo)	Kozakura-ikka
(Kagoshima)	
Kudo-kai (Fukuoka)	Asano-gumi (Okayama)
Kyokuryu-kai (Okinawa)	Dojin-kai (Fukuoka)
Okinawa Kyokuryu-kai (Okinawa)	Shinwa-kai (Kagawa)
Aizu-kotetsu-kai (Kyoto)	Soai-kai (Chiba)
Yamano-kai (Kumamoto)	Kyodo-kai (Hiroshima)
Taishu-kai (Fukuoka)	Sakaume-gumi (Osaka)
Kyokuto Sakurai Soke Rengokai	Kyokuto-kai (Tokyo)
(Shizuoka)	
Azuma-gumi (Osaka)	Matsuba-kai (Tokyo)
Kokusui-kai (Tokyo)	Nakano-kai (Osaka)
Fukuhaku-kai (Fukuoka)	

Le vocabulaire explicatif

- *Ikka* : famille
- *Rengo* : union, alliance, coalition
- *Gumi* : groupe, gang, compagnie
- *Kai :* club, société, association

CONTINENT AMÉRICAIN

Cosa Nostra américaine (États-Unis, Canada[62])

Cosa Nostra américaine[63] est historiquement un enfant de Cosa Nostra de Sicile. Pour la parente américaine, Cosa Nostra de Sicile reste *la madre nobile* (*la noble mère*). Toutefois, Cosa Nostra américaine s'est développée indépendamment de sa génitrice et constitue depuis le départ, soit au XIXe siècle, une entité autonome et indépendante. Quelles que soient par ailleurs les proximités culturelles et d'affaires que les deux Cosa Nostra entretiennent depuis toujours. Cosa Nostra aux États-Unis s'est américanisée : ce qui signifie qu'elle a adopté nombre des traits culturels du Nouveau Monde. Ce qui n'a pas manqué de susciter la réprobation des mafieux siciliens mais aussi des premiers *Boss* américains qui, encore porteurs des traditions siciliennes, ne pouvaient que constater sur leurs troupes la contagion du mode de vie américain[64].

En fait, depuis le début, les relations entre les deux Cosa Nostra sont faites d'*autonomie* et de *proximité*. L'affiliation à Cosa Nostra de Sicile ne donne aucun droit d'appartenance à une Famille américaine, et inversement. En revanche, la « sentence » pesant sur un Sicilien expatrié aux États-Unis sera exécutée sur place, et inversement[65]. Chacun chez soi, mais il y a obligation de se rendre service[66].

DES FAMILLES BIEN VIVANTES

Cosa Nostra est-elle l'organisation moribonde constamment décrite depuis la moitié du XXe siècle ? Est-elle sur la défensive face à l'agressivité des Triades chinoises, des gangs russes et colombiens ? La multiplication des repentis brisant la loi du silence annonce-t-elle la déliquescence de l'institution ? Avec une ironie facile, certains commentateurs écrivent ainsi que la Famille la plus importante de la Mafia américaine était désormais le « Programme fédéral de protection des témoins ». Qu'en est-il réellement ?

Il est vrai que Cosa Nostra souffre depuis la fin des années 1980 des révélations d'un nombre important d'initiés[67]. Des soldats mais aussi, de façon inédite dans l'histoire de l'organisation, des sous-chefs (Philip Leonetti, Famille de Philadelphie ; Salvatore « Sammy The Bull » Gravano, Famille Gambino de New York ; Salvatore « Sal » Vitale, Famille Bonanno de New York) et même, pour la première fois dans l'histoire, des chefs de Famille (Ralph Natale, Famille de Philadelphie, en 1999 ; Joseph Massino, Famille Bonanno de New York, en 2004) sont devenus des repentis. Et grâce à leurs témoignages des dizaines d'initiés et de *Boss* sont désormais sous les verrous.

Cependant, plus d'un siècle après son apparition sur le sol américain, Cosa Nostra demeure aujourd'hui encore la figure dominante du crime organisé aux États-Unis. Dans les faits, quels que soient les bulletins de victoire faciles des autorités fédérales et les analyses rapides et récurrentes de certains spécialistes (« le déclin de la Mafia », « les derniers parrains », etc.), il s'avère qu'aucune autre organisation n'a réussi à surpasser durablement

Cosa Nostra dans le contrôle de multiples marchés légaux (bâtiment, ordures, jeux, divertissement, etc.) ou illégaux (drogues, prostitution, etc.), dans l'infiltration des syndicats et enfin dans la corruption du système politique. Cosa Nostra présente toujours la particularité probablement unique d'avoir un pied dans les bas-fonds de la société américaine et un autre dans l'establishment.

Cosa Nostra est une fédération d'une vingtaine de Familles plus ou moins actives et fortes, désignées communément par leur ville d'implantation historique ou par le nom de leur *Boss* fondateur[68]. Certaines Familles semblent moribondes ou assoupies. Encore faut-il en la matière se montrer prudent en raison de la capacité naturelle des Familles de Cosa Nostra à savoir se faire oublier pendant de longues périodes ou à renaître de leurs cendres après une apparente défaite judiciaire[69]. Ces Familles regroupent environ 1 000 membres initiés à travers le pays, dont une grande partie évolue au sein des cinq Familles de New York. On estime par ailleurs à plus de 10 000 le nombre d'*associés*, c'est-à-dire d'individus qui, sans être des membres initiés de Familles, travaillent pour elles. Les cinq Familles de New York et celle de Chicago, surnommée *The Outfit*[70], sont non seulement les mères fondatrices de Cosa Nostra aux États-Unis dans les années 1930 (avec celle de La Nouvelle-Orléans), mais également les plus puissantes entités du continent aujourd'hui encore. Pour d'évidentes raisons historiques liées à l'immigration, les Familles de Cosa Nostra présentent une forte concentration sur la côte Est des États-Unis.

Les dernières évaluations estiment le nombre de mafieux à New York à environ 651 en 2004[71]. On est donc loin du portrait d'une entité criminelle sur le déclin. Ils étaient 570 début 2001, après une série de défections et de morts. Afin de renforcer leur invisibilité, certaines des Familles de New York ont adopté des stratégies d'anonymat en initiant dans leurs rangs des Siciliens (les Bonanno) ou en choisissant leurs cadres dans des États voisins de New York (les Gambino).

Chaque Famille dispose d'un territoire propre sur lequel les autres Familles ne peuvent intervenir sans autorisation. Trois villes sont dites « ouvertes », c'est-à-dire libres d'action pour toutes les Familles : Las Vegas (Nevada), Atlantic City (New Jersey) et Miami (Floride). L'originalité historique de la ville de Las Vegas ne doit pas être sous-estimée : une ville bâtie *ex nihilo* par les mafieux italo-américains pour le jeu et le blanchiment de l'argent.

Les conflits de territoires et la stratégie sont réglés par la *Commission nationale* apparue sous l'impulsion des mafieux de

Qui est le vrai *Boss* ?

En véritable société secrète, Cosa Nostra américaine sait parfois brouiller les pistes sur l'identité de ses chefs de Famille. Ainsi, afin d'égarer les services répressifs et la presse, certaines Familles de Cosa Nostra ont pris l'habitude de jeter en pâture un homme, *a front man* (une façade), pour détourner l'attention. Et le leurre fonctionne :

1er exemple : *The Outfit*. La Famille de Chicago a toujours su conserver une réelle opacité sur l'identité de son véritable *Boss*. D'autant plus aisément d'ailleurs que cette Famille a, semble-t-il, traditionnellement une direction collégiale. Dans les années 1920-1930 déjà, Al Capone était plus le porte-parole d'une direction très collégiale qu'un chef absolu. Aujourd'hui encore, il est hasardeux de désigner avec certitude le nom du *Boss* de cette Famille.

2e exemple : Famille Genovese. Dans les années 1970, Anthony « Fat Tony » Salerno dut assumer le rôle de *Boss* apparent de chef de la Famille. Il n'était en fait qu'un pantin puisqu'il prenait ses ordres en coulisses, à l'insu même des autres membres de la Famille, de Philip « Benny Squint » Lombardo qui se retira en 1981. « Fat Tony » Salerno put alors assumer vraiment la charge de *Boss* mais seulement pendant une brève période. Jusqu'au moment en effet où Vincent « Chin » Gigante prend la tête de la Famille. « Fat Tony » doit alors reprendre du service comme épouvantail jusqu'en 1984. La supercherie ne fut découverte qu'en 1986 grâce à un informateur. Ce qui n'empêcha pas « Fat Tony » de tomber cette année-là comme *Boss* de la Famille et d'être condamné à 100 ans de prison.

New York et de Chicago – où se tient la première réunion en 1931. La Commission réunit tous les chefs de Famille. Toutefois, pour des raisons évidentes de sécurité, la réunion plénière de tous ces cadres dirigeants présente des difficultés. C'est pourquoi les pouvoirs de la *Commission nationale* sont de fait exercés par une formation restreinte, une *Commission locale* réunissant les chefs des cinq Familles de la ville de New York. Par ailleurs, il arrive qu'une Famille de la ville en soit momentanément écartée en raison de son instabilité chronique ; ainsi, la Famille Bonanno en est exclue depuis les années 1980. Ce sont donc en pratique les chefs des Familles Genovese, Gambino, Lucchese et Colombo qui assurent la direction globale de Cosa Nostra sur le continent américain.

Il convient de distinguer les Familles américaines ayant une activité connue de celles apparemment inactives ou disparues[72].

Les Familles de Cosa Nostra en Amérique du Nord

Les 24 Familles actives :

– Cinq Familles de New York (État de New York) : *Genovese* (250 à 300 initiés en 2007), *Gambino* (200 à 250 initiés en 2007), *Colombo* (110 à 120 initiés depuis 2004 contre 90 en 2001), *Lucchese* (75 membres en 2007, 110 à 140 initiés en 2004 contre 69 en 2001) et *Bonanno* (exclue de la Commission en raison de désordres internes ; environ 146 initiés en 2004, 110 inités en 2007, contre 85 en 2001)[73].
– Famille de Buffalo ou Famille Maggadino (État de New York). Surnommée *The Arm*.
– Famille de Chicago ou *The Outfit* (État de l'Illinois).
– Famille de Cleveland (État de l'Ohio).
– Famille DeCavalcante ou de Newark (État du New Jersey) : son territoire avec les Familles de New York est délimité par l'Hudson River.
– Famille de Denver (État du Colorado).
– Famille de Detroit ou *The Partnership* (État du Michigan).
– Famille de Kansas-City (État du Missouri).
– Familles de Los Angeles (État de Californie) : l'une est dirigée par Peter John « Pete » Milano, l'autre par Joseph « Joey Ipp » Ippolito (Famille Rizzitello).
– Famille de Milwaukee ou Famille Balistrieri (État du Wisconsin).
– Famille de La Nouvelle-Orléans ou Famille Marcello (État de La Nouvelle-Orléans) : Famille la plus ancienne des États-Unis.
– Famille de Nouvelle-Angleterre (États de Rhode Island et du Massachusetts). Surnommée *The Office*. Son siège se situe à Providence (RI) et Boston (Mass.).
– Famille de Philadelphie (État de Pennsylvanie)[74].
– Famille de Pittsburgh ou Famille LaRocca (État de Pennsylvanie).
– Famille de Pittston ou Famille Bufalino (État de Pennsylvanie).
– Famille de Scranton (État de Pennsylvanie)[75].
– Famille de San Francisco ou Famille Lanza (État de Californie).
– Famille de Saint Louis (État du Missouri).
– Famille de Tampa ou Famille Trafficante (État de Floride).

Les 7 Familles disparues ou moribondes :

– Famille de Dallas (État du Texas).
– Famille de Madison (État du Wisconsin).
– Famille de Denver et Pueblo (État du Colorado).
– Famille de Rockford (État de l'Illinois).
– Famille de San José (État de Californie).
– Famille de Rochester (État de New York).
– Famille de Utica (État de New York).

Les 2 Familles actives du Canada :
– Famille de Montréal ou Famille Rizzuto (État du Québec).
– Famille de Toronto-Hamilton ou Famille Caruana-Cuntrera (État de l'Ontario).

RADIOGRAPHIE D'UNE FAMILLE : LES GAMBINO

Le premier chef de cette Famille fut probablement au début du XXe siècle Salvatore « Tata » D'Aquila. Il fut également de son temps l'un des chefs les plus respectés de Cosa Nostra jusqu'à son assassinat le 10 octobre 1928 dans une rue de New York. Il s'était heurté à un autre *Boss* célèbre, Joe Masseria, à la tête d'une Famille qui aujourd'hui porte le nom de Genovese. À la tête de la Famille lui succède Al Mineo, un proche de Joe Masseria. Al Mineo ne savoure que fort brièvement son nouveau pouvoir. Il est assassiné à son tour deux ans plus tard par des hommes de main du rival de Joe Masseria : Salvatore Maranzano. Et, en avril 1931, Joe Masseria est à son tour éliminé par les hommes de Salvatore Maranzano. Salvatore Maranzano aide alors Frank Scalise à prendre la tête de la future Famille Gambino. Mais, lorsque Salvatore Maranzano est à son tour assassiné en septembre 1931, les membres de la future Famille Gambino redoutent légitimement que la proximité de Scalise ne leur porte ombrage face au nouveau pouvoir incarné par Charles « Lucky » Luciano et ses affidés. Ils décident donc de remplacer Scalise par Vincent Mangano.

Pendant une vingtaine d'années, la Famille dirigée par Vincent Mangano connaît stabilité et prospérité. Jusqu'au jour où Umberto « Albert » Anastasia, sous-chef de la Famille, décide (aidé en cela par Frank Costello, chef de la Famille Genovese) de prendre le pouvoir en assassinant Vincent Mangano et son frère Philip (19 avril 1951). Albert Anastasia est élu *Boss* de la Famille. Mais, après quelques années, le pouvoir d'Albert Anastasia vacille, certains de ses meilleurs alliés au sein des autres Familles de New York disparaissant. Le 25 octobre 1957, Albert Anastasia est assassiné alors qu'il se fait raser chez un barbier d'un hôtel de Manhattan. Carlo Gambino prend sa suite et conduit la Famille jusqu'à sa mort en octobre 1976. C'est une période de prospérité pendant laquelle la « Famille Gambino » s'illustre à New York dans le racket et le contrôle des docks, du BTP, de l'hôtellerie et de la restauration, des syndicats, etc. La Famille est non seulement riche mais puissante et très discrète. Carlo Gambino est considéré au début des années 1970 comme étant l'un des chefs les plus respectés de Cosa Nostra.

En 1975, son cousin et beau-frère Paul Castellano lui succède. L'homme a le profil d'un homme d'affaires plus que d'un gangster classique. Il est finalement assassiné lors d'une opération très spectaculaire le 16 décembre 1985, à la sortie du *Sparks Steak House*, un restaurant de Manhattan (New York). Le complot est mené par un « capitaine » ambitieux de la Famille, John Gotti. Ce dernier devient chef de la Famille. Ses acquittements successifs face à la justice lui valent alors le surnom de « Teflon Don ». Son goût pour la publicité et la provocation le tranforment en vedette des médias. Le FBI en fait alors une cible majeure. Des micros clandestins sont placés dans un appartement situé juste au-dessus du quartier général de John Gotti, le *Ravenite Social Club.* Arrêté, John Gotti est condamné à la prison à vie en juin 1992. Il meurt d'un cancer derrière les barreaux en juin 2002. Son enterrement donne lieu à des scènes dignes des meilleurs films hollywoodiens. Le cortège funèbre est suivi par une centaine de voitures, et, autour de la demeure familiale, la foule venue présenter ses respects s'étend sur trois blocs.

La Famille Gambino subit une terrible épreuve quand en 1990 Salvatore « Sammy The Bull » Gravano, nommé sous-chef de la Famille par John Gotti, décide de collaborer avec le FBI. Son témoignage envoie en prison des dizaines de mafieux et se révèle déterminant dans la condamnation à vie de John Gotti.

Un bilan sur le XXe siècle s'impose. Si incontestablement la direction de la Famille Gambino a garanti richesse, pouvoir et célébrité à ses chefs, elle les a aussi prédestinés à une fin difficile. Sur huit *Boss* officiels de 1928 à 2002, 5 sont « morts en service », éliminés par des subordonnés ambitieux (Salvatore « Tata » D'Aquila, Al Mineo, Vincent Mangano, Albert Anastasia, Paul Castellano), un est poussé vers la sortie, démis (Frank Scalise), un autre meurt en prison (John Gotti). Seul Carlo Gambino meurt paisiblement dans son lit, évitant donc la prison ou l'assassinat par un impatient.

Malgré les défections et les homicides, la Famille Gambino de New York reste aujourd'hui encore une machine criminelle efficace. Sa composition actuelle est à peu près la suivante :

- 81 cadres : des *caporegime* (*capitaines*), un conseiller (*consigliere*), un sous-chef (*underboss*), un *Boss* (chef) ;
- 250 soldats ;

• 140 associés (non initiés) ;

• plus une douzaine d'individus dont le statut précis est inconnu.

Cette armée en campagne dispose depuis plusieurs décennies d'une implantation constante à New York (État de New York), dans le New Jersey, dans le Connecticut, en Floride et à Las Vegas.

Après la mort de John Gotti (2002), son frère Peter fit initier 38 nouveaux membres. Par ailleurs, afin d'égarer les forces de l'ordre, les Gambino ont décidé de choisir certains de leurs cadres hors de l'État de New York. Le nouveau *Boss* (présumé) de la Famille, Arnold « The Beast » Squitieri, vient du New Jersey. Le sous-chef (présumé), Anthony « Tony Connecticut » Megale, vient du Connecticut.

Au cours de la seconde moitié du XXe siècle ont été identifiées 46 équipes (*crew*) stables, actives et efficaces[76].

La Famille Gambino est toujours à la pointe de l'actualité criminelle, ne laissant jamais échapper une occasion offerte par les bouleversements de la planète. À l'occasion d'une opération antidrogue de la DEA (Drug Enforcement Administration) en Californie, on découvre ainsi, à l'automne 2001, les liens de la Famille Gambino avec « un général rebelle au Kosovo » dont l'identité n'est pas précisée (traduire : un « combattant de la liberté », trafiquant de drogue, appartenant à l'UCK[77]).

Cette Famille a su également s'adapter à l'économie moderne et aux nouvelles technologies de l'information et de la communication, faisant ainsi mentir les caricatures récurrentes présentant les membres de Cosa Nostra comme des balourds inadaptés au temps présent. Comme le démontrent deux faits divers de grande envergure.

En 2001, la justice américaine dénonce une fantastique opération de manipulation boursière à Wall Street, réalisée par des membres des 5 Familles de New York, dont la Famille Gambino, impliquant plus d'une centaine de personnes (hommes d'affaires, courtiers, gangsters, etc.). Le préjudice est évalué à environ 50 millions de dollars. L'escroquerie est fondée sur une technique dite de *pump and dump* consistant à faire monter frauduleusement un titre coté en Bourse (achats fictifs, menaces sur des courtiers, etc.) puis à revendre les actions lorsque leur cours est au plus haut.

Début 2004, le FBI accuse une dizaine de membres et associés de la Famille Gambino – dont le capitaine Salvatore « Tore » LoCascio et le soldat Richard Martino – dans deux escroqueries aux faux services gratuits. Le premier schéma est une escroquerie téléphonique qui, de 1997 à 2001, a généré de 50 000 à 600 000 dollars de bénéfices par jour, soit en tout environ 100 millions de dollars (pour un préjudice total de 200 millions[78]). Des publicités dans des magazines, des journaux et à la télévision offraient des échantillons prétendument gratuits de services touchant au sexe, aux horoscopes ou à la psychologie. Et l'astuce consistait à facturer indûment à plusieurs millions de consommateurs sans méfiance de faux services téléphoniques gratuits et ce au moyen d'un très complexe et sophistiqué réseau de sociétés. Le second schéma est également une escroquerie aux services gratuits, mais cette fois à des sites sur Internet, avec des bénéfices criminels dépassant probablement les 750 millions de dollars. Là, des surfeurs naïfs échangeaient quelques informations sur leur carte de crédit contre des accès en principe gratuits à des sites pornographiques. Un double dossier d'escroquerie aux facturations téléphoniques et à la carte bancaire qui conduit à plusieurs centaines de millions de dollars de bénéfices criminels. Salvatore « Tore » LoCascio et Richard Martino furent aidés par Norman Chanes, un expert en publicité et en marketing, déjà condamné en 1985 pour fraude. On comprend pourquoi Roslyn R. Mauskopf, procureur à Brooklyn de l'État fédéral, déclare, après les mises en cause, qu'il s'agit en l'occurrence « d'une des plus grandes fraudes à la consommation de l'histoire des États-Unis ». On est loin de l'usure pour dettes de jeux ou du racket de commerçants. Le capitaine Salvatore « Tore » LoCascio a 44 ans – tout comme Richard Martino. Il a de qui tenir. Son père, Frank, fut conseiller du *Boss* John Gotti. Lors de ses études, au collège, Salvatore n'obtint que des notes modestes en management : B en *business management* et B + en *small business*. Ce qui ne l'empêche pas de réussir dans un autre type de *business.* Il fait l'objet de poursuites pour diverses affaires de port d'arme, jeux et racket. En 1983, il se lance avec succès dans l'informatique. Il crée sa société dans laquelle il emploie sa mère, sa sœur et 5 autres personnes. L'affaire semble florissante puisqu'il affiche même un chiffre d'affaires annuel de 15 millions de dollars. Il déclare avec son épouse des revenus en dollars se montant à 2,8 millions en 1995, à 6,8 en 1996 et à 6 millions en 1997. L'homme est donc doué pour les affaires. Sauf que l'argent provient en réalité d'escroqueries.

Ce survol de l'histoire de la Famille Gambino montre l'existence d'un pouvoir criminel continu et lucratif sur plus d'un siècle. Combien d'entreprises et d'institutions peuvent présenter un bilan comparable ? Et, aujourd'hui, la Famille Gambino demeure certainement la plus puissante de New York et donc une des plus influentes de Cosa Nostra sur le continent nord-américain.

Les 46 équipes de la Famille Gambino
durant la seconde moitié du XXe siècle

Chaque équipe est désignée par le nom de son capitaine (*crew* : équipe) :

Anastasio crew
Arcuri crew
Armone crew
Aurello crew

Basto crew
Bilotti crew
Bisaccia crew

Carminati crew
Ciccone crew
Conte crew
Corozzo crew
Corrao crew

D'Amico crew
F. DeCicco crew
G. DeCicco crew
DiBernardo crew

Failla crew
Fatico crew

Gaggi crew

J. Gambino crew
T. Gambino crew
Garofalo crew
Giordano crew
E. Gotti crew
J. Gotti jr. crew
P. Gotti crew
Gravano crew

Juliano crew

Lino crew
LoCascio crew

Mandaglio crew
Mascia crew
Mosca crew

Paterno crew
Perone crew
Piccolo crew

Ricco crew
Richichi crew
Ruggiero crew

Scotto crew
Squillante crew

Traina crew
Truccio crew

Vallario crew

Zaccaria crew

Zappi crew

L'INDUSTRIE DU DIVERTISSEMENT

Le divertissement, l'*entertainment* (musique, cinéma, jeux, cabarets), est au cœur de la société américaine. Au point d'en constituer aujourd'hui le premier secteur économique. Cosa Nostra ne s'y est pas trompée. Avec un flair infaillible pour l'argent et le pouvoir, les mafieux ont investi ce nouvel univers dès les années 1920-1930. Traditionnellement, Cosa Nostra y a toujours eu « ses » hommes, membres initiés de l'organisation ou simples associés, voire ses propres sociétés de production. Longtemps, des individus comme Frank Costello, Benjamin « Bugsy » Siegel ou Johnny Rosseli ont représenté les intérêts des Familles de Chicago et New York à Hollywood : chantage sur les artistes, racket sur les firmes cinématographiques menacées de grèves, contrôle des syndicats professionnels, etc.

Cosa Nostra ne s'est pas contentée de parasiter une industrie nouvelle. Elle a su également innover, en créant et en développant de toutes pièces certaines de ses activités. L'histoire du jazz, musique majeure du XXe siècle, aurait probablement eu un destin différent si les Italo-Américains de la Mafia n'avaient pas soutenu ce genre musical nouveau dans les années 1920, à la fois pour attirer la clientèle dans les bars et les cabarets où se vendait l'alcool illégal, mais aussi par goût sincère de certains de leurs *Boss* pour cette musique (Al Capone, par exemple).

Le jeu, légal et illégal, est une pure invention de Cosa Nostra. Dans les années 1940, les Familles de New York et de Chicago font sortir de terre une ville nouvelle, Las Vegas (Nevada), entièrement dédiée au jeu. De même, plus tard, les Familles de la côte Est, notamment celle de Philadelphie, s'intéressent de près au développement d'Atlantic City (New Jersey). Depuis, l'industrie du jeu, légal ou illégal, aux États-Unis demeure souvent sous l'influence de Cosa Nostra.

Il en va de même pour la pornographie (cinéma, vidéo, magazines, cabarets, etc.). Ce secteur présente l'avantage de dégager d'énormes bénéfices en liquide et de permettre le recyclage discret des sommes considérables issues de trafics et d'escroqueries divers. L'économie de la pornographie ressemble à celle du commerce illégal de l'alcool des années 1920-1930 (*bootlegging* et *speakeasies*) : forte demande, en partie clandestine, faibles investissements et gros bénéfices en retour. L'envol de la pornographie commence dans les années 1960. Deux entrepreneurs se distinguent : Anthony Peraino, soldat de la Famille Colombo, et Michael Zaffarano, « capitaine » de la Famille Bonanno. Anthony Peraino et ses fils Louis et Joseph fondent un empire commercial dans la production cinématographique. Ils s'installent à Hollywood en créant en 1971 les sociétés de production et de distribution *Bryanston* et *Damiano*. La première pour le cinéma légitime, la seconde pour le cinéma pornographique. Ils sont rapidement des figures marquantes du cinéma américain. On leur doit le célèbre *Deep Throat* (1972) vite devenu le film le plus profitable de l'histoire du cinéma. Avec une mise de départ modeste de 22 000 dollars, ce film rapporte au final plus de 100 millions de dollars. L'odeur de Mafia que dégagent les Peraino ne semble gêner personne à Hollywood. En 1975, Al Ruddy, le fameux producteur du *Parrain*, fait distribuer par *Bryanston* un long-métrage. Il tient par la suite des propos révélateurs concernant Louis Peraino : « Je savais que Lou avait fait *Deap Throat* et je sais que la pornographie est généralement contrôlée par certaines personnes. Ça n'est pas mon problème. » Les fantastiques profits de la pornographie provoquent dans les années 1970 un déplacement de membres des Familles Colombo, Bonanno, Gambino, DeCavalcante et de Chicago de la côte Est et du Nord vers la Californie.

Cosa Nostra vit en permanence au contact du *show-business*. Au milieu des années 1990, le roi des clubs nocturnes de South Beach (Miami) s'appelle Chris Paciello[79]. Ce gangster de Staten Island (New York) règne en fait avec l'argent de plusieurs Familles de New York, probablement Bonanno, Lucchese et Colombo. Qui sont ses amis ? Chris Paciello s'affiche, par exemple, avec des vedettes comme Madonna – de son vrai nom Louise Ciccone – et Jennifer Lopez. Qui est présent lors de l'inauguration en 1995 de son nouveau night-club, *Liquid* ? Le couturier Calvin Klein, les mannequins Naomi Campbell et Kate Moss, la chanteuse Gloria Estefan, le comédien Michael Caine et Barry Diller, producteur de films et futur responsable de *Vivendi Universal Entertainmen*t. Une malheureuse coïncidence ? Plutôt l'illustration de la proximité entre Cosa Nostra et l'univers du divertissement aux États-Unis.

Que penser par exemple de Joseph Isgro ? L'homme n'est pas n'importe qui dans l'univers de la musique puisqu'il occupa les fonctions de « Promotion Director » pour les célèbres sociétés de production *Motown* et *EMI Records*. À la fin des années 1980, Joseph Isgro est poursuivi pour corruption. Il est accusé de fournir de la drogue, de l'argent et des prostituées aux responsables des programmes de radios afin de les inciter à passer sur les ondes certains artistes ; dont ceux de *MCA Records*. Plus un artiste est programmé sur les radios musicales, plus les ventes augmentent. Joseph Isgro arrivait ainsi à faire la pluie et le beau temps dans la musique avec ce quasi-droit de vie ou de mort artistique sur les chanteurs. Mais, pour d'obscures raisons procédurales, les charges pesant sur lui sont alors abandonnées. En fait, Joseph Isgro est le lien entre Cosa Nostra et le show-business. Car il n'est pas seulement le roi de la musique. C'est également un « soldat » de la Famille Gambino de New York. En 1987, il est filmé dans un hôtel de New York en compagnie de son *Boss*, John Gotti, de l'*under Boss* Frank DeCicco et du « capitaine » Joseph « Joe Piney » Armone dont il aidera un neveu en lui produisant un disque. Joseph Isgro ne se limite pas à la musique. Il est le producteur exécutif du film *Hoffa* (1992) interprété par Jack Nicholson et Danny De Vito. La situation ne manque ni d'humour ni d'à propos : ce film est une version consensuelle de la vie de Jimmy Hoffa qui fut longtemps l'homme de paille de Cosa Nostra à la tête du puissant syndicat des *Teamsters* (camionneurs) avant de disparaître. En mars 2000, la chance semble tourner pour Joseph Isgro. Il est arrêté pour extorsion et prêts usuraires. Il est alors le propriétaire du label *Private I Records* (qui produit James Brown, Rick James, etc.).

La contamination mafieuse du monde de la musique aux États-Unis semble aussi une histoire sans fin. Début 2004, le procès pour assassinat visant le sous-chef de la Famille de Philadelphie Joseph « Skinny Joey » Merlino est l'occasion de révélations intéressantes[80]. On apprend que la carrière du célèbre rappeur Tommy Hill avait été lancée par Joseph Merlino et Stephen « Eppy » Epstein, un important producteur de musique. Dans les années 1990, à la demande de Joseph Merlino, Stephen Epstein aide en effet le groupe de rap de Tommy Hill, Ram Squad[81], à faire un disque chez *Universal Music Group*. Tommy Hill admet d'ailleurs son amitié avec les deux personnages. On comprend pourquoi les autorités fédérales ont essayé en vain, à trois reprises, d'en faire un témoin fédéral à charge dans ce procès. Il est vrai qu'au-delà de ses amitiés mafieuses les autorités fédérales soupçonnent Tommy Hill de trafic de drogue.

Quand Cosa Nostra fait son cinéma

L'histoire de la représentation de Cosa Nostra au cinéma connaît une nouvelle étape depuis la sortie sur les écrans américains en 2003 du film *This Thing of Ours*. Le film ne se contente pas d'être une peinture réaliste, crue et apologétique de l'univers de Cosa Nostra à l'aube du XXIe siècle, en cela très éloignée des contes du *Parrain*. Le film est une œuvre de Cosa Nostra. Le titre est certes une référence explicite au nom réel de la Mafia, *Notre Chose*. Surtout, le metteur en scène est Danny Provenzano – qui joue aussi dans son film, en l'occurrence le rôle du mafieux Nicky Santini. Depuis ce tournage, Danny Provenzano a été poursuivi pour racket, violences, enlèvements et fraude fiscale. Il lui est par exemple reproché d'avoir fait battre un homme avec un marteau ou encore d'avoir voulu prendre le contrôle par la force d'une compagnie d'assurances d'un ami d'enfance couvert de dettes de jeu. En fait, Danny Provenzano connaît de l'intérieur *Notre Chose* puisqu'il est un associé avéré (malgré ses dénégations) de la Famille Genovese. Danny Provenzano a de qui tenir puisque son grand-oncle Antony Provenzano, membre de Cosa Nostra, fut soupçonné d'être à l'origine de la « disparition » du fameux responsable du syndicat des *Teamsters* (camionneurs) Jimmy Hoffa. Par ailleurs, le producteur associé du film, très présent sur le tournage, est John « Sonny » Franzese, célèbre « capitaine » de la Famille Colombo, et expert mafieux reconnu de l'industrie du disque (*Buddah Records*) et du cinéma (pornographique[82]). Parmi les acteurs du film, on retrouve James Caan, une vedette d'Hollywood qui n'a jamais manifesté d'hostilité à l'égard de Cosa Nostra[83]. Lors de la sortie du film, Danny Provenzano et l'acteur de série B Steven Seagal clament leur amitié. Or Steven Seagal est depuis longtemps un acteur contrôlé par Cosa Nostra. Reste le propos central de ce film d'initiés qu'il convient de méditer : à l'aube du XXIe siècle, Cosa Nostra sait voler des millions de dollars en utilisant les nouvelles technologies de l'information et de la communication.

DE MEYER LANSKY À ALVIN MALNIK

L'histoire de Cosa Nostra est indissociable de celle de certains gangsters juifs. Dans le milieu criminel, Italiens et juifs d'Europe centrale (Allemagne, Russie, etc.) furent souvent de solides alliés, notamment pendant la Prohibition, contre les gangs irlandais. L'historien américain Robert A. Rockaway affirme que la moitié des principaux *bootleggers* (trafiquants d'alcools) furent juifs et qu'ils contrôlèrent les activités de racket dans quelques-unes des plus grandes villes du pays[84]. Mais, contrairement à une légende tenace, ces gangsters juifs demeuraient sous le contrôle étroit des Italiens. Car Cosa Nostra domina toujours les gangsters juifs, et ceux qui, comme les membres du *Purple Gang* de Detroit, refusèrent de se soumettre furent rapidement éliminés. Pendant la Prohibition, Charley Solomon, Longy Zwillman, Meyer Lansky, Dutch Schultz, Benjamin « Bugsy » Siegel et Lepke Buchalter sont surnommés les *Jewish Big Six* de la côte Est. À Chicago, Al Capone a pour stratège et conseiller financier Jack « Greasy Thumb » Guzik. Comment expliquer cette alliance fructueuse entre juifs et Italiens ? Les éléments criminels de ces deux communautés fraîchement immigrées en Amérique avaient un intérêt commun face à des Irlandais déjà installés et fort durs. Une alliance de poings mais aussi de cerveaux : le gangster Arnold Rothstein influença ainsi fortement Charles « Lucky » Luciano, futur concepteur de la Mafia moderne. Arnold Rothstein lui apprendra, dit-on, les bonnes manières, la façon de s'habiller et surtout le sens de l'organisation (criminelle). En 1931, quand Charles « Lucky » Luciano décide de mettre fin au pouvoir des vieux chefs de la Mafia, il s'appuie entre autres sur Meyer Lansky et Benjamin « Bugsy » Siegel. Ils organisent d'abord l'assassinat de Joe Masseria (avril 1931), puis celui de Salvatore Maranzano (septembre 1931). Charles « Lucky » Luciano ne l'oubliera jamais. La violence de l'équipe d'assassins ainsi mobilisée leur vaudra le surnom de *Murder Incorporated*. Benjamin Siegel se voit ensuite confier l'expansion à l'ouest (La Californie-Hollywood) et la création du Las Vegas moderne où il construit le *Flamingo Hotel*. Meyer Lansky assure le développement de tout l'empire du jeu de la Mafia, en particulier en Floride, à Cuba et aux Bahamas. Du fait de son rôle crucial, Cosa Nostra attribue même à Lansky un ange gardien permanent en la personne de Vincent « Jimmy Blue Eyes » Alo. Autant pour le protéger que pour s'assurer de la conformité de ses activités avec les desseins de Cosa Nostra. Simple associé des *Boss*, il n'était pas question qu'un si talentueux et informé partenaire s'éloigne de la Mafia. Quand Benjamin Siegel meurt assassiné en 1947 – un « contrat » de ses amis italiens qui le suspectaient de détourner de l'argent –, la gestion du *Flamingo Hotel* est reprise par trois fidèles de Meyer Lansky : Moe Sedway, Morris Rosen et Gus Greenbaum.

Ces gangsters juifs ont-ils disparu avec la « génération Lansky » ? C'est ce que certains historiens affirment, soutenant ainsi que la pègre juive appartient désormais au passé[85]. À la différence de celle des Italiens, la communauté juive, après la Seconde Guerre mondiale, se serait définitivement éloignée de l'illégalité. Plus de milieu criminel juif ni surtout de survivance d'association criminelle avec les Italiens. Le spécialiste de la Mafia aux États-Unis, Jerry Capeci, soutient cette thèse. Pour l'essentiel juste, cette théorie comporte quand même quelques exceptions notables.

Par exemple, à l'été 2001, la justice engage des poursuites contre Steve Kaplan, le propriétaire du *Gold Club*, un club de strip-tease d'Atlanta. Les charges sont lourdes : proxénétisme – il fournit des prostituées à des sportifs connus –, blanchiment d'argent et versements d'argent (racket, protection) à la Famille Gambino de New York dont il serait d'ailleurs un associé permanent. Pour les plus optimistes, il ne s'agit là que d'une affaire ponctuelle.

Reste surtout le cas d'Alvin Malnik qui fut l'avocat, mais aussi sans doute le *paravent* (*front man*) de Meyer Lansky jusqu'à sa mort en 1983. Le plus célèbre associé de Cosa Nostra aurait-il eu un élève et successeur, au plus grand profit de Cosa Nostra[86] ?

Né le 23 mai 1933 à Saint Louis (Missouri), diplômé en droit de l'Université de Miami, Alvin Malnik est désormais considéré par les autorités fédérales américaines comme « une figure majeure du crime organisé ». Vincent Teresa, un gangster repenti vivant désormais sous protection fédérale, affirme ainsi : « Il était de notoriété publique au sein du monde criminel que traiter avec Al Malnik était comme traiter avec Meyer Lansky. » Ce qu'Alvin Malnik nie avec la plus grande énergie, expliquant benoîtement qu'il n'a rencontré Meyer Lansky qu'une seule fois et qu'il s'était contenté de le représenter à quelques reprises dans des dossiers civils. Avocat, promoteur immobilier, restaurateur de renom à Miami Beach avec *The Forge*, Alvin Malnik est surtout le propriétaire d'une chaîne nationale de magasins de prêts aux particuliers, *Title Loans of America*. Curieusement, le contrôle exercé par Alvin Malnik sur cette chaîne nationale de prêts n'est révélé que tardivement, en 1997. Des prêts à taux si élevés qu'un procureur général parlera de « légalisation de l'usure ». Durant sa longue « carrière », Alvin Malnik n'a jamais été condamné. Dans les années 1960, les activités d'Alvin Malnik aux Bahamas intriguent déjà. Il est ainsi le conseiller juridique de *Bank of World Inc.* dont le président, John Pullman, est un intermédiaire financier historique de Meyer

Lansky. Un rapport de la Commission de contrôle des jeux du New Jersey daté de 1980 affirme que *Bank of World Inc.* regroupe « quelques-uns des tout premiers gangsters du pays ». Toujours aux Bahamas, Alvin Malnik concourt au développement du jeu avec le complexe du *Paradise Island*. Il faut croire qu'à l'époque Alvin Malnik est déjà un objectif important du FBI. En effet, en 1963, Alvin Malnik surprend des agents du *Bureau* en train de poser un micro dans son bureau. L'année suivante, en 1964, Alvin Malnik crée une société de juke-boxes avec écran vidéo, *Scopitone*. Parmi ses investisseurs, on retrouve Vincent « Jimmy Blue Eyes » Alo, l'ange gardien de Meyer Lansky. Alvin Malnik s'intéresse aussi à l'industrie du divertissement. Une de ses nombreuses sociétés dans ce domaine, *Film Enterprises and Distributors*, a parmi ses clients Sammy Davis Jr, Frank Sinatra et Peter Lawford, le fameux *Rat Pack* (la *bande de rats*), dont la proximité avec Cosa Nostra n'est plus à démontrer. Alvin Malnik leur sert entre autres de conseiller juridique.

Dès la fin des années 1960, Alvin Malnik est associé à Sam Cohen, principal et officiel propriétaire du *Flamingo Hotel and Casino* de Las Vegas, et à ses enfants, Joel et Alan. Sam Cohen sera ensuite poursuivi avec Meyer Lansky pour avoir « écrémé » 30 millions de dollars du *Flamingo Hotel and Casino*.

En 1980, la Commission de contrôle des jeux du New Jersey commence à enquêter sur les liens d'Alvin Malnik avec le *Caesars World* de Las Vegas et avec le monde du crime organisé. Le président de la Commission, James Hurley, est très clair à son sujet : « Il n'est pas le bienvenu ici. Il n'a rien fait pour surmonter sa réputation d'association avec Meyer Lansky et d'autres figures du crime organisé. » Au final, une licence de jeux lui est refusée. En 1993, la même Commission réprimande deux casinos d'Atlantic City (New Jersey) pour avoir laissé pénétrer Alvin Malnik dans leurs salles.

Il n'est pas jusqu'aux amitiés d'Alvin Malnik qui étonnent. En janvier 2003, Al et son fils Shareef, avec leurs épouses, reçoivent le chanteur Michael Jackson et ses enfants pour un dîner privé à *The Forge*. La presse relate abondamment l'événement et n'hésite pas à poser clairement la question : « Michael Jackson est-il marié avec la Mafia ? » La réponse se précise en janvier 2004, au moment où Michael Jackson doit se défendre devant la justice américaine de nouvelles accusations de pédophilie. Il apparaît alors que son empire musical est fort mal en point : au bord de la faillite en fait. Le désastre est évité grâce à un prêt de 91 millions de dollars trouvés *in extremis* par Charles Koppelman, une figure de l'industrie du disque, et Alvin Malnik en personne.

L'un des aspects les plus intrigants de la vie d'Alvin Malnik tient probablement à ses relations apparemment très anciennes avec une partie de la famille royale saoudienne. En 1978, une société enregistrée aux Bahamas, *Appolonia Investment Limited*, achète pour 3,5 millions de dollars une propriété non loin du ranch d'Alvin Malnik. Le propriétaire réel est en fait un ami d'Alvin Malnik : un prince de la famille royale, fils du roi Abdul Aziz, le fondateur de la dynastie royale. En 1980, Alvin Malnik rejoint Londres et devient le conseiller financier pendant quatre ans de Mohamed Al Fassi et du prince Turki Bin Aziz. Alvin Malnik fait un tour du monde avec le clan royal saoudien, en compagnie de son fils Mark, du prince Turki Bin Aziz, des frères Al Fassi et de Sheika Hoda Al Fassi. Son fils Mark se marie avec Sheika Hoda Al Fassi en 1982 et change son nom en Shareef. Ils divorceront ultérieurement. En 1982, Alvin Malnik et son fils Shareef quittent les États-Unis pour s'installer dans un palais de la famille royale. De retour au pays, Alvin Malnik aide les princes saoudiens à réaliser divers investissements aux États-Unis.

Mark Malnik, devenu Shareef, est aussi dans les affaires. Pour partie avec son père avec qui il dirige *The Forge*. Mais également de manière apparemment plus autonome. Il possède par exemple des écuries de courses de voitures et de bateaux. On le retrouve en décembre 1999 lors de l'audience de liberté sous caution de Chris Paciello[87], un associé de Cosa Nostra : il est dans le public. La caution est fixée à 3 millions de dollars. Shareef Malnik s'engage à en verser les deux tiers.

L'organisation d'une Famille de Cosa Nostra aux États-Unis

Le chef de Famille (*Capofamiglia* ou *représentant-Boss*)

Sous-chef (*Under Boss*) Le Conseiller (*Consigliere*)

Capitaines ou chefs de dizaines (*Capodecina* en italien, *Caporegime* aux États-Unis).

Les soldats regroupés en *équipes* (*crews* en anglais) ou *dizaines* (*decine* en italien).

Les associés ou non-initiés (*affiliati* ou *avvicinati* en italien).

Chapitre V

LES ÉPICENTRES MAFIEUX

Les capitales du crime organisé

Les mafias ont surgi de plusieurs régions désormais clairement identifiées. Ces lieux sont au sens premier des *épicentres* : des points de la surface terrestre où les séismes criminels sont les plus intenses. Chaque mafia dispose ainsi de son *point d'apparition et de propagation*, partant duquel son pouvoir se diffuse aujourd'hui encore, telle une lave. Il y a donc une *géographie du pouvoir mafieux* qui correspond généralement à une ville et ses alentours. Ce sont des *capitales mafieuses* et de *vraies enclaves de pouvoir criminel*. Les principales mafias, celles qui comptent réellement sur l'échiquier criminel, contrôlent aujourd'hui encore ces *territoires historiques* dont elles sont issues.

L'*enracinement territorial* d'une mafia se mesure pour partie au rapport statistique entre le nombre d'affiliés connu et le volume de la population concernée. Ce *ratio mafieux* est un puissant indicateur de la *densité mafieuse* qui, combinée à d'autres paramètres, qualitatifs ceux-ci, renseigne sur le pouvoir politique et économique réel qu'exerce une mafia sur « son » territoire.

Cosa Nostra de Sicile[1] (Italie). Le centre de gravité se situe à Palerme ; au-delà le pouvoir mafieux rayonne jusqu'à Trapani et tout l'ouest de la Sicile (provinces de Palerme, Trapani, Agrigente et

Caltanissetta). La Mafia est née précisément dans la partie de la province de Palerme dite de la *Conque d'or* (*Conca d'Oro*), c'est-à-dire dans la zone fertile comprise entre le golfe de Palerme et les montagnes dominant la plaine côtière ; là où se trouvent les jardins d'agrumes. Cette localisation historique fragilise la thèse d'une « mafia enfantée par la pauvreté et résultat du sous-développement ».

Les Familles de Palerme et de l'ouest de la Sicile dominent toutes les autres de l'île. Ces Familles de premier rang reconnaissent et en quelque sorte autorisent les autres Familles siciliennes. Les Familles de la province de Palerme tiennent Cosa Nostra en Sicile et au-delà les entités reconstituées à l'étranger. Depuis le XIXe siècle, Cosa Nostra de Sicile étend principalement son emprise sur la partie occidentale de l'île, sa partie orientale (provinces de Messine, Syracuse, Raguse et Enna) demeurant quant à elle relativement épargnée par le phénomène, à l'exception de la Catane (est de l'île). Sur 9 provinces, la Sicile connaît donc une présence mafieuse significative dans 5 d'entre elles. Il y a là une double étrangeté : non seulement la Mafia n'a pas semblé s'acclimater aussi facilement à l'est qu'à l'ouest de l'île, mais, qui plus est, les années ne semblent pas avoir pu y remédier. Une explication socio-économique, au demeurant contestable, souligne que, dans la partie occidentale de l'île, les structures sociales furent plus longtemps liées au latifundisme que dans la partie orientale où le capitalisme s'est implanté plus tôt et où le processus d'industrialisation fut plus marqué. La concentration géographique du pouvoir mafieux en Sicile est même plus forte que cette invisible frontière est-ouest. Cosa Nostra fut toujours et surtout concentrée dans la province de Palerme. C'est donc autour et à partir de cette ville du Bassin méditerranéen qu'il convient de réfléchir à la naissance, au développement puis à l'expansion mondiale de Cosa Nostra.

La Ndrangheta[2] (Italie). Le centre de gravité se situe dans la ville de Reggio de Calabre ; au-delà, le pouvoir de la Ndrangheta s'éprouve dans la région de Reggio et dans toute la Calabre. La Ndrangheta s'épanouit initialement dans la plaine de Gioia Tauro, alors en pleine expansion économique. Dans la province de Reggio de Calabre, un village situé au sud de la chaîne des montagnes de l'Aspromonte semble jouer un rôle similaire à celui de Palerme en Sicile : San Luca, dont tous les habitants mâles seraient ndranghetistes ! La prééminence de la Famille de San Luca est telle que toute nouvelle *locale* souhaitant opérer doit obtenir son autorisation. Signe de sa suprématie, il semble que toutes les Familles de la Ndrangheta aient l'obligation de lui reverser un petit pourcentage de leurs profits criminels. Selon une expression ndranghétiste, San Luca est *la Mamma' di tutti gli affiliati.* Un autre lieu de l'Aspromonte revêt une importance particulière : le sanctuaire de Polsi où, en septembre de chaque année, se réunissent les chefs des *locali* pour une rencontre appelée *crimine*. Le sud de la Calabre (Reggio de Calabre) est donc historiquement la partie la plus touchée par la Ndrangheta.

La Camorra[3] (Italie). Le centre de gravité se situe dans le triangle formé par les villes de Naples, Caserte et Salerne, au nord de la Campanie (formée des 5 provinces de Naples, Caserte, Benevento, Avellino et Salerne). Au XIXe siècle, c'est dans cette Campanie du Nord alors en pleine expansion économique que se situe le terrain d'essor de la Camorra[4]. Il est frappant de constater que la quasi-totalité de cette région de l'Italie paraît également touchée par le mal mafieux. Avec toutefois une pression mafieuse semble-t-il relativement moins forte dans le sud-est de la région. Les spécialistes notent par ailleurs des différences culturelles entre les clans camorristes urbains et ceux des campagnes. À Naples, certains quartiers de la ville constituent de véritables bastions camorristes : Scampia (surnommée le « Tiers Monde ») et Secondigliano au nord, Forcella au centre.

La Sacra Corona Unita[5]. Le centre de gravité se situe à Bari et Brindisi, et au-delà les Pouilles.

La maffya turque[6] (Turquie). Le centre de gravité se situe à Istanbul (partie européenne du pays) et Ankara (partie asiatique du pays).

La mafia albanaise (Albanie, Kosovo). Le centre de gravité se trouve dans le nord de l'Albanie, à proximité du Kosovo, dans la région de Shkoder.

Cosa Nostra américaine[7] (États-Unis, Canada). Le centre de gravité se situe à New York et à Chicago (Illinois). La concentration des Familles sur la côte Est du pays s'explique de façon évidente par l'histoire des migrations italiennes aux États-Unis. Plus précisément encore, la géographie des Familles de Cosa Nostra montre une concentration extrême dans le nord-est des États-Unis et le sud-est du Canada. Les origines géographiques de Cosa Nostra doivent être recherchées dans les bas-fonds de ces grandes villes de l'Est, là où les nouveaux immigrants échouaient, comme dans le *lower east side* de New York, plus précisément encore dans le quartier des docks.

Les yakuza[8] (Japon). Le centre de gravité se situe dans la conurbation formée par les villes de Kobe-Osaka-Tokyo. C'est-à-dire dans les régions du Kansai (Kobe-Osaka) – partie occidentale de l'île de Honshû – et du Kantô (Tokyo) – centre-est de l'île de Honshû. Historiquement, les yakuza de ces deux régions présentaient des spécificités qui semblent s'être estompées aujourd'hui[9]. Le Kanto regroupait plutôt des bandes de *bakuto* (joueurs) œuvrant dans des limites territoriales strictement définies. Le Kansai agglutinait en revanche des bandes de *tekya* (camelots-forains) au sein de territoires aux contours plus flous constitués en fonction des réseaux de vente. Cette faiblesse de la délimitation des territoires dans le Kansai provoquait forcément des affrontements plus fréquents entre bandes. Les yakuza y étaient de ce fait plus frustes, plus violents, moins discrets. Dans le Kanto, les yakuza montraient moins leur présence et se souciaient constamment de trouver des *modus vivendi* avec la police. Enfin, les bandes du Kansai semblaient privilégier des structures plus centralisées que dans la Kanto.

Les Triades (Chine, Taiwan). Le centre de gravité se situe dans le sud-est de la Chine, dans la région du Fujian (« la Sicile chinoise ») et à Hong Kong, puis Taiwan. Depuis le XIXe siècle, Hong Kong est réellement devenue la capitale historique des Triades. Les Triades ont donc pris naissance et racine dans une Chine méridionale et côtière.

Façades maritimes, villes portuaires

On a beaucoup glosé sur les origines rurales des mafias, puis sur leur adaptation au monde urbain. Sans d'ailleurs toujours convaincre. Si les mafias sont nées dans des sociétés traditionnelles, donc largement rurales, elles ont en fait surtout pris leur essor dans des centres urbains. Cosa Nostra de Sicile est née dans l'arrière-pays palermitain, Cosa Nostra américaine dans les villes de l'est des États-Unis, la Camorra à Naples, les yakuza dans un Japon en pleine urbanisation, etc. Cependant, on oublie de mentionner combien *toutes* ces mafias se singularisent par leurs *façades maritimes*, donc par une forme naturelle d'ouverture au monde, aux échanges, aux migrations. Les capitales historiques des mafias sont des *villes portuaires*. Pas de mafias continentales et enclavées jusqu'à présent. Comme si les mafias bénéficiaient d'une « rente géographique[10] ». Les ports ont ainsi toujours constitué une composante essentielle et sous-estimée, voire méconnue du développement des mafias : *New York* (Cosa Nostra américaine), *Palerme* (Cosa Nostra de Sicile), *Gioa Tauro* et *Reggio de Calabre* (Ndrangheta de Calabre), *Naples* (Camorra de Campanie), *Bari* (Sacra Corona Unita), *Hong Kong* (Triades de Chine), *Istanbul* et *Antalya* (maffya turque), *Tokyo*, *Kobe* et *Yokohama* (yakuza), *Dürres* et *Vlöre* (mafia albanaise). Cette *attraction maritime* facilite évidemment les trafics en tout genre.

Arcs, masse et poussées mafieux

UN ARC SUD-EUROPÉEN[11]

Six mafias forment *un arc sud-européen mafieux* : Sicile (Cosa Nostra)-sud de l'Italie (Sacra Corona Unita, Ndrangheta, Camorra)-Albanie-Kosovo (mafia albanaise)-Turquie (maffya turque). Cet arc exerce une poussée sud-nord devant être prise en compte dans le cadre de la construction européenne. Ces mafias sont stratégiquement installées sur le flanc sud de l'Europe par où affluent naturellement les grands trafics d'êtres humains et de drogues émanant d'Afrique, d'Amérique et d'Asie.

UN ARC SUD-ASIATIQUE[12]

Deux mafias – en fait plus, car les Triades sont nombreuses – forment *un arc sud-asiatique* : Japon (Yakuza)-Chine réunifiée (Triades)-Taiwan (Triades).

UNE MASSE NORD-AMÉRICAINE

Une mafia domine *la masse nord-américaine* : Cosa Nostra. Cette masse pèse sur les autres phénomènes criminels, aux États-

Unis et au Canada. Encore que les autres mafias (Triades, yakuza) arrivent aussi à se loger dans leurs communautés naturelles implantées sur le territoire américain. Tout particulièrement les Triades.

Et la France ?

La France a manifestement un problème avec les mafias et refuse de l'admettre. Pourtant, depuis la fin du XXe siècle, les indices ne manquent pas. Nous n'aborderons ici que la question des mafias italiennes qui, à elle seule, démontre la contamination mafieuse du sud de la France (Riviera et Corse)[13].

Afin de cerner le degré de pénétration des mafias italiennes en France, un point d'histoire (du grand banditisme) s'impose. Depuis la fin de la Seconde Guerre mondiale, le grand banditisme corse a noué de puissantes et constantes relations d'affaires avec les mafieux italiens, surtout napolitains et siciliens. Il n'est pas question de relater ici des épisodes connus et incontestables mais simplement d'en souligner la pertinence pour notre sujet. Ainsi en matière de stupéfiants comme l'a illustré le dossier de la « French Connection[14] ». Ce fait d'histoire est d'autant plus important que le grand banditisme corse continue, à l'aube du XXIe siècle, de dominer le milieu criminel méridional et qu'il dispose d'intérêts majeurs en Afrique et en Amérique latine, notamment dans le domaine des jeux[15].

Dans les années 1970-1980, on découvre l'intérêt de la Camorra et de Cosa Nostra de Sicile pour ces « blanchisseuses naturelles » que sont nos casinos nationaux (Chamonix, Nice, Beaulieu-sur-Mer, La Rochelle, Vichy, Menton, Cannes). La tentative de reprise à la fin des années 1980 du casino de Menton est l'exemple le plus patent des ambitions de la Camorra (Michele Zaza) alliée à des représentants du banditisme corse (Jean-Claude Orsoni, Julien Tramini).

On sait par ailleurs que les mafieux perdants et/ou soucieux d'investissements ont pris l'habitude de résider sur la Riviera[16].

Au début des années 1990, le Parlement français semble prendre conscience de la menace. Sous la présidence du député François d'Aubert, une Commission d'enquête parlementaire œuvre du 29 octobre 1992 au 3 février 1993[17]. La Commission d'enquête auditionne en particulier deux repentis de Cosa Nostra de Sicile, Leonardo Messina et Antonino Calderone. On découvre à cette occasion un problème mafieux en Isère. La Commission d'enquête révèle ainsi qu'un certain Giacomo Pagano, chômeur grenoblois de 59 ans, originaire de Sommatino, un petit bourg de la région de Caltanissetta (Sicile), a de curieuses relations : « La famille installée à Grenoble, où vit une forte communauté sicilienne, serait rattachée à la famille de Sommatino dont le fief est le village (8 000 habitants) du même nom, situé à proximité de Caltanissetta. Un certain Giacomo Pagano, membre présumé de la famille de Sommatino et résidant en France, fait l'objet d'une enquête de la police italienne. La famille de Sommatino aurait des liens avec le clan de Caltanissetta dirigé par Guiseppe Madonia qui a été arrêté en mars 1992[18]. » Est-ce le fruit du hasard ? L'immigration sicilienne en Dauphiné date de la fin du XIXe siècle quand la révolution industrielle poussa des milliers d'Italiens du Sud à chercher du travail dans le nord de l'Europe. À Grenoble, la communauté italienne compte 25 000 personnes dont 8 000 Siciliens : et 2 000 originaires de Sommatino (!). Les deux repentis célèbres de Cosa Nostra sont formels : il existe une présence mafieuse en France ; et Leonardo Messina précise même à Grenoble, dans la capitale de l'Isère. Probablement pour la première fois, Cosa Nostra – ou sa concurrente la Stidda – aurait exporté en France une de ses « dizaines » (*decina*). Giacomo Pagano en serait le *capo*. Ces mafieux se livreraient au blanchiment d'argent et au trafic d'armes. Rendue publique, « l'affaire Pagano » fait grand bruit. Giacomo Pagano nie et reconnaît seulement connaître Leonardo Messina, mais en précisant que « là-bas, tout le monde se connaît ». Malgré ses antécédents judiciaires en France (recel, proxénétisme), rien ne peut être prouvé quant à son appartenance mafieuse ou à d'éventuels crimes présents. Finalement interpellé à Nice, il est expulsé vers l'Italie en février 1992.

Par ailleurs, Cosa Nostra de Sicile posséderait-elle une parcelle du territoire national ? La question se pose depuis qu'en juillet 1980 la « Compagnie des îles Lavezzi pour l'aménagement de Cavallo » (CODIL) est passée sous le contrôle d'intérêts italiens. L'île de Cavallo, la plus grande des îles Lavezzi, est située dans le détroit de Bonifacio, à 3 km de la pointe sud de la Corse. Les actionnaires de la CODIL ne vont plus cesser d'intriguer, surtout quand son P-DG devient en 1988 Lilo Lauricella. Né à Palerme en 1945, Lilo Lauricella est identifié comme le principal investisseur et blanchisseur de la Famille Benedeto Santapaola de Catane

(Sicile). Lilo Lauricella est un financier talentueux et très proche de certains « nationalistes du sud de l'île » (François Santoni, par exemple) et de représentants du grand banditisme local (les frères Filippeddu, Alain et Stéphane Orsoni, les frères Feliciaggi, etc.). Au moment où les justices française et italienne semblent à nouveau se rapprocher dangereusement de lui, Lilo Lauricella meurt assassiné à Caracas (Venezuela) le 31 octobre 2002. Il vivait là sous un nom d'emprunt (Claudio Liverani) et possédait quatre casinos (à Caracas et sur l'île de Margarita). Une réussite sud-américaine à laquelle participait le « milieu » corse. La question s'est posée de savoir si, au-delà de l'île de Cavallo, le Sicilien n'avait pas un projet plus global de pénétration de l'économie corse. Il s'était par exemple intéressé au rachat de la caserne Montlaur à Bonifacio, pour la transformer en complexe touristique et de jeux.

Que penser enfin de l'extraordinaire développement de l'immobilier sur la Riviera ? Dans le sud de la France, ce secteur est en effet une source constante d'étonnement – comme l'avait déjà noté le « Rapport d'Aubert » – et ce depuis des décennies, en raison du volume fort impressionnant des investissements d'origine italienne dont il bénéficie. Mais l'argent a-t-il une odeur quand il concourt au « développement économique » ?

De façon générale, les mafias présentes en France sont d'autant plus difficilement détectables qu'elles font tout pour demeurer ignorées. Car, selon les territoires où elles opèrent, les mafias ne présentent pas le même visage. Les mafias privilégient en France des activités économico-financières (blanchiment, investissements, corruption), peu détectables et paisibles, plus que des démonstrations de pure violence (assassinats, racket), et ce afin de se prémunir contre la répression étatique et conserver à la France son statut de base de repli.

Chapitre VI
L'EXPANSION MONDIALE, LES VOIES ET LES MOYENS

Une vision naturaliste pousse à comparer les mafias à des organismes vivants : une vitalité se confondant avec un appétit de conquêtes. Les modalités de *diffusion* des mafias méritent une exploration d'autant plus précise que ces entités criminelles sont depuis la fin du monde bipolaire en phase non de rétraction mais d'*expansion*. Or nous savons désormais que le meilleur allié des mafias est l'ignorance plus ou moins sincère de leur existence[1]. Au-delà de ce phénomène central – la cécité et l'ignorance –, il existe des *mécanismes d'expansion* désormais bien repérés dont nombre d'exemples existent. Cependant, ces *mécanismes* ne sont pas le fruit d'une génération spontanée. Les mafias développent aussi *des politiques d'expansion* à l'image de ce que peuvent faire des États. Ces *projections* opérationnelles donnent naissance à des *implantations* permanentes qui fonctionnent comme des *filiales* plus ou moins indépendantes par rapport à leurs *maisons mères*. La contagion mafieuse touche alors le pays d'accueil.

Les poussées migratoires (effet démographique)

DIASPORAS ET MAFIAS

Les mafias n'ont pas attendu la « mondialisation » de la fin du XXe siècle pour rayonner sur la planète. Car l'expansion des mafias est en réalité étroitement déterminée par l'histoire et la géographie des vagues d'émigration. Les mafias entretiennent avec les phénomènes migratoires des liens complexes, relevant à la fois de la cause et de la conséquence. D'une part, les mafias s'abritent dans les migrations pour se répandre sur la planète. D'autre part, parfois, elles suscitent aussi ces mêmes migrations, au point même parfois de les provoquer.

Une mafia n'est pas un phénomène de génération spontanée. Comment expliquer en effet que, loin de son berceau historique, de son territoire de naissance, surgissent des excroissances à des centaines, voire à des milliers de kilomètres ? Par quel mystère Cosa Nostra de Sicile a-t-elle pu traverser l'Atlantique entre la seconde moitié du XIXe siècle et le début du XXe siècle ? La réponse aussi évidente que trop souvent niée réside dans la longue histoire des migrations humaines. Les mafias accompagnent ces migrations, quels que puissent être par ailleurs les déterminants profonds de ces mouvements de population (guerres, famines, répression politique, etc.).

Une mafia est certes toujours le fruit d'une histoire nationale, d'un humus social et économique. Cependant, loin de sa terre d'origine, une mafia est aussi *un produit d'importation*. Encore faut-il préciser ce qui est ainsi importé. Est-ce l'entité formelle, l'« organisation » *stricto sensu*, ou bien tout un ensemble de conditions économiques, sociales et culturelles facilitant son essor ? Est-ce l'institution criminelle et formelle ou le terreau historique et culturel (attitudes, codes, comportements) ? En réalité, c'est une conjugaison des deux. Le déplacement d'une communauté et son installation ailleurs constituent le contexte nécessaire et indispensable au développement d'une mafia. Les mafieux ont besoin de ces circonstances pour croître impunément. Il faut en fait un cumul de conditions. La communauté immigrée joue le rôle de terrain-terreau de base (1er niveau) ; des mafieux d'origine accompagnent la migration (2e niveau) ; les difficiles conditions d'installation imposées aux migrants (pauvreté, discrimination, etc.) à leur arrivée facilitant au final l'enracinement mafieux. Une mafia sait profiter du désarroi de *ses* migrants en leur offrant une gamme de services indispensables depuis leur départ (documents, filières, véhicules) jusqu'à leur arrivée dans un univers nouveau et hostile où les besoins primaires de sécurité s'expriment immédiatement. Le repli communautaire fait le reste. C'est pourquoi, dans le pays d'accueil, une mafia est toujours perçue comme une menace allogène, avec tous les préjugés ethniques et religieux que ce type de représentation génère. Reconnaître que les mafias profitent des migrations ne doit pas conduire à criminaliser ces communautés étrangères migrantes. Ces communautés immigrées fonctionnent alors malgré elles comme des hôtes abritant des parasites criminels. Il s'agit plutôt d'en repérer les composantes criminelles.

Ainsi *la carte historique des migrations mondiales et des diasporas* recouvre-t-elle peu ou prou celle de *la diffusion planétaire des mafias*. La présence d'une communauté immigrée est une condition quasi indispensable à l'exportation réussie d'une mafia. L'idée qu'une mafia est un produit d'importation est assez systématiquement niée, diabolisée et caricaturée. Que reproche-t-on à cette thèse ? De réduire l'expansion mafieuse à la perception qu'en ont toujours les indigènes face à de nouveaux arrivants : une conspiration étrangère voulant attenter à la civilisation nationale (américaine, etc.). Or le fait qu'une mafia soit d'abord un phénomène allogène ne signifie pas qu'il naisse d'un complot étranger. De même, cette dimension particulière de l'expansion n'exclut en rien l'existence de conditions spécifiques (sociales, économiques) propres au pays d'accueil expliquant son développement puis son enracinement ultérieur.

Ces phénomènes migratoires fonctionnent aussi au sein d'un même pays. « La colonisation intérieure » est une réalité que l'Italie a connue dans la seconde moitié du XXe siècle. Il s'est produit une méridionalisation du Nord par un afflux de populations venant du Mezzogiorno qui ont fatalement importé avec elles les ferments et les réalités des mafias de la Botte et de Sicile.

LA POUSSÉE ITALIENNE VERS LES ÉTATS-UNIS

Cosa Nostra de Sicile surgit aux États-Unis dans la seconde moitié du XIXe siècle. Pourquoi ? Simplement parce que la poussée migratoire italienne vers les États-Unis y est massive et fortement concentrée dans l'espace (la côte Est) et dans le temps (fin du XIXe-début du XXe siècle). Les Italiens commencent réellement à émigrer aux États-Unis après 1870. Avant cette date, ils ne sont environ que 100 000 et principalement issus du nord de l'Italie. Ensuite, la poussée est fulgurante et massive. Environ 5 300 000 et ce quelles que soient les dates prises en compte : 4 millions entre 1890 et 1914 (4,7 millions de 1820 à 1930), 2,5 millions entre 1900 et 1910. Ces migrants viennent à 80 % d'Italie du Sud et à 25 % de la seule Sicile : ils sont donc déjà fortement imprégnés de la culture mafieuse. Ces nouveaux Italo-Américains se concentrent dans des enclaves ethniques des métropoles, les *Little Italy*, essentiellement à New York, Boston, Philadelphie, Baltimore, La Nouvelle-Orléans. Immédiatement, Cosa Nostra fait parler d'elle. En 1890, La Nouvelle-Orléans (Louisiane) est la ville des États-Unis où on trouve la plus forte concentration d'Italiens avec 15 000 personnes. Leur quartier, situé près du port, est appelé *Little Palermo*, « Le petit Palerme ». Le commerce des fruits, qui viennent de Sicile et d'Amérique du Sud, est dominé par les frères Provenzano. Jusqu'au jour où leur monopole est contesté par d'autres Siciliens, les frères Matranga. Le 1er mai 1890, les frères Matranga et des dockers essuient des coups de feu en rentrant du port. Rompant avec les coutumes siciliennes, les frères Matranga décident de porter plainte contre les Provenzano. « La guerre des oranges », comme elle fut surnommée, vient de commencer. Lors du procès, des politiciens et le chef de la police David Hennessey témoignent en faveur des Provenzano, accusant les Matranga de racket et de chantage. Les Provenzano sont condamnés. Ils font appel, et David Hennessey annonce qu'il présentera des preuves contre les Matranga innocentant les Provenzano. Cinq jours avant le début du nouveau procès, David Hennessey est assassiné. Les Matranga sont accusés d'homicide. On commence à évoquer « une organisation secrète appelée Mafia ». En fait, les deux « familles » s'accusent mutuellement de liens mafieux. Faute de preuves, les Matranga sont acquittés. Le lendemain, un « comité de vigilance » se forme et entraîne la foule vers la prison : onze Italiens en détention préventive sont lynchés (14 mars 1891). Aucun des lyncheurs n'est poursuivi, et le président Harrison, face aux protestations diplomatiques de l'Italie, doit verser une indemnisation au gouvernement italien au profit des familles des victimes.

Pourquoi existe-t-il une importante communauté calabraise et une présence ndranghetiste incontestable dans la ville australienne de Griffith ? En 1952, des inondations dévastent la ville de Plati et ses environs (Calabre). Environ 6 000 des 9 000 habitants de Plati choisissent dans les années suivantes d'émigrer à Griffith (État du Queensland) en Australie où depuis le XIXe siècle existe déjà une présence calabraise. Par la suite, Griffith devint un centre incontesté du racket, du blanchiment de l'argent des enlèvements commis en Calabre et du trafic de la marijuana surnommée depuis par les Australiens le « maïs calabrais ». Les autorités australiennes sont ainsi convaincues de la responsabilité de la Ndrangheta dans les assassinats du parlementaire Donald MacKay (1977) et du chef adjoint de la police fédérale Colin Winchester (1989).

LA POUSSÉE CHINOISE VERS L'ASIE ET L'OCCIDENT

Les Triades accompagnent les grandes migrations chinoises d'abord en Asie, aux États-Unis et au Canada (XIXe et XXe siècle), en Europe (XXe), et surtout après la révolution communiste de 1949 à Formose (Taiwan), Hong Kong, en Thaïlande et à Singapour. Les Triades sont pour la plupart issues du Fujian, province dont les habitants n'ont cessé d'émigrer depuis le XIXe siècle dans les colonies britanniques : en Afrique, en Amérique latine, dans les Caraïbes, en Australie. L'implantation chinoise en France date des années 1980. Une ville chinoise surgit dans le XIIIe arrondissement de Paris constituée à partir des réfugiés vietnamiens d'origine chinoise chassés par le communisme (les *Boat people*). Leur très grande majorité était constituée d'honnêtes gens : pour autant, certains appartiennent aux Triades, en particulier la 14 K[2].

La présence des Triades en Malaisie est clairement liée à une vague d'émigration partant de Chine du Sud, commençant à la fin du XVIIIe siècle, s'intensifiant ensuite au XIXe siècle, pour le travail dans les mines d'étain autour de Kuala Lumpur. Au Canada, la présence des Triades fut longtemps aussi clairsemée que l'émigration chinoise. Puis, imitant le voisin américain, le Canada décida entre la fin des années 1960 et le début des années 1970 d'ouvrir les vannes de l'immigration asiatique. Les modestes quartiers chinois des grands centres urbains (Toronto, Vancouver, etc.) virent leur taille exploser, et les Triades y pulluler depuis.

A contrario, le développement international des yakuza a toujours été limité par la faiblesse de l'émigration japonaise. Les *Japantown* sont aussi rares que clairsemées. Les mafieux japonais manquent ainsi des relais et de la connaissance intime de l'étranger, en particulier de l'Occident, dont ils auraient besoin pour étendre leur influence. Ce qui pousse les yakuza à développer des alliances avec les Triades.

Diaspora chinoise et Triades

À la fin du XXe siècle, après le retour de Hong Kong (7 millions) et de Macao (400 000) au sein de « la mère patrie », les « Chinois d'outre-mer » sont environ 30 millions. La grande majorité de ces Chinois sont regroupés dans 4 pays : *Indonésie* (6 à 10 millions, soit 3 à 5 % de la population), *Thaïlande* (4,5 à 11 millions, soit 7 à 17 % de la population), *Malaisie* (7 millions, soit 33 % de la population), *Singapour* (3,1 millions, soit plus des trois quarts de la population).

20 % sont dans 5 pays : *Vietnam* (1 à 2 millions), *États-Unis* (1,6 million), *Birmanie* (1,5 million), *Philippines* (1 à 2 millions), *Canada* (680 000).

Le reste se répartit dans 126 pays. Environ 600 000 en Europe, dont 80 % en France et en Grande-Bretagne. La *France métropolitaine* compte entre 280 000 et 450 000 Chinois (plus 20 000 à Tahiti et 15 000 à la Réunion) ; la Grande-Bretagne : 230 000 ; les Pays-Bas : 60 000 ; l'Australie : 600 000.

90 % des Chinois expatriés proviennent des quatre provinces formant le littoral sud-est du pays, soit les plus touchées par le phénomène des Triades : le *Guangdong*, le *Fujian*, le *Hainan* et le *Zhejiang*.

Les alliances dangereuses (effet d'aubaine)

Attaqué par un ennemi menaçant, l'État peut parfois jouer *les apprentis sorciers* en appelant à l'aide une mafia. Ainsi les démocraties se sont-elles parfois prêtées à des *alliances obscures et ina-*

vouables dans leur combat contre les totalitarismes du XXe siècle, le communisme et le nazisme. De cela, les exemples abondent, et les conséquences de ces alliances contre nature font ensuite sentir durablement leurs effets. Les États-Unis se sont notamment illustrés dans ces jeux dangereux.

1993-2001, LE TERRORISME SALAFISTE

Cosa Nostra est une institution ancienne et sérieuse qui connaît les leçons de l'histoire. On ne s'étonnera donc pas que, peu après la chute des tours jumelles (*Twin Towers*) de Manhattan, le 11 Septembre 2001, le maire de New York, Rudolph Giuliani, ait reçu une offre d'aide inattendue. Depuis la prison où il purge une peine pour racket, extorsion et fraude fiscale, Carmine Agnello, gendre du *Boss* emprisonné John Gotti, membre de la Famille Gambino et ferrailleur de son état, propose de prêter des moyens de levage pour nettoyer les lieux de l'attentat (*Ground zero*). Patriotisme ou souvenir de l'entente cordiale et fructueuse de la Seconde Guerre mondiale ? Il semble que l'offre fut repoussée. Et on apprendra peu après que Cosa Nostra, forte de son emprise sur les sociétés de BTP et sur les syndicats de New York, a subtilisé des centaines de tonnes de déchets métalliques de *Ground zero*.

La question d'une alliance antiterroriste mérite cependant d'être posée quand on se souvient d'un épisode survenu en 1998. Gregory Scarpa Jr[3], membre de la Famille Colombo, affirme à un juge du tribunal de Brooklyn (New York), devant lequel il comparait pour meurtre et racket, avoir servi d'informateur pour le FBI. Gregory Scarpa Jr est emprisonné en 1996 dans une maison d'arrêt de Manhattan (New York) en compagnie de Ramzi Youssef, cerveau de l'attentat en 1993 contre le *World Trade Center*, et trois de ses complices. Du fait de cette proximité, le mafieux affirme avoir eu vent d'une série d'attentats visant à assassiner un procureur fédéral, un juge fédéral et à attaquer des installations gouvernementales. Il aurait informé le FBI qui lui aurait alors fourni une caméra miniature avec laquelle il aurait photographié des notes et des plans de Ramzi Youssef. Le FBI lui aurait même demandé la collaboration de la Famille Colombo. Grâce à Gregory Scarpa Jr, Ramzi Youssef aurait passé des appels téléphoniques à l'étranger qui auraient été écoutés par le FBI. Après les déclarations fracassantes de Gregory Scarpa Jr devant le tribunal, le FBI, les procureurs de Brooklyn et le procureur fédéral de Manhattan ont décliné tout commentaire. Le juge, quant à lui, a accepté d'écouter le prévenu, malgré les protestations du procureur, afin, précisera-t-il, d'avoir une indication sur son état mental.

ANNÉES 1990, KOSOVO

L'histoire vraie de la « libération du Kosovo » reste à écrire. Avec une question centrale particulièrement dérangeante : quelle est la *nature* réelle de l'UCK ? Une « organisation terroriste », comme l'ont qualifié les officiels américains jusqu'à la veille du conflit, un « mouvement de libération » ensuite ou la simple vitrine politique d'une mafia ? La réponse est loin d'être insignifiante au regard de l'histoire puisque, sans l'intervention des forces de l'OTAN, le Kosovo serait encore sous domination serbe. L'UCK et les États-Unis (armée, CIA) ont activement collaboré, avant et pendant la guerre, les premiers fournissant par exemple des armes, et les seconds du renseignement opérationnel. Que l'UCK ne soit en réalité que le paravent politique et médiatique de la mafia albanaise, l'OTAN aurait ainsi ouvert les portes à une redoutable entité criminelle, installant au cœur de l'Europe une « petite Colombie ».

1981, ITALIE (CAMPANIE)

En ce mois d'avril 1981, le conseiller régional démocrate-chrétien Ciro Cirillo est enlevé à Torre del Greco (banlieue de Naples) par les Brigades rouges. L'État et la Démocratie chrétienne sont désemparés. Moins probablement par la douleur ou par l'humiliation que par la crainte de voir ce professionnel de la politique livrer d'embarrassantes confessions à ses geôliers. Ciro Cirillo en sait long, semble-t-il, sur les malversations financières commises par son parti ; sans compter les siennes « propres ». Il est en effet devenu milliardaire en quelques années. La Démocratie chrétienne de Naples est sur les dents, la ville est en quasi-état de siège. C'est alors que Raffaele Cutolo, chef incontesté de la redoutable *Nuova Camorra Organizzata*, reçoit en prison la visite de hauts responsables de l'État (services secrets) et de la Démocratie chrétienne lui demandant son aide pour faire libérer d'urgence Ciro Cirillo. Ces officiels le savent mieux que personne : en Campanie, Raffaele Cutolo est le véritable maître. La négociation consacre le pouvoir réel de Raffaele Cutolo sur la Camorra et sur *son* territoire, la Campanie. Rome s'est déplacée à la prison d'Ascoli Piceno pour quémander de l'aide à un des pires criminels du pays. Quelle meilleure reconnaissance de la puissance et du prestige de Raffaele Cutolo soudain transformé en médiateur et en arbitre ? Officiellement, l'État et le parti refusent de négocier avec les Brigades rouges, fidèles en cela à la ligne politique d'intransigeance fixée depuis l'enlèvement d'Aldo Moro (1978). En coulisses, Raffaele Cutolo accepte d'entrer dans le jeu non par philanthropie mais pour obtenir des avantages concrets : réductions de peines et transferts dans des prisons sûres pour lui et ses affidés ; sans compter un allégement de contrôles policiers multiples en Campanie depuis l'enlèvement qui obèrent les activités de la Camorra. Raffaele Cutolo établit le contact avec les Brigades rouges qui acceptent de rendre Ciro Cirillo contre une rançon (versée par l'État) et des renseignements sur des magistrats (fournis par la Camorra). Ciro Cirillo est libéré peu après. Reste à savoir si au final l'État italien a tenu ses promesses...

1950-1980, LES CARAÏBES ET L'AMÉRIQUE CENTRALE

La guerre froide divise le monde en deux camps dans lesquels chacun des deux grands protège ses alliés. Washington a aussi ses régimes amis dont certains sont tout sauf les libéraux ou les démocrates qu'ils disent être – mais le manichéisme de l'affrontement bipolaire impose de ne pas se montrer trop regardant sur le chapitre des droits de l'homme. Le gouvernement américain détourne donc le regard sur les agissements de *ses* dictatures alliées, y compris quand ces régimes coopèrent avec le crime organisé et les mafias. Cuba, dirigée par le général Batista, fut un paradis pour Cosa Nostra qui y implanta de lucratifs casinos. Le rêve prit fin en 1959 avec l'arrivée de Fidel Castro. Le Panama d'Antonio Noriega permit aux Familles de la Mafia de blanchir une partie de leurs revenus du crime. Jusqu'à ce que les États-Unis s'avisent de le renverser par une opération militaire en 1990 et de faire purger à Noriega une peine de prison de 30 ans à Miami pour trafic de drogue. Le dictateur émargeait pourtant à la CIA depuis longtemps. L'île d'Haïti sous le règne des Duvalier (1957-1986), François (« Papa Doc ») puis son fils Jean-Claude, représentera une aubaine pour les criminels en tout genre, dont la Famille Bonanno de New York. La mafia s'y livre alors librement au jeu, au blanchiment d'argent, au trafic d'armes et de café. Évidemment, Haïti ne produisait pas de café, à la différence du Venezuela. Les grains de café étaient transportés clandestinement du Venezuela à Haïti où ils étaient à nouveau emballés, puis, avec la complicité d'officiels américains, réexportés vers les États-Unis, mais moins taxés. Comme le dit Bill Bonanno : « Les Duvalier devinrent riches, les Familles purent opérer sans être embêtées, et le gouvernement américain eut une paire de partenaires dignes de confiance dans l'agitation non déguisée et la guerre secrète contre le communisme. [...] Durant les années où les profits de la drogue demeurèrent relativement faibles, le gouvernement travailla officieusement avec la Mafia, fermant les yeux sur les cargaisons maritimes arrivant dans le pays depuis, disons, Cuba, Haïti, Panama, en échange de quoi, les mafieux aidèrent au maintien du pouvoir dans ces nations au moyen de versements, d'emplois, de muscle, et de renseignement[4]. » Même si ce témoignage doit être apprécié avec recul, il n'en reste pas moins très éclairant...

1945-1947, JAPON

Pour des motifs d'ordre public et de lutte contre le péril communiste, le gouvernement militaire américain qui dirige le Japon pendant six ans sous l'autorité du général MacArthur tend à s'appuyer sur les yakuza. Comme en Sicile, les services de renseignement de l'armée américaine, le G-2 dirigé par Charles Willoughby, redynamisent ainsi une pègre pourtant affaiblie et politiquement compromise. Les yakuza n'ont en effet jamais fait mystère de leur nationalisme et de leur engagement militariste. Qu'importe ! Charles Willoughby utilise principalement Yoshio Kodama, trafiquant de matériaux stratégiques, criminel de guerre et *deus ex machina* après la défaite du Parti libéral démocrate (PLD) ; parti qui, peu ou prou, aura au Japon pendant un demi-siècle la même fonction – et les mêmes compromissions – que la Démocratie chrétienne à la même époque en Italie avec Cosa Nostra. Yoshio Kodama s'appuie sur les chefs des grandes Familles de yakuza qui servent à la fois de briseurs de grèves, de milices anticommunistes et de service d'ordre du PLD. La longue carrière politico-criminelle de Kodama s'arrêtera définitivement en 1976, quand éclatera le scandale Lockheed. Yoshio Kodama étant bien sûr celui qui distribuait les pots-de-vin de la firme américaine aux politiciens japonais.

1942-1943 LES DOCKS (ÉTATS-UNIS) ET LE DÉBARQUEMENT (SICILE)

Dès l'entrée en guerre des États-Unis, le contrôle et la surveillance des docks de la côte Est américaine, d'où partent les navires pour le combat et le ravitaillement, sont devenus une question très sensible. Justement, le 9 février 1942, le paquebot français *Normandie*, reconverti en transporteur de troupes, est saboté, victime d'un incendie criminel, peut-être organisé par Cosa Nostra[5]. Les autorités fédérales savent parfaitement que nombre d'ouvriers des docks sont des immigrants italiens. Vont-ils aider Mussolini ? Le lieutenant Charles Haffenden du service de renseignement de la marine de guerre (*US Naval intelligence*) va donc trouver Charles « Lucky » Luciano en prison – *via* Meyer Lansky et l'avocat Moses Polakoff – où il purge une peine de 30 à 50 ans pour proxénétisme. Le lieutenant propose au mafieux une mission « patriotique ». L'idée est astucieuse. Il est de notoriété publique que les docks sont sous le contrôle de la Mafia. Charles « Lucky » Luciano est transféré du très dur pénitencier de Dannemora à la prison de Great Meadows, surnommée « The Country Club » tant les conditions d'incarcération y sont agréables. Les négociations commencent. La figure tutélaire de Cosa Nostra américaine accepte d'apporter son aide. Luciano garantit d'abord la sécurité des docks de New York : les agents allemands et japonais n'y commettront plus aucun attentat contre les navires à quai. Il tient parole. Les mafieux qui dirigent les syndicats de dockers traquent les agents ennemis. D'autant plus facilement, semble-t-il, que la gravité de la menace allemande, japonaise ou italienne, avec le recul, paraît modeste. Malgré tout, quelques agents allemands sont tout de même arrêtés grâce à Cosa Nostra.

Cette première opération de sécurisation des docks ayant réussi, Charles « Lucky » Luciano est à nouveau sollicité, cette fois par l'*Office of Strategic Services* (ou OSS, ancêtre de la CIA) afin de préparer le débarquement en Sicile. Charles « Lucky » Luciano est originaire de Lercara Friddi, dans la province de Palerme (Sicile), à 25 km de la ville de Villalba, fief du *Boss* Don Calogero Vizzini. Charles « Lucky » Luciano met ses relations siciliennes au service de l'OSS. Cosa Nostra de Sicile offre ainsi à l'armée américaine deux services inestimables : du renseignement opérationnel sur la Sicile et la garantie de maintenir l'ordre dès la chute du fascisme. Le débarquement se déroule avec la plus grande facilité (juillet 1943). Entre 1943 et 1945, le gouvernement militaire américain en Sicile (AMGOT) nomme en toute conscience comme maires et fonctionnaires des « hommes d'honneur » notoirement connus – également à Reggio de Calabre. Les autorités américaines ont besoin de notables non compromis avec le fascisme, au besoin ayant subi sa répression. Cosa Nostra de Sicile, munie du brevet flatteur de victime du fascisme, renaît de ses cendres, en parangon de moralité. À une administration fasciste se substitue une administration mafieuse.

Le cas le plus connu est celui de Don Calogero Vizzini, nommé maire de Villalba, quelques jours après l'arrivée des Américains, et plus tard colonel honoraire de l'armée américaine. Mafieux notoire, son passé judiciaire est éloquent : poursuivi pour 39 meurtres, 6 tentatives, des dizaines de vols et d'extorsions, acquitté pour 4 homicides. Des documents officiels américains de l'époque démontrent que la personnalité de Don Vizzini était pourtant connue.

Mieux encore, le gouverneur de New York Thomas E. Dewey, qui dans ses fonctions précédentes de Procureur de la ville (District Attorney) avait envoyé en prison Charles « Lucky » Luciano (1936), décide pourtant de le faire libérer pour avoir « rendu à la cause des alliés des services éminents, mais devant rester secrets pour raisons de sécurité ». Charles « Lucky » Luciano est ensuite expulsé dans son pays d'origine, l'Italie (1946). Cet exil italien provoque d'ailleurs au passage un autre effet, de *dispersion* cette fois : depuis son exil napolitain, il resserre les liens transatlantiques entre les Familles américaines et siciliennes autour du trafic de l'héroïne.

Pour se convaincre définitivement de la proximité régnant alors entre Cosa Nostra de Sicile et celle des États-Unis avec le gouvernement américain, rappelons ici l'histoire du colonel Charles Poletti et du *Boss* Vito Genovese qui dépasse la simple anecdote. Charles Poletti est un homme d'affaires italo-américain parachuté en Sicile en juillet 1943 afin d'y nouer les premiers contacts avec Cosa Nostra, mener des opérations de sabotage et collecter du renseignement. Poletti dirige ensuite les forces d'occupation en Sicile, puis à Naples et à Milan. Il a pour interprète et bras droit Vito Genovese. Tout le monde ou presque connaît *Don Vito*, comme il aimait se faire appeler, puisque son personnage fut incarné à l'écran par Marlon Brando sous le nom de « Vito Corleone » dans le film de Francis Ford Coppola *Le Parrain*. Vito Genovese, qui commence sa carrière dans l'ombre de Charles

« Lucky » Luciano, fuit les États-Unis en 1936 en raison d'une accusation de meurtre lancée par le procureur de New York Thomas E. Dewey. Genovese gagne l'Italie où il associe le comte Ciano, ministre des Affaires étrangères de Mussolini, à un trafic de drogue. Pour complaire au régime fasciste, il fait assassiner à New York l'éditeur Carlo Tresca. Il offre aussi 290 000 dollars pour la construction d'un quartier général du parti fasciste. Or Don Vito Genovese réapparaît subitement en 1943-1944 en Sicile, avec un emploi d'interprète auprès de Charles Poletti. Un policier américain le retrouve, l'arrête et doit attendre six mois pour regagner New York avec son prisonnier. Mais, entre-temps, les deux témoins qui incriminent Don Vito ont été réduits au silence. L'un est même mort empoisonné en prison. Vito Genovese est relâché. Après guerre, son ascension puis son ascendance sur Cosa Nostra américaine lui vaudront le surnom de *Boss of Bosses*. Mais, avant son retour aux États-Unis et en plein conflit, Vito Genovese et Charles Poletti se sont associés dans des opérations de marché noir en profitant des stocks de l'armée. Les deux hommes semblent bien s'entendre : Charles Poletti conduit une Packard de 1938 offerte par Don Vito.

Si l'accord entre Charles « Lucky » Luciano et les services américains ne fait aucun doute désormais, les circonstances de la réinstallation des chefs mafieux de Sicile aux commandes sont parfois plus controversées. Ce retour fut-il le fruit d'un pacte secret et explicite entre Cosa Nostra et l'État fédéral sous le poids des nécessités militaires et politiques ou la simple conséquence d'une administration naïve et distraite des élites locales par les autorités militaires américaines ? En fait, quelles que soient les dénégations sur le sujet, il est désormais établi que la réinstallation de Cosa Nostra en Sicile fut le fruit d'une politique voulue et réfléchie. Les Américains et les Britanniques sont alors foncièrement hostiles aux communistes et aux socialistes. Il n'est pas question de laisser sombrer l'Italie dans un chaos politique et social qui profiterait à de telles forces politiques. La clef du choix mafieux se situe là. Les témoignages de toutes sortes abondent en ce sens (voir encadré). Le débat sur l'interprétation historique de cet événement majeur a en quelque sorte été tranché par la découverte d'un certain nombre de documents officiels américains. En particulier des lettres écrites par le consul général américain au secrétaire d'État qui confirment l'appui américain à la cause séparatiste et surtout le respect des forces d'occupation pour Cosa Nostra : « J'ai l'honneur de vous rapporter que le 18 novembre 1944, le général

Guiseppe Castellano, en compagnie des chefs de la *Mafia* comprenant Calogero Vizzini, consulta Virgilo Nasi, chef de la célèbre famille Nasi de Trapani et lui demanda de prendre le commandement d'un mouvement épaulé par la *Mafia* pour l'autonomie de la Sicile [...]. Le général Castellano [...] a développé des contacts étroits avec des chefs de la *Mafia* et les a rencontrés en de fréquentes occasions [...]. Des membres influents de la *Mafia* se sont rencontrés à Palerme et l'un des résultats de cette conférence fut la décision de demander à Virgilo Nasi de Trapani de prendre la tête de ce mouvement avec l'intention finale de devenir Haut Commissaire. La famille Nasi est bien connue dans la province de Trapani depuis au moins deux générations et elle est grandement respectée par toutes les classes de la population[6]. »

Le coup de pouce historique de Charles « Lucky » Luciano a débouché sur une coopération entre l'*Office Of Stategic Services* devenu *Central Intelligence Agency* (1945) et la Mafia en Sicile afin de contrer le désordre de l'après-guerre. *L'effet d'aubaine* se poursuit donc en 1947-1948. L'île est submergée par les grèves, le communisme et le banditisme. Le nouveau gouvernement italien démocrate-chrétien perd pied. Pour les Américains, il n'est pas question que l'Europe libérée du nazisme sombre dans le communisme ou le désordre. La Démocratie chrétienne sollicite la Mafia, ses voix et sa force. Les grèves sont brisées. « Les criminels communistes » sont assassinés. Les bandits sont livrés à la police ou simplement tués quand leurs révélations risquaient de gêner Cosa Nostra.

Ainsi, la collusion entre le pouvoir américain et Cosa Nostra (sicilienne et américaine) est plus qu'anecdotique. Le bilan historique est lourd quand on songe à l'avenir de ces entités criminelles[7]. Cosa Nostra de Sicile a pu renaître de ses cendres. Sans compter que les deux Cosa Nostra, celle des États-Unis comme celle de Sicile, ont pu fatalement bénéficier de la mansuétude des gouvernements américain et italien, au moins momentanément. Frappe-t-on un allié qui a rendu de si grands services ?

1941-1945, HONG KONG

Les Japonais prennent « l'île aux parfums » et décident de s'allier aux Triades locales qui le souhaitent. Afin de maintenir l'ordre dans la colonie et de détecter les activités antijaponaises, les Japonais créent l'*Association de l'Asie fleurie* en mobilisant les Triades qui acceptent de collaborer. La Sun Yee On refuse en

Cosa Nostra et les services de renseignement américains, 1942-1943 : la collusion avérée

Le capitaine W. E. Scotten : « Tous les contacts établis par le soussigné avec la population sicilienne au cours de sa récente visite le poussent à conclure que, dès l'occupation de l'île et la chute du fascisme, la mafia a donné des signes de forte résurgence. [...] Ce qui entraîne des implications dans la situation politique, présente et future, de l'île et de l'Italie continentale, et [...] rend nécessaire d'affronter le problème le plus tôt possible. [...] Arrivent en continu des rapports [...] constatant que la mafia devient toujours plus audacieuse dans de nombreuses régions. [...] Après quinze ans de relative inactivité, elle n'a pas encore retrouvé sa force première et son organisation est encore considérablement démantelée et délocalisée ; la population n'est pas encore tenue sous l'emprise de la peur et du silence que la mafia sait si bien imposer. Mais cette peur est en train de se réinstaller et, une fois qu'elle sera là, les problèmes se multiplieront pour la police. [...] Le problème le plus sérieux auquel est confrontée l'administration du gouvernement militaire allié en Sicile est celui des réserves en argent et du marché noir (nourriture et autres produits de base). C'est une situation créée par la mafia qui, selon diverses sources, a su très vite en tirer profit. [...] Ainsi, beaucoup de Siciliens font la comparaison suivante entre le gouvernement militaire allié et le fascisme : sous le fascisme, la mafia, si elle ne fut pas complètement défaite, était au moins tenue sous contrôle, alors qu'aujourd'hui elle se développe à un rythme alarmant et va jusqu'à jouir d'une position de faveur sous le gouvernement militaire allié[8]. »

L'ex-directeur de la CIA William Colby. Ce fondateur de l'*Office of Stategic Services* (OSS, ancêtre de la CIA) pendant la Seconde Guerre mondiale reconnaît que les États-Unis ont établi des relations avec la mafia « pour affaiblir le fascisme » et afin de faciliter le débarquement en Sicile ; en précisant toutefois qu'« il est difficile de parler avec quelqu'un en Sicile qui soit indemne de contact avec la mafia[9] ».

Le repenti Tommaso Buscetta : « Peu de temps après mon retour d'Argentine, début 1956, je rencontrai, à l'hôtel Sole de Palerme, une personnalité de premier plan de Cosa Nostra, un homme que j'ai beaucoup respecté : Lucky Luciano. Il avait été expulsé des États-Unis quelques années auparavant, malgré une condamnation à cinquante ans de prison qu'il n'avait donc pas purgée bénéficiant d'une grande mansuétude pour avoir collaboré avec les autorités durant la Seconde Guerre mondiale. Au travers de la mafia italo-américaine qui contrôlait le syndicat des dockers, Luciano avait garanti la sûreté des ports américains contre les sabotages allemands.

Mais j'eus droit à d'autres révélations : il me parla de sa contribution au débarquement des Alliés en Sicile, lorsqu'il joua de son influence sur la Cosa Nostra locale afin que l'opération se déroule sans bain de sang. Et il est vrai que pour les Américains, ce ne fut qu'une promenade de santé[10]. »

Le juge antimafia Ferdinando Imposimato : « Les services secrets des États-Unis avaient obtenu que la mafia – ennemie du fascisme qui l'avait traquée et presque décimée, grâce au préfet Mori – indique et prépare les plages propices, obtienne le concours de la population et de certains responsables militaires italiens, afin que leur résistance fût symbolique[11]. »

L'historienne Alison Jamieson : « Durant la Seconde Guerre mondiale, Cosa Nostra réagit aux humiliations publiques et aux pertes de privilèges décrétées par les fascistes en soutenant la seule force de résistance organisée en Sicile, le mouvement indépendantiste. Les sympathies pro-américaines de la mafia et son antifascisme servirent aux forces alliées qui débarquèrent en 1943 à l'ouest de la Sicile. Dans ces forces figuraient des mafieux italo-américains, libérés de prison pour fournir du renseignement aux alliés et assurer les liaisons avec leurs homologues siciliens. L'avance des alliés se fit rapidement et en douceur. Pour leurs bons et loyaux services, des mafieux furent nommés maires et administrateurs dans tout l'ouest de la Sicile. Eux seuls pouvaient détenir des armes – et devaient donc assurer l'ordre et réduire le banditisme. Leurs contacts privilégiés avec les forces d'occupation leur donnaient en outre accès à des stocks de cigarettes, de blé, d'huile d'olive et de pâtes, dont ils firent vite un marché noir lucratif[12]. »

Le Boss *Bill Bonanno* : « Pendant la Seconde Guerre mondiale, le gouvernement [américain] et la Mafia rentrèrent en réalité dans un partenariat multiple. Quand les saboteurs allemands coulèrent le paquebot français *Normandie* dans le port de New York en 1941, le procureur de New York Frank Hogan, agissant pour le compte du Renseignement naval, essaya de passer un accord avec Lucky Luciano. Hogan contacta un assistant de Luciano, "Socks" Lanza, et lui demanda de l'aide. Luciano dit qu'il aiderait si le gouvernement le déplaçait de Dannemora, une prison fédérale loin de New York, à Greenhaven, une prison plus proche de la ville – et de ses intérêts d'affaires. Luciano fut transféré à Greenhaven. Puis Luciano indiqua à Lanza de se rapprocher des leaders des autres Familles car ils seraient, non lui, en position d'agir. Lanza approcha mon père [Joe Bonanno] et d'autres et eut recours à eux pour de l'aide. L'aide fut donnée. Il n'y eut plus un seul acte de sabotage sur les docks est jusqu'à la fin de la guerre.

« Puis, il y eut l'invasion des Alliés en Sicile. Le Renseignement naval approcha à nouveau Luciano. Un capitaine de corvette nommé Charles Haffenden rencontra Luciano en prison, lui demanda de l'aide, et lui offrit en échange de voir ce qu'il pourrait faire pour écourter sa sentence. Cette proposition, tout en étant cynique, démontrait l'ignorance du Renseignement naval. Luciano n'avait que des contacts les plus limités en Sicile. Bien que né là-bas, il était venu ici enfant et était un produit complètement américanisé. Il n'avait jamais eu le type de connexions et de pouvoir dans le vieux pays qui aurait permis de développer quelque chose.

« Mais il affirma à Haffenden qu'il pourrait aider. Ce qu'il fit ensuite fut de contacter Socks Lanza et de lui dire d'aller chez les vieux leaders siciliens dans ce pays qui avaient réellement ces connexions – Vincent Mangano, Joe Profaci et Joe Bonanno. Ces hommes non seulement connaissaient le pays mais avaient aussi d'actifs et actuels contacts là-bas. Amis, proches, associés – la totalité des villes regardait ces leaders des Familles américaines comme des enfants du pays.

« Mangano, Profaci et mon père acceptèrent de coopérer. Ces hommes détestaient tous Mussolini et les fascistes – et ils ne pouvaient laisser passer une occasion en or de cimenter leur relation avec le gouvernement.

« Ils connaissaient la Sicile comme le dos de la main, pouvaient situer les gens, leur envoyer des messages, fournir exactement le gouvernement en aide de type cinquième colonne qu'il cherchait cruellement. La guérilla rassemblée par mon père et ses amis eut un impact réel – en Sicile et en retour à la maison, où les résultats produisirent des bénéfices. Luciano, comme on pouvait s'y attendre, ne fut pas libéré. Il fut expulsé, mais les Familles, la Commission, fleurirent et prospérèrent comme le reste du pays. Au niveau local, étatique et du gouvernement fédéral, la communication et la coopération étaient routinières car la pègre [la Mafia] était encastrée dans les syndicats, les affaires et les parlements à travers le pays[13]. »

Commission parlementaire antimafia italienne de 1976 : « Il est indéniable que [...] la conduite des alliés, avant et après l'occupation, constitua un facteur de première importance dans la réemergence des activités de la Mafia sur l'île et que le mouvement politique séparatiste, que le gouvernement militaire allié encouragea au début, représenta non seulement une couverture pratique permettant à la Mafia de s'infiltrer mais aussi un instrument utilisé par la classe dominante pour la défense de ses intérêts[14]. »

pariant sur la victoire ultérieure des Britanniques. En revanche, le cartel Wo saute le pas. En remerciement, le fichier du banditisme et des sociétés secrètes disparaît. Surtout, les Triades les plus coopératives se voient autorisées à développer leurs activités, en particulier les maisons closes si nécessaires au divertissement des troupes japonaises. Pendant la guerre du Pacifique, Hong Kong devient de la sorte le grand lieu de plaisir de l'armée japonaise. Et d'enrichissement des Triades.

LA RÉPUBLIQUE CHINOISE DE 1911 ; SHANGHAI, 12 AVRIL 1927

Le renversement de l'empereur de Chine par Sun Yat-sen et l'avènement de la République en 1911 doivent beaucoup aux Triades. Les Triades ne se contentent pas de fournir de l'argent et des armes ; elles diffusent aussi les idées révolutionnaires auprès des paysans. Les Triades se chargent par ailleurs des assassinats politiques et des intimidations. On peut même se demander si la chute de la dynastie impériale aurait pu avoir lieu sans l'aide des Triades. Le chef du premier gouvernement de la république de Chine, Sun Yat-sen, dirigeait la Triade des *Trois Harmonies*, l'une des plus puissantes du continent. Installées au cœur du pouvoir républicain, les Triades profitent de leur nouvelle impunité pour développer leurs activités criminelles. Les Triades prolifèrent alors, au point que Sun Yat-sen lui-même évaluait en 1911 leur nombre à 35 millions d'individus. Les Triades deviennent la garde prétorienne du nouveau régime, éliminent les contestataires et intimident la presse. Des membres des Triades sont promus dans les services secrets, l'armée, les sociétés d'État. En fait, la Chine républicaine se retrouve en partie gouvernée par les Triades. Les Triades deviennent d'ailleurs si puissantes qu'il est désormais nécessaire d'en faire partie pour obtenir une promotion au sein du régime républicain. En fait, le gouvernement républicain et les Triades sont devenus impossibles à distinguer.

Quand le parti communiste chinois tente un soulèvement de grande ampleur dans la concession française le 12 avril 1927[15], l'ordre revient vite. Les 5 000 membres de la Triade *La Bande Verte* de Du Yuesheng (« Mister Du »)[16] et ceux de *La Bande Rouge* massacrent les révolutionnaires. « Mister Du », dit « Du-grandes oreilles », rend simplement service à des forces politiques locales qui tolèrent ses activités criminelles depuis déjà fort longtemps. Et surtout à son ami le président Chiang Kai-shek. À la fin de la journée, le bilan est lourd : 700 syndicalistes ont été tués. La répression se poursuit jusqu'en août : environ 5 000 opposants en tous genres (communistes, etc.) ont été éliminés par *La Bande Verte* et la police. « Mister Du » et les Triades sont considérés par le monde des affaires de la concession comme des sauveurs. La concession était sous administration internationale et donc hors du contrôle théorique de Chiang Kai-shek, président d'une Chine nationaliste (KMT) installée à Nankin. De fait, « Mister Du » s'était vu « concéder » le maintien de l'ordre. « Mister Du » n'est pas un criminel ordinaire. Depuis longtemps, il pratique à grande échelle la piraterie, le racket et surtout le trafic de stupéfiants (opium, héroïne) grâce à la complicité d'éléments corrompus du Guomindang (KMT). Il est vrai que le général Chiang Kai-shek, chef de l'armée du Guomindang, et « Mister Du » ont noué des liens solides : ils sont initiés dans la même Triade (*La Bande Verte*), et le général a épousé en secondes noces une ancienne prostituée issue du sérail de « Mister Du[17] ». Le général Chiang Kai-shek restera longtemps l'obligé de « Mister Du » à qui il reverse une partie de ses gains. En 1937, Dai Li, chef de la police secrète du KMT, parvient même à s'appuyer sur « Mister Du » pour développer les forces paramilitaires – notamment les « Chemises bleues », une association de type fasciste, fanatiquement loyale à Chiang Kai-shek.

Dans les années 1930[18], Shanghai est un paradis pour les opérations des services de renseignement se disputant la ville (japonais, chinois, etc.) et pour les trafics en tous genres des organisations criminelles. Les forces d'occupation japonaises et le gouvernement nationaliste (KMT) utilisent les gangsters locaux dans leur guerre clandestine : en retour, ces derniers se voient accorder une tolérance pour leur trafic d'opium et l'exploitation du jeu.

Quant aux représentants de la concession française de Shanghai, leur degré de corruption ne pouvait que les rendre souples. Huang Jingrong, dit « le vérolé », chef de la Triade *La Bande Rouge*, domine le milieu criminel de la concession française. Cependant, il est aussi le chef des inspecteurs chinois de la police française de la concession ; et il est nommé conseiller principal du gouvernement nationaliste. Huang « le vérolé » et « Mister Du » protègent le monde des affaires dont ils font eux-mêmes partie. « Mister Du » devient tout simplement un notable aux multiples titres et fonctions : fondateur de sa propre banque (*The Chung Wai Bank*), directeur de la Bourse des valeurs de Shanghai, conseiller municipal, responsable de « l'Association générale des commerçants », membre honoraire de la police de Shanghai, de la Croix-

Rouge chinoise, président de la ligue contre l'opium (!), etc. Il est en fait le vrai maître de la ville. Pour récompense de sa collaboration avec les nationalistes, « Mister Du » est nommé général de division dans l'armée du Guomindang et peut ainsi développer en toute impunité son trafic de drogue et de prostitution dans la Chine de Tchang Kaï-chek. Avec les années, les Triades deviennent le fer de lance du Guomindang et du gouvernement.

En 1937, « Mister Du » se réfugie à Hong Kong où il poursuit ses activités clandestines au profit de Chiang Kai-shek, financées en partie par le trafic de drogue mis sur pied avec Dai Li (*Gangji Company*)[19]. « Mister Du » meurt à Hong Kong en 1951. L'année suivante, sa dépouille est emmenée à Taiwan, et, afin d'exprimer leur gratitude à l'homme qui avait soutenu fidèlement le combat politique de Chiang Kai-shek, les autorités de l'île érigent en l'honneur du Parrain de Shanghai une statue dans le village de Xizhi, près de Taipei. Une inscription rend hommage à sa « loyauté » et à son « intégrité personnelle ». C'est un héros national.

Au milieu des années 1940, la menace communiste du Nord représentée par les partisans de Mao Zedong se précise. Chiang Kai-shek est contraint de reculer au sud et de lever un nombre croissant de soldats parmi les Triades ou de les initier en urgence à leurs règles d'obéissance. En 1949, vaincus, nationalistes du KMT et membres des Triades fuient à l'étranger[20].

LES GUERRES DE L'OPIUM AU XIXe SIÈCLE

Les colonisateurs britanniques, en guerre contre les empereurs de Chine pour l'ouverture du marché chinois à l'opium venant d'Inde, comprennent tout l'intérêt qu'il y aurait à coopérer avec les Triades. William Stanton[21] rappelle ainsi comment les Britanniques utilisent les Triades lors des deux « guerres de l'opium » du milieu du XIXe siècle. Britanniques et Triades ont désormais un ennemi commun : la dynastie mandchoue. Lors de la première guerre de l'opium, en 1841, les Triades de Singapour offrent leurs services. Lors de la seconde guerre de l'opium, les Triades proposent à nouveau leur aide. Les Britanniques créent même en 1857, à Hong Kong, une force spéciale destinée à la prise de Canton : le *Bamboo Corps* composé de 800 coolies chinois principalement issus de l'ethnie Hakka et, pour nombre d'entre eux, membres des Triades. Au cours des combats, ils se distinguent par leur loyauté et leur bravoure.

Le vide répressif (effet de diversion)

Le vide répressif peut résulter d'une volonté politique de complaire aux mafias en remerciement de services rendus (*les alliances dangereuses*[22]) ou en raison d'une corruption avancée de l'appareil d'État (*l'ancrage politique*[23]). Cependant, ce vide peut aussi avoir une autre origine. Distrait par d'autres questions de sécurité nationale comme le terrorisme, l'État laisse le champ libre aux mafias présentes sur son territoire. À l'expérience, un État ne sait combattre réellement qu'un seul ennemi à la fois. Que plusieurs adversaires de niveau stratégique s'avisent de le menacer simultanément, l'État se montre vite incapable de se battre sur plusieurs fronts. Il est moins question ici de moyens matériels et humains que d'attention politique et administrative. Myopie ou cécité volontaire, l'État choisit alors de résoudre le problème le plus urgent et surtout le plus visible. Les menaces totalitaires vaincues, le terrorisme détourne et surtout monopolise désormais l'énergie des organes de sécurité des démocraties, laissant le champ libre aux mafias qui savent profiter de tout *vide répressif* même momentané.

LES ATTENTATS DU 11 SEPTEMBRE 2001

Depuis les attentats du 11 Septembre 2001, les États-Unis ont mobilisé la plupart des appareils de renseignement et de police de la planète dans la traque d'Oussama Ben Laden et de ses affidés, regroupés en un label magique, « Al Qaida » ; et, plus généralement, en une très subjective et messianique « guerre à la terreur ». Comme s'il était possible de s'attaquer à un concept et non à des hommes : qu'est-ce qu'un terroriste ? L'ennemi du moment ?

Quoi qu'il en soit, les ressources des services de sécurité américains n'étant pas extensibles à l'infini, des choix ont été immédiatement opérés. Le directeur du FBI a ainsi publiquement relégué au rang de sixième priorité la lutte contre le crime organisé (et donc les mafias). Ce qui équivaut à un quasi-enterrement fédéral. Concrètement, plus de 600 agents du *Bureau* ont été reconvertis dans l'antiterrorisme. Or la plupart de ces agents venaient de la lutte contre le trafic des stupéfiants. On comprend pourquoi

« l'Association des agents du FBI » s'est émue de ce recyclage brutal pour l'avenir de la répression du crime organisé. Comme si le FBI avait « déshabillé Paul pour habiller Pierre ». Car, en redistribuant les ressources vers l'antiterrorisme, le FBI a subitement ouvert un « boulevard criminel » aux mafias présentes aux États-Unis.

Probablement conscients de l'effet de diversion que risquait de produire la lutte contre le terrorisme, des responsables du FBI se sont cru obligés de rassurer la presse avec des communiqués en forme d'aveu involontaire. Ainsi, en décembre 2001, suite à une opération d'infiltration de plus de trois ans, le FBI procède à plusieurs dizaines d'arrestations dans la Famille Genovese de New York. Barry Mawn, *assistant director* du FBI de New York, précise maladroitement que la Mafia « ne peut supposer que du fait des attentats terroristes du 11 Septembre, le FBI et les autres services répressifs ont été distraits et ont suspendu leurs enquêtes sur les activités du crime organisé[24] ». De même, après l'arrestation du chef délégué de la Famille Colombo, Joel Cacace, et de douze de ses soldats en janvier 2002, le directeur adjoint du bureau new-yorkais du FBI déclare : « Cela signifie que depuis le 11 Septembre 2001, nous avons arrêté ou inculpé les chefs de chacune des cinq familles new-yorkaises de Cosa Nostra[25]. » On apprend par la suite que la *Task Force* du FBI de New York spécialement dédiée à la surveillance des cinq Familles de la ville avait été dissoute.

La réorientation des moyens humains et matériels du FBI vers la lutte antiterroriste au détriment de la lutte contre la grande criminalité organisée est confirmée par un rapport officiel du Congrès des États-Unis publié en mars 2004[26]. Que lit-on ? « Depuis le 11 Septembre [2001], le FBI a déplacé de façon permanente un nombre substantiel de ses agents de terrain des programmes traditionnels d'investigation criminelle pour travailler sur les enquêtes de contre-terrorisme et de contre-espionnage. De plus, le Bureau a eu un besoin constant de rediriger temporairement des agents spéciaux et des ressources en personnel venant d'autres programmes d'enquêtes criminelles vers des besoins de plus haute priorité. Par conséquent, du personnel provenant des programmes de lutte contre la drogue, le crime en col blanc et le crime violent a continué à être dirigé vers les demandes opérationnelles à combler. Le résultat de cette réorientation est un nombre d'enquêtes moins important dans ces aires traditionnelles du crime. » Si l'on fait fi du jargon administratif, le message est très clair. Car les trois catégories évoquées (drogue, crime en col blanc et crime violent) correspondent largement au domaine de la lutte contre les mafias. D'autant que le même rapport apporte d'intéressantes précisions chiffrées. Ce sont en fait 674 agents de terrain qui ont été transférés du crime organisé (drogue, crime en col blanc et crime violent) vers le contre-terrorisme et le contre-espionnage. La répartition des agents de terrain analysée en pourcentage est tout aussi éloquente[27] :

Agents de terrain en %	Crime organisé et drogues	Crime en col blanc	Contre-espionnage, Contre-terrorisme et cybercrime	Autres programmes
2002	24 %	27 %	25 %	24 %
2004	18 %	24 %	36 %	23 %

Le rapport parlementaire constate également de façon logique que cette chute du nombre d'agents de terrain dans la lutte contre le crime organisé traditionnel a entraîné une baisse corrélative d'enquêtes nouvelles. Apparemment, le programme antidrogue est celui qui a le plus souffert puisque presque la moitié des agents de ce secteur a changé d'affectation ! Les Familles mafieuses peuvent donc remercier Oussama Ben Laden et ses affidés…

L'ITALIE DES « ANNÉES DE PLOMB » (1970-1980)

Peut-être devrait-on se souvenir du précédent italien. L'Italie des années 1970-1980 illustre en effet ce phénomène à la perfection. Les centaines d'attentats tant de l'extrême droite que de l'extrême gauche mobilisent alors la quasi-totalité des forces de police. « La stratégie de la tension » fait craindre un basculement du pays dans le chaos politique. Cosa Nostra et ses voisines de la Botte (Camorra, Ndrangheta et dans une moindre mesure la Sacra Corona Unita encore balbutiante) en profitent pour développer un énorme trafic de drogue de façon exponentielle et pour s'enrichir en proportion. La lutte contre le terrorisme absorbe en effet l'essentiel des ressources étatiques, les meilleurs enquêteurs et juges, et de façon plus globale l'attention publique. Fait aggravant, les actes de terrorisme vont se produire, pour l'essentiel, dans le nord et le centre de l'Italie. Les statistiques sont éloquentes[28] : sur les 2 712 actes de violence politique contre les biens et les personnes recensés entre 1969 et 1982, 35 % se sont produits au nord-ouest (surtout Turin, Gênes et Milan), 17 % au nord-est, 38 % au centre (essentiellement Rome) et seulement 10 % au sud et dans les îles. Le Sud se vide donc de ses enquêteurs, et ceux qui restent se préoccupent d'abord de lutte antiterroriste. Au-delà des forces de l'ordre, le terrorisme focalise le Parlement italien, les milieux d'affaires, l'opinion et les journaux. D'autant que les mafieux emprisonnés durant ces « années de plomb » étaient bienvenus dans les prisons, la pénitentiaire ne pouvant en effet que se féliciter de ces détenus impeccables qui, conformément aux règles traditionnelles de Cosa Nostra, respectent le règlement intérieur et ne s'évadent pas. Rien à voir avec les prisonniers politiques qui s'évadent, se révoltent, refusent les repas et endoctrinent les autres prisonniers. À cette époque, les mafieux emprisonnés se voient offrir des privilèges considérables (nourriture, visites, téléphone, etc.) qui les autorisent de fait à poursuivre leurs activités criminelles depuis leurs cellules. Sans compter que, ponctuellement, ces mafieux sauront apporter leur concours au combat antiterroriste.

L'ESPAGNE DEPUIS LA FIN DU XXe SIÈCLE

Depuis le dernier quart du XXe siècle, les services de sécurité espagnols (police et renseignement) se sont focalisés sur la menace terroriste. Historiquement, les moyens antiterroristes ont d'abord visé à contrer les frappes meurtrières de l'organisation basque ETA. Puis, à partir de la fin des années 1990 et surtout depuis les attentats du 11 mars 2004, les mêmes services ont dû également prendre en compte la présence de cellules salafistes particulièrement dangereuses.

Même si d'autres facteurs doivent entrer en ligne de compte – comme la situation géographique (double façade méditerranéenne et atlantique) –, il est évident que cette concentration des moyens vers l'antiterrorisme a facilité l'implantation, en particulier sur la *Costa del Sol*, de représentants du grand banditisme européen (français, par exemple), d'Organisations criminelles transnationales (Colombiens, Russes, etc.) et de diverses mafias (Italiens, par exemple).

L'exil des perdants et des fuyards (effet de dispersion)

Un mafieux a deux ennemis. Parfois l'État quand une soudaine et éphémère politique de répression surgit. Plus souvent la concurrence criminelle lorsqu'un « conflit de Famille » naît. Qu'il perde face à l'État ou face à ses rivaux, le mafieux n'a souvent pour seule option que l'exil afin d'échapper à la prison, à l'assignation à résidence ou à la mort. On parle alors de « mafia perdante ». Le mafieux perdant fuit et, loin de perdre sa vitalité, tente fréquemment de recréer dans son territoire de refuge son microclimat criminel. Le mafieux éloigné de son territoire ne veut pas dépérir : il s'adapte, se régénère, se développe. Ses pratiques criminelles d'origine, loin de se perdre, s'exportent. On voit fonctionner ici un classique *effet de dispersion-déplacement*, un essaimage involontaire, aux conséquences méconnues et redoutables. Ironie de l'histoire, cette dispersion n'est pas toujours le seul fait des mafieux perdants : des politiques pénales et pénitentiaires myopes y contribuent parfois.

VITO PALAZZOLO EN AFRIQUE DU SUD

Cosa Nostra de Sicile ne se contente pas de subir les effets de la répression étatique ou de la concurrence exacerbée entre mafieux. Elle a appris à utiliser la dispersion obligée de certains de ses membres pour en faire *un élément permanent de sa stratégie d'implantation à l'étranger*. Les Familles envoient à l'étranger les contumaces et les indésirables en Italie, dans *une politique de développement mondial*. La contrainte devient ainsi une opportunité. On s'appuie ensuite localement sur une petite communauté immigrée et sur des liens de parenté.

L'implantation de Cosa Nostra en Afrique subsaharienne doit là aussi beaucoup à une répression défaillante. L'Afrique du Sud abrite ainsi un étrange et puissant personnage, Vito Palazzolo[29]. Né le 31 juillet 1947 à Terrasini en Sicile (Italie), Vito Palazzolo est considéré comme un des chefs les plus importants de la Mafia sicilienne et un membre probable de la Commission. Les conditions de son arrivée puis de son maintien en Afrique du Sud ne cessent d'intriguer. Recherché activement par les justices américaine et italienne qui exigent son extradition, Palazzolo a pu malgré tout fonder et développer dans ce pays une nouvelle implantation mafieuse, pendant et après l'apartheid, encore active aujourd'hui. Que lui reproche-t-on ? Son appartenance à Cosa Nostra depuis plusieurs décennies ; le refuge accordé en Afrique du Sud aux mafieux Giovanni Bonomo, Giuseppe Gelardi et Mariano Troia impliqués dans l'assassinat du député européen démocrate-chrétien Salvo Lima ; son rôle central dans les opérations financières de la Mafia sicilienne et dans la gestion des investissements personnels de Salvatore « Toto » Riina ; et enfin d'avoir blanchi en Suisse des millions de dollars de l'argent du trafic d'héroïne dans le dossier de la « Pizza connection ». Le dossier est lourd. Et le parcours de Palazzolo mouvementé.

En 1984, Vito Palazzolo est arrêté et incarcéré en Suisse pour trafic de drogue. En 1986, il profite d'une permission de sortie de 48 heures, à l'occasion des fêtes de Noël, pour s'enfuir en Afrique du Sud en utilisant le passeport d'un codétenu. Dès son arrivée à Johannesburg, il bénéficie de l'aide d'un parlementaire du National Party, Peet de Pontes, qui l'installe dans le Homeland du Ciskei, sorte d'État fantoche servant entre autres aux opérations spéciales des organes de sécurité sud-africains. Il repart volontairement pour la Suisse (février 1988) purger sa peine et revient avec sa famille en octobre 1989. Il poursuit alors l'édification de son empire commercial en Namibie, au Zimbabwe et en Angola. En 1991, Palazzolo est convoqué comme témoin à charge contre le National Party et Peet de Pontes, accusés d'avoir perçu des pots-de-vin de sa part pour le laisser s'installer en Afrique du Sud. Il est alors établi que Vito Palazzolo est un généreux donateur du National Party. En mars 1993, le président et prix Nobel de la paix Frederik W. de Klerk décide, lors d'un Conseil des ministres, d'accorder à Vito Palazzolo un titre permanent de résidence en Afrique du Sud, puis, en septembre de la même année, un passeport. Et ce malgré les demandes d'extradition américaine et italienne. En 1994, il obtient la nationalité sud-africaine. Avec la fin de l'apartheid, sa situation va-t-elle se compliquer ? Le président de la République Nelson Mandela décide la création en 1996 d'un service chargé spécialement d'enquêter sur les liens – sous-entendu de corruption – de Vito Palazzolo avec les partis politiques et les services de police du régime d'Apartheid. L'enquête de l'unité spéciale tourne à la farce puisque au final l'unité est dissoute, et son responsable doit comparaître devant une commission pour fraude et corruption : il lui est ainsi reproché sa proximité excessive avec Vito Palazzolo. Les travaux de la commission mettent au jour des faits curieux datant de 1997. On apprend ainsi que Thabo Mbeki et le chef de l'unité spéciale auraient rencontré Vito Palazzolo. Pourquoi ? Officiellement pour rassurer Vito Palazzolo, rendu nerveux par la presse, qu'il n'existait aucune enquête le concernant : il s'agissait apparemment de protéger le travail de la justice américaine sur la « Pizza connection » et celle de l'unité spéciale. Enfin, un rapport de l'unité spéciale transmis au ministre de la Justice détaillait les relations de Vito Palazzolo – des policiers, un cadre de l'African National Congress (ANC) – et surtout ses investissements en Angola dans quatre sociétés œuvrant principalement dans les diamants, aux côtés de proches du président Eduardo dos Santos : son chef de la sécurité, un puissant général, le gouverneur de la capitale Luanda et le ministre des Mines. Les auditions de la commission suscitent des témoignages dérangeants. Un ancien policier de l'unité spéciale suggère ainsi que ce service avait été créé en réalité pour protéger le *Boss* Palazzolo et ses amis au gouvernement. En novembre 1999, puis en mars 2000, Vito Palazzolo est brièvement arrêté sous la double accusation d'avoir séjourné et obtenu la nationalité sud-africaine sous une fausse identité. Depuis, ce contentieux traîne, et Vito Palazzolo coule des jours paisibles en Afrique du Sud. On apprend en 2001 que la « coopération internationale » continue de suivre Vito Palazzolo. Le Liechtenstein et la Suisse (Vaduz) demandent en effet, en vain, le traçage de 90 transactions représentant un dispositif subtil destiné à cacher un flux de millions de dollars aboutissant à des sociétés contrôlées par Palazzolo.

En plus de son savoir-faire en matière de blanchiment d'argent, on prête à Vito Palazzolo un talent de « pacificateur » du milieu criminel local. Il aurait su imposer aux différents gangs indigènes et étrangers une certaine répartition des domaines d'activité (stupéfiants, racket, etc.) et des territoires.

Mais tout espoir n'est peut-être pas perdu de voir un jour Vito Palazzolo retourner en prison. Ainsi, en mars 2004, une délégation officielle italienne en mission en Afrique du Sud tentait à nouveau de relancer la procédure d'extradition contre le chef mafieux...

LA CRIMINALISATION DE LA FRANCE

Où se réfugie un mafieux souhaitant échapper à la justice ou à des rivaux ? La plupart du temps dans un pays limitrophe, dans son « étranger proche », afin de ne pas perdre le contact avec son milieu naturel (géographique et criminel). Les mafieux italiens se réfugient donc en Espagne, en Suisse, en Allemagne, dans les Balkans (Croatie, Monténégro, etc.) et en France, notamment sur la Côte d'Azur. La liste des mafieux repérés et arrêtés dans cette Europe du Nord (vue du Mezzogiorno), depuis les années 1980, est impressionnante (par dizaines chaque année) et devrait susciter quelques interrogations. Il y a *une géographie des arrestations* dont les enseignements sont toujours riches. Car, bien sûr, ces mafieux ne cessent pas leurs activités. La fuite n'est jamais synonyme de villégiature. Ils poursuivent leurs activités criminelles (trafics divers) et en profitent pour investir (blanchir de l'argent). À « l'asile criminel » succède inévitablement une phase de rebond criminel. La terre de refuge se mue en théâtre des opérations, en base arrière.

Sans que le phénomène n'ait suscité jusqu'à présent une émotion particulière, des mafieux italiens – peut-être « perdants » mais bien actifs – ont transformé le sud de la France en seconde patrie. En particulier la Camorra. Ce que révèle la chronique très fournie de leurs arrestations. Quelques exemples pris au hasard depuis les années 1980 :

• Paolo Di Stefano (Ndrangheta) arrêté à Antibes en novembre 1982 ;

• Antonino Calderone (Cosa Nostra de Sicile) arrêté à Nice en mai 1986 ;

• Rolando Tortora (Camorra) arrêté à Antibes en septembre 1988 (en compagnie d'Antonietta Di Maio), en fuite depuis 1982.

• Nunzio Barbarossa (Camorra) arrêté à Nice en février 1989 (en compagnie de deux complices) ;

• Michele Zaza (Camorra) arrêté à Villeneuve-Loubet en mars 1989 ;

• Francesco Schiavone, *alias* « Sandokan » (Camorra) arrêté à Lyon en juin 1989 ;

• Mario Iovine (Camorra) arrêté à Solliès-Pont (près de Toulon) en août 1989[30] ;

• Domenico Libri (Ndrangheta) arrêté à Marseille en septembre 1992 ;

• Antonio Sarnataro (Camorra) arrêté au Cap-d'Ail en mai 1993 (opération *Mare verde*) ;

• Antonio, Giancarlo et Luigi Maiello (Camorra) à Roquebrune-Cap-Martin en mai 1993 (opération *Mare verde*) ;

• Antonio Fedele (Ndrangheta) arrêté à Saint-Laurent-du-Var en mars 1994 ;

• Angelo Olivo (Camorra) arrêté à Menton en avril 1994 ;

• Calogero Pulci (Cosa Nostra) arrêté à Grenoble (résidant habituellement sur la Côte d'Azur) en juin 1994 ;

• Antonio Cono (Ndrangheta) arrêté à Antibes en août 1994 ;

• Guiseppe « Joe » Conigliari (Cosa Nostra) arrêté à Berre-l'Étang en juillet 1995 ;

• Natale Rosmini (Ndrangheta) arrêté près de Juan-les-Pins en décembre 1997 ;

• Vincenzo Mazzarella (Camorra) arrêté à Nice en juin 1999[31] ;

• Luigi Facchineri (Ndrangheta) arrêté à Cannes en août 2002 (en compagnie de Roberto Peregalli) ; en fuite depuis 1987, il résidait apparemment en France depuis 3 ans ;

• etc.

Est-il indifférent de constater que, dès 1992, il y avait environ 70 mafieux italiens incarcérés dans des prisons françaises[32] ?

Mais ces arrestations, qui, la plupart du temps, résultent de l'application de mandats d'arrêt émis par la justice italienne, ne peuvent que très imparfaitement refléter la présence mafieuse réelle en France. Combien y sont-ils ? Combien de « dizaines » ou d'« équipes » inconnues fonctionnent-elles en fait[33] ?

LES DEUX PREMIÈRES GUERRES DE COSA NOSTRA DE SICILE (1960-1970)

Cosa Nostra de Sicile a expérimenté deux grandes guerres internes qui ont puissamment contribué à la dispersion de ses cadres.

La première guerre interne (1961-1963) culmine avec un fait divers qui bouleverse l'Italie. Un attentat à la voiture piégée (30 juin 1963) sur les hauteurs de Ciaculli en Sicile (district de Palerme), visant des membres de la Famille Greco, tue par erreur sept carabiniers. L'État italien se trouve alors obligé de réagir. Des centaines de policiers arrivent en renfort dans l'île, et, en un trimestre, 1 200 arrestations ont lieu au sein de Cosa Nostra. Là, deux *effets de dispersion* vont se conjuguer. D'abord, des mafieux s'exilent hors d'Italie pour échapper à la répression étatique et/ou aux factions ennemies. Des *Boss* fuient aux États-Unis (Tommaso Buscetta), au Brésil puis au Canada (la Famille Caruana-Cuntrera[34]) et au Venezuela (Salvatore Greco, chef de la Commission). Ils rejoignent des bases mafieuses déjà bien établies qui, ainsi consolidées, développent encore le trafic des stupéfiants. Cependant, l'État italien déplace vers le nord de l'Italie les mafieux interpellés. Ainsi, l'extension de Cosa Nostra de Sicile à l'intérieur même du territoire italien, dans les régions septentrionales, trouve son origine historique dans une pratique hasardeuse d'assignation à résidence, commencée en fait dans les années 1950 et poursuivie jusqu'aux années 1970. Ce choix d'éloignement administratif se fonde sur un préjugé anthropologique inepte : « primitifs » issus du sous-développement sicilien, les mafieux ne pourront s'adapter dans une région développée. L'État italien les assigne donc au nord du pays. Résultat : une poussée sud-nord qui « italianise » Cosa Nostra et en retour contribue à « méridionaliser » le Nord. En fait, ce seul déplacement de mafieux n'a pu à lui seul déclencher la gangrène. L'installation mafieuse a pris grâce à la concomitance d'une émigration intérieure d'habitants du Sud vers les villes du Nord. Ainsi se sont rencontrés une politique répressive myope et un flux migratoire naturel ayant des causes économiques, provoquant un phénomène de colonisation intérieure. D'où, par la suite, l'apparition des ligues nordistes xénophobes et la revendication autonomiste et sécessionniste, en réaction à un Mezzogiorno perçu comme assisté et criminalisé. La « nationalisation » de la Mafia sicilienne contribue désormais à fragiliser un État et une unité jeune et fragile. La « montée vers Rome » de la Mafia constitue un déplacement autant géographique vers de nouveaux territoires qu'institutionnel en direction d'élites politiques italiennes qui parfois se sont laissé corrompre. Au final, Cosa Nostra se signale depuis un peu partout au nord : en Lombardie (Milan), à Bologne, Padoue, en Toscane, etc.

La seconde guerre interne (1981-1983) qui voit la victoire de la faction montante des Corleonais sur la faction des Bontate-Inzerillo-Spatola est fort sanglante puisqu'elle provoque plus de 1 000 morts. Les perdants trouvent refuge aux États-Unis, en Argentine, au Brésil, en Espagne.

D'autres guerres mafieuses ont provoqué des résultats similaires. Ainsi, la présence massive de la Ndrangheta dans le Latium (centre de l'Italie) s'explique par la « première guerre de la mafia » en Calabre, entre 1986-1991. Les mafieux perdants fuient alors la Calabre pour se réfugier à Rome et ses alentours.

LA RÉVOLUTION CULTURELLE (1966-1976)

Moins connu, un autre épisode de l'histoire du communisme a contribué involontairement au développement des Triades. C'est ainsi qu'une Triade n'a pas la noble origine des fraternités antimandchoue du XVIIe siècle mais est plus contemporaine : la Triade du *Grand Cercle*. Au tournant des années 1960-1970, en pleine Révolution culturelle, des Gardes rouges et des militaires de l'Armée populaire de libération en rupture de ban avec le système communiste se réfugient dans « l'île aux parfums » (Hong Kong) pour échapper aux camps de rééducation et aux exécutions sommaires. Certains intègrent les Triades locales, essentiellement la 14 K. D'autres décident de créer leur propre Triade, le *Grand Cercle*. Nom franchement ironique puisqu'il s'agit d'une allusion au brassard rouge identifiant les Gardes rouges lors de la prétendue « Grande Révolution culturelle prolétarienne ». Dans un premier temps, ces Gardes rouges dévoyés constituent des gangs de rue qui se distinguent par leur violence. Puis, au début des années 1980, la consécration survient avec une élévation au rang de Triade formelle. Depuis, la Triade du *Grand Cercle* s'est largement internationalisée.

LA SICILIANISATION DES POUILLES ET DE LA CAMPANIE (ANNÉES 1950-1960)

Après la Seconde Guerre mondiale, l'État italien met en œuvre une désastreuse politique d'éloignement de mafieux dans le sud de l'Italie. Dans les Pouilles, l'État italien assigne à résidence et incarcère des dizaines de mafieux de Cosa Nostra, de la Camorra et de la Ndrangheta à partir des années 1950 et ce jusqu'aux années 1980. Combiné à la volonté de Raffaele Cuttolo d'étendre ses activités dans les Pouilles, le démarrage de la Sacra Corona Unita s'explique aisément.

En Campanie, des dizaines de mafieux de Cosa Nostra sont « éloignés » dans les années 1960, dont les fameux Tommaso Spadaro et Stefano Bontate (1963) qui continuent ainsi à mener leurs activités criminelles. Cosa Nostra en profite en particulier pour développer la contrebande de cigarettes et plus globalement pour resserrer ses liens avec la Camorra.

Le Parlement italien réalisera tardivement que ces assignations à résidence lointaines déplaçaient le problème sans le résoudre et que les mafieux transféraient simplement (délocalisaient !) leurs activités criminelles. En 1993[35], une réforme législative prévoit enfin qu'un mafieux n'est plus obligé d'être assigné ailleurs que dans son lieu de résidence naturelle.

LES EXPULSIONS DE HONG KONG (1955-1956)

Formose devenue Taiwan est surnommée « l'île des fugitifs » sans que l'on sache vraiment désormais s'il est question de fuir le communisme ou la justice pénale, ou les deux. L'île s'est fait une spécialité d'accueil des fugitifs voulant par exemple échapper à une police de Hong Kong pourtant peu regardante. Ainsi, en 1955, face à la dangerosité croissante de la jeune Triade 14 K, la police de la colonie britannique expulse 148 de ses responsables vers Taiwan. L'année suivante, en octobre 1956, de violentes émeutes à caractère politique éclatent à Hong Kong. La police réprime des célébrations nationalistes : le « double 10 » (10 octobre ou 10/10). Ce jour est l'occasion de fêter le début du combat du Dr Sun Yat Tsen (1911) : c'est en fait la journée nationale du gouvernement taiwanais. Les autorités de Hong Kong ont justement la conviction que les Triades contrôlent les manifestants. En effet, des membres de la 14 K deviennent furieux quand un fonctionnaire du gouvernement de Hong Kong s'avise de retirer les drapeaux nationalistes de Taiwan d'un bâtiment officiel. Le lieu est investi par les mafieux et incendié. S'ensuivent de violentes émeutes animées par les Triades (14 K et Wo On Lok) au cours desquelles les sympathisants de la Chine communiste sont agressés et leurs biens détruits. La situation devient incontrôlable au point de provoquer l'intervention de l'armée britannique. On compte au total 59 morts et des centaines de blessés. Une nouvelle législation anti-Triades est adoptée, et 10 000 criminels sont ensuite arrêtés, dont 600 sont déportés vers Taiwan. Ils sont accueillis en héros (nationalistes) et intégrés dans les Triades locales (en particulier le *Bambou Uni*).

MAO ZEDONG ET L'ARRIVÉE DES COMMUNISTES (1949)

La prise du pouvoir en 1949 par Mao Zedong et le parti communiste provoque le départ de plusieurs centaines de milliers de partisans du Guomindang et donc des Triades, majoritairement compromises avec les nationalistes. Les premiers fuyards sont bien évidemment les chefs des Triades qui, forts de leurs relations et de leur fortune, émigrent en priorité. Ils s'installent à Formose (Taiwan) aux côtés de Chang Kai-shek, à Hong Kong (colonie britannique) – dont « Mister Du » chef de *La Bande Verte* –, à Macao (colonie portugaise), en Malaisie, en Birmanie, d'autres en Amérique du Nord, à San Francisco et New York (États-Unis), et dans le Commonwealth : à Vancouver (Canada), en Australie, Afrique du Sud et Grande-Bretagne. À Hong Kong élisent domicile la 14 K et la Wo Hop To. Les Triades ne sont pas en terrain inconnu à Hong Kong. Elles y étaient déjà représentées depuis le siècle précédent malgré une loi anti-Triade édictée par les Britanniques en 1845. En Birmanie, un Guomindang criminalisé et triadisé se livre au trafic de drogue avec l'aide de la CIA au nom de la lutte contre le communisme. Au même moment débute la guerre de Corée (1951) : les fuyards constituent un allié fort utile. On notera que plus ou moins volontairement la politique du général MacArthur en Asie du Sud-Est après 1945 a conduit à la renaissance des yakuza au Japon et à la formation d'une armée criminalisée dans le Triangle d'or (Birmanie, Thaïlande, Laos). Le trafic de l'opium est alors dans cette région la seule source de revenus pour développer une guérilla. Puis, en 1961, les communistes chinois envahissent la Birmanie pour traquer les opposants nationalistes. Les derniers « soldats criminalisés » du Guomindang fuient donc à nouveau, en Thaïlande et à Formose.

LA RÉPRESSION FASCISTE (1925-1943)

Le développement de Cosa Nostra aux États-Unis doit beaucoup aux criminels italiens tentant d'échapper à la justice italienne au début du XXe siècle. En 1903 déjà, Joe Masseria, qui sera l'un des principaux parrains de Cosa Nostra aux États-Unis, avant d'être éliminé par Charles « Lucky » Luciano, arrive dans le *Lower East Side* de Manhattan (New York) : il fuit la Sicile où il est recherché pour meurtre. Mais le grand effet de dispersion survient dans l'entre-deux-guerres. En s'attaquant à la Mafia en Sicile, Mussolini n'avait probablement pas imaginé qu'il toucherait à l'histoire des États-Unis. Toujours est-il qu'à l'époque « l'État dans l'État » qu'est Cosa Nostra représente une contestation insupportable de l'autorité fasciste. En 1925, Mussolini envoie donc en Sicile le préfet Cesare Mori pour y établir l'ordre. L'action du « préfet de fer », comme il est surnommé, demeure aujourd'hui dans l'imaginaire italien l'un des acquis positifs du régime fasciste. Mais, en réalité, Cesare Mori fait étalage de la vitalité du fascisme, par pur souci de propagande. Le préfet retourne consciemment contre la Mafia ses propres valeurs : le mépris du droit et l'exaltation de la force. Cesare Mori se comporte sciemment en mafieux. Il est convaincu qu'en terre mafieuse l'État doit être plus mafieux que les mafieux afin de gagner le respect et l'obéissance de la population. Les méthodes sont donc expéditives et efficaces : arrestations et déportations massives de villages entiers, assignations à résidence, mépris de la présomption d'innocence, occupation militaire et torture. En 1928, les coups de filet ont atteint un total de 11 000 personnes dont 5 000 dans la seule province de Palerme. La répression provoque la fuite d'environ 500 « hommes d'honneur » aux États-Unis. La plupart des futurs *Boss* de Cosa Nostra américaine en font partie : Joe Bonanno, Carlo Gambino, Joe Profaci, Stefano Magaddino, Frank Coppola, etc. Certains iront même se réfugier en Tunisie ou en France où ils constituèrent des Familles. On comprend pourquoi, dans l'imaginaire de Cosa Nostra tant sicilienne qu'américaine, l'épisode fasciste demeure un cauchemar : celui d'une répression impitoyable et réussie.

LA RÉVOLTE DES TAIPINGS (1850-1864)

Durant tout le XIXe siècle, le pouvoir impérial combat avec fermeté les Triades. Chaque vague de répression provoque alors la fuite à l'étranger d'une partie de ses membres – ainsi en 1886 vers Hong Kong et Singapour. Ce scénario se répète de nombreuses fois, notamment lors de la révolte des Taipings.

Un certain Hong Xiuquan, qui se prétend le frère du Christ, mène pendant quinze ans une révolte libertaire destinée à instaurer le paradis sur terre (partage des terres et des biens, droit des femmes, etc.). Il fonde un régime politique à Nanjing, *La dynastie Céleste de la Grande Paix* (*Taiping*). En 1837, Hong

Xiuquan avait eu des visions célestes après avoir échoué à trois reprises aux examens officiels pour devenir fonctionnaire ! Des milliers de sans-grade des Triades participent activement au mouvement. Les forces impériales mandchoues parviennent finalement à écraser la révolte en la noyant dans le sang. Dix à vingt millions de personnes auraient ainsi disparu. Hong Xiuquan se suicide en 1864. Vaincus, les membres des Triades dégénèrent dans la piraterie et la contrebande ou fuient. On assiste à un exode massif, notamment d'éléments criminels, à Hong Kong, à Hawaii et en Amérique du Nord (Californie).

L'effet de déplacement-dispersion : les capitaux

Les effets paradoxaux de la répression étatique ne touchent pas que les individus mais aussi les capitaux criminels. Après l'assassinat par Cosa Nostra du secrétaire régional du parti communiste Pio La Torre (avril 1982) et du préfet de Palerme le général Carlo Alberto Della Chiesa (septembre 1982), une loi, inspirée d'ailleurs par le parlementaire défunt, décide d'autoriser le gel et la confiscation des biens des mafieux présumés. Un repenti révélera ultérieurement qu'un conseil circula alors au sein de Cosa Nostra : il faut investir en Allemagne, là où aucune loi de ce type n'existait. Des législations inégales au sein d'un même espace politico-économique (et criminel), l'Europe, poussent les mafieux à déplacer leurs avoirs criminels, non à les limiter.

L'immersion capitaliste et mondialisation (effet de libéralisation)

La libéralisation du monde résumée par le triptyque « privatisations-unifications territoriales-dérégulations des marchés » profite aussi aux mafias qui y puisent de nouvelles occasions d'expansion et de profits criminels. Que le basculement du monde né de la chute du mur de Berlin favorise l'expansion du crime organisé transnational n'est pas le fruit d'une analyse antimondialiste un peu sommaire. Elle émane par exemple du gouvernement des

États-Unis. Ainsi, en décembre 2000, un groupe de travail, regroupant 13 agences et administrations fédérales[36], rédige pour le Président des États-Unis un *International Crime Threat Assessment*. Le propos introductif de l'ouvrage met clairement en garde contre certaines réalités nées de la fin de la guerre froide : l'effondrement des barrières politiques et économiques, l'ouverture des marchés et le développement du commerce mondial ont permis aux criminels d'investir massivement dans l'économie légale et de multiplier les sociétés écrans facilitant les contrebandes diverses, le blanchiment de l'argent sale, les fraudes financières, les contrefaçons, etc.

Les mécanismes politiques et économiques d'*ouverture* des entreprises, des marchés et des territoires provoquent en effet un desserrement global des contraintes, favorable aux acteurs les plus mobiles et les moins scrupuleux. Une des conséquences de la libéralisation du monde est de permettre aux mafias – comme d'ailleurs aux autres acteurs de l'économie mondiale – de déplacer le centre de leurs activités, totalement ou partiellement, définitivement ou temporairement, d'un pays à l'autre, là où les conditions (légales, économiques, etc.) sont optimales. Il n'est pas question ici de remettre en question les vertus attendues de telles politiques mais plutôt de souligner combien certaines de leurs conséquences peuvent être négatives si elles ne sont pas perçues, anticipées et jugulées. *L'effet d'ouverture* du monde – qui n'est d'ailleurs qu'une modalité particulière de *l'effet d'aubaine* – engendre de la sorte un puissant *appel d'air criminel*. De nouveaux espaces géographiques, économiques et financiers, des territoires matériels et immatériels vierges se découvrent et s'exposent à de fort opportunistes appétits criminels. Les mafias n'aiment rien tant que les *grands marchés* comme ceux de l'Amérique du Nord (ALENA), de l'Europe (UE) ou de la Chine (réunifications). Les mafias n'ont pas eu de difficultés à s'adapter à la mondialisation de la fin du XXe siècle car, déjà, plusieurs décennies avant la chute du mur de Berlin, ces entités criminelles avaient su créer des dynamiques de globalisation grâce au trafic de drogue et aux diasporas.

L'évolution du monde depuis la fin du XXe siècle favorise ainsi les mafias. Cependant, le modèle entrepreneurial influence désormais le management des mafias comme par un étrange *effet d'imitation*. Ainsi la mondialisation libérale laisse-t-elle souvent le champ libre à deux figures inquiétantes de la criminalité et des affaires : le mafieux entrepreneur et l'entrepreneur mafieux.

LE MODÈLE ENTREPRENEURIAL : LE MAFIEUX ENTREPRENEUR

Le paradigme entrepreneurial est séduisant mais pauvre et trompeur s'il se résume à une analogie avec la société commerciale légale. Comparer une entité criminelle à un simple centre de profit transnational avec managers et conseil d'administration constitue une représentation réductrice d'un phénomène complexe et riche. Une mafia n'est pas (seulement) une entreprise dégageant des bénéfices. L'idée d'une « mafia Inc. » est une simplification occultant les multiples dimensions sociales et politiques du phénomène (voir encadré). L'image de la « mafia-entreprise » a en définitive une valeur explicative limitée. L'analogie de la mafia *entrepreneur de biens illégaux* présente moins de sens que le constat plus dérangeant d'une mafia *entrepreneur violent de biens légaux*. L'investissement massif des profits illégaux sur les marchés légaux a en effet provoqué l'émergence de deux phénomènes : la création d'entreprises mafieuses légales et la gestion des activités mafieuses légales et illégales selon des critères d'entreprise.

Le réductionnisme économiste : l'antidote Max Weber

Pour combattre un réductionnisme économiste faisant de la mafia une sorte d'entreprise commerciale, il faut revenir à la lecture de Max Weber[37] qui établit une utile distinction, parfaitement adaptée à cette situation, entre *activité économique* (l'entreprise commerciale) et *activité à orientation économique* (la mafia) :

« Par opposition à "activité économique" nous appellerons "activité à orientation économique" toute activité qui (a) est orientée en principe à d'autres fins mais qui tient compte dans son déroulement de "faits économiques" [*wirtschaftlicher Sachverhalt*] (la nécessité subjectivement reconnue d'initiatives économiques), ou qui (b) est d'orientation essentiellement économique mais utilise pour parvenir à ses fins des moyens *violents*. Autrement dit, toute activité dont l'orientation n'est pas essentiellement et pacifiquement économique, mais dans la détermination de laquelle entrent des facteurs économiques. »

Ainsi, les analyses pertinentes du phénomène mafia en termes d'entreprise recouvrent deux réalités distinctes. D'une part, les mafias possèdent un nombre croissant d'entreprises légales. D'autre part, les mafias tendent à gérer leurs activités criminelles avec des méthodes de *managers* classiques. Cette dualité souvent méconnue constitue l'originalité économique et historique des mafias. Les mafias présentent la particularité d'évoluer parallèlement et constamment dans deux sphères économiques généralement distinctes, l'une légale et l'autre criminelle. Elles échangent entre ces deux univers des modes de gestion et des actifs.

La première facette renvoie au constat dérangeant de *l'insertion croissante dans l'économie légale* d'acteurs purement mafieux, ce au moyen de sociétés classiques. La figure du mafieux moderne tend à se rapprocher de celle de *l'homme d'affaires* normal ou de celle du *chef d'entreprise*. Nombre de mafieux se retrouvent à la tête de sociétés ordinaires et légitimes, noyées dans les circuits normaux de l'économie capitaliste. L'entreprise mafieuse-légale ou légale-mafieuse est ainsi légale par sa production (de biens ou de services) et mafieuse par sa propriété. Habitué au risque et à la compétition, le mafieux peut appliquer ses valeurs naturelles et traditionnelles d'agressivité et de cupidité à l'économie de marché. Ainsi, comme le souligne le repenti sicilien Antonino Calderone, Cosa Nostra a d'autant moins de mal à jouer le jeu capitaliste que les mafieux siciliens (et américains) ont toujours une profession légale :

> « L'astuce de Cosa Nostra, ça a toujours été, bien sûr, d'être l'association des hommes d'honneur, une chose secrète et réservée à un petit nombre, mais de rester en même temps dans la vie normale, avec des professions, des métiers. Dans la mafia, il y a de tout. À part les juges et les policiers, il y a des gens de toute sorte, infiltrés dans tous les recoins de la société. [...] Et une foule de petits entrepreneurs fait partie aussi de Cosa Nostra. La majorité est même constituée d'hommes d'affaires, des gens qui ont des magasins, des entreprises, des activités économiques. Des gens qui trafiquent, qui inventent, qui bougent du matin au soir. Des hommes qui ne tiennent pas en place, qui aiment la vie active, qui aiment les choses nouvelles et qui connaissent une infinité de personnes dans tous les milieux. Des entrepreneurs qui sont sur la brèche vingt-quatre heures sur vingt-quatre. Le jour, ils gèrent leur affaire, comme les autres, et ils travaillent toujours beaucoup. Mais la nuit, au lieu d'aller dormir, ils sont capables d'aller voler, comme ce représentant de la Famille de Catane qui avait une entreprise de transport bien lancée, avec plein de clients, qui exécutait des travaux pour

les petites industries de la ville. Une personne estimée et connue. Mais la nuit, il faisait des cambriolages avec l'oncle de Nitto Santapaola[38]. »

Le sociologue Pino Arlacchi a, le premier, comparé l'entrepreneur mafieux avec l'entrepreneur de Schumpeter : innovateur, rationnel et agressif. Il décrit finement cette *Mafia entrepreneur* qui, dans un processus Schumpeterien de « destruction créatrice », innove en transposant ses méthodes dans le monde du travail et de l'économie libérale. Le mafieux entrepreneur y introduit ses propres règles. Les entreprises légales du mafieux (commerce, bâtiment, etc.) tendent alors fatalement au *monopole*, et donc à la maximisation des profits, grâce à quatre *avantages concurrentiels* évidents lui assurant une supériorité économique : de fortes disponibilités financières à coût nul pour investir (« accumulation primitive du capital » par les produits du crime) ; le découragement de la concurrence par l'intimidation ou la violence ; des salaires comprimés et un salariat flexible, productif et docile par peur d'un management menaçant ; des clients privés ou publics captifs par intérêt ou par peur également. La gestion monopolistique d'un marché est la pente naturelle et l'indice fort d'une entreprise mafieuse. Évidemment, le succès mafieux a un coût : la mauvaise entreprise (la mafieuse) va chasser la bonne (l'honnête) du marché légal. L'entreprise mafieuse ne redoute donc pas la compétition commerciale classique puisqu'elle en change les règles pour imposer les siennes. Le mafieux en tant qu'acteur économique n'apparaît plus comme un parasite détruisant de la valeur ajoutée et comme un facteur de blocage de la machine capitaliste, mais au contraire comme une source de dynamisme et d'expansion. Il ne grippe plus, il huile. De statut d'improductif et de marginal, le mafieux a conquis une position de force créatrice et motrice de l'économie de marché.

Encore faut-il s'expliquer cette présence au sein du système légal ! Quelles sont les motivations à l'investissement dans l'économie légale ? Quatre explications semblent ici pertinentes. La légalité que recherche le mafieux est d'abord pour lui une *nécessité matérielle* tenant au besoin de justifier la possession et l'utilisation de ressources surabondantes du crime. Posséder des liquidités n'est pas une fin en soi : encore faut-il pouvoir en jouir sans que le fisc ne s'interroge sur l'écart existant entre un train de vie et des revenus déclarés. C'est une sorte de « couverture fiscale ». Cosa Nostra a immédiatement retenu la leçon. Curly Humphreys, l'un des associés de haut rang dans la Famille de Chicago, imagine dans les années 1930 de recycler l'argent du crime en investissant dans une... blanchisserie. La technique de « l'entreprise de façade » – et l'expression « blanchir » – est entrée dans l'histoire.

Mais l'insertion dans l'économie légale s'explique également par une certaine *rationalité économique*. La légalité peut en soi satisfaire l'appétit d'argent du mafieux. L'illégalité est un raccourci vers le profit facile et rapide mais n'est en aucune façon un choix « moral », idéologique : si le droit chemin peut se montrer aussi lucratif, il n'y a aucune raison de s'en éloigner. Le mafieux opère des choix économiques rationnels fondés sur la profitabilité maximale d'une activité, appliquant ce raisonnement indifféremment aux sphères légales et illégales de l'économie. Son entrée sur un marché, quel qu'il soit, repose sur des critères microéconomiques communs à tous les entrepreneurs. L'activité légale peut apparaître ponctuellement comme rémunératrice. Mais, évidemment, le mafieux conserve toujours ses tropismes criminels pour se garder un avantage compétitif face à la concurrence légale. Il faut rappeler ici un élément de l'idéologie mafieuse tenant à la fois du mythe complaisant et de l'excuse facile, mais qui recèle une part de vérité. Le mafieux, en particulier nord-américain, aime à se présenter comme un capitaliste ordinaire dont l'originalité tient non à ses méthodes mais aux types de services offerts que des lois arbitraires prohibent (jeux, prostitution, etc.). Qui sont les vrais mafieux dans cette rhétorique facile ? Les descendants d'immigrants du Mezzogiorno, Cosa Nostra, ou les héritiers désormais bien installés des fameux « barons voleurs » (*robber barons*) du XIXe siècle ? Entre les Kennedy et les Gotti, il n'y aurait qu'une question de date d'arrivée et de lois artificielles ! L'argument est évidemment destiné à banaliser et à justifier de véritables pratiques criminelles. Il comporte toutefois une part de vérité historique. Le capitalisme primitif, et ce fut le cas au XIXe siècle aux États-Unis comme dans la Russie postsoviétique des années 1990, possède une forte dimension prédatrice, un côté « jungle urbaine ». Le « capitalisme sauvage » est une étape première et fondatrice indéniable qui voit des entrepreneurs agressifs user de méthodes discutables pour bâtir des empires. Mais les prédateurs capitalistes fondateurs et bâtisseurs respectent ensuite des lois – d'autant plus aisément qu'ils concourent en partie à les faire voter – là où les capitalistes mafieux stagnent dans l'illégalité première.

La direction d'affaires légales constitue par ailleurs un mode d'insertion et de *dissimulation* – une « couverture », pour reprendre un jargon de services secrets – fort appréciable pour l'initié d'une société secrète. Par nature, un mode de vie marginal, hors des normes sociales, attire l'attention.

Enfin, on ne peut totalement écarter dans cette légalisation des profits criminels un besoin de *légitimité*, de respectabilité et de reconnaissance sociale. La propriété mafieuse sur des entreprises légales transforme un criminel en employeur, fonction particulièrement appréciable dans des régions déshéritées (comme le Mezzogiorno, par exemple). Ainsi, la création ou l'acquisition d'entreprises légales peut aussi se lire comme une modalité supplémentaire du *contrôle politico-social du territoire*.

Le lien historique entre la compétition naturelle et la compétition capitaliste dont les mafias assurent si bien la jonction apparaît nettement dans la pensée de John M. Keynes : l'économie de marché est une forme de prédation, et le taux de croissance dépend « des esprits animaux » des capitalistes. Mafias et marchés magnifient la concurrence : qui s'étonnera alors que les mafias apprécient les sociétés marchandes ?

Non sans pertinence, Salvatore « Sammy The Bull » Gravano, numéro 2 de la Famille Gambino de New York, se décrit comme un entrepreneur ordinaire du bâtiment. Dans les années 1980 à New York (et probablement toujours aujourd'hui), le secteur du bâtiment est largement contrôlé par quatre des cinq Familles de Cosa Nostra, et plus précisément par la Famille Gambino. Aucun chantier de plus de 2 millions de dollars ne s'ouvre sans l'accord de Cosa Nostra qui touche chaque fois 2 %.

> « Le système fonctionnait comme le capitalisme de monopole dans sa forme la plus pure. Quand un appel d'offres était lancé, les familles décidaient quelle société obtiendrait le contrat. Une fois fixé le montant du devis, on avisait les autres entreprises du club et on leur enjoignait de présenter des devis plus élevés[39]. »

Et tout le monde en profite, Cosa Nostra et les autres.

> « Ça m'a toujours fait rigoler ces histoires de pauvres entrepreneurs soi-disant victimes. Des conneries, tout ça. En fait, ils étaient encore plus cupides que nous – et plus malins. Nous, on fixait les devis à disons 12 millions pour un chantier, mais une fois que l'entrepreneur avait obtenu le contrat, il rallongeait la sauce de 4 millions. » La famille touchait toujours ses 2 %, mais lui, il empochait un tiers en plus, 33 %. « Je veux bien échanger les rôles, disait Paul Castellano. Moi, je joue la pauvre victime, et lui le gangster[40]. »

Ce positionnement ambigu des mafieux à la fois dans les sphères illégales et légales contribue à brouiller les frontières entre ces deux univers économiques. Ainsi, l'économie légale n'est pas le tout homogène que l'on imagine : une part croissante et non négligeable de ses opérateurs est en fait constituée de criminels supérieurs.

Cependant, la mafia entrepreneur a également une autre dimension. Il n'est plus question ici de sociétés légales dirigées par des mafieux mais *d'organisations criminelles important dans l'univers du crime la rationalité et l'efficacité du management capitaliste*. Les mafias se sont volontairement laissé fasciner par *l'ère des managers*. C'est ainsi que la prise du pouvoir par Charles « Lucky » Luciano et ses amis (Vito Genovese, Frank Costello, Joe Adonis, Meyer Lansky) dans les années 1920-1930 aux États-Unis peut aussi – mais pas seulement – se lire comme étant le fruit d'un processus historique de modernisation d'une entité traditionnelle en entreprise capitaliste. Ces jeunes entrepreneurs éliminent la vieille génération des *Mustache Petes* (*les vieilles moustaches*), les Joe Masseria et Salvatore Maranzano, afin d'« américaniser » Cosa Nostra, c'est-à-dire d'y éliminer les archaïsmes qui l'empêchent de se développer. L'idée est de transformer Cosa Nostra en entreprise nationale dégageant des profits. Pour cela, il faut se débarrasser du folklore et des traditions inutiles, limiter les conflits coûteux en argent et dangereux. La Commission nationale regroupant tous les chefs de Familles du pays devient le conseil d'administration de la société, ou la holding de filiales, la vingtaine de Familles, qui se répartissent des territoires et des activités. Le principe de non-agression mutuelle et de limitation de la violence n'est pas une position morale mais un acte fondateur tiré de la rationalité économique la plus élémentaire : le bruit et la violence sont mauvais pour les affaires. Après la Seconde Guerre mondiale, les « bonnes pratiques » pouvant s'exporter, les Italo-Américains vont convaincre leurs parents siciliens d'adopter le principe régulateur de la Commission.

L'émergence d'une « mafia entrepreneur » rend compte de cet échange historique et permanent entre les sphères économiques légales et illégales, dans un jeu de vases communicants. L'« entreprise criminelle » *exporte* vers l'entreprise légale ses profits criminels et *importe* la rationalité managériale et capitaliste. À l'arrivée, non seulement des pans entiers de l'économie mondiale sains d'apparence ont pour véritable *profondeur stratégique* (détenteurs) des acteurs criminels ; mais en retour l'économie illégale et apparemment marginale s'est adaptée à la modernité gestionnaire. Les frontières se sont estompées, les communications et les passerelles, multipliées. Ces deux mondes économiques vivent non seulement avec des intersections toujours plus nombreuses, mais usent d'outils et de références communs.

Une mesure du poids économique réel des mafias serait passionnante. Le calcul d'un *produit intérieur brut des mafias* (PIBM) rendrait compte de leur influence réelle sur les économies contemporaines.

Animés par un goût analogue du profit, un sens comparable de la compétition, possédant des intérêts convergents, des capitalismes légaux et mafieux, au faîte de leur pouvoir, en viennent parfois à échanger des services. Des chefs d'entreprise arrivent toujours à se comprendre ! Deux exemples montrent cette capacité de compréhension mutuelle.

1962, l'ENI. Le repenti Tommaso Buscetta révèle comment la Commission de Cosa Nostra de Sicile décréta la mort d'Enrico Mattei (1962), président de l'ENI (la société nationale des hydrocarbures d'Italie). Rentrant de Catane (Sicile), son avion fut saboté. Cosa Nostra de Sicile accédait à une demande de la Commission des États-Unis auprès de qui les compagnies pétrolières américaines s'étaient plaintes de la politique d'ouverture décidée par Enrico Mattei en direction des producteurs de pétrole brut du Moyen-Orient. Cet assassinat en provoqua un autre quelques années plus tard. Cosa Nostra de Sicile décida de se débarrasser du journaliste de *L'Ora* Mauro De Mauro (1970) pour l'empêcher de révéler les faits.

Cirio et Parmalat, fin du XXe siècle[41]. Lors d'une conférence de presse à Naples, le procureur national antimafia Pierluigi Vigna, son adjoint Lucio Di Pietro et le procureur de la ville Agostino Cordova révèlent, début 2004, que les deux multinationales de l'agroalimentaire Parmalat[42] et Cirio[43], au centre de deux scandales financiers majeurs, ont passé un accord avec la Camorra. Des écoutes téléphoniques entre des chefs de clan mafieux et des dirigeants des deux groupes le démontrent. La mafia napolitaine imposait les produits de ces deux groupes en Campanie, et en retour la Camorra percevait 200 000 euros par an. Cette rétribution versée à la Camorra assurait évidemment un monopole pour les conserves Cirio et les produits laitiers Parmalat, en particulier dans les provinces de Caserte et de Naples. Au final, les concurrents étaient évincés. On imagine aisément de quelle manière...

Qui sont les vrais capitalistes du XXe siècle ?

En 1998, dans un numéro consacré aux génies des affaires du XXe siècle, *Time Magazine*[44] célébrait quelques grandes figures du capitalisme américain comme Bill Gates (informatique), Estée Lauder (cosmétiques) ou Henry Ford (automobiles) et, de manière plus inattendue, Salvatore Lucania dit Charles « Lucky » Luciano. Pourquoi ? Aidé de Meyer Lansky, Charles « Lucky » Luciano a incontestablement été le maître d'œuvre de la modernisation de Cosa Nostra aux États-Unis au XXe siècle. Animé d'une vision, il a transformé une entité criminelle violente et archaïque en une machine rationnelle, discrète et efficace, gérée comme une entreprise capitaliste et infiltrant l'économie légale. Interrogé vers la fin de sa vie par un journaliste lui demandant s'il referait le même parcours, s'il en avait le choix, Charles « Lucky » Luciano a répondu : « Je ferais des affaires légales. J'ai appris trop tard que vous aviez besoin du même bon cerveau pour être un millionnaire escroc ou un millionnaire honnête. De nos jours, il faut une autorisation pour voler son prochain. Si je pouvais recommencer, je m'assurerais d'abord d'avoir cette autorisation. »

LA CONTAMINATION MAFIEUSE : L'ENTREPRENEUR MAFIEUX

Les sommes énormes issues des activités criminelles, notamment du trafic des stupéfiants, ont obligé les mafieux entrepreneurs à se rapprocher des acteurs classiques de l'économie de marché. Ce besoin de blanchiment a suscité l'apparition d'une nouvelle figure : l'entrepreneur mafieux. Le mafieux entrepreneur, dans l'obligation de blanchir des sommes considérables, se retrouve de ce fait au contact de multiples associés et partenaires issus du monde économique légitime : banquiers, financiers, juristes, fiscalistes, publicitaires, etc. Ces associés de l'économie légale sont indispensables pour réaliser les fameuses phases bien connues de tout processus de blanchiment : placement, empilage et intégration. Ces acteurs ordinaires de l'économie légale, qui dépendent désormais pour tout ou partie de leurs affaires de mafieux riches et agressifs, présentent le double avantage de maîtriser ces domaines spécialisés et surtout d'être quasi insoupçonnables. Ce contact prolongé se traduit inévitablement par une contamination par le crime, une *criminalisa-*

tion, qui fait donc naître un nouveau type d'acteur économique : l'entrepreneur criminalisé.

Ni mafieux dans ses origines ou dans sa nature profonde, plus vraiment légitime ni sain dans ses fréquentations, ses pratiques économiques et dans la source de sa prospérité, l'entrepreneur criminel constitue un modèle intermédiaire entre le mafieux et l'homme d'affaires. On serait tenté de le qualifier *d'entrepreneur gris*. C'est un *partenaire silencieux* mais actif des mafias. Le nombre de ces hybrides économico-financiers va croissant, au fur et à mesure de la pénétration des mafieux dans l'économie légale et des volumes d'argent criminel à insérer dans les circuits économiques et financiers. En Italie, on dit que ces franges sont « en odeur de Mafia ». Les Yakuza ont ce qu'ils appellent des « frères en affaires ». Leur fonction est de faciliter la communication et l'insertion des mafieux dans l'économie légale. Ce sont à la fois des relais, des ponts et des masques. L'entrepreneur mafieux est un partenaire et associé du mafieux entrepreneur de biens légaux ou illégaux.

GRANDS ESPACES, GRANDS MARCHÉS

• 1989, chute du mur de Berlin

Qui sont les premiers investisseurs occidentaux dès les premiers mois de la réunification allemande ? Les mafias italiennes qui opèrent immédiatement une étonnante poussée vers l'Est. En 1998, le chef de la police de Palerme raconte : « Quand le mur de Berlin est tombé nous étions en train d'intercepter la ligne téléphonique d'un important *mafioso*. Ce *mafioso* reçut un appel téléphonique d'un autre mafieux en Allemagne, et lui dit : "As-tu vu ce qui vient de se produire ? Pars immédiatement et commence à acheter." Il répondit, "Mais que devrais-je acheter ?", "Achète tout ce que tu peux" fut la réponse. C'est la Mafia, elle va où il y a des affaires à faire[45]. »

• 1997, retour de Hong Kong à la Chine populaire

La réunification du pays en 1997 était un enjeu historique de taille pour les dirigeants du Parti communiste chinois. La préparation de l'événement se devait d'être aussi minutieuse que possible. Rien ne devait le troubler. La négociation avec la puissance occupante, les Britanniques, ne pouvait suffire. Le pouvoir chinois, réaliste et informé, met alors toutes les cartes de son côté pour que tout se déroule dans le calme et l'harmonie. Pour se faire, Pékin décide de dialoguer avec l'autre pouvoir de l'île, les Triades. Ainsi convient-il d'analyser la surprenante déclaration, en forme d'aveu, lors d'une conférence de presse informelle pour des journalistes de la colonie, de Tao Siju, le ministre de la Sécurité publique chinois, le 8 avril 1993 : « Pour des organisations comme les Triades à Hong Kong, tant que ces gens sont des patriotes, tant qu'ils sont concernés par la prospérité et la stabilité de Hong Kong, nous devrions coopérer avec eux » ; et selon une autre version de cet entretien : « Les membres des Triades ne sont pas tous des gangsters. S'ils sont de bons patriotes, s'ils assurent la prospérité de Hong Kong, nous devons les respecter. » Peu après, Tao Siju confirme : « Les sociétés noires sont patriotiques ! »

On prête aussi à Deng Xiaoping, le père de l'ouverture et des réformes économiques de la Chine, un propos tout aussi explicite en octobre 1984. Il explique alors que toutes les Triades ne sont pas mauvaises et que certaines sont « bonnes et patriotiques[46] ». On ne saurait être plus aimable. En opérant une distinction entre les bonnes et les mauvaises Triades, les autorités chinoises reconnaissaient que des négociations avaient lieu avec les puissances criminelles de l'île. La presse de Hong Kong affirme par ailleurs que Tao Siju a rencontré à Pékin des représentants de la Sun Yee On afin de préparer le projet de « Grande Chine ». Les détails de ces accords resteront probablement à jamais secrets : les dirigeants du Parti communiste et ceux des Triades cultivent depuis toujours un égal goût pour la discrétion.

Les relations étaient de toute façon anciennes. La Chine communiste avait depuis longtemps investi à Hong Kong au travers de multiples sociétés, et les Triades n'avaient pas disparu de Chine du Sud et surtout des Zones économiques spéciales, créées par Deng Xiaoping et situées entre les deux territoires. Il peut cependant sembler surprenant que le ministre en charge de la Sécurité envoie des signes d'apaisement en direction de responsables de tant d'activités criminelles, qui plus est au moment où la Chine subit une hausse alarmante de la criminalité. Est-ce le fruit, comme on a voulu l'écrire, de vieilles complicités, un remerciement pour des services mutuels du temps de la guerre froide ? En réalité, plus sûrement, ces deux puissances ont souhaité conclure un pacte de non-agression mutuelle. Les Triades « investissent » en Chine, c'est-à-dire blanchissent leur argent qui servira au développement du continent, et, en contrepartie, les Triades concourent à une transition politique et économique paisible de l'île ; sans oublier probablement de menus avantages pour la nomenklatura d'État. Il semble par ailleurs que les Triades investissent depuis longtemps en Chine communiste, en partenariat avec la nomenklatura et l'Armée populaire. Sans compter que cette alliance recèle pour le pouvoir chinois probablement d'autres vertus. Par leur implantation mondiale et leur immersion naturelle dans les *chinatowns* du monde entier, les Triades peuvent servir de supplétifs dans de nombreux domaines : l'espionnage, le contrôle politique des communautés, etc. Une façon de réconcilier le patriotisme séculaire des Triades et l'intérêt criminel bien compris.

Gageons que le retour de Macao dans le giron chinois (1999) s'est déroulé selon des modalités comparables. Il est peu concevable que les autorités chinoises n'aient pas négocié la réunification de l'île avec son véritable maître, Stanley Ho, fondateur et responsable de la STDM (*Sociedade de Turismo e Diversoes de Macau*), donc de nombreux casinos, que l'on dit très proche des Triades locales.

L'ancrage politique (effet de corruption)

Il n'y a pas de mafia durable sans complicité politique. Cette leçon cardinale de l'histoire des mafias renvoie au degré de vertu des élites politiques face à des puissances essentiellement corruptrices et violentes.

SYMBIOSE, RÉSIGNATION ET COGESTION

Une mafia ne survit que par le contrôle de tout ou partie de l'appareil politique. Hors de cette réalité, point d'avenir possible. L'objectif recherché par une mafia est double : *neutraliser* la répression étatique (police, justice) et *capter* les ressources économiques allouées par les pouvoirs publics. De la sorte, une mafia tente d'obtenir une forme de *privatisation* des pouvoirs publics. En fait, une organisation criminelle ne parvient définitivement au stade d'une mafia que par une mainmise partielle ou totale sur le pouvoir politique. C'est pourquoi, au final, la relation entre une mafia et les pouvoirs publics oscille le plus souvent entre *cohabitation* et *symbiose* ; la symbiose se définissant comme l'association de deux ou plusieurs organismes différents, qui leur permet de vivre avec des avantages pour chacun. La relation mafia-politique ne s'inscrit donc que rarement dans le registre de la *confrontation*.

La proximité avec le politique est d'ailleurs caractéristique d'une mafia. Autrement dit, la présence d'une mafia sur un territoire est l'indice indéniable de la corruption du pouvoir politique : corruption entendue au double sens originel (dégénérescence) et moderne (prévarication). Les pouvoirs publics et une mafia organisent donc leurs rapports autour d'un accord plus ou moins tacite de guerre froide-paix chaude, de tolérance mutuelle. À l'extrême, cette dimension quasi fusionnelle rend la distinction entre les acteurs politiques et criminels presque impossible.

Encore faut-il ne pas se méprendre. Une mafia ne fait pas de politique. Le monde des idées et des choix collectifs lui est étranger. Quel que soit au demeurant le patriotisme identitaire que ces entités peuvent proclamer pour des raisons purement utilitaires et conjoncturelles. Le mafieux est *un pur animal économique* ne manifestant *a priori* aucune préférence idéologique. Si les mafias démontrent à l'expérience un réel tropisme pour les démocraties, ce n'est évidemment pas par choix philosophique (respect de l'individu, etc.) mais en raison des libertés et des occasions offertes par ce type de système politique, économique et social : libre entreprise, respect des droits de la défense et surtout élections au suffrage universel. La procédure démocratique autorise en effet bien des manipulations, tant des électeurs eux-mêmes que des partis politiques qui désignent les candidats et proposent des programmes.

Ce que Tommaso Buscetta résume avec cynisme : « Le mafieux n'est pas un animal politique. Je le définirais comme un "démocrate neutre" parce qu'il est contre toute forme de dictature, mais sans engagement partisan[47]. » Antonino Calderone est tout aussi réaliste : « Tant que j'ai été à Catane, les instructions étaient de voter uniquement pour les partis du centre, les partis "démocratiques". Il n'y a même pas besoin d'expliquer ça, c'est logique : Cosa Nostra s'étend en proportion du marasme. Plus le marasme est grand, plus Cosa Nostra progresse. Si un parti totalitaire arrive au pouvoir, c'en est fini de Cosa Nostra. Lesquels pouvaient être des partis totalitaires ? les communistes, les socialistes, les fascistes. La démocratie chrétienne était un parti démocratique, vraiment démocratique. Le pouvoir, elle le partageait, on pouvait se mettre d'accord, on pouvait... magouiller beaucoup plus[48]. » Ce qui dans le cadre de l'histoire de l'Italie peut se ramener à la formule : Giulio Andreotti plutôt que Cesare Mori. Une mafia préférera toujours se confronter à un sympathique parti libéral ou social-démocrate plutôt qu'à un parti unique de type fasciste ou maoïste. Quand les mafieux albanais manifestent contre le pouvoir serbe, ils entendent avant tout se débarrasser d'un pouvoir autoritaire au profit d'un régime « ami » qui facilitera leurs trafics divers.

L'histoire enseigne que les démocraties ont tendance à vite abandonner le combat. Lutter réellement contre une mafia, autrement que de façon rhétorique ou épisodique, suppose un acharnement durable. Cependant, à l'examen, la répression prend d'ordinaire la forme d'une montagne russe, faisant alterner dans une certaine inconstance des pics (courts) de fermeté puis des creux de relâchement[49]. C'est souvent une répression en forme de bouffées de chaleur, sans lendemain, commandée par l'émotion et l'opinion publique ; non l'application d'une claire et ferme volonté politique au long cours.

Il suffit d'ailleurs que l'État ne vienne pas briser le pacte de non-agression. La règle peut se résumer ainsi : « Si l'État attaque, la mafia réplique ; si l'État ne bouge pas, la mafia reste tranquille » ; ou encore : « Vivre et laisser vivre. » Les relations entre État et mafia(s) peuvent-elles échapper à ce cadre immoral ? Difficilement. Des investigations poussées aboutissent fatalement, après les mafieux, à mettre en cause des personnalités politiques et économiques. Les mafias étant intégrées au système, au moins au niveau local, voire régional, elles ne peuvent être réprimées durablement sans impliquer tout ou partie des élites légales elles-mêmes. En définitive, les rapports d'un État avec *sa* mafia sont ceux de deux pouvoirs concurrents cherchant moins à se détruire qu'à s'ignorer (au mieux) ou à trouver un discret *modus vivendi*. Par tâtonnements successifs, chacun apprend à rester dans *ses* frontières, à respecter le territoire de l'adversaire. Une forme d'acceptation de l'autre s'installe. Entre ces deux univers, il est plus question de rapports de *contiguïté* que de séparation.

Les agressions mutuelles se limitent au strict minimum afin que chacun puisse décemment rester dans son rôle. Ces deux mondes régulent leurs rapports au moyen d'un pacte tacite de non-agression, personne n'ayant *a priori* de raison majeure pour engager une confrontation incertaine et coûteuse. Dans les régions en « odeur de mafia », les États et les partis au pouvoir se révèlent donc plus souvent velléitaires que durablement courageux. Les phases de répression succèdent aux périodes d'apaisement, selon des cycles prévisibles et convenus. Dans un tel univers, les périodes de répression et d'affrontement apparaissent en fait comme des *anomalies*. Que la confrontation ait pour origine l'État ou la mafia ne change rien à son caractère anormal et incongru.

Si on reprend l'histoire de l'Italie, les deux grands épisodes d'affrontement avec Cosa Nostra apparaissent comme des parenthèses inattendues : la répression par le fascisme (1922-1929) menée par le préfet Mori et la stratégie terroriste des Corleonais de Cosa Nostra (1980-1990). On remarquera que le premier épisode est clos par le débarquement des Alliés qui, entre autres, libèrent aussi les mafieux ; le second se termine, au-delà de quelques succès judiciaires, avec l'arrestation de Toto Riina (1993) qui ne fut pas seulement une bonne nouvelle pour des organes de répression. Cosa Nostra de Sicile y trouva peut-être aussi son compte. L'État italien écartait un homme dont la politique de terrorisme contre les institutions menaçait aussi l'organisation mafieuse. D'où les soupçons que cette prise providentielle a pu faire naître : n'était-elle pas le fruit d'un accord secret pour écarter un *Boss* excessif et gênant pour tout le monde ?

La répression velléitaire : l'exemple italien

L'État italien s'est souvent montré efficace dans son combat contre Cosa Nostra, mais toujours brièvement. Il le fut après le massacre de Ciaculli en *1963*, jusqu'en 1970. De nouveau à partir de *1982* suite aux assassinats de Pio la Torre, secrétaire régional du parti communiste, et du général Alberto Dalla Chiesa. Mais, déjà, en 1987, la ferveur retombe avec le démantèlement du pool anti-Mafia de Palerme et les tentatives d'annulation par la Cour de cassation des résultats des maxi-procès. L'État se reprend en *1992* après les assassinats des juges Giovanni Falcone et Paolo Borsellino. Et la pression semble être retombée depuis la fin du XXe siècle... Passé les premières émotions, les réflexes d'apaisement et de compromis ont chaque fois repris le dessus. Le balancier revient vite vers une politique de *normalisation* et de *pacification* des rapports État-Cosa Nostra.

Ce comportement inavoué traduit en fait un état évident de *résignation*, parfois avoué avec une candeur ou un cynisme désarmant[50].

Les mafias prospèrent moins du fait d'un illusoire sous-développement économique et social qu'en raison d'un sous-développement répressif de l'appareil d'État. Un État qui se montre durablement absent et inefficace sur le plan répressif assure la longévité d'une mafia.

La résignation érigée en politique

L'Italie du gouvernement Berlusconi. En ce mois d'août 1998, le président de la République italienne Carlo Ciampi se croit obligé de confirmer publiquement que la lutte contre le crime est une absolue priorité du gouvernement. Pourquoi rappeler une telle évidence dans un pays gangrené depuis si longtemps par de puissantes organisations criminelles ? Quelques jours auparavant (jeudi 23 août), le ministre Pietro Lunardi du gouvernement Berlusconi a déclenché un scandale en prononçant une phrase moins anodine qu'il n'y paraît au premier abord : « La Mafia a toujours existé et existera toujours, malheureusement c'est ainsi, et nous devons apprendre à vivre avec. » Le propos est d'autant plus malheureux que Pietro Lunardi a en charge les infrastructures, c'est-à-dire les transports et les travaux publics, secteur dont le piratage est l'une des principales ressources des mafias italiennes. Qui plus est quand on appartient à un gouvernement dirigé par Silvio Berlusconi dont le parti, Forza Italia, a une forte odeur de compromission mafieuse. Prié de s'expliquer, Pietro Lunardi, loin de dissiper l'ambiguïté de sa pensée, ne fait que renforcer les soupçons en précisant qu'il serait peu honnête de faire croire aux citoyens qu'il est possible d'assainir ce mal du jour au lendemain. Tout le monde a donc bien compris : il faut apprendre à « vivre avec ». *Pur constat de réalité* un peu fataliste et maladroit ou *message caché* en direction des mafias du Mezzogiorno ? Évidemment, ni les commerçants rackettés au quotidien ni les mafias n'auront pris ces propos pour une cinglante déclaration de guerre au crime organisé. D'autant qu'au même moment le gouvernement remet à l'ordre du jour le projet d'un pont (3,3 km) sur le détroit de Messine, reliant le sud de l'Italie à la Sicile, source probable de fructueux rackets. Ultime coïncidence : le ministre Pietro Lunardi est lui-même, à l'origine, entrepreneur de BTP...

L'Albanie vue de Bruxelles. À l'été 2003, il est enfin devenu évident que l'Albanie vit sous l'influence d'une puissante mafia locale. Un expert, évidemment anonyme, de l'Union européenne déclare alors à la presse : « Lorsque l'économie souterraine représente 50 % de la richesse nationale, vous ne pouvez rien faire d'autre que légaliser ses profits au fil des années[51]. » Cela s'appelle un blanc-seing communautaire pour les mafias du présent – et un protocole d'action pour celles de demain : au-delà de la moitié du PIB sur « votre territoire », vous voilà blanchi *de facto*...

Mais la relation peut aller au-delà de la non-agression. À Naples par exemple, ou au nord de l'Albanie, les univers mafieux et politiques ont appris à *cogérer* les ressources publiques. Élites criminelles, politiques et économiques savent s'entendre pour l'allocation des ressources publiques (emplois publics, marchés publics, subventions, etc.). Parler d'infiltration du monde politique par les mafias constitue alors probablement une sous-évaluation de la réalité. Il est question ici d'un stade supérieur dans la proximité entre les mondes politique et criminel. La nature des rapports sociaux est donc fatalement bouleversée par cet agencement obscur dans lequel le passe-droit cède le pas constamment au droit. Des pans entiers de population dépendent alors de ressources allouées par ces mafias et ces acteurs hybrides que sont des élites, petites ou grandes, en partie criminalisées. Ces nouvelles clientèles se retrouvent soumises à une élite politico-criminelle cogérant et distribuant des faveurs et des privilèges. La politique du troc révèle en fait *une relation triangulaire complexe* entre la mafia, les élites politico-économiques et des populations soumises et dépendantes. Combien de milliers de Napolitains ou d'Albanais dépendent-ils ainsi pour leurs emplois d'élus et de *Boss* rétribués en votes et en argent liquide ? Ainsi le *travail criminel* peut-il devenir un *travail de masse*. À la fin du XXe siècle, on pouvait estimer à plusieurs centaines de milliers les « salariés » de la Camorra en Campanie.

Là où l'État-providence est défaillant, une *mafia providence* produit du travail et alloue des ressources. Cette cogestion-collusion peut au final produire du *consensus social* et de *la popularité*. La relation concrète et quotidienne dans ce mariage à trois est celle de la dépendance et de l'échange. La conséquence en est une *criminalisation des acteurs politiques, économiques et sociaux*. On perçoit alors comment une mafia fonde sa *légitimité sociale* : « par le bas », grâce à la redistribution de revenus et le contrôle du marché du travail ; « par le haut », grâce aux mécanismes d'échanges développés avec les élites politiques, économiques et administratives.

GROUPE DE PRESSION, REPRÉSENTATION POLITIQUE ET ÉCHANGE

Une mafia ne peut plus s'analyser sous le seul angle criminel. Une mafia est également un *acteur politique et économique* à part entière, en fait *un groupe de pression* classique ayant des intérêts spécifiques et représentant des populations. Sa maîtrise de ressources financières et électorales (voix) lui donne du poids face aux partis politiques traditionnels. La mafia-pouvoir a autant de raisons d'entrer en relations avec le monde politique que tout autre acteur social majeur. C'est *un pouvoir autonome* poursuivant des objectifs « propres ». D'autant qu'une mafia fait vivre, au-delà de ses membres initiés et de ses collaborateurs directs, une part plus ou moins grande de la population. Une mafia a donc besoin d'une forme de *représentation* et *d'expression* de ses intérêts. Ce qui en fait au final un acteur du système. Il s'agit là du stade le plus avancé de l'évolution politico-sociale d'une mafia que seule la richesse autorise. En s'affranchissant ainsi de la tutelle politique des partis traditionnels, une mafia n'est plus un simple agent électoral soumis, mais peut accéder au rang de donneur d'ordres.

Les rapports mafia-politique relèvent, dans la forme, de *la séduction* ou de *l'intimidation* et, sur le fond, de *l'échange de services* et donc de *la corruption*. C'est une économie du troc et de faveurs réciproques de type contractuel. Une mafia recherche des passe-droits (autorisations administratives, marchés truqués, subventions) et de la bienveillance judiciaire (enquêtes arrêtées et non-lieux). En retour, les politiques demandent de l'argent et des voix[52]. D'une certaine manière, un « marché politique[53] » sans vertu est criminogène.

Une mafia dispose alors de trois options : faire élire des membres initiés, favoriser la carrière de ses « amis » ou « négocier » avec les élus en place. Une démocratie faible présente de la sorte un avantage évident pour les stratégies mafieuses. Au-delà du fait que ce système recèle des latitudes d'action inégalées (présomption d'innocence, liberté du commerce, etc.), il implique un passage devant les électeurs, mécanisme qui peut faire l'objet de captations et de transactions multiples. En supprimant les élections, le fascisme italien avait détruit un levier essentiel du pouvoir mafieux, le contrôle des votes et des partis.

Cette politique du troc, associée à des capacités financières considérables, permet aux mafias d'asseoir leur *domination* sur la société, et ce au-delà de ses secteurs criminels. On sait que, quelle que soit son origine (politique, économique, criminelle), toute élite tend à la domination sur ses sujets potentiels. Cependant, les chefs mafieux ne se contentent pas de dominer le monde criminel. Ils entreprennent ensuite d'intégrer l'élite sociale elle-même, se dégageant des marges sociales pour accéder au cœur du système légal.

Une fois admise la réalité de la « mafia-pouvoir », la relecture partielle de l'histoire politique des pays contaminés par une ou plusieurs mafias s'impose. Ces acteurs discrets modifient fatalement le jeu démocratique et peuvent parfois le travestir. Pour certains votes cruciaux en effet, à qui obéissent *réellement* les élus ? À leurs électeurs ou à des mafieux en coulisses ?

Aux États-Unis, les présidences démocrates et Cosa Nostra

Les histoires politiques nationales sont parfois édifiantes. Le Parti démocrate américain est le représentant traditionnel des minorités non WASP et, à ce titre, à l'écoute de la communauté italienne. Or l'état de la recherche historique en Amérique démontre aujourd'hui que plusieurs présidents américains – Franklin D. Roosevelt, Harry Truman et John F. Kennedy[54] – ont bénéficié de l'aide de Cosa Nostra pour remporter les primaires du Parti démocrate, puis les élections générales, et ce grâce à de providentiels « déplacements » de voix. Qui voit-on au contact constant des principales figures de Cosa Nostra, comme de celles du Parti démocrate, dans les années 1920-1930 aux États-Unis ? Tom Pendergast, maire et chef du Parti démocrate de Kansas City. Et le très faible écart qui, en 1961, donne la victoire à John F. Kennedy sur Richard Nixon fut notamment acquis par un travail de mobilisation de voix opéré par Cosa Nostra. En effet, les fameux 118 000 bulletins de différence (sur plus de 68 millions de suffrages) émanèrent surtout, comme par hasard, de l'État d'Illinois, fief historique de la Famille de Chicago, *The Outfit*. Sam Giancana, chef de cette Famille, et notoirement vantard, parlait-il pour autant à la légère du Président fraîchement élu comme de « notre homme à la Maison Blanche » ? Ce dont l'intéressé nouvellement élu et son frère tout jeune ministre de la Justice n'avaient probablement pas une claire conscience.

LE CAS GIULIO ANDREOTTI[55]

En Sicile occidentale, la politique concerne directement Cosa Nostra. Tommaso Buscetta est clair à ce sujet : « Dans les années 1950 et jusqu'au début des années 1970, presque tous les principaux hommes politiques siciliens, exception faite des communistes et des fascistes, étaient en contact avec nous. Certains d'entre eux ont été ministres et sous-secrétaires d'État[56]. » La Démocratie chrétienne fut le principal acteur de cette « compromission historique », non seulement en Sicile mais également dans tout le Mezzogiorno. D'ailleurs, Giulio Andreotti tient à l'époque des propos clairs sur le soutien électoral de Cosa Nostra à la Démocratie chrétienne : « Les voix de Sicile provenaient d'une organisation qui depuis toujours fournissait à la Démocratie chrétienne un fort apport [en voix][57]. »

Toutefois, la profondeur de la collusion n'apparaît réellement que dans les années 1990 avec la multiplication des témoignages de mafieux repentis visant la Démocratie chrétienne et certains de ses chefs. La boîte de Pandore est ouverte en 1993 quand Tommaso Buscetta décide enfin de révéler ce qu'il sait des complicités politiques de Cosa Nostra, ce qu'il a en partie tu jusque-là. L'assassinat des juges Giovanni Falcone et Paolo Borsellino (1992) joue manifestement le rôle de déclic et libère sa parole.

Un tabou tombe en effet lorsque Giancarlo Caselli, le procureur de Palerme, engage des poursuites contre Giulio Andreotti (27 mars 1993) puis obtient du Sénat italien la levée de son immunité parlementaire (10 juin 1993). L'homme est probablement l'un des plus puissants de l'histoire du pays. Sept fois président du Conseil, trente-trois fois ministre aux principaux portefeuilles (Intérieur, Budget, Finances, Affaires étrangères, Défense, Industrie, Secteur public, Patrimoine, Culture), sénateur à vie, il incarne à lui seul un demi-siècle de Démocratie chrétienne et de vie politique italienne. Il a été de presque tous les gouvernements de son pays entre 1947 et 1992. Ses surnoms résument à eux seuls la crainte, l'aura et l'emprise de l'individu sur ses contemporains : « l'inoxydable », « Belzébuth », « le subtil », etc. Deux procès le mettent directement en cause, fondés essentiellement sur les déclarations de mafieux repentis (voir encadré, page 187). Au-delà de l'homme, c'est en fait tout un système politique et un parti, la Démocratie chrétienne, qui sombrent dans l'opprobre.

Le premier procès se tient à Pérouse. Giulio Andreotti est accusé d'avoir commandité l'assassinat de Carmine (Mino) Pecorelli, journaliste et directeur de la revue à scandales *Osservatorio Politico Internazionale*, survenu le 20 mars 1979. Membre de la loge maçonnique P2 et réputé proche des services secrets, Carmine Pecorelli s'apprêtait à publier des dossiers compromettants pour Andreotti, sur le financement de la Démocratie chrétienne et, surtout, sur les circonstances de la mort d'Aldo Moro en 1978. Le journaliste aurait possédé un mémoire rédigé par Aldo Moro pendant sa détention par les Brigades rouges, mettant en cause Giulio Andreotti. Acquitté en première instance (24 septembre 1999) après un procès-fleuve (162 audiences, 231 témoins), Andreotti est condamné en appel le 17 novembre 2002 à vingt-quatre ans de prison. Toutefois, il est protégé de la prison par son immunité de sénateur à vie. La justice affirme ainsi que la Mafia a tué Carmine Pecorelli à l'instigation de Giulio Andreotti. Le verdict suscite un tollé dans la classe politique italienne. Finalement, la Cour de cassation innocente définitivement Giulio Andreotti le 30 octobre 2003. Il est vrai que l'avocat général avait lui-même affirmé qu'« il n'y a pas de preuve que Giulio Andreotti ait eu un mobile pour commanditer le meurtre ».

Le second procès, qui débute à Palerme en septembre 1995, repose sur une accusation plus diffuse, mais plus grave encore : « complicité d'association mafieuse » (art. 416 *bis* du Code pénal). Le réquisitoire est massif : 12 000 pages, 11 volumes, 401 témoins à charge (dont 24 repentis de Cosa Nostra) et 128 témoins pour la défense. Les commentateurs n'hésitent pas à affirmer : « Pour l'Italie, c'est l'équivalent de la chute du mur de Berlin. » Car ce procès invite à une relecture de cinquante années de la vie politique italienne : ne fut-elle qu'un théâtre d'ombres ? L'homme qui l'a incarnée fut-il le correspondant à Rome d'une société secrète criminelle ? Est-ce là « la véritable histoire de l'Italie », comme le pense le professeur, et alors vice-président de la Commission antimafia, Pino Arlacchi ? La révision serait cruelle. La Démocratie chrétienne et l'Italie de l'après-guerre auraient eu pour piliers non seulement l'Église catholique et l'OTAN, mais en plus le crime organisé. Giulio Andreotti est acquitté en première instance (octobre 1999). La décision est confirmée en appel le 2 mai 2003. Cependant, les attendus des juges de la cour d'appel ne sont pas tendres. Il y est ainsi question de la « disponibilité amicale » de Giulio Andreotti envers les parrains de Cosa Nostra, et les juges n'hésitent pas à renvoyer cet épisode politico-criminel au « jugement de l'histoire ». Point final de cette saga judiciaire, la Cour de cassation, saisie à la fois par le parquet et la défense, confirme en octobre 2004 le verdict (ambigu) de la cour d'appel.

Cependant, les témoignages des repentis utilisés au cours des poursuites contre Giulio Andreotti révèlent l'ampleur de la mainmise de Cosa Nostra sur la Démocratie chrétienne. Que l'on en juge ! 40 à 75 % des élus chrétiens-démocrates au Parlement et environ 40 % de ceux élus dans l'ouest de la Sicile entre 1950 et 1992 furent ouvertement soutenus par Cosa Nostra. Par ailleurs, entre 1991 et 1995, plus de la moitié des élus au Parlement régional de Sicile et 17 élus de Sicile au Parlement national sont poursuivis pour association mafieuse et corruption.

Silvio Berlusconi n'est pas le dernier à s'indigner des verdicts de Pérouse et de Palerme : « Andreotti est victime d'une justice folle. Il faut un projet de réforme de la justice[58] » ; « [Le parquet de Palerme] a inventé ce mensonge pour démontrer que la Démocratie chrétienne, qui a été pendant cinquante ans le parti le plus important de notre histoire, n'avait aucune éthique et frisait la criminalité[59]. »

L'émoi de Berlusconi s'explique d'ailleurs probablement par la nette « odeur de mafia » perceptible autour de son propre parti, Forza Italia, comme si celui-ci avait succédé à la défunte Démocratie chrétienne dans les faveurs de l'« honorable société[60] ». En 2000, lors des élections législatives, Forza Italia a ainsi remporté la majorité en Sicile. Tout en ayant pour autres bastions électoraux les Pouilles et la Calabre. Une pure coïncidence ?

Les repentis contre Giulio Andreotti

Les accusations contre Andreotti reposent sur les seuls témoignages, ou presque, de mafieux repentis. Qu'ont réellement dit ces hommes d'honneur sur celui qu'ils surnommaient affectueusement *zio Giulio* (*oncle Giulio*) ?

Tommaso Buscetta. Il est le premier à avoir évoqué le nom d'Andreotti. Il affirme avoir reçu les confidences des mafieux Gaetano Badalamenti et Stefano Bontate selon lesquels ils avaient organisé l'assassinat de Pecorelli à la demande de proches d'Andreotti, les cousins Nino et Ignazio Salvo (percepteurs des impôts d'État en Sicile), pour lui rendre service. Buscetta accuse Andreotti d'avoir commandité à Cosa Nostra l'assassinat du journaliste Mino Pecorelli (20 mars 1979) et du général Carlo Alberto Dalla Chiesa (3 septembre 1982) pour les empêcher de révéler ce qu'ils savaient des circonstances réelles de la mort d'Aldo Moro (1978). Selon Buscetta, la Démocratie chrétienne de G. Andreotti ne voulait pas sauver A. Moro. De façon plus globale : « Andreotti était le terminal politique romain de Cosa Nostra. » Par ailleurs, en 1979, Gaetano Badalamenti, alors chef suprême de Cosa Nostra, se serait rendu dans le bureau d'Andreotti à Rome pour le remercier d'être intervenu en faveur de son beau-frère Filipo Rimi, condamné pour homicide.

Gaspare Mutolo. La Mafia comptait sur Andreotti pour ralentir les enquêtes et modifier les décisions de justice. Il évoque la corruption de magistrats proches d'Andreotti ayant eu à traiter de dossiers judiciaires touchant Cosa Nostra : le procureur Domenico Signorino – qui se suicide après ces révélations (1992) – et le juge à la Cour de cassation Corrado Carnevale. Carnevale devait « ajuster » les procès contre la Mafia. Salvo Lima, ami et représentant du courant de Giulio Andreotti en Sicile, est assassiné (1992) pour ne pas avoir « arrangé » le maxi-procès de 1987. Selon Mutolo, Cosa Nostra utilisait Salvo Lima comme messager auprès d'Andreotti.

Salvatore Cancemi. Il évoque les « ajustements » de procès mafieux par Andreotti, Salvo Lima et Corrado Carnevale.

Baldassare Di Maggio. Chauffeur personnel de Toto Riina, il révèle qu'Andreotti a rencontré Toto Riina, pourtant recherché, pendant deux ou trois heures à Palerme, le 20 septembre 1987, dans la villa des cousins Antonio et Ignazio Salvo. Ils échangent alors le fameux baiser rituel des hommes d'honneur. Toto Riina aurait tenu à rencontrer Andreotti car le maxi-procès de Palerme touchait à sa fin : il voulait obtenir la promesse d'une intervention auprès de la Cour de cassation pour casser le verdict.

Francesco Marino Mannoia. Il décrit les rapports de Cosa Nostra avec Michele Sindona (banquier de Cosa Nostra et du Vatican) et de Licio Gelli (Grand Maître de la loge P2) ainsi que deux rencontres entre Andreotti et le mafieux Stefano Bontate, en 1979 et en 1980 : « Je l'ai vu, de mes yeux vu, en 1980, après l'assassinat du député démocrate-chrétien Mattarella, Andreotti était venu demander des comptes. » Bontate lui répliqua : « Mettez-vous bien dans la tête qu'en Sicile c'est nous qui commandons et que si vous ne voulez pas qu'on vous enlève vos voix, vous devez faire ce que nous vous disons. » « Et si vous ne voulez pas que la DC disparaisse complètement, faites ce que nous disons, sans cela nous vous retirons nos votes en Sicile, mais aussi à Reggio de Calabre et dans tout le Sud. Il ne vous restera plus que le Nord, et, là-bas, ils sont tous communistes. » Il révèle que Pipo Calo, trésorier de Cosa Nostra, a offert un tableau à Andreotti.

Il précise que Toto Riina avait exigé de voter pour la gauche en 1987 plutôt que pour la Démocratie chrétienne comme un message et un avertissement au parti et en particulier à Andreotti.

Gioacchino Pennino. Également conseiller municipal démocrate-chrétien de Palerme, ses déclarations font arrêter Calogero

Mannino qui fut trois fois ministre (Agriculture, Marine marchande, Mezzogiorno). Il explique que le député Salvo Lima est le lien entre Andreotti et la Mafia en Sicile. Il confirme les liens entre Andreotti et les cousins Salvo (percepteurs des impôts d'État en Sicile et hommes d'honneur) : Andreotti a ainsi offert un vase d'argent pour le mariage d'Angela Salvo, fille de Nino Salvo, avec Tani Sangiorgi, un proche de Toto Riina. Tani Sangiorgi, mafieux lui-même, est arrêté en France (1994) pour l'assassinat d'Ignazio Salvo.

Gioacchino La Barbera. Il explique qu'Andreotti aidait Cosa Nostra, sans savoir précisément comment : « Nous, les membres de Cosa Nostra, nous avions seulement l'ordre de faire voter pour la Démocratie chrétienne car là-haut [à Rome] quelqu'un nous aidait[61]. » « Le sénateur Andreotti faisait partie de ces personnes qui ont d'abord aidé Cosa Nostra puis qui ont ensuite retourné leur veste après la décision de la Cour de cassation[62]. » Cosa Nostra a ensuite décidé de se venger d'Andreotti après la décision de la Cour de cassation de confirmer les condamnations à perpétuité prononcées lors du maxi-procès de 1987. Il rapporte les propos des *Boss* Leoluca Bagarella et Giovanni Brusca parlant d'Andreotti comme d'un « traître ». Comme Francesco Mannoia (voir *supra*), il reçoit l'ordre en 1987 de voter non plus pour la Démocratie chrétienne mais pour la gauche, en guise d'avertissement.

Pino Marchese. « J'avais entendu parler d'Andreotti comme d'une personne bien, mais je ne sais rien de spécifique sur son compte. On disait du bien de lui dans les prisons[63]. » Il accuse le juge Corrado Carnevale d'avoir été « une personne disponible » pour les hommes d'honneur.

Nino Giuffrè. Arrêté en 2002, proche de Bernardo Provenzano, il accuse lui aussi Andreotti de contacts avec Cosa Nostra.

OSCAR GOODMAN, « NOTRE » MAIRE À LAS VEGAS

Las Vegas fut créée par Cosa Nostra dans les années 1940-1950 grâce à l'argent du trafic de l'héroïne (dont la « French Connection ») et du racket du fonds de pension du syndicat des camionneurs (*Teamsters*). Ce fait historique n'est plus guère contesté aujourd'hui. Toutefois, cette reconnaissance du péché originel s'accompagne généralement d'une affirmation quelque peu imprudente : la présence mafieuse dans la « ville du vice » (*Sin*

City) est désormais un vestige de l'histoire, un mauvais souvenir (*colorful past !*[64]). Pourtant, il n'y a pas si longtemps encore, dans les années 1980, des Familles de Cosa Nostra (*The Outfit* de Chicago et Genovese de New York, par exemple) disposaient encore d'intérêts dans des casinos importants de la ville. En réalité, Las Vegas, toujours en quête de respectabilité, fait tout pour accréditer l'image d'une ville débarrassée de Cosa Nostra.

Mais le doute s'installe quand on observe la personnalité de son maire. En juin 1999, Las Vegas a en effet élu à ce poste, avec le score flatteur de 64 % des voix, un personnage pittoresque : le démocrate Oscar Goodman[65]. D'ailleurs, de façon peu commune, la campagne municipale suscita un véritable intérêt national aux États-Unis. Pour les adversaires d'Oscar Goodman, son élection ne pouvait être qu'un désastre en termes de relations publiques, pour une ville désirant faire oublier son passé mafieux. Il est vrai que la personnalité et le parcours de cet avocat ont tout lieu d'intriguer. Car, aux États-Unis, Oscar Goodman est connu dans tout le pays comme « l'avocat de la Mafia » (*Mob lawyer*). Au point que l'immeuble où se trouve son cabinet[66] est appelé avec ironie « La maison que la Mafia a construite » (*The House the Mob Built*).

En effet, pendant plus de 30 ans, Oscar Goodman a compté parmi ses clients de très célèbres dirigeants de Cosa Nostra. Depuis son installation à Las Vegas en 1964, la clientèle et les relations d'Oscar Goodman constituent un véritable *Who's Who* de Cosa Nostra, de ses membres et associés : Anthony Spilotro (dit « Tony la fourmi »), proconsul à Las Vegas de la Famille de Chicago, *The Outfit*, de 1971 à 1986 ; Vinny Ferrara, sous-chef de la Famille de Nouvelle-Angleterre ; Natale « Big Chris » Richichi, capitaine de la Famille Gambino et confident de John Gotti ; Charles « The Moose » Panarella, capitaine de la Famille Colombo ; Nicodemo « Little Nicky » Scarfo, chef de la Famille de Philadelphie ; Philip « Crazy Phil » Leonetti, sous-chef de la Famille de Philadelphie ; Nick Civella, chef de la Famille de Kansas City ; Carl « Tuffy » DeLuna, sous-chef de la Famille de Kansas City ; John Peter Perri, « soldat » de la Famille de Buffalo ; Mel Horowitz, grand spécialiste de la pornographie et des paris clandestins ; Marty Kane, spécialiste des paris clandestins (tous deux associés de la Mafia) ; etc. Et surtout Meyer Lansky, le cerveau financier des Familles de New York. Avec une particularité : étrangement, si Oscar Goodman reconnaît avoir été son avocat, il niera toujours avoir rencontré Meyer Lansky ou même lui avoir parlé !

Une des clefs de la carrière et du personnage Oscar Goodman tient probablement à son amitié pour Alvin Malnik[67], l'héritier supposé de Meyer Lansky. Il l'admire manifestement et l'appelle : « *My man Malnik* » (« mon pote Malnik »). Mais, sur ce sujet, malheureusement, Oscar Goodman n'est pas très prolixe.

Oscar Goodman a toujours assumé la « carrière » contestable de ses clients au point de considérer certains d'entre eux comme des « amis ». Et il n'a pas hésité à incarner son propre rôle d'avocat de la pègre dans le film de Martin Scorsese *Casino* (1995) qui raconte le parcours de deux de ses clients : Anthony Spilotro (joué par Joe Pesci) et Frank Rosenthal (joué par Robert De Niro). Toutefois, il regrettera amèrement cette participation en découvrant un film peu amène avec ses amis mafieux. Il reconnaîtra n'avoir pas lu le script avant[68].

Quant à Cosa Nostra, les réponses de Goodman vacillent de la négation indignée – une invention des médias destinée à entretenir le racisme anti-Italien – à l'admiration ouverte – « Des types super ». Au total, l'action de Goodman comme conseil juridique a souvent semblé ambiguë au FBI. Fut-il un simple « avocat de Cosa Nostra » (*Mob lawyer*) ou son porte-parole et son conseiller occulte, un « avocat mafieux » (*Mobster lawyer*) ? Oscar Goodman répond simplement : « *I am not my clients !* » Témoignant devant une Commission officielle du Sénat sur le rôle de Cosa Nostra dans l'industrie du jeu, Shannon Bybee, membre du bureau de contrôle des jeux de Las Vegas, donnera une amusante et instructive définition du crime organisé : « *Anybody that Oscar Goodman represents.* » (Le crime organisé, c'est « la clientèle d'Oscar Goodman »).

On comprend pourquoi, pendant la campagne électorale, son adversaire le conseiller municipal Arnie Adamsen avait déclaré – autre jolie formule : « Je crains que, s'il est élu maire, son passé devienne notre avenir. »

Curieusement, un sondage publié par le *Las Vegas Review Journal* avant le scrutin indiquait que, pour 69 % des personnes interrogées, la clientèle d'Oscar Goodman ne constituait pas un handicap pour la ville. Ce, malgré ses prises de position en faveur de la dépénalisation de la prostitution et de la consommation du cannabis.

L'homme est brillant et capable. Il fut un temps président de la *National Association of Criminal Defense Attorneys*. Le *National Law Journal* l'avait élu parmi les 10 meilleurs avocats pénaliste du pays. Et, dans un hommage instructif, Frank Rosenthal, associé historique de la Mafia dans l'univers du jeu, avait déclaré au *Las Vegas Review Journal* : « Oscar est rapide, il est brillant, il sent d'où vient le vent. Et il sait comment se faire de puissants amis, ce qui [dans le Nevada] est vital. »

Ainsi, Oscar Goodman a su maintenir en liberté nombre de criminels dont Anthony Spilotro pourtant soupçonné de 25 assassinats et de centaines de crimes divers (extorsions, vols, etc.). Jusqu'à son assassinat en avril 1986 par ses amis mafieux. Son corps et celui de son frère Michaël sont retrouvés dans un champ de maïs de l'Indiana à 100 km de Chicago. Les deux hommes ont été torturés et enterrés vivants[69]. Quelque peu pressé par les médias, Oscar Goodman répond cyniquement : « Spilotro adorait jardiner, c'est peut-être un accident du travail. »

Haut en couleur, Oscar Goodman déteste par-dessus tout le pouvoir fédéral en général et le FBI en particulier. Il n'hésite pas à voir dans l'action du *Bureau* une entreprise de persécution comparable à la Gestapo ! Selon lui, le FBI a cherché à nuire à ses clients, des personnes qui simplement « avaient des désaccords avec le gouvernement ». Ses préférences sont claires, et on lui doit de fracassantes déclarations au cours desquelles il explique qu'il préférerait marier sa fille avec Anthony Spilotro plutôt qu'avec un informateur ou même un agent spécial du FBI.

Après son installation dans le fauteuil de maire, Oscar Goodman n'a pas pour autant abandonné son goût douteux pour les mafieux célèbres. Élu, il assiste aux obsèques de Natale « Big Chris » Richichi et reçoit à la mairie des célébrités de Cosa Nostra comme Charles Panarella[70] ou Bill Bonanno, mafieux célèbre et fils de Joe Bonanno, fondateur de la Famille mafieuse éponyme !

Plus sérieusement, on doit s'interroger sur le sens de cette élection. Est-ce un malheureux décalage avec la réalité de Las Vegas, une ville (devenue subitement) propre ? Ou, de façon plus inquiétante, s'agit-il d'un aboutissement inéluctable : une ville mafieuse dirigée par un proche de Cosa Nostra ?

DES « AMIS » AU CONGRÈS : LIBONATI, TRAFICANT, TORRICELLI

Cosa Nostra américaine a toujours eu ses « amis » élus au Congrès des États-Unis, ses députés et ses sénateurs compréhensifs, aptes à défendre ses intérêts. Généralement pittoresques, usant d'un style flamboyant, ces élus n'hésitent pas, au nom du respect des libertés publiques ou de la défense des minorités, à bloquer les initiatives fédérales les plus gênantes pour Cosa Nostra ou à pousser les projets les plus profitables à la Mafia.

Un des premiers de cette lignée fut probablement Richard Libonati. Après une longue carrière de politicien local en cheville avec Cosa Nostra au cours de laquelle il n'hésite pas à s'afficher en public avec Al Capone, Libonati parvient à se faire élire au Capitole en 1957 et à intégrer la Commission judiciaire de la Chambre des représentants. Là, avec une opiniâtreté peu commune, il s'ingénie à bloquer les projets fédéraux de légalisation des techniques de surveillance électronique, et ce à la grande fureur du ministre de la Justice de l'époque, Robert Kennedy.

James Traficant[71] semble être son digne successeur. Il est vrai que sa quasi-homonymie avec deux *Boss* célèbres de Cosa Nostra, Santo Trafficante père et fils, plaiderait plutôt en sa défaveur. Ce politicien, lui aussi haut en couleur, connu pour son franc-parler, son mauvais goût vestimentaire, sa coiffure à la Elvis Presley et son inclination pour les thèses conspirationnistes, chute en juillet 2002 après 18 années d'élu au Congrès comme représentant Républicain de l'Ohio. Il en est chassé lors d'un vote quasi unanime de ses pairs (420 voix contre 1). La Commission d'éthique parlementaire l'a reconnu coupable de 9 violations aux règles de l'éthique. Parallèlement, la justice le condamne à huit ans de prison pour dix infractions dont vol, racket, corruption et fraude fiscale. La décision fait date puisque James Traficant est le deuxième membre du Congrès renvoyé depuis la guerre de Sécession et le cinquième de toute l'histoire du pays. On ne saisit la vraie dimension de l'étrange parlementaire qu'en remontant quelques années en arrière. James Traficant commence à défrayer la chronique dès les années 1980 lorsqu'il est le shérif de Youngstown, ville du comté de Mahoning (Ohio). Youngstown est une ville alors en proie au crime et à des règlements de comptes sanglants entre la Famille de Cleveland dirigée par Charles « Charlie The Crab » Carabbia et la Famille de Pittsburgh dirigée par James Prato et Joseph Naples[72]. Ces deux Familles de Cosa Nostra se partagent et se disputent en effet le contrôle des activités criminelles de la *Mahoning Valley* située entre Cleveland et Pittsburgh. C'est dans ce contexte incertain que débute la campagne (septembre 1979) pour l'élection du nouveau shérif du comté. Les deux Familles en concurrence sont d'accord sur un point : le futur shérif doit être acheté. James Traficant décide d'accepter des dons en liquide, non déclarés, d'abord de « Charlie The Crab » Carabbia puis de James Prato. Méfiant et convaincu que James Traficant est déjà dans les mains de la Famille de Pittsburgh, « Charlie The Crab » enregistre secrètement les conversations au cours desquelles il corrompt le futur shérif. En 1983, le FBI saisit deux des cassettes. Poursuivi pour racket (loi RICO) et fraude fiscale, James Traficant commence par nier les faits : il n'a jamais rencontré les Carabbia, Prato et Naples, et n'a jamais reçu d'argent liquide de leur part. Puis, face aux évidences (les cassettes), il accepte de coopérer : il admet les versements provenant des deux Familles destinés à lui faire fermer les yeux sur leurs activités criminelles. Au procès, il revient sur ses aveux, se défend seul en expliquant qu'il menait en réalité une opération d'infiltration de la Mafia, et obtient sa relaxe (1983). Entre-temps, « Charlie The Crab » disparaît : on ne retrouvera que sa voiture, vide, au bord de la route. Et, pendant une dizaine d'années, la Famille de Cleveland ne va cesser de décliner, et celle de Pittsburgh de prospérer. Ce procès retentissant ne semble pas nuire à la popularité de James Traficant, bien au contraire, puisque, dès l'année suivante (1984), il se fait élire pour la première fois au Congrès. Il se distingue par un bagout ravageur et des prises de position surprenantes. Au moment où le Congrès s'inquiète du volume des prises de participation étrangères dans l'économie américaine, James Traficant attire l'attention de ses confrères sur les rachats d'hôtels par les Japonais et les Européens à Las Vegas (1988) ! Plus étrange encore, en 1999, James Traficant est le grand propagandiste aux États-Unis de l'indépendance du Kosovo, de l'armement de l'Armée de libération du Kosovo (UCK) et d'une intervention des troupes américaines dans les Balkans. En pleine conférence de Rambouillet (1998), le sénateur James Traficant se livre ainsi à une bruyante campagne publique en faveur de l'indépendance du Kosovo en Albanie même, à Tirana (février 1999). Il est accompagné d'un ex-représentant du New Jersey, Joseph Dioguardi, responsable de la Ligue civique albano-américaine, le lobby des Américains d'origine albanaise. Les deux hommes font circuler une pétition en faveur de l'indépendance et traitent les Serbes de « barbares ». Invités par le Premier ministre albanais Pandeli Majko en audience, James Traficant et Joseph Dioguardi n'hésitent pas à déclencher un esclandre. Ils quittent le bureau du chef du gouvernement en pleine rencontre et convoquent la presse pour faire état de leur « révolte ». Que lui reprochent-ils ? Sa modération ! Le Premier ministre Pandeli Majko refusait apparemment de se déclarer formellement en faveur de l'indépendance du Kosovo ! La presse locale se fait largement l'écho de cet activisme. Surtout lorsque le bouillant sénateur annonce son intention de déposer au Congrès un projet de loi en faveur de la reconnaissance du Kosovo.

Quant au sénateur Robert Torricelli, à l'été 2002, ses amitiés crapuleuses commencent à défrayer la chronique. Il apparaît alors que nombre des contributeurs à ses campagnes sont en forte « odeur de Mafia » et qu'il n'hésite pas à intimider des témoins encombrants. La Commission d'éthique du Sénat se contente pourtant d'une simple admonestation malgré l'épaisseur du dossier. Tel qu'il est décrit par la presse américaine, le fonds de soutien politique du sénateur en difficulté semble pourtant tout droit sorti d'un épisode des *Sopranos*. Par ailleurs, toujours aussi bien conseillé, le sénateur Robert Torricelli parvient par exemple en 1998 à gagner 220 000 dollars, suite à un investissement de départ modeste de 5 000 dollars dans une société de télécommunications, *e. Volve Technology Group*. L'action de la firme grimpe en effet lors de son rachat par une holding spécialisée dans l'Internet, dans laquelle on retrouve le maire de Las Vegas Oscar Goodman[73]. Le monde est petit. Le sénateur Robert Torricelli est avocat de profession, comme son père, immigré de Sicile. La famille Torricelli est native du célèbre bourg de Corleone. Ce goût pour le droit explique probablement pourquoi le sénateur est si sourcilleux sur le respect des droits de l'homme et le contrôle des activités des agences fédérales. En 1995, alors membre de la très sensible Commission du Congrès sur le renseignement, Robert Torricelli est critiqué pour avoir dénoncé à la presse certaines activités de la CIA au Guatemala apparemment contraires aux droits de l'homme. L'affaire a des conséquences puisqu'elle oblige la communauté américaine du renseignement à arrêter le recrutement d'informateurs impliqués dans des activités illégales. Le « principe Torricelli », comme l'appelleront ses détracteurs, est abandonné après les attentats du 11 Septembre 2001. Robert Torricelli accuse même la CIA d'avoir comploté contre lui pour aider son adversaire républicain lors de la campagne de 1996. Plus étrange encore, le sénateur Robert Torricelli est l'initiateur du *Cuban Democracy Act* voté en 1992 qui vise à renforcer l'embargo contre Cuba. Cet activisme anticubain est-il le fruit du hasard ? On peut en douter quand on se souvient que la chute du dictateur Batista et l'arrivée de Castro (1959) firent perdre à Cosa Nostra ses casinos de La Havane et leurs gigantesques profits.

MILO DJUKANOVIC ET LE TRAFIC DES « BLONDES »

Au début de l'été 2001, le parquet de Bari (Italie) accuse formellement le président de la République du Monténégro, Milo Djukanovic, de « participation à association mafieuse pour contrebande de cigarettes ». On découvre ainsi que le Président en exercice d'un pays européen, candidat à l'intégration, se serait livré, entre 1996 et 2000, à un vaste trafic de cigarettes en Méditerranée, en collaboration avec la Camorra et la Sacra Corona Unita. Trois de ses associés mafieux méritent particulièrement un détour.

Francesco Prudentino, surnommé « Ciccio » (Sacra Corona Unita), est dans les années 1990 le grand patron du trafic de cigarettes en Méditerranée. Poursuivi par la justice italienne (1995), Ciccio est averti à temps, ce qui lui permet de se réfugier au Monténégro en utilisant un bateau rapide. Là, il est en lieu sûr. De nombreux mafieux issus des Pouilles se sont réfugiés de l'autre côté de l'Adriatique depuis les années 1960. D'ailleurs, la Famille de Ciccio ne traite pas seulement avec le président Djukanovic mais aussi avec Vasco Baosic, le chef de la police de la ville portuaire de Bar. De là, toutes les nuits, pendant des années, une véritable flotte composée d'embarcations très rapides relie les côtes italiennes pour livrer les cargaisons de cigarettes et d'immigrants clandestins.

Autre associé du Président : Gerardo Cuomo (Camorra). Cuomo travaille certes avec le président Djukanovic mais aussi avec le ministre des Affaires étrangères, Branko Petrovic qui, avant de diriger la diplomatie monténégrine, était consul à Rome. En Suisse, Gerardo Cuomo arrosait de généreux pots-de-vin policiers et magistrats – dont le président du tribunal de Lugano – et traitait directement avec des multinationales du tabac. Les cigarettes partaient pour le Monténégro où Ciccio possédait des hangars de stockage. Puis les caisses de « blondes » étaient embarquées à Bar où la Sacra Corona Unita dispose de plus de 100 vedettes rapides. Jusqu'à 35 tonnes pouvaient partir chaque nuit vers les Pouilles. Soit 1 000 tonnes par mois.

Le troisième protagoniste mafieux est Franco Della Torre (Camorra), devenu en 1995, grâce au président Djukanovic, l'unique importateur de tabac au Monténégro. Derrière les sociétés concessionnaires et dans l'ombre de Franco Della Torre, le président Djukanovic en personne serait devenu le vrai patron de toute l'opération. Tout le monde s'enrichit dans des proportions étonnantes. Gerardo Cuomo était par exemple le propriétaire d'un magnifique yacht mouillant dans le port de Monte-Carlo. Quant au « trésor de guerre » du président Djukanovic, il dort, paraît-il, à l'étranger.

Jusqu'au jour où un informateur alerte les autorités suisses : Ciccio Prudentino et Gerardo Cuomo sont arrêtés en 2000. Les autorités italiennes pointent alors du doigt le président Djukanovic : « Le président Djukanovic est parfaitement au courant du réseau de contrebande qui dispose de structures logistiques dans son pays », affirme au quotidien *La Repubblica* le ministre des Finances italien. De simple protecteur au début, le Président monténégrin est, semble-t-il, devenu au fil des années le véritable organisateur de ces trafics internationaux. Un mafieux repenti de la SCU, Benedetto Stano ainsi que d'autres d'ailleurs feront des révélations étonnantes : « Je le connaissais et une fois, en le rencontrant au restaurant, je lui ai donné une Rolex. Il m'appelait "mon ami mafioso". »

Rien d'étonnant pour ce petit pays de 600 000 habitants, formant avec la Serbie la république fédérale de Yougoslavie, dont les dirigeants monténégrins eux-mêmes reconnaissaient ingénument au début des années 1990 que les trafics divers représentaient la moitié du PNB du pays. Avant le président Djukanovic, d'autres dignitaires du pays avaient déjà eu maille à partir avec la justice italienne. Le chef de la police monténégrine fut arrêté en 1998-1999 en Italie, et le ministre des Affaires étrangères de l'époque fut inculpé par le parquet de Naples. Le Monténégro fut (est ?) le lieu de refuge de nombre de mafieux qui, depuis cet État fragile, pouvaient développer en toute impunité leurs activités criminelles dans toute la région (Grèce, etc.).

Chapitre VII
L'EXPANSION, L'OBJECTIF ET LES ARMES

Un objectif clair : infiltrer l'économie et la finance mondiales

LA CONTAMINATION MAFIEUSE

Le rôle croissant du crime organisé dans les sphères économiques et financières préoccupe, mais pas toujours judicieusement. Ainsi, le thème du « blanchiment de l'argent sale » monopolise abusivement l'attention. Pourtant, l'intention est louable mais fatalement vouée à l'échec : s'intéresser au *blanchiment* de l'argent du crime revient en fait à s'attaquer à la *conséquence* et non à la *cause.* Avant de *s'investir* dans l'économie légale, l'argent du crime a d'abord été *produit*. Le recyclage est la phase aval, donc finale, d'un processus qui, en amont, comprend nombre d'activités criminelles (jeux, racket, trafic de drogue, etc.) générant des profits. L'intérêt porté à l'utilisation des profits plus qu'à ses sources consiste en fait à ne traiter le crime organisé que par le petit bout de la lorgnette et seulement dans sa phase terminale.

Cette illusion est d'autant plus grave qu'elle occulte deux faits majeurs[1] :

• D'une part, l'argent du crime se réinvestit certes dans l'économie légale, mais aussi dans l'économie informelle. Or cette économie informelle occupe désormais une grande partie du PIB mondial : souvent la majeure partie dans les pays sous-développés et en voie de développement, et un bon quart dans les économies développées.

• D'autre part, l'argent sale a déjà largement pénétré les circuits légaux et officiels, où il est devenu difficilement détectable. Circuits infectés, mais surtout dopés : que se passerait-il si cet argent se retirait brutalement des circuits institutionnels ? Une grande partie de l'édifice économique et bancaire mondial serait fragilisée – voire, pire, s'écroulerait. D'une certaine façon, au vu de l'orientation actuelle de l'économie mondiale, massivement libérale, il est clair que le combat contre l'argent sale dans les économies légales est perdu d'avance.

La focalisation sur la lutte contre le blanchiment de l'argent sale est si unanime qu'elle ne peut être uniquement le fait d'une étourderie collective.

L'attention première devrait se porter sur les sources de l'argent sale ; pas seulement dans sa phase première de commission des crimes générant l'argent, mais plus tôt encore, dès la genèse et dans le fonctionnement même des mafias[2].

Afin de prendre la véritable dimension du problème, il faut changer de paradigme. Ce à quoi nous assistons est une profonde tentative de *criminalisation de l'économie mondiale, de ses acteurs et de ses instruments*.

Qui possède *réellement* l'économie mondiale ? Quels sont par exemple les véritables propriétaires de certaines sociétés – même cotées dans les Bourses de Paris, Londres, Francfort, Tokyo ou New York ? Poser la question peut susciter une ironie facile (réflexe notarial !), pourtant, les plus grandes institutions internationales (GAFI, ONU, etc.) chiffrent chaque année en centaines de milliards de dollars les revenus du crime en général et du trafic de drogue en particulier. En 2002, le « Bureau pour le contrôle des drogues et de la prévention du crime des Nations unies » estimait le chiffre d'affaires annuel du narcotrafic mondial à 300 à 500 milliards d'euros. Où va cet argent ? Il ne dort évidemment pas dans des hangars humides de la forêt amazonienne ou des docks de Tirana ! Pour partie, cet argent s'est investi dans l'économie et la finance mondiales.

Régulièrement, la Confédération des commerçants italiens, *Confcommercio*, publie un rapport sur le patrimoine des mafias en Italie – membre d'origine, rappelons-le, de l'Union européenne. En 2000, le bilan était plus que préoccupant[3]. En Italie, un commerce sur cinq et près d'une entreprise industrielle sur sept seraient ainsi aux mains des mafias. Le volume d'affaires total des mafias se monterait à 155 milliards d'euros par an, soit 15 % du PIB italien. Le patrimoine des mafias serait de plus de 1 000 milliards d'euros, dont 6 à 7 % sous séquestre et 3 % réellement confisqués. La seule Cosa Nostra de Sicile aurait investi 16,6 milliards d'euros dans le BTP et l'immobilier, 15,4 milliards d'euros dans le commerce et l'import-export, 4,1 milliards d'euros dans les services, 13 milliards d'euros dans les investissements financiers (Bourses comprises) et 2,6 milliards d'euros dans les cliniques privées et les maisons de retraite. Le chiffre d'affaires de la contrefaçon et des ventes au noir serait de 18 milliards d'euros et aurait augmenté de 25 à 30 % en dix ans.

La pénétration des mafias dans l'économie moderne n'apparaît souvent au grand jour qu'à l'occasion de faillites retentissantes ou de dossiers criminels ponctuels, lors en définitive de ces faits divers qui agacent tant les hauts fonctionnaires et les dirigeants financiers.

La récession-yakuza[4]. L'expression peut faire sourire en Occident. En aucune façon au Japon. L'économie japonaise subit dans la décennie 1980 une « bulle financière » – phénomène aggravé au Japon par la décision du ministre des Finances Kiichi Miyazawa de ramener le taux d'escompte à 2,5 %, soit un crédit quasi gratuit, afin de faciliter les investissements. L'indice boursier (Nikkei) passe de 1985 à 1989 de l'indice 12 000 à 39 000, et les prix de l'immobilier grimpent de 15 à 300 (base 1980 = 100). Les marchés financiers et immobiliers décrochent ainsi à la hausse par rapport à l'économie réelle. Les valeurs s'envolent. La spéculation fait rage. Et les pratiques douteuses prolifèrent d'autant mieux que le Japon ne réprime pas les délits d'initiés et que seulement quatre maisons de titres passent 70 % des ordres. Les prix de l'immobilier dans les grandes villes japonaises flambent. Les institutions financières, en particulier les organismes de prêts immobiliers (*jusen*), accordent des prêts phénoménaux sans se montrer trop regardantes sur les garanties présentées par les débiteurs. Les yakuza, eux, cherchent des terrains libres pour les promoteurs les plus entreprenants, au besoin en intimidant leurs occupants.

Jusqu'au jour où la « bulle financière » explose et laisse derrière elle tous les mauvais prêts, c'est-à-dire ceux qui ne seront jamais remboursés. L'indice Nikkei s'effondre de 39 985 fin 1989 à 14 903 en août 1992 ; l'immobilier perd les deux tiers de sa valeur. En 1994, les premières faillites d'organismes de prêts apparaissent. En 1998, le ministre des Finances du Japon estime à 600 milliards de dollars le volume de prêts irrécouvrables (banques et *jusen*). Depuis, une évaluation crédible[5] impute aux yakuza environ 30 à 40 % de ces prêts perdus. Car les « créances douteuses » se révèlent être souvent des « créances mafieuses ». Or, par définition, une créance mafieuse (prêt accordé à un yakuza ou à un « protégé » d'un yakuza) ne se recouvre pas ou à ses risques et périls. Comme en fit l'expérience le responsable de la *Sumitomo Bank* de Nagoya qui, chargé de cette mission, finit assassiné en 1994. Évidemment, les scandales n'ont cessé de s'enchaîner. On apprend ainsi que deux des principaux courtiers en valeurs japonais, *Nomura Securities* et *Nikko Securities*, ont prêté plus de 277 millions dollars à Susumu Ishii, chef de l'Inagawa-kai[6].

Cette faillite globale du système financier révèle une étrange collusion entre certains éléments du monde des affaires, de la haute administration, de la classe politique et des yakuza. Des commentateurs japonais observent qu'aux États-Unis une situation équivalente aurait par exemple impliqué le financement de la Famille Gambino de New York par la société *Merril Lynch*. Par peur ou intérêt, il est évident que ces prêts colossaux furent accordés à la légère. La loi antiboryokudan entrée en vigueur en 1992 est une conséquence directe de cette pénétration inquiétante des yakuza dans l'économie légale.

Au début du XXIe siècle, le système financier japonais ne s'est toujours pas totalement relevé de ce cataclysme collectif. Une étude publiée par *Goldman Sachs* en 2001 concluait que le secteur bancaire japonais est virtuellement en faillite. En 2002, l'Agence des services financiers (FSA) du ministère des Finances japonais estimait encore ces créances douteuses des banques japonaises à 357 milliards d'euros, soit 8 % du PIB du pays ; chiffre que nombre d'experts privés estiment sous-évalué. Moins connue, la situation financière difficile de Taiwan plonge également ses racines dans une accumulation de prêts douteux durant les années 1980, dont là aussi nombre de bénéficiaires furent les mafias, en l'occurrence les Triades de l'île.

Le Club du béton. L'exemple du béton à New York est l'illustration la plus frappante de la « vampirisation » d'un secteur économique par une mafia, en l'occurrence Cosa Nostra, *via* le racket et l'ambiguïté des rapports racketté-racketteur. Dans un monde urbanisé, qui contrôle le béton s'enrichit inéluctablement. Le

25 février 1985, la justice new-yorkaise parvient à mettre en accusation le *Boss* supposé de chacune des Familles de la ville : Paul Castellano (Famille Gambino), Carmine Persico (Famille Colombo), Anthony Salerno (Famille Genovese), Anthony Corallo (Famille Lucchese), Philip Rastelli (Famille Bonanno) ; et quelques autres dignitaires de Cosa Nostra. On découvre à cette occasion le racket quasi total de l'industrie de la construction de New York et de plusieurs de ses syndicats professionnels, seuls les plus petits projets y échappant. En fait, les contrats de construction étaient alors répartis par Cosa Nostra entre un petit groupe de sociétés surnommé le *Club du béton*. En retour, les mafieux prélevaient une taxe de 1 ou 2 % sur chaque contrat. L'exécuteur des basses œuvres était Ralph Scopo, alors simultanément président du *District Council of Concrete and Cement Workers of the Laborers Union* de la ville de New York et « soldat » de la Famille Colombo.

La méthode est simple et efficace. Visitant l'entrepreneur en bâtiment, Ralph Scopo lui présentait les besoins de la Famille, tout en s'inquiétant lourdement de la santé de sa femme et de ses enfants. Par ailleurs, les Familles avaient depuis les années 1970 la haute main sur des sections locales professionnelles (syndicats ouvriers du bâtiment) agissant comme de véritables goulots d'étranglement. La Famille Gambino contrôlait le *Local 282* des *Teamsters* de New York dont les travailleurs syndiqués conduisaient les camions remplis de ciment pour Manhattan. Un début de grève ? Subitement un projet immobilier de plusieurs millions de dollars périclitait ! On comprend pourquoi les promoteurs immobiliers cotisaient « spontanément ». La Famille Colombo contrôlait quant à elle le *Local 6A* des *Laborers Union* dont les salariés syndiqués utilisaient le ciment délivré par leurs collègues du *Local 282*.

Les Gambino et les Colombo associés aux Genovese s'étaient ainsi octroyé un droit de vie ou de mort sur les flux de béton à New York. Les conséquences économiques de cette taxation et de cette monopolisation des projets de construction furent sévères. La disparition de la concurrence fit monter les coûts des ouvrages ; coûts ensuite répercutés sur les acheteurs et les loueurs. Le système fonctionnait non seulement du fait de la peur qu'inspiraient les mafieux, mais aussi de l'intérêt que les prétendues victimes y trouvaient. Car la contrepartie de la taxe était l'assurance en retour d'obtenir des contrats ; qui plus est, sans de longues négociations et en évitant parfois d'embaucher des salariés syndiqués ou de devoir verser certaines cotisations sociales. L'entrepreneur qui refusait était simplement exclu des marchés.

Dans ce système diabolique, le racketté était autant une victime qu'un complice[7]. La répression subie par les 5 Familles de New York dans les années 1980-1990 a-t-elle réussi à assainir ce secteur économique ? La réponse est négative. Depuis le début du XXIe siècle, de nouvelles preuves de la mainmise constante de Cosa Nostra sur le béton new-yorkais se multiplient[8].

En fait, la situation new-yorkaise démontre que, là où domine une mafia, il y a de fortes chances pour que le prix de la construction connaisse un « surcoût criminel[9] » quasi permanent.

À travers le monde, les mafias « investissent », au double sens financier et stratégique du terme, de façon privilégiée, trois secteurs :

- les entreprises de BTP, du béton et de l'immobilier ;
- le traitement des ordures et des déchets ;
- l'industrie du spectacle et du tourisme : cinéma, musique, jeux, casinos, hôtels, restaurants, etc.

Pourquoi ? Ces activités économiques incarnent, jusqu'à la caricature, l'essence des sociétés modernes : *l'urbanisation* (une ville est une « jungle de béton ») ; *la consommation* (la prolifération parfois futile des biens et des services) ; *le divertissement* (le loisir comme but). Entrepreneurs rationnels, les mafieux vont ainsi aux principales sources de richesses. La trilogie urbanisation-consommation-divertissement est le nouvel Eldorado des temps modernes, donc un territoire naturel de prédation pour les mafias.

Certaines nouvelles anodines nous en apprennent plus sur ces tentatives de criminalisation de l'économie que les plus savants manuels d'économie. En octobre 2001 ouvrait ses portes à Taipei (Taiwan) *Core Pacific City* le plus grand centre commercial d'Asie. Le premier jour, 300 000 visiteurs affluent. En partie peut-être en raison de la personnalité flamboyante de son propriétaire, Shen Ching-Jing (55 ans). Car, avant d'être un entreprenant homme d'affaires, Shen fut membre de la Triades des Quatre Saisons. Dès ses 19 ans, Shen était ainsi arrêté pour l'agression d'un pompiste rétif au racket. D'ailleurs, le milliardaire ne cache pas son passé criminel. Son surnom est explicite : le « gangster tycoon ». Il explique simplement avoir rompu tout lien avec les Triades depuis sa sortie de prison en 1969. *Core Pacific City* constitue une attraction : environ 100 000 clients par jour, plus de 1 000 détaillants sur douze étages, ouvert vingt-quatre heures sur vingt-quatre. Avec un tel édifice, Taipei peut désormais rivaliser avec Hong Kong et Singapour. D'autant que *Core Pacific City* comporte aussi un site

Internet pour le commerce en ligne. Évidemment, l'histoire (officielle) de cette aventure capitaliste regorge de rebondissements : financements difficiles, fonctionnaires tatillons, inondations et incendies, etc. En résumé, une belle histoire de rédemption morale et d'esprit d'entreprise. Cependant, abandonne-t-on aussi facilement une Triade ? Shen n'est-il qu'un banal « guerrier économique », comme il aime à se dépeindre dans sa biographie publiée en 1998 ? Le doute est permis quand on connaît ce proverbe des Triades : « Triade un jour, Triade toujours[10] ». À l'avenir, suivons les futurs succès d'un homme désormais prêt à exporter ce modèle commercial en Chine continentale et aux États-Unis.

Une fois un secteur économique « investi », une mafia tente de s'y rendre *indélogeable* et de s'y répandre tel un *virus informatique*. Aux États-Unis, et ce depuis près de huit décennies, Cosa Nostra a traditionnellement la haute main sur le syndicat des dockers (*International Longshoremen's Association*). Or que découvre-t-on à l'occasion du procès de Peter Gotti, frère du *Boss* John Gotti (Famille Gambino de New York) ? Que Cosa Nostra ne se contente pas d'être présente dans le syndicat des dockers mais s'implique aussi dans la couverture sociale des mêmes dockers, gérée par le syndicat, et de là dans le remboursement de médicaments, sur lequel les mafieux prélevaient une commission.

UNE ÉCONOMIE MAFIEUSE ?

Subrepticement, les mafias tentent d'imposer leur modèle : celui de *l'économie mafieuse*. Cette mutation n'est pas réductible à une simple économie criminelle, illégale ou informelle. Il s'agit plutôt d'une espèce mutante, hybride, métissée, brouillant les frontières entre économie saine (blanche) et économie criminelle (noire) : une forme nouvelle d'économie, *une économie grise*, intermédiaire, opérant une *soudure* entre le légal et l'illégal. Autrement dit, ici, les sphères légales et illégales ne fonctionnent plus selon le principe d'étanchéité.

La consistance particulière de l'économie mafieuse tient à la combinaison dérangeante de cinq composantes :

• Imbrication des niveaux économiques légaux et illégaux (mafieux entrepreneurs et entrepreneurs mafieux).

• Captation des ressources et des marchés publics.

• Importance de la violence, moins au quotidien que comme complément de l'intimidation.

• Mode de production spécifique faite de parasitisme et de création de valeur.

• Réinvestissement massif des profits du crime dans les activités autant légales qu'illégales.

On ne peut refuser de s'intéresser à l'infiltration mafieuse de l'économie légale, sauf à croire naïvement, comme certains libéraux doctrinaires, à la capacité un peu magique qu'aurait le marché à assurer la « rédemption » du criminel. Autrement dit, une fois entré dans l'économie légale, le mafieux abandonnerait miraculeusement et progressivement ses activités criminelles. Le mafieux se « reconvertirait » en agent économique honnête. L'illégalité ne serait qu'une période transitoire, une parenthèse (historique et « morale »), en attendant l'absorption par le système légal. L'hypothèse de la rédemption est sympathique mais contredite par les faits. Non seulement cette rédemption n'existe pas, mais, en plus, les entreprises légales détenues par des mafieux modifient inéluctablement le fonctionnement du marché légal. Elles biaisent et modèlent à leur image l'économie saine par un massif *effet de structure et de contamination*.

De même, il est tout aussi illusoire d'imaginer la présence mafieuse dans l'économie légale comme temporaire, de type « *Hit and Run* » (*frapper puis s'enfuir*). Les stratégies mafieuses de pénétration privilégient plutôt le long terme et l'installation durable.

Les armes quotidiennes de l'expansion

LA TRILOGIE FONDAMENTALE : INTIMIDATION, CORRUPTION, ASSASSINAT

Passons du niveau stratégique (macrocriminel) au niveau tactique ou (microcriminel) celui du quotidien.

Pour cela, inspirons-nous d'un chapitre de *Paix et guerre entre les nations*[11] de Raymond Aron, intitulé *Dialectique de l'antagonisme* : *Dissuasion, persuasion, subversion* ; ces trois concepts désignent des modes d'action, donc des conduites orientées à la conduite d'autres hommes, neutres ou objets. Les analyses de ces trois modes d'action, même au niveau le plus abstrait, sont incomplètes tant qu'elles négligent l'essence dialectique de la politique, la loi de l'antagonisme. Chacun de ces procédés est employé *au moins* par deux acteurs : c'est le dialogue des acteurs qui fixe le sens de l'action.

Dans le monde des mafias, la loi de l'antagonisme repose sur trois modes d'action comparables : l'*intimidation*, la *corruption* et l'*assassinat*. Ces trois armes s'ancrent dans deux sentiments naturels et universels, deux leviers incontournables de la nature humaine, à savoir *la peur* et *la cupidité*.

Pour comprendre le sens de cette *triade criminelle*, dissipons d'emblée un malentendu courant sur le rôle de la violence pour les mafias. Historiquement, toute mafia impose toujours son pouvoir criminel par la force brute. Ce pouvoir établi et reconnu, cette genèse chaotique surmontée, la violence n'est plus un outil permanent d'exercice du pouvoir mais une simple modalité. La violence passe du stade de *réalité permanente* à celle de *potentialité*. Mafieux ou non, un pouvoir fermement installé n'a plus besoin de rappeler sans cesse qu'il existe, si ce n'est à dose homéopathique. La violence apparaît donc plus comme une étape première dans l'affirmation et l'installation du pouvoir mafieux que comme une donnée permanente. La *réputation* de dangerosité, née de l'histoire et du mythe, suffit d'ordinaire à diffuser la peur. La peur généralisée permet d'économiser et d'éviter l'usage de la violence. Méditant sur la puissance, Thomas Hobbes a parfaitement résumé la situation : « La réputation de puissance est puissance, parce que cela entraîne l'adhésion de ceux qui ont besoin de protection[12]. » Là où la seule peur ne suffit pas (intimidation), l'intérêt (corruption) peut se révéler plus efficace. En fait, intimidation et corruption sont deux processus intimement liés et inséparables : on se laisse *aussi* corrompre par peur. Au final, l'usage de la violence naît souvent d'un échec de l'intimidation ou de la corruption pour n'être qu'un *ultima ratio*[13]. Fondamentalement, une mafia est programmée non pour produire de la violence mais pour l'éviter autant que possible.

La violence mafieuse répond d'usage à *trois critères*. C'est une violence *économe*, *invisible* et *endogène*.

Le souci d'économie de la violence s'explique par une préoccupation maintes fois évoquée dans ce livre : l'invisibilité. C'est parce que les mafias privilégient en général les *stratégies à faible visibilité* que la violence y est strictement contrôlée. La violence mafieuse est ainsi dosée et régulée ; elle répond à des objectifs et à des situations précises ; non par altruisme mais par calcul. La violence révèle, attire l'attention des médias et de la police. Elle inquiète l'opinion et atteste de la nature dangereuse des mafias. C'est pourquoi les assassinats de personnalités, les « cadavres d'excellences » (*cadaveri eccellenti* en italien), sont rares[14]. L'assassinat d'une personnalité (juge, policier, élu) est un risque tel qu'il doit être médité et rester rare. Le fait pour une mafia de savoir renoncer à un assassinat de personnalité est signe de maturité politique. C'est pourquoi les rares cas de *cadaveri eccellenti* comportent forcément un message important et remplissent une fonction plus symbolique que directement utilitaire. L'assassinat du juge Giovanni Falcone (1992) par les Corleonais au moyen d'une tonne d'explosifs répondait ainsi à plusieurs besoins. Les Corleonais réaffirmaient d'abord leur suprématie sur les autres Familles de Cosa Nostra ; ils adressaient ensuite un message au « peuple » de Cosa Nostra ébranlé par le « maxi-procès » (1987) et les défections des repentis ; et ils démontraient enfin aux élites politiques et judiciaires qu'il y aurait toujours une sanction, suite à une répression jugée « exagérée ». Cet assassinat n'avait qu'une fonction utilitaire immédiate faible puisque le juge Giovanni Falcone n'était plus en poste dans l'île. En revanche, sa dimension politico-symbolique était manifeste.

Dans les années 1930, Cosa Nostra américaine réagit aussi avec retenue, lors de son ascension et de sa maturité naissante, en évitant de frapper une personnalité judiciaire. À l'époque en effet, le procureur de New York Thomas E. Dewey conduit une vigoureuse offensive contre les Familles de la ville et fait notamment emprisonner Charles « Lucky » Luciano. L'idée germe chez le gangster Dutch Schultz et le mafieux Albert Anastasia de l'assassiner (1938). La Commission regroupant les Familles de New York bloque le projet et se fixe une ligne politique ferme : on ne tue ni les juges, ni les politiciens, ni les policiers (sauf exceptions). Nulle générosité dans cette décision mais le souci de survivre dans le calme, de rechercher plutôt l'accommodation. Ce qui fut fait. Dès l'année suivante (1939), Cosa Nostra contribue à la campagne électorale de Thomas E. Dewey pour le poste de gouverneur de l'État, en lui versant 250 000 dollars qu'il accepte. Il ne sera plus jamais un problème pour Cosa Nostra. Quelques années plus tard, il graciera même Charles « Lucky » Luciano pour « services rendus à la nation[15] ».

Toutefois, si une décision aussi lourde de conséquences est prise, la mafia se doit en toute hypothèse de rendre *invisible sa responsabilité* en ne laissant aucune trace pouvant faire remonter l'enquête jusqu'à elle. Un proverbe sicilien affirme justement que « le crime parfait est celui qui fait disparaître le corps et le souvenir du crime ».

Dès le début du XXe siècle, Cosa Nostra américaine est experte en la matière.

Chicago, années 1930. Le 7 avril 1931, Anton Cermak[16] devient le 35e maire de Chicago en battant le titulaire du poste, le Républicain Bill Thompson. Pendant la campagne, Anton Cermak accuse Bill Thompson d'être sous le contrôle d'Al Capone. Ce qui est probablement vrai. Cependant, Anton Cermak oublie de dire que lui-même protège un ennemi de la Famille de Cosa Nostra de Chicago, le syndicaliste Roger Touhy. À peine élu, Anton Cermak se lance dans une guerre frontale contre *The Outfit*. Il n'est en aucune façon motivé par un soudain accès d'esprit justicier. Celui qui est surnommé « Monsieur 10 % » préserve en fait les intérêts de gangs irlandais concurrents de Cosa Nostra. Anton Cermak utilise simplement la police de la ville pour aider les gangs irlandais dans leur guerre contre l'*Outfit*. Ainsi, Anton Cermak fait arrêter un des principaux *Boss* de l'*Outfit*, Frank Nitti, en décembre 1932. L'arrestation tourne à la fusillade, et Frank Nitti est blessé. Pour échapper aux représailles, Anton Cermak et ses affidés se réfugient en Floride. Là, le 15 février 1933, Cermak accompagne le président Franklin D. Roosevelt en visite officielle à Miami.

Les deux hommes participent à une parade dans une grande artère de la ville. Le Président entame un discours. Plusieurs coups de feu sont tirés, et un journaliste lance même à Anton Cermak une « pique » douteuse : « Comme à Chicago, monsieur le maire ? » Issu de la foule, un jeune immigré italien, Giuseppe Zangara[17], tireur d'élite, a fait feu à au moins trois reprises avec une arme de poing. Il blesse très grièvement Anton Cermak. Le président Roosevelt est indemne. Dans la voiture officielle, Cermak est conduit immédiatement à l'hôpital, où il décède le 6 mars suivant. Selon la version officielle, Giuseppe Zangara est un déséquilibré ayant agi seul : sa véritable cible devait être le président Roosevelt. Mais, immédiatement, une rumeur prend corps : Giuseppe Zangara est un tueur de la Mafia dont la véritable cible est Anton Cermak. Bookmaker et trafiquant de drogue, Giuseppe Zangara ne peut refuser d'assassiner Cermak, sous peine d'être lui-même torturé à mort. À charge pour lui de s'en sortir en plaidant la folie.

Il est condamné à mort et exécuté par chaise électrique le 20 mars 1933. On assiste au procès criminel et à l'exécution la plus rapide de l'histoire du XXe siècle aux États-Unis[18]. Juste avant son exécution, Giuseppe Zangara s'écrie : « Viva Italia !, Viva Camorra ! » On apprend ultérieurement que *The Outfit* avait placé dans la foule, sur le passage du cortège présidentiel, deux de ses meilleurs tueurs, « Three Fingers » Jake White et Frankie Rio, pour éliminer Giuseppe Zangara dans la confusion suivant l'attentat.

Quel intérêt à revenir sur un tel fait divers ? On ne peut s'empêcher d'effectuer un parallèle troublant avec un assassinat au mode opératoire étrangement similaire, trente ans plus tard : celui du président en exercice John F. Kennedy (22 novembre 1963). Les similitudes sont étonnantes : un prétendu tireur isolé, ici anarchiste, là communiste et déséquilibré (Giuseppe Zangara-Lee Harvey Oswald) agissant au milieu d'une parade préélectorale (Miami-Dallas) ; La Famille de Chicago (Al Capone et Frank Nitti-Sam Giancana) comme bénéficiaire principal ; un assassin voué à l'élimination par des membres de Cosa Nostra (« Three Fingers » Jake White et Frankie Rio-Jack Ruby[19]), etc. Le plus étonnant est peut-être la redécouverte très tardive – dans les années 1990 – de cette page d'histoire des années 1930 qui éclaire crûment le principal traumatisme de la vie politique américaine du XXe siècle, l'assassinat de John F. Kennedy.

Ce souci d'invisibilité conditionne évidemment les méthodes d'assassinat. Les modes opératoires privilégiés étant les plus discrets. Cosa Nostra de Sicile tue souvent en silence[20] : strangulation puis disparition du corps par dissolution dans l'acide.

Économie, invisibilité. Mais la violence a surtout une fonction interne. On se tue entre soi. La violence sert à éliminer la concurrence et à régler les « affaires de Famille ». On tue essentiellement les membres désobéissants, les opposants (« guerres entre Familles »), les « amis » qui trahissent et les concurrents encombrants. Les citoyens ordinaires ne doivent pas être inquiétés. Non par altruisme, simplement par volonté d'invisibilité et de calme. Les mafias savent que les autorités politiques et judiciaires tiennent facilement ce raisonnement aussi répandu que dangereux : « tant qu'ils s'entre-tuent, la société n'est pas concernée et cela ne peut que les affaiblir ». Erreur fatale, puisque à l'expérience ces « tueries Fraternelles » permettent aux plus forts de s'installer aux commandes, tout en supprimant les plus faibles.

C'est pourquoi l'arme clef et première d'une mafia n'est pas l'assassinat mais l'intimidation[21]. Le législateur italien ne s'y est pas trompé en faisant de cette notion une des pierres angulaires de la définition pénale de l'organisation de type mafieux[22]. L'intimidation permet à une mafia de remplir la plupart de ses objectifs criminels sans forcément risquer l'illégalité. C'est l'intimidation qui, par exemple, fait appliquer la loi du silence. L'intimidation produit des effets plus larges que la seule *neutralisation* de l'individu ciblé. À travers lui, c'est tout un *environnement* qui est touché : famille, quartier, communauté, ville. D'explicite et ciblée (menaces directes sur une personne), l'intimidation peut n'être plus qu'implicite. La menace n'a plus besoin d'être exprimée. L'intimidation diffuse crée au final une ambiance de peur généralisée. Les mafias savent ainsi répandre un esprit de soumission, tout en restant en deçà des seuils de la répression pénale. Il leur suffit simplement, de temps à autre, de sanctionner par des représailles physiques les désobéissants. On connaît le proverbe chinois : « Égorger un poulet pour effrayer les singes »...

L'intimidation ne vise pas que les populations civiles. Les mafias peuvent aussi s'attaquer, le cas échéant, aux représentants de l'État. L'intimidation des serviteurs de l'État passe d'abord « par le haut », de manière subtile et insoupçonnable. Rien n'est plus déstabilisant pour la police et la justice que le manque de moyens ou les réformes pénales paralysantes. Des politiciens liés aux mafieux peuvent limiter les moyens humains, juridiques et matériels des services d'enquête – que peut par exemple un magistrat sans policiers compétents ? Les politiciens peuvent aussi infléchir les lois de procédure pénale dans le sens d'un plus grand respect de la présomption d'innocence – comprendre : celle des mafieux – ou freiner la carrière de fonctionnaires « imprudents ». Ajoutons à cela des campagnes de presse dans des médias promafieux. Ces obstacles dressés par le pouvoir politique signalent clairement aux organes de répression les limites à ne pas dépasser. Les élus, policiers ou magistrats qui s'entêtent *s'isolent* alors et deviennent des cibles. L'intimidation qui prive la justice de témoins et freine le zèle des services répressifs aboutit au final à engourdir l'État.

À la fin de cette partie, les mécanismes d'expansion des mafias apparaissent donc plus clairement. Il convient désormais de donner une définition stricte d'une mafia, afin d'échapper aux approximations du langage courant qui qualifient ainsi abusivement tout phénomène de crime organisé.

TROISIÈME PARTIE

Les mafias, stade suprême du crime organisé

La troisième partie de ce livre a pour but de nous faire pénétrer dans *l'essence* des mafias[1]. Il convient d'abord de comprendre en quoi les mafias diffèrent du crime organisé ordinaire. À cette fin, nous proposerons des critères distinctifs caractérisant les vraies mafias (chapitre VIII). Puis nous tenterons de détailler l'élément le plus distinctif et probablement le plus étrange de ces entités : les mafias sont d'abord et avant tout des sociétés secrètes (chapitre IX). Enfin, nous terminerons par l'exploration de la dimension biologique et éthologique des mafias. Cette ultime étape biologique permettra de saisir l'évolution de cette espèce criminelle du social au territorial et donc vers la géopolitique (chapitre X). De la sorte, nous pourrons montrer la cruauté et la dangerosité de ces entités criminelles hors normes.

Chapitre VIII

QU'EST-CE QU'UNE MAFIA ?

Parasites et protoplasmes

LE PARASITISME MAFIEUX : PROTECTION ET RACKET

L'activité de base d'une mafia est l'offre de *protection contre rémunération*[1]. L'industrie mafieuse offre en apparence une protection contre la violence ordinaire (sous-entendu, celle de la criminalité classique). On perçoit immédiatement qu'une mafia peut à la fois s'imposer ou être invitée sur ce marché lucratif de la sécurité. Sur ce terrain en principe monopolisé par l'État, une mafia propose et le plus souvent impose un service relevant de la sécurité globale (physique, matérielle, économique) contre un risque réel, imaginaire ou créé de toutes pièces par elle. La mafia se présente alors comme une industrie de la protection privée ou plus exactement comme une industrie qui produit et vend de la protection privée. Une mafia semble alors combler les vides d'un État absent, faible ou décrédibilisé dans une mission en principe fondatrice. D'où une interrogation immédiate : comment discriminer la cause et la conséquence ? Dans une perspective économiste : est-ce l'offre (des mafieux) qui crée la demande (des particuliers) ou au contraire est-ce la demande (de sécurité) qui crée l'offre (mafieuse) ? La première perspective sous-tend que la mafia impose par la violence un service fictif et non désiré, donc parasitaire. La seconde perspective sous-tend que la mafia répond à un besoin réel et non assumé par l'État. Un juriste dirait que le contrat de protection est soit léonin – il y a extorsion –, soit équitable. Comme le fit remarquer une fois un juge du tribunal de Catane (Sicile), c'est une sorte de contrat d'assurance : sauf qu'ici le risque est constitué par l'assureur lui-même ! Au final, il est relativement indifférent de savoir – sauf dans une perspective judiciaire – si la « demande » de sécurité-protection du particulier ou du chef d'entreprise est à l'origine imposée, proposée ou réclamée. Tous les cas de figure existent et ce dans des configurations parfois subtiles. Seul le résultat importe : la présence de la mafia sur un marché en principe régalien.

Une mafia prélève ainsi un impôt parallèle et clandestin en lieu et place de l'État. Elle le fait sur l'ensemble des activités légales (commerce de quartier, construction, etc.) ou illégales (voleurs, trafiquants, etc.) opérant sur *son* territoire. L'impôt mafieux ainsi prélevé sur l'activité économique légale ou illégale tient à la fois de l'impôt sur le revenu, du droit de douane et de la taxe foncière. Ce que le droit pénal qualifie d'extorsion de fonds (racket) est la marque distinctive d'un véritable pouvoir mafieux. L'impôt prélevé – et en retour le service (parfois) rendu (la sécurité) – est le signe le plus concret du contrôle territorial d'une mafia. Les flux économiques passent, et la mafia ponctionne. Là où certains ne disposent que de *la prospérité et de la richesse* (les entrepreneurs sains et les criminels isolés ou moins puissants), une mafia détient du *pouvoir et de la coercition.* Or la santé économique sans le pouvoir s'expose au racketteur.

Le racket est une activité criminelle présentant l'avantage d'être facile à mettre en œuvre, très lucrative, ne nécessitant aucun investissement préalable, peu coûteuse et généralement sans risque judiciaire majeur. Le racket est le « fonds de commerce », l'activité « routinière » qui fait vivre les mafieux, surtout dans les périodes de « vaches maigres » imposées parfois par les guerres de Familles ou par la répression judiciaire.

Sous un angle strictement économique, le racket peut remplir trois objectifs en fonction de la rentabilité et de l'activité de l'entreprise visée : s'assurer une rente dans la durée (« la poule aux œufs d'or »), s'emparer de l'entreprise elle-même ou enfin la faire disparaître (et ce au profit d'un concurrent « ami »).

À l'examen, il est donc impossible d'occulter la dimension proprement *politique* du racket. N'y voir qu'une réalité criminelle et

Le racket à Palerme

Le mafieux repenti Antonino Calderone décrit ainsi le racket à Palerme dans la seconde moitié du XXe siècle : « Tout le monde payait le *pizzo*, même les petites boutiques. La population mafieuse était très nombreuse et il fallait bien que quelqu'un la fasse vivre. Chaque bourg, chaque quartier, chaque rue de Palerme était gouvernée par une famille. Chaque famille avait plusieurs chefs de dizaine et chaque chef de dizaine avait un certain nombre d'hommes d'honneur. Les bars et les magasins d'une rue donnée étaient sous la compétence d'un certain homme d'honneur qui encaissait le *pizzo*, pire qu'un percepteur. En échange, il fournissait une protection contre les bandes de délinquants ordinaires, mais c'était une garantie contre un danger plus imaginaire que réel. Les bandes de voyous existaient bien à Palerme, c'est logique, mais il était rare qu'elles fassent du racket, parce que dans ce cas-là, elles se faisaient tuer avant même d'être nées ou l'instant d'après[2]. »

économique serait amputer le phénomène de protection-extorsion de son sens premier qui est politique. Quel est l'objectif éternel et premier de toute unité politique ? La réponse nous est fournie par Thomas Hobbes dans le *Léviathan* (1651) : *la préservation de sa propre nature*, pour reprendre l'expression exacte du philosophe anglais, c'est-à-dire survivre ou, si l'on souhaite utiliser des concepts plus modernes, la sécurité et l'ordre. Dans l'*état de nature* puis dans la *société civile*, l'homme n'aspire qu'à sa conservation. D'où la justification ultime de l'État, des contraintes qu'il exerce sur les citoyens et des impôts qu'il prélève. Une mafia connaît d'instinct ce besoin premier et biologique de sûreté. Le sociologue Pino Arlacchi a justement repéré les racines hobbesiennes de Cosa Nostra. La remarque doit être généralisée à toutes les mafias qui, au-delà du bénéfice matériel tiré du racket, savent y puiser d'autres ressources, plus immatérielles et plus symboliques, c'est-à-dire politiques. Qui offre la protection sait qu'il commande. Le racket est l'expression d'un rapport de subordination et d'autorité.

Le racket revêt donc au final un double sens économique (enrichissement par la taxe illégale) et politique (identification du seigneur et de son fief). C'est pourquoi une mafia punit toujours par l'assassinat les récalcitrants à l'impôt. Le préjudice financier est peu de chose comparé au préjudice symbolique qu'un refus de paiement provoque. Pour un État ou une mafia, le non-paiement de l'impôt constitue un affront, un signe de rébellion, un défi à l'autorité.

Cependant, la relation entre le racketté et le racketteur peut être fort *ambiguë*. Il n'est pas rare que la prétendue victime ait fait spontanément appel au racketteur mafieux, l'ait invité dans le poulailler. L'histoire sociale des États-Unis nous offre de multiples exemples de salariés et de syndicats professionnels faisant appel volontairement à Cosa Nostra afin d'équilibrer le rapport de force avec un patronat puissant et brutal. Ce recours n'est rien d'autre qu'une demande de protection destinée à rééquilibrer un dialogue social inégal. Le racketteur joue alors un rôle de *médiateur-régulateur social* bien réel dans une société anomique. Le racketteur produit alors entre les acteurs sociaux de la stabilité et de la confiance. Autre cas de figure : le racketté paie une cotisation pour éliminer la concurrence et protéger son marché. Le mafieux repenti Antonino Calderone décrit avec précision cette situation de pure complicité :

> « Presque toutes les entreprises siciliennes d'un certain poids avaient recours aux mafiosi pour pouvoir travailler tranquillement, ou pour empêcher celles du Nord de pénétrer sur leur marché. La plupart de celles-là, d'ailleurs, ont fini par quitter la Sicile : c'était trop risqué pour elles d'y travailler. Elles avaient des ennuis à n'en plus finir avec le racket, avec l'hostilité déclarée des entreprises locales ou des gens de l'administration, qui voulaient toucher eux aussi leurs pots-de-vin. Quand une grosse boîte du Nord concourait pour l'adjudication d'un marché en Sicile, elle ajoutait un "risque mafia" de 10 % au montant des travaux. C'est ce que faisaient en tout cas les entreprises sérieuses. Mais du coup, au moment des appels d'offres, elles ne pouvaient pas vraiment baisser leurs prix, comme elles le faisaient habituellement dans leurs zones d'implantation. [...] Si bien que les entreprises locales prospéraient. Elles n'étaient pas soumises au "risque mafia", puisque la mafia était déjà à l'intérieur[3]. »

En résumé : petit impôt pour les entreprises amies, gros impôts pour les autres. Ainsi, la *frontière* entre une victime du racket et un racketteur se révèle complexe. Un chef d'entreprise peut commencer par être une pure victime puis trouver un intérêt à payer pour éliminer la concurrence. Il ne se contente plus d'acheter la paix. Ce qui le transforme en associé des mafieux.

Le paiement de la « prime de sécurité » se fait parfois de manière *subtile et déguisée*. Au Japon, les yakuza obligent les commerçants à leur acheter à des prix exorbitants des serviettes chaudes, des bonbonnes d'eau, des décorations de Noël ou la location de plantes vertes. L'extorsion peut aussi prendre le visage de prestations fictives de tout type : contrats d'assurance ou de vigiles avec des entreprises « amies », des crédits à taux usuraires, etc.

Une thèse fréquente affirme que les particuliers « acheteurs de protection » utiliseraient toujours les mafias pour résoudre des conflits, éliminer des concurrents, punir des associés déloyaux et ne percevraient pas la protection comme une fiction à des fins d'extorsion. On peut en douter. Ces cas existent, mais à la marge. Gardons-nous de tout angélisme : la primauté de l'offre de protection ne fait pas de doute. En clair : une offre violente (exprimée ou suggérée) suffit à créer une fausse demande et à faire payer un prix pour une prestation imaginaire. Les mafias assurent en fait leur propre risque, c'est-à-dire contre elles-mêmes. La protection fonctionne d'abord contre celui qui l'offre.

Pour autant, on ne doit pas occulter le fait que l'ancienneté des relations ainsi nouées entre rackettés et racketteurs peut conduire à des situations non plus conflictuelles mais en fait d'une grande connivence, à l'image des liens que la nature propose entre un parasite et son organisme hôte. L'essence d'une mafia s'apparente alors à un phénomène de type parasitaire au sens biologique du terme : « Être vivant qui puise les substances qui lui sont nécessaires dans l'organisme d'un autre, appelé *hôte* » (Larousse). Tous les êtres vivants, sans exception, ont des parasites. Ce parasitisme ne connaît ni exclusive ni préjugé. Il est motivé par un *instinct* sûr pour l'argent qui relève du *pragmatisme* et de l'*opportunisme* le plus pur. Le parasite mafieux est une créature affamée et conquérante, essayant d'arracher aux autres organismes une part de leur substance vitale. C'est un appétit nu et brut, sans déguisement ni faux-semblant, libéré des nobles masques de l'idéologie dont se parent traditionnellement les autres groupes sociaux dans leur quête de pouvoir et d'argent.

LE POLYMORPHISME MAFIEUX : STRUCTURE ET ESSENCE

Comment définir réellement une mafia ? Reconnaître son existence en tant qu'entité formelle, autonome et permanente, constitue déjà un progrès non négligeable. En passant de l'idée de *mafia/culture-comportement* à celle de *mafia-organisation*, l'observateur réalise un bond déterminant dans la compréhension du

Le racket des entreprises au Japon
Les *sokaiya*

Chaque été depuis la Seconde Guerre mondiale, voici venue la saison des *sokaiya*, littéralement « ceux qui vendent les assemblées générales » (qui se déroulent généralement en juin de l'année). Il s'agit de criminels spécialisés – et le plus souvent des yakuza – dans le racket des grandes entreprises, principalement celles cotées en Bourse. À l'origine, ces *sokaiya* se faisaient fort d'assurer le calme le plus parfait lors des assemblées générales d'actionnaires et ce contre rémunération, par exemple en empêchant, par la terreur, les petits porteurs de demander des comptes aux dirigeants des entreprises. Les assemblées d'actionnaires deviennent de la sorte de pures formalités, quels que soient les résultats réels de l'entreprise. L'assemblée tourne au rituel expédié en trente minutes au cours de laquelle la direction se contente de lire le rapport annuel d'activité devant un parterre maigre et muet. Cependant, ces gangsters savent aussi menacer les dirigeants (peu compréhensifs) des entreprises de révéler des faits compromettants (frasques amoureuses, par exemple) ou de perturber les assemblées générales. Ainsi, historiquement, les *sokaiya* furent tour à tour « les chiens de garde » ou les maîtres chanteurs du capitalisme boursier japonais. Les subordonnés rétribués se sont découverts « partenaires obligés ». Au début des années 1980, la police recensait 7 à 8 000 *sokaiya* exerçant leur art à temps plein. Pour un « chiffre d'affaires » évalué à environ 800 millions de dollars. Depuis une loi votée en 1982 réprimant cette activité, le nombre de *sokaiya* a considérablement baissé. En fait, les plus faibles et les moins structurés ont simplement disparu. À la fin des années 1990, leur nombre était évalué à environ 1 200. Concrètement, l'activité des *sokaiya* se résume à démarcher les sociétés afin qu'elles s'abonnent aux lettres confidentielles qu'ils publient, en se dissimulant derrière des façades d'instituts d'analyse financière ou d'éditeurs. Avec ces abonnements coûteux, les sociétés achètent la paix en toute légalité. Faute de s'abonner, les dirigeants sociaux se retrouvent avec des articles diffamatoires. Ainsi, entre questions embarrassantes et révélations douteuses, les *sokaiya* ont pu amasser des sommes vertigineuses. En 1996, on apprend que le symbole de la consommation de luxe au Japon, les grands magasins Takashimaya, avait payé depuis des années pour 8 millions d'euros le déroulement « harmonieux » de ses assemblées générales. En fait, la plupart des grandes sociétés japonaises payaient les racketteurs : Japan Airlines, Toyota, etc. Mais, à l'aube du XXIe siècle, de nouvelles formes de racket des entreprises, plus lucratives encore, semblent à l'étude dans le milieu criminel japonais.

Le racket des entreprises en Italie

Selon la confédération des commerçants italiens (*Confesercenti*), le racket des petites et moyennes entreprises italiennes a rapporté 60 milliards d'euros en 2001 aux mafias. Dans son sixième rapport intitulé « SOS entreprises, les mains de la criminalité sur les entreprises », il apparaît ainsi que « chaque heure, 2,3 millions d'euros passent des mains des commerçants à celles des mafieux ». Le nombre de commerçants victimes est estimé à 160 000. Le phénomène est surtout présent dans les grandes villes du sud de l'Italie. À Palerme et Catane (Sicile), 80 % des magasins sont concernés ; 70 % à Reggio de Calabre (Calabre) et 50 % à Naples (Campanie). Échappent en fait à cet impôt illégal les commerces propriétés des... mafias[4]. Le Nord est moins touché : là les mafias préfèrent conserver un profil bas afin de pouvoir se livrer plus facilement au blanchiment de l'argent. On prélève au Sud et on recycle au Nord ! Par ailleurs, le racket a évolué. Le crime organisé a élargi la palette de ses victimes, ce qui lui permet de diminuer les sommes exigées. Ce qui répond à une stratégie très précise : maintenir une pression forte, permettre à toutes les personnes rackettées de payer et éviter toute forme de rébellion. Un fiscaliste dirait que l'on élargit l'assiette fiscale pour alléger la pression fiscale.

phénomène. On passe ainsi du principe de cécité-négation (refoulement) à celui de réalité (conscience)[5].

Toutes les mafias n'ont pas pour autant le même mode d'organisation[6]. Deux modèles peuvent être distingués :

• *Un modèle vertical (souple) de type Église* : centralisation, discipline stricte, monolithisme, homogénéité et stabilité (Cosa Nostra et yakuza).

• *Un modèle horizontal de type réseau* : regroupements ponctuels, autonomie dans l'exécution et instabilité des structures (Triades, Ndrangheta, Camorra).

Encore que les deux modèles ne soient pas antinomiques. L'Église catholique a par exemple ses ordres missionnaires et monastiques. Et un modèle horizontal de mafia n'exclut pas que chacune de ses Familles soit, en interne, structurée de manière verticale afin de faire respecter l'ordre et la discipline.

Pour autant, la notion d'*organisation* semble imparfaite si l'on souhaite approcher la nature réelle de l'espèce criminelle de type mafia. Le concept d'organisation à l'occidentale induit – probablement à tort – des connotations étrangères au mode de fonctionnement et de développement des mafias : lourdeur, fixité, rigidité. Le modèle suggéré est *mécanique* et *rigide*. Il évoque plus une bureaucratie classique qu'une entité vivante et mobile. Or l'essence d'une mafia est plutôt de nature *biologique :* adaptabilité, mobilité, souplesse, dynamisme, régénération. Les mafias se rapprochent d'entités amorphes, protoplasmiques, plutôt acéphales et toujours mutantes. Là réside la différence de nature entre une horloge et un virus. Un virus est une entité génétique conquérante, simple et mutante, difficile à détecter et à éradiquer. Leur présence est révélée par leurs effets toxiques. Le virus installé, il est souvent impossible de le faire disparaître sans tuer l'organisme hôte. Et les tentatives d'éradication tuent moins souvent le virus qu'elles ne l'incitent à se transformer. On ne peut que se montrer troublé par le parallélisme existant entre les virus et les mafias : grande toxicité des activités et forte résistance aux stratégies de destruction.

Le *biologique* est vivant, se régénère, change, bouge. Par opposition, le *mécanique* est mort, se casse, se brise et ne peut se reconstituer tout seul. C'est pourquoi le paradigme utile pour comprendre une mafia n'est pas de type organisationnel *stricto sensu* mais plutôt fonctionnel[7]. Cette essence protoplasmique explique la perpétuelle évolution et transformation des mafias.

Au sein du règne animal, une mafia est généralement comparée à une pieuvre : un cerveau unique et une multitude de longs bras. L'image est trompeuse. Il conviendrait plutôt de comparer une mafia à un *caméléon*. Ce lézard arboricole et insectivore présente généralement deux caractéristiques naturelles que l'on retrouve dans l'observation d'une mafia :

• D'abord *l'homochromie* ou aptitude à harmoniser la coloration de façon permanente ou temporaire avec celle du milieu ambiant. C'est en définitive une capacité de camouflage et de dissimulation, donc d'invisibilité face aux prédateurs et aux proies, permettant de se faire oublier. L'homochromie est une de ces ruses que la nature a inventées pour permettre aux espèces les plus inventives de survivre.

• Ensuite *la régénération* ou aptitude à reconstituer un organe détruit ou supprimé. C'est une capacité de renaissance d'une partie du corps après une agression ou une mutilation.

Pour décrire le caractère essentiellement changeant des conflits, Raymond Aron parlait du *polymorphisme des guerres*[8].

L'image biologique semble tout aussi adaptée au phénomène mafieux. Quel que soit le modèle mafieux (vertical ou horizontal), toutes ces entités présentent en effet le caractère d'entités *polymorphes*, c'est-à-dire de réalités aptes à présenter des formes multiples et changeantes et à s'adapter aux modifications de leur environnement. Mutantes, souples, hyperadaptables, flexibles, elles ne peuvent que défier, contourner et au final se jouer de toutes les réalités lourdes et pesantes de l'ancien monde : les États-nations en premier.

La nature essentiellement biologique des mafias devrait inspirer les instances chargées de leur répression. Tout organe de sécurité (police, renseignement, justice) fonctionne avec des paradigmes et des représentations mentales, le plus souvent de façon inconsciente. Or celui habituellement retenu pour lutter contre les mafias renvoie à tort à des structures fixes, rigides, permanentes. L'erreur de diagnostic ne peut que conduire à des impasses répressives.

Abandonné le concept d'« organisation », nous lui préférerons donc celui d'*entité* ou, à la manière de Max Weber, ceux de *groupement* ou d'*association*[9].

Groupement et association selon Max Weber[10]

Groupement : « Nous dirons d'une relation sociale close ou limitée par réglementation vers l'extérieur qu'elle constitue un *groupement* [*Verband*] lorsque le maintien de l'ordre est garanti par le comportement de personnes déterminées, instituées spécialement pour en assurer l'exécution, sous l'aspect d'un *dirigeant* [*leiter*] ou éventuellement d'une *direction administrative* [*Verwaltungsstab*] qui, le cas échéant, a normalement en même temps un pouvoir représentatif. » Max Weber précise que le groupement existe d'un point de vue sociologique « *en dépit des changements parmi les personnes* ».

Association : « Nous appelons *association* [*Verein*] un groupement formé par entente dont les règlements statutaires ne revendiquent de validité que pour ceux qui y entrent librement de leur chef. »

Les huit critères

Il n'existe pas de mafia mondiale unifiée défiant les particularismes ethniques et géographiques, d'organisation unique monopolisant *le crime de haute intensité*. Ce serait céder à une vision fausse et simpliste d'un fait social complexe et qui renverrait à l'idée ridicule d'un *deus ex machina* ou d'un vaste complot mondial.

En revanche, le risque est grand de voir se former *un modèle unifié* de *mafia universelle* né du succès historique de Cosa Nostra. Les effets connus de l'imitation-contagion (criminologie) et de la mondialisation (économie libérale) favorisent probablement l'apparition de modes d'organisation et de méthodes universellement valables pour les organisations criminelles au faîte de la hiérarchie du crime organisé. La *diffusion culturelle* du modèle mafia tient largement à une adaptation similaire à la modernité libérale et à des réactions communes face à la mondialisation. Cependant, chaque mafia, fermement ancrée dans ses réalités historiques et sociales, conserve sa culture et ses traditions qui sont d'ailleurs autant de garanties d'étanchéité et de solidité. Les mafias globalisées se fondent ainsi dans le moule de la mondialisation libérale incarnée par le slogan : « *think global, act local* ».

Le nom propre désignant une organisation spécifique est devenu, rançon du succès, un nom commun, un fourre-tout sans cohérence ni rigueur criminologique, synonyme de crime organisé. Ce succès linguistique obscurcit le champ d'étude. La *mafia* mérite pourtant de devenir un concept opératoire et rigoureux destiné à qualifier des organisations criminelles transnationales d'une particulière dangerosité. La construction d'un concept clair et opératoire est toujours une étape indispensable à une prise de conscience de la réalité. Ici comme ailleurs, le mot précède la chose. La chose ne peut réellement émerger et donc exister sans son énonciation préalable. Le concept global de mafia est le moyen de cerner la véritable *dimension* de l'enjeu.

Si toutes les sociétés ont leur « milieu criminel », rares sont celles ayant vu émerger en leur sein une mafia. Il existe en effet entre le crime organisé ordinaire et une mafia un *saut qualitatif* majeur. Il est ici question d'une différence de nature et non de degrés. Peu d'organisations peuvent aujourd'hui revendiquer ce titre de noblesse criminelle. Une mafia est un aboutissement, la réussite ultime d'une réalité criminelle, une sorte de première division du crime. Avec un réalisme certain et une fierté non dissimulée, le repenti sicilien Antonino Calderone met un point d'honneur à bien distinguer le « tout-venant » criminel de « l'élite du crime » : « Vous m'excuserez pour cette différence que je fais entre la mafia et les délinquants ordinaires, mais j'y tiens. Tous les mafiosi y tiennent. C'est important : nous, on est des mafiosi ; les autres, c'est le tout-venant. On est des hommes d'honneur. Et pas seulement parce qu'on a prêté serment, mais parce qu'on est l'élite du crime. On est très supérieurs aux délinquants ordinaires. On est les pires de tous[11]. »

Encore faut-il pouvoir dégager les critères distinctifs d'une mafia permettant d'éviter toute confusion avec d'autres formes, certes dangereuses, mais beaucoup moins abouties du crime organisé. Une mafia est probablement le stade suprême du crime organisé, son asymptote, sa consécration. Comparable à un processus darwinien de *struggle for life*, le monde criminel permet en effet aux groupes les mieux adaptés – et peut-être aussi aux plus chanceux dans une perspective digne du paléontologue Stephan Jay Gould – non seulement de survivre, mais de s'imposer au final au sommet de la hiérarchie. Car le monde criminel, loin des remparts de la loi et des pudeurs de la morale, est d'abord une réalité vivante, biologique, reconnaissant à la cruauté naturelle une fonction éminente. Les mafias se comprennent assez bien quand elles sont décryptées à l'aune des trois principes fondamentaux de la vie animale et végétale : le territoire, la hiérarchie et l'agressivité.

Tel le règne animal, le crime a son ordre de préséance. D'ailleurs, on ne voit pas pourquoi le monde du crime échapperait aux acquis de la sociologie politique. Toutes les sociétés complexes comportent une différenciation des rôles sociaux, donc une certaine hétérogénéité sociale. En reprenant la distinction aussi connue que réaliste de Vilfredo Pareto[12] (élite-masse), convenons que *la société criminelle* dispose également d'une *élite criminelle* dominant ou exploitant (selon les préférences idéologiques) *une masse* criminelle. Cette élite criminelle pouvant ponctuellement générer une aristocratie criminelle de type mafieux. Et, ici comme ailleurs, les vrais « intouchables » de la hiérarchie criminelle se trouvent non en bas mais en haut, au sein de la « caste supérieure ».

Quels sont donc les concepts constituant les critères discriminants d'une vraie mafia ? Proposons une liste que nous voulons à la fois *complète* (recouvrer la diversité des situations historiques et géographiques) et *homogène* (même niveau de généralité).

LE CONTRÔLE D'UN TERRITOIRE

Tout ordre est d'abord territorial. Cette vérité première se vérifie chez les animaux et les plantes dont le premier souci est de contrôler un espace. Ce souci primaire explique la plupart des comportements d'agressivité. L'homme, animal territorial par excellence, n'échappe pas à cette loi naturelle : l'instinct territorial. Les mafias non plus. En reprenant une distinction que l'on doit à Raymond Aron[13], le territoire mafieux peut être envisagé tour à tour comme *milieu* (historique et naturel : faune, flore, terrains, climats), *théâtre* (champ abstrait de type diplomatique ou militaire) et *enjeu* (de conflits).

Une mafia a toujours une origine géographique précise, un berceau historique. La plupart du temps, dans le plus grand mystère. Comment expliquer en effet qu'une mafia se développe non seulement à un moment historique précis, mais surtout sur une aire géographique dont elle ne sera plus délogée, cependant que d'autres zones resteront étrangement épargnées ? Le territoire historique d'une mafia remplit les fonctions de vivier, de base de repli et de terrain de chasse privilégié. C'est son « espace vital[14] ». La force d'une mafia tient à cet enracinement dans un espace aux frontières invisibles mais connues de tous ses habitants. Ce principe de territorialité implique une capacité de contrôle politique (votes), économique (racket, flux criminels) et social (médiation, arbitrages). Le mafieux est un *animal territorial.* Animal territorial, le mafieux vit donc sous l'observation permanente de ses pairs. Vie privée et vie publique s'en trouvent confondues. Un puissant contrôle social soumet de la sorte leurs propos et leurs actes à un examen permanent et exigeant.

Le pouvoir mafieux est un pouvoir local, villageois, de quartier : ici, rien d'impersonnel ou d'abstrait. Bien qu'invisible, ce pouvoir territorial a un visage concret. Une mafia concurrence donc les autres formes de contrôle social à base territoriale que sont l'État et les collectivités locales (régions, communes) dans leurs fonctions régaliennes de monopole de la violence légitime (justice, police) et de prélèvement des impôts. C'est un jeu de concurrence de souverainetés entre un pouvoir légal/visible et un pouvoir illégal/invisible sur un même territoire. Au point que le pouvoir légal peut devenir formel, et le pouvoir illégal s'affirmer comme réel. L'emprise spatiale de la mafia sur *son* territoire a *de facto* souvent plus de consistance que celle de l'autorité officielle. Ces deux formes de contrôle territorial ne diffèrent que par leur rapport à la loi (légalité/illégalité) et leur légitimité : cette dernière différence relevant moins de considérations morales que d'enracinement historique et culturel. Sur le territoire d'une mafia, la souveraineté de l'État est parfois une fiction, une réalité virtuelle, sa puissance ressemblant à un « village Potemkine ». La force d'une mafia procède alors de la faiblesse de l'État, de son incapacité à s'imposer comme seul centre de pouvoir territorial.

Contrairement à une idée reçue, une mafia ne souhaite pas la disparition de l'État, mais simplement son affaiblissement afin de se substituer discrètement à l'exercice de ses prérogatives. C'est son impuissance et non sa disparition qui est visée par une mafia. Il s'agit de l'affaiblir, non de le détruire. Car une mafia est un État parallèle et non un anti-État. Une mafia ambitionne de vivre à l'ombre du pouvoir, non d'en partager la lumière. C'est en fait un pouvoir alternatif.

Qui dirige réellement la concession française de Shanghai dans les années 1920-1930 ? La France, puissance coloniale, l'empereur de Chine ? Assurément non ; c'est un géant à grandes oreilles, un certain Du Yuesheng, chef d'une Triade, *La Bande Verte* qui contrôle tous les trafics petits et grands de la ville, la drogue, les jeux et la prostitution, et, comble de l'ironie, est membre honoraire de la police de la ville et président de la Ligue contre l'opium[15]. À la même époque, à Chicago (États-Unis), qui peut encore croire que les maires successifs ont pesé bien lourd face à Al Capone puis à ses successeurs de l'*Outfit*. Les yakuza usent d'expressions fortes et imagées pour désigner leurs territoires : l'« aire délimitée par la corde » (nawabari) ou l'« île » (shima). Dans nombre des *China-towns* à travers le monde, la communauté chinoise se dote secrètement d'un « maire nocturne ou fantôme ». Ce maître officieux est rarement étranger au monde du crime. Quand en août 1994 meurt Benny Ong, toute la ville chinoise de New York est en deuil. Ce juge de paix respecté était tout simplement le chef des Triades et à ce titre régnait *de facto* sur environ 100 000 habitants. Mais ce contrôle territorial est invisible.

Et rappelons que le racket de la plupart des activités légales et illégales sur un territoire est la marque de l'emprise réelle d'une mafia, de son pouvoir concret. L'extorsion de fonds fonctionne certes comme un impôt mais surtout comme un signe tangible de domination[16]. Le racket est un acte de souveraineté territoriale.

Mais, au-delà de ses origines géographiques précises, une mafia fait de la maîtrise de son territoire une *condition permanente de sa puissance*. On revient ici à l'une des leçons premières et controversées de la *Geopolitik* allemande. Dans le monde moderne, le territoire aurait, nous dit-on, perdu de son importance stratégique. Cette considération est probablement vérifiée pour les États (poids nouveau des hautes technologies) mais sans objet pour un acteur non étatique de type mafia. Pourquoi ? Simplement parce qu'une mafia est un *parasite* au sens biologique du terme, c'est-à-dire un être vivant puisant ses subsistances dans un organisme hôte, la société en l'occurrence. Au-delà d'ailleurs des bénéfices économiques, une mafia retire de ce contrôle territorial un profit plus immatériel relevant du symbolique. À la manière du géopoliticien Karl Haushofer[17], on pourrait se demander si au final une mafia n'entretient pas une relation organique entre *son* territoire et *sa* population. Au point de créer au final un véritable *biotope criminel.*

Il est significatif que les Familles de Cosa Nostra de Sicile ou de la Ndrangheta prennent souvent le nom de la ville ou de la région de leur implantation. En Sicile, Cosa Nostra est chez elle : « dans l'île, le gouvernement de Rome n'est qu'un touriste[18] », l'occupant de passage, le dernier « visiteur » d'une longue histoire d'invasions (Sarrazin, Espagnols, Français, etc.). Cosa Nostra y incarne une sorte de permanence, au point de s'identifier à une culture locale de résistance et à un folklore dont elle instrumentalise les références. Le territoire mafieux est ce lieu unique où l'entité criminelle se sent chez elle, à domicile[19]. Une anecdote l'illustre à l'extrême. Après le fâcheux épisode du 14 novembre 1957 au cours duquel les principaux chefs de Cosa Nostra nord-américaine furent repérés et interceptés à Apalachin[20], pendant une réunion nationale, Sam Giancana, *Boss* de la Famille de Chicago[21], tient en privé un propos qui, même teinté de vantardise, en dit long sur son pouvoir territorial dans la capitale de l'Illinois : « C'est le territoire le plus sûr du monde pour une importante réunion. Nous aurions pu disperser les gars dans mes motels ; nous aurions tenu cette réunion dans un de mes grands restaurants. Ici, les flics ne nous embêtent pas. Nous avons trois villes en banlieue de Chicago dont nous contrôlons les chefs de la police. Nous avons ce qu'aucun d'entre vous n'a. Nous avons un territoire verrouillé hermétiquement[22]. »

Dans leur comportement criminel, les mafias se conforment – probablement sans le savoir – à deux grandes lois naturelles dégagées par l'éthologie touchant toutes les espèces territorialisées. D'une part, on tue sur son territoire. D'autre part, l'agressivité est toujours la plus forte au centre de son territoire, là où on se sent le plus en sécurité. *A contrario*, plus l'animal s'éloigne de son territoire, *a fortiori* placé dans un milieu étranger et potentiellement hostile, plus il opte pour l'esquive. Une mafia tue en effet chez elle, à domicile. Une Famille qui souhaite réaliser un assassinat ou d'ailleurs toute autre opération criminelle sur le territoire d'une autre Famille se voit dans l'obligation de lui demander une autorisation, sauf à créer un *casus belli*. Le monopole criminel d'une Famille sur un territoire est un principe simple dont l'application pratique peut être complexe. Il faut en permanence dialoguer et s'entremettre pour le respecter. Le contrôle d'un secteur économique (docks, drogue, etc.) peut rentrer en conflit avec le pouvoir géographique d'une autre Famille, les frontières matérielles et immatérielles ne se recoupant pas exactement.

Les guerres mafieuses sont toujours des guerres de territoires, secteurs économiques ou espaces physiques. La violence est le symptôme classique d'une instabilité territoriale : la violence survient lorsqu'un territoire est contesté, mal contrôlé ou en passe de l'être définitivement. *A contrario*, la fin de la violence, le retour au calme, est le marqueur clair d'une victoire territoriale. Le déchaînement de violence subi par la Sicile dans les années 1980 s'explique simplement par la prise de pouvoir brutale de la faction dite des Corleonais dans Cosa Nostra. Les structures de type « Commission » ont justement pour fonction de prévenir et de régler ces conflits entre Familles – mais, comme on le constate, elles n'y parviennent pas toujours.

Qui est le seigneur ? Un sondage révélateur

Pour savoir qui contrôle réellement un territoire, la meilleure façon de procéder est probablement de poser la question à ses habitants. L'expérience fut réalisée à Naples en 1997. Un sondage demanda aux Napolitains si la Camorra contrôlait certaines parties de la ville en lieu et place du gouvernement. La réponse fut sans appel : 70 % confirmèrent, et 11 % infirmèrent[23]. Imaginons désormais un tel sondage dans tous les territoires mafieux du globe...

Mais que le pouvoir soit territorial *stricto sensu* ou sectoriel, il tend toujours vers le monopole. Il ne souffre aucune contestation, aucun concurrent.

Cosa Nostra américaine a même créé des *territoires ouverts*, telles les villes de Las Vegas, Atlantic City et Miami où toutes les Familles peuvent travailler librement, sans autorisation d'une Famille spécifique.

Certains espaces révèlent fortement le réel rapport de forces sur un territoire entre l'État et le monde du crime. Ainsi les *prisons*. Il est rare qu'une mafia ne soit pas, en lieu et place de l'État (ici l'administration pénitentiaire), le vrai maître des lieux. Or qui règne en prison, au cœur de la jungle, règne aussi *a fortiori* dehors : qui peut le plus peut forcément le moins[24].

Il y a donc une *géographie politique invisible* des mafias, comportant des frontières ignorées des cartes officielles mais clairement connues des indigènes. Chaque mafia, chaque Famille, a ses frontières propres, infra- et supranationales, ignorant les découpages de la légalité. Son ordre territorial défie les souverainetés locales, étatiques et internationales. La connaissance de ces frontières cachées est indispensable aux organes de répression (qui combattre ?) et aux acteurs économiques : vouloir payer sa dîme est une chose, le faire au « bon » seigneur en est une autre. L'ignorance de cette *dimension cachée* expose immanquablement à de sérieuses déconvenues.

La géopolitique classique ne connaît que les espaces politico-stratégique (l'État-nation, les collectivités locales, la supranationalité), économique et financier (les intégrations types OCDE, ALENA, etc.) et démographique. La puissance des dominations mafieuses impose désormais d'envisager l'existence des *espaces criminels et mafieux*. L'oubli est d'autant plus étonnant que ces conquêtes spatiales, certes invisibles et souvent niées, ont plusieurs siècles d'ancienneté. Au-delà de sa capacité d'emprise territoriale occulte, la force de ce nouvel espace mafieux tient à sa fluidité extrême qui le fait vivre en symbiose et superposition avec un espace économico-financier dont il se nourrit (racket et blanchiment d'argent) et un environnement politico-stratégique derrière lequel il s'abrite (guerre du Kosovo, prétendu « nationalisme » corse, corruption des politiques).

Ce biotope mafieux présente par ailleurs l'intérêt de dépasser et de nuancer l'antinomie un peu convenue de la géopolitique contemporaine entre le territoire (espace fermé) et le réseau (espace ouvert). Une mafia est en effet à l'origine une entité territoriale fermée développant ultérieurement une activité en réseaux ; la mondialisation ne jouant qu'un rôle d'accélérateur. Territoire et réseaux se complètent et s'entrecroisent. Le territoire est ici un ancrage et non une limite qui suggère plus l'image du porte-avions que celle du bunker. D'une certaine manière, une mafia est un territoire qui mute en réseaux. La mafia-réseau s'est développée historiquement sur *les diasporas*, c'est-à-dire sur la dispersion planétaire d'une ethnie parlant une langue particulière. La communauté expatriée fonctionne comme un nouveau territoire, préconquis. Songeons à la dimension des « China/Japan/Italy towns » des grands centres urbains occidentaux (Vancouver, Londres, New York, Paris, etc.) et à leur forte impénétrabilité culturelle et linguistique aux forces de police locale, pour mesurer la force de ces relais pour des entités avides de pouvoir. Et n'oublions pas que les mafias sont aussi des *territoires en expansion*[25]. Le territoire n'est donc ni une contrainte ni une limite. En ce sens, *la fixité territoriale* n'implique pas l'immobilité. La nature nous le démontre à merveille à travers les plantes qui, solidement fixées au sol, parviennent pourtant à se répandre sur la planète *via* le vent et les animaux. Ces mécanismes naturels de dispersion compensent une immobilité apparemment irréductible et leur confèrent en fait un réel pouvoir de conquête, voire d'envahissement[26].

Parfois même, une mafia *crée ex nihilo* un territoire dans sa dimension matérielle : Benjamin « Bugsy » Siegel[27] et Meyer Lansky imaginent et fondent ainsi une ville entièrement dédiée au jeu et contrôlée par la Mafia, Las Vegas.

La prison comme territoire mafieux

Sur son territoire, une mafia contrôle presque tout, y compris les prisons. En revanche, il est moins anodin qu'une prison puisse devenir *le point de départ* d'une ascension mafieuse, de *la construction d'une Famille nouvelle* et enfin de *sa direction*. C'est pourtant là un enseignement méconnu de la prise de contrôle de la Camorra (Campanie, Italie) par Raffaele Cutolo dans les années 1970.

À la fin des années 1950, le jeune Raffaele Cutolo est incarcéré pour meurtre dans la prison napolitaine de Poggioreale. Le chef de la Camorra emprisonné, « 'o Malommo », y exerce une autorité sans partage. Raffaele Cutolo la conteste pourtant et n'hésite pas à recruter des affidés à l'intérieur et à l'extérieur de la prison. Il invente le sigle de *Nuova Camorra Organizzata* (NCO) et fonde ainsi une Famille concurrente. Depuis sa cellule, avec l'aide de sa sœur Rosetta restée libre, il commande à ses troupes, crée un serment d'allégeance et une hiérarchie, développe les activités criminelles de son organisation. Après un transfert de complaisance en hôpital psychiatrique, une évasion et une brève cavale d'une année, Raffaele Cutolo est emprisonné de nouveau à Poggioreale. Là il retrouve près de 500 membres de la NCO qui disposent de revolvers et de dynamite prêts à servir. Les dirigeants de la prison connaissent son allergie aux perquisitions : ils en font donc le moins possible. Les journées de Raffaele Cutolo sont épuisantes. Des dizaines de tâches l'accaparent. Il réunit ses lieutenants, donne des ordres pour que la NCO continue de fonctionner, commandite des assassinats, reçoit de multiples visites de l'extérieur, répond à un abondant courrier contenant requêtes, déclarations d'allégeance et messages d'adulations. Il fait régner l'ordre parmi les prisonniers. Depuis sa prison, Raffaele Cutolo transforme la Camorra en la troisième force criminelle d'Italie. Veut-il changer pour une prison mieux située ? Il obtient son transfert à Ascoli Piceno. Il y choisit deux cellules ensoleillées, l'une pour lui, l'autre pour son secrétaire particulier Giovanni Pandico. Les repas arrivent de l'extérieur. Sa cellule est un vrai salon : télévision couleur, réfrigérateur, bibliothèque et moquette. Loin des regards indiscrets, il dispose même d'un coin particulier où recevoir sa femme en toute intimité. En fait, au début des années 1980, tout le monde à Ascoli Piceno lui obéit : directeur, gardiens, prisonniers. Raffaele Cutolo mène « librement » la vie ordonnée d'un P-DG très occupé. Lorsque sa famille fait l'objet d'un attentat émanant de ses concurrents regroupés dans la *Nuova Famiglia*, il « sort » alors pour se rendre brièvement en voiture dans son village afin d'organiser la défense des siens. Il faudra un ordre personnel du président de la République pour que ce scandale cesse et que Raffaele Cutolo soit transféré dans une véritable prison, à l'isolement.

L'expérience cutolienne présage ainsi celle des gangs hispaniques du continent nord- et sud-américain nés en prison et dont l'épicentre criminel y demeure.

Le territoire contrôlé par une mafia n'est pas seulement un *espace physique* avec ses hommes et sa géographie, ce sont également les *espaces immatériels*, les *secteurs économiques et sociaux complets* que cette entité criminelle a mis sous sa coupe : syndicats, appels d'offres publics, jeux, bâtiments et travaux publics, ordures, pornographie, etc. De subtils partages de ces « territoires » entre Familles doivent alors émerger afin que ces croisements d'espaces géographiques et thématiques ne provoquent pas de guerres fratricides.

L'existence d'un espace mafieux implique de dessiner de nouvelles cartes. Un autre monde se profile, recouvrant partiellement l'ancien et ses limites politiques établies et connues. Des États, et surtout des régions et des villes sous influence mafieuse émergent. Au risque de bousculer certaines naïvetés politiques, il est évident que les mafias disposent de *territoires affranchis* (de l'ordre légal). Ces territoires « libérés » des contraintes du droit fonctionnent comme des enclaves quasi autonomes sous des apparences de légalité et de normalité. Les souverainetés étatiques se trouvent ainsi *concurrencées et partagées*, volontairement ou non, au point d'apparaître *défaillantes*.

Du point de vue historique, la réapparition ou la permanence des territoires mafieux constitue une régression ou un archaïsme aussi spectaculaire qu'inattendu. Le territoire moderne fut pensé sur les décombres d'une féodalité moribonde, comme un principe d'universalité permettant à chacun de s'extraire des servitudes locales en faisant primer l'idée de citoyenneté sur celle de particularités. Que reste-t-il de ce noble projet politique quand un pouvoir caché impose dans ses frontières des règles *sui generis* ramenant l'individu vers le local et l'arbitraire ? Une mafia participe de la fragmentation du monde dans une logique toute féodale des territoires qui nous ramène plusieurs siècles en arrière.

L'impératif territorial
selon Robert Ardrey

On ne peut totalement comprendre l'importance du fait territorial pour un pouvoir mafieux qu'en redécouvrant certains enseignements de l'éthologie. Dans deux ouvrages, *The Territorial Imperative* (1966)[28] et *The Social Contract* (1970)[29], Robert Ardrey lève le voile sur une dimension cachée et centrale du comportement animal et humain : le territoire.

Un territoire est l'espace vital (terrestre, aquatique, aérien) qu'un animal ou un groupe d'animaux défend comme étant sa propriété exclusive. L'homme est aussi un animal territorial. Avant d'être une réalité politique et culturelle, un territoire est un principe naturel. *L'impératif territorial* est l'impulsion qui pousse à conquérir puis à protéger cette propriété. Généralement, les espèces territoriales n'interdisent l'accès à leur propriété qu'à leurs congénères. Les querelles de mâles n'ont pas pour objet la possession des femelles mais l'acquisition et la défense d'un territoire ; cependant, chez les espèces territoriales, le mâle sans territoire est sexuellement dépourvu d'attrait pour la femelle. Plus étrange et significatif, il semble que la possession d'un territoire donne un regain de vitalité à son propriétaire. L'agresseur est presque à coup sûr vaincu et semble retenu par une sorte d'inhibition et de sentiment de culpabilité. Le sens du territoire apporte aux êtres vivants qui en sont dotés un afflux d'énergie et d'assurance qui les rend quasi invulnérables sur leur domaine. Le concept de territoire semble inné chez la plupart des espèces et sert de base à leur comportement. Selon Robert Ardrey, la théorie selon laquelle le comportement territorial est inhérent à la nature humaine a été étouffée par deux préjugés : une croyance fausse sur le caractère unique de l'homme consistant à refuser son animalité et l'importance excessive accordée au fait sexuel.

Le territoire répond à trois nécessités fondamentales, communes à tous les animaux supérieurs, relevant de motivations plus psychologiques que physiologiques : *sécurité, identité* et *stimulation*. La sécurité est le contraire de la *crainte*, l'identité est le contraire de l'*anonymat*, la stimulation est le contraire de l'*ennui*. La puissance de ces besoins varie selon les espèces. Il existe par ailleurs une hiérarchie de valeurs entre ces impératifs. Généralement, le besoin d'identité est le plus puissant, le besoin de stimulation vient ensuite, et le besoin de sécurité est souvent sacrifié au profit des deux autres.

L'homme a également cet instinct territorial qui le pousse à défendre sa propriété pour des raisons biologiques. Non parce qu'il le *veut*, mais parce qu'il le *doit*. Chez l'homme, ce sens du territoire ne se manifeste pas seulement par l'installation de portes ou de clôtures. Pour Robert Ardrey, des emplois ou des zones d'influence dans le domaine politique ou criminel sont aussi jalousement défendus que le territoire d'un oiseau. Au final, Robert Ardrey considère l'impératif territorial comme aveugle, impérieux, irrationnel et amoral.

À la même époque, l'anthropologue américain Edward T. Hall souligne que le territoire est *La Dimension cachée* (1966)[30] de tout être vivant, animal ou humain. Il n'hésite pas à affirmer que l'homme est irrévocablement prisonnier de son organisme biologique. L'homme est doté d'un extraordinaire passé que l'on ne peut oublier, et que son humanité a de profondes racines animales.

L'ancrage local des mafieux siciliens

Les mafieux de Cosa Nostra appartiennent à leur terre, leur bourgade, leur village, comme l'expriment fortement les repentis :
Tommaso Buscetta : « Ma "mobilité" était à cette époque insolite pour un mafieux. Les hommes de Cosa Nostra forment une faune qui ne migre pas. Ils ne bougent pas volontiers de leur territoire, de leur royaume. Même lorsqu'ils sont très riches et qu'ils pourraient faire le tour du monde uniquement pour gaspiller leur argent et jouir de leurs profits, ils restent collés à leur quartier, à leur rue, à leur ville. Un personnage comme moi, qui disparaissait tous les quatre ou cinq mois pour aller dans le Nord ou à l'étranger, était suspect pour les vieilles perruques de la mafia[31]. »
Antonino Calderone : « Ils [les mafieux palermitains] naissent, vivent et meurent au même endroit. Leur quartier, c'est tout ; pour eux, leur famille vit là depuis des générations, et ils sont tous parents. Il y a quatre ou cinq noms de famille principaux, les autres sont tous des branches apparentées. Tout au plus, ils se font construire une maison plus belle, plus luxueuse. [...] Ils n'ont pas bougé d'un millimètre de leur royaume, où ils sont les maîtres absolus depuis des décennies et des décennies[32]. »

UNE CAPACITÉ D'ORDRE ET DE DOMINATION

Ce critère n'est en fait qu'une déclinaison particulière du critère territorial, un affinage de sa dimension politique. Une mafia représente un ordre juridique parallèle, alternatif et concurrent de l'État. Ordre juridique au sens où Max Weber pouvait l'entendre, c'est-à-dire « lorsque la validité est garantie extérieurement par la chance d'une *contrainte* (physique ou psychique), grâce à l'activité d'une *instance* humaine, *spécialement* instituée à cet effet, qui force au respect de l'ordre et châtie la violation[33] ».

Une mafia produit d'abord de la protection, de la sécurité et de l'ordre ; accessoirement de la violence. Pour une mafia, l'ordre est à la fois : un élément de son *idéologie*, un *effet* concret de son activité et, de façon paradoxale, *l'expression et la réponse à un besoin social*. Autant que la richesse, une mafia recherche un pouvoir concret sur ses contemporains, sur une communauté et sur des élites politiques et économiques.

Le mafieux se présente volontiers en homme d'ordre soucieux d'harmonie sociale et de médiation entre le monde d'en bas (la délinquance inorganisée) et le monde d'en haut (les élites politiques, économiques et sociales). Cette posture n'est pas qu'un artifice destiné à tromper des interlocuteurs naïfs ou un simple discours légitimant. Une mafia croit sincèrement remplir un rôle d'intercesseur et de régulateur social. L'idéologie de l'ordre est probablement le meilleur argument de « vente » d'une mafia face au pouvoir politique, sur le thème convenu de l'opposition entre « une bonne mafia et un mauvais banditisme ». Cependant, le plus paradoxal ne réside pas dans cette idéologie d'ordre mais plutôt dans la fonction concrète et souvent peu discutable de contrôle du désordre qu'une mafia sait s'arroger. Le pouvoir territorial d'une mafia implique en effet que les activités criminelles, en particulier de rue, ne s'y déploient qu'avec l'accord du *Boss* local. Il faut une autorisation au moins tacite, doublée parfois d'une patente (un pourcentage sur les produits du crime). Ainsi n'y a-t-il que peu de délinquance de rue contre les honnêtes gens là où une vraie mafia opère. Les touristes sont plus en sécurité à Corleone (province de Palerme) ou à Mulberry Street (rue de Manhattan, *LittleItaly*, New York) que dans ces rues de Los Angeles (États-Unis) ou de Saint-Denis (France) dominées par des gangs juvéniles. Une mafia sait que le désordre de rue énerve les autorités et la population et ne peut à terme que provoquer un activisme répressif gênant pour les affaires. Trop de vols de sacs à main attirent l'attention.

Selon ses besoins, une mafia peut ainsi exercer son contrôle « en fermant les vannes » du désordre criminel mais aussi, en sens inverse, « en les ouvrant ». Elle peut alors laisser volontairement le crime de rue se développer afin d'occuper et de détourner l'attention des autorités répressives sur des crimes mineurs. Ou au contraire juguler cette même délinquance ordinaire afin d'apporter la preuve de son pouvoir criminel. Située en haut de la hiérarchie criminelle, une mafia va donc exercer à sa guise son pouvoir de domination sur les secteurs inorganisés du monde du crime. On comprend pourquoi des mafias se sont parfois vu reconnaître, qui plus est explicitement, une authentique mission de police par les autorités. L'échange est simple : la baisse des statistiques criminelles contre une bienveillante neutralité dans l'exploitation de certains domaines criminels (prostitution, jeux, etc.). Ce *modus vivendi* peut même aboutir à une véritable *cogestion de la sécurité,* comme dans le « modèle asiatique ». On connaît le « miracle japonais » : des chiffres de la criminalité contenus depuis la fin de la Seconde Guerre mondiale pendant que tous les pays occidentaux ou presque s'épuisent à juguler l'explosion de leurs statistiques criminelles. Ce phénomène s'explique en partie ainsi : une délinquance contrôlée et des yakuza prospères, ces derniers faisant régner l'ordre. À Taiwan, les Triades ont obtenu un statut comparable ; dans les années 1980, plusieurs chefs de la police taïwanaise étaient eux-mêmes membres des Triades locales. Une mafia se voit ainsi doter d'une quasi-délégation de service public de police spéciale, un véritable rôle de police non officielle. Le compromis est d'autant plus acceptable que nombre des activités d'une mafia sont invisibles et indolores, et consistent souvent à offrir des « services » aux honnêtes gens (jeux, prostitution, stupéfiants, etc.). Sous domination mafieuse, le crime ordinaire est ainsi taxé et régulé à la hausse ou à la baisse.

Là où la criminalité ordinaire présente un caractère essentiellement anomique et déstabilisant, une mafia peut produire de l'harmonie et du calme. Mais cette négociation et cette canalisation du désordre ne concernent pas que les autorités. Les victimes y participent parfois malgré elles puisque, rappelons-le, le métier de base d'une mafia est souvent la « protection », c'est-à-dire le racket. C'est le *pizzo* de Cosa Nostra et *l'argent du thé* des Triades. Une mafia « vend » ce service à des entreprises petites ou grandes, démunies devant la délinquance. Peu importe d'ailleurs que le désordre préexiste ou que la mafia le crée artificiellement pour susciter le besoin de sécurité. Ce n'est souvent qu'un jeu de rôles subtil traçant une fine frontière entre le service véritable et l'extorsion criminelle. L'ordre devient une transaction, et la protection un contrat léonin. Le racket régule *a priori* ou *a posteriori* le désordre[34].

En définitive, une mafia trouble parfois moins l'ordre public (apparent) qu'elle ne le maintient. Une mafia légitime sa présence par ce contrôle de la criminalité sauvage quitte à la susciter ponctuellement pour rappeler son utilité sociale. Encore faut-il garder à l'esprit que personne ne naît mafieux : les mafias puisent forcément une part essentielle de leurs troupes dans le vivier de la rue. Il n'y a aucune coupure entre ces deux mondes.

La mafia dans sa dimension d'ordre constitue donc un modèle idéal offert d'une part aux classes dirigeantes pour se légitimer et d'autre part au crime ordinaire comme sujet de fascination.

Dans son essence, l'émergence d'une mafia sur un territoire ne fait qu'exprimer de manière primitive et anomique un besoin d'ordre, de hiérarchie, et donc d'État. Une mafia parvient à incarner l'autorité, parfois plus fortement que l'État. De telles logiques mafieuses sont de pures expressions de force et d'ordre débarrassées de toute morale et de tout masque politique. Une mafia n'est pas un anti-État mais plutôt un « État dans l'État » ou un « État parallèle » qui cherche à se substituer à lui dans ses multiples fonctions d'ordre et de régulation. Les mafias utilisent simplement les vides laissés par l'État en occupant une place en déshérence. Une mafia profite de l'absence de l'État et de la défiance alors croissante que cette absence fait naître au sein des populations. Une mafia se nourrit moins de la pauvreté et du sous-développement que du vide et de l'absence d'autorité étatiques. Fondamentalement, une mafia a besoin de l'État, mais d'un État faible, décrédibilisé, inefficace et surtout dépensier (marchés publics, emplois et subventions).

Le pouvoir de domination d'une mafia ne s'exerce pas que vers le bas de la hiérarchie sociale, délinquants ordinaires ou petits commerçants. Il se développe également vers le haut. Pour cela, une mafia doit atteindre *une sorte de masse critique d'autorité*. Le rapport de force avec les puissances légales ne peut s'inverser qu'après une période d'enrichissement hors normes. Aux États-Unis, l'inversion s'est produite avec la Prohibition, dans les années 1920-1930 : jusque-là Cosa Nostra obéissait aux élus et au patronat ; Cosa Nostra était un pouvoir subordonné. Puis, grâce à l'argent du trafic de l'alcool, mafieux et establishment ont commencé à parler sur un pied d'égalité, de puissances à puissances. L'argent de la drogue n'a fait que renforcer l'émancipation de Cosa Nostra, sans que cette situation ne soit d'ailleurs réductible à une mécanique simple et automatique de soumission. Une mafia digne de ce nom fait alors figure de *corps intermédiaire* entre le monde d'en haut et le monde d'en bas, usant de son capital de puissance dans les deux directions. Une mafia sait entretenir des liens aux deux extrémités du corps social.

L'encadrement extralégal des couches inférieures de la société ne touche pas uniquement la criminalité. Une mafia constitue un réservoir d'ordre pouvant juguler ou neutraliser d'autres formes de désordres, de marginalités et de marges sociales – ou perçues comme telles par les pouvoirs en place : mouvements sociaux (grèves, syndicalisme) et secteurs inorganisés du monde du travail. Ainsi, une mafia canalise doublement le désordre social : en contrôlant les marges légales ou illégales de la société et en insérant par l'initiation les criminels les plus dangereux[35].

Même certaines stratégies d'investissements des mafias semblent parfois plus dictées par une recherche de domination politico-sociale que par le souci d'enrichissement immédiat. C'est ainsi qu'elles peuvent réinvestir massivement leurs profits criminels issus des grands trafics (drogue, etc.) non pas là où la profitabilité serait la plus forte, mais sur leur territoire de souveraineté. L'objectif est clairement politique : asseoir leur domination sur un espace et des populations. Le pouvoir mafieux se concrétise ainsi par la propriété directe ou dissimulée sur des pans entiers de terres et sur des dizaines d'entreprises.

Ce souci d'ordre explique que, contrairement à une idée reçue, la violence n'est en rien une marque distinctive d'une mafia. La violence se manifeste certes dans les périodes de conquête et d'affirmation du pouvoir. Ou encore dans les périodes de « légitime » défense et de survie quand la répression est jugée trop dangereuse. Mais, ordinairement, une mafia donne à la violence un statut précis : ainsi que nous l'avons déjà souligné[36], c'est un ultime recours lorsque la persuasion et la corruption ont échoué, et à ce titre un procédé canalisé et mûrement réfléchi. L'assassinat est une pratique contrôlée et réglementée par des règles internes strictes, fonctionnant au seul bénéfice du groupe et non à l'initiative d'un membre (autorisation du chef, etc.). La violence a une fonction technique et utilitaire ; elle est donc encadrée et limitée autant que faire se peut.

La violence gratuite des gangs ordinaires (« posses » jamaïquains, cartels colombiens, etc.) lui est, en principe, étrangère. Cette régulation de la violence n'obéit à aucun mobile moral mais simplement à un constant souci de discrétion et d'invisibilité. Cette violence s'exerce en priorité au sein du monde criminel (contrôle des territoires, élimination de la concurrence) et évite les débordements dans le monde « civil ». Pourquoi effaroucher la clientèle ? Il est par ailleurs inutile de provoquer des réactions par trop vigoureuses du système répressif. Benjamin « Bugsy » Siegel, fondateur de Las Vegas pour Cosa Nostra, disait justement : « *We only kill each other* » (« Nous ne nous tuons qu'entre nous »). L'émergence d'organes centraux de régulation de type Commission (Cosa Nostra) et plus généralement tous les processus historiques de centralisation et de concentration du pouvoir répondent à ce souci de contrôle de la violence.

À nouveau, les enseignements d'autres savoirs sont précieux. Robert Ardrey rapproche justement les découvertes de l'éthologie sur la domination animale des écrits du psychologue et médecin

Les mafias, la loi et l'ordre

Naples, la Camorra, 1860. Le corps expéditionnaire de Giuseppe Garibaldi a débarqué en Sicile et remonte vers le nord de l'Italie. Le pouvoir des Bourbons vacille. Afin de maintenir un semblant d'ordre, le nouveau préfet de police de Naples, Liborio Romano, décide de se tourner vers la Camorra. Il leur offre de rejoindre une nouvelle force de police. Un des chefs de la Camorra qui va diriger cette police spéciale est Salvatore De Crescenzo, déjà poursuivi à six reprises dont une fois pour meurtre, ce qui ne semble pas troubler le préfet. Toute considération morale est balayée par l'impératif du moment : faire que les masses ne prennent pas le contrôle d'une ville d'un demi-million d'habitants, la première du pays. La manœuvre fonctionne à merveille. Le roi de Naples se retire le 6 septembre, et le lendemain Garibaldi prend possession de la ville avec trente hommes, sans heurt.

Tokyo, les yakuza, 1960. En ce mois de mai, le climat politique s'est gravement détérioré. Le Parti libéral démocrate (PLD) décide de s'adresser à la pègre pour former avec lui une sorte d'armée de réserve constituée de yakuza et de militants d'extrême droite. D'autant que le Président des États-Unis doit venir en visite officielle à Tokyo (21 juin). Le PLD envoie alors comme émissaire le président du comité « Bienvenue à Eisenhower » à une réunion rassemblant les principaux chefs yakuza qui promettent leur aide. Les chefs yakuza rencontrent très naturellement l'ambassadeur des États-Unis au Japon, Douglas MacArthur II (le neveu du général). Dans son rapport au département d'État, l'ambassadeur annonce benoîtement que les chefs mafieux lui ont proposé « 30 000 jeunes hommes de leurs sociétés d'athlétisme » pour briser la manifestation antiaméricaine prévue. Au final, la visite présidentielle fut annulée. Mais le recours aux yakuza en dit long sur la cogestion de l'ordre avec les autorités américaines et le PLD.

New York, Cosa Nostra, 1966. Le quartier de Brooklyn connaît des affrontements raciaux incessants entre Blancs et Noirs. Les officiels de la mairie contactent discrètement des figures de la Mafia et leur demandent de tout entreprendre pour faire baisser la tension. La Mafia sait alors se montrer persuasive au sein de la communauté blanche, essentiellement d'origine italienne. Le conflit interracial s'apaise. Non sans que la presse ne s'indigne de cette compromission des autorités avec des gangsters. Ce à quoi le maire de la ville, John V. Lindsay[37], répondit une fois : « Vous ne pouvez pas toujours traiter avec des boy-scouts[38]. »

Territoire et ordre social selon un chef yakuza

En 1994, Tokutaro Takayama, chef de la Famille Aizu Kotetsu, répond aux questions du journaliste et correspondant au Japon Philippe Pons[39] :

« Comment définissez-vous Aizu Kotetsu ?

— Nous sommes une organisation fraternelle d'entraide, respectant l'un des grands principes du monde des yakuza : ne pas troubler la vie des citoyens. Nous avons la responsabilité de territoires sur lesquels il ne faut pas qu'il y ait de troubles.

— Cet équilibre est en train de se rompre ?

— La situation de Kabuki-cho en est l'illustration. Est en train de se développer une petite délinquance incontrôlable car elle ne relève d'aucune organisation et que la police elle-même ne la connaît pas. S'il y a des gens qui gênent la vie des citoyens, il faut les contrôler. Nous assumons un rôle de maintien de l'ordre social par notre influence clandestine sur de larges segments de la société. Les politiciens le savent. Dans les années 1960, ils nous utilisaient comme hommes de main contre la gauche. Par la suite ils sont venus nous demander en secret de mobiliser des voix au moment des élections.

— Des exemples ?

— Nous contrôlons 50 000 voix dans le département de Kyoto. J'ai soutenu le candidat du Parti libéral démocrate, Yoshihiro Nishida, lors des élections sénatoriales de 1989. Sans moi, il aurait été battu misérablement.

— En quelque sorte vous contribuez à l'ordre social ?

— Oui. On entre dans le monde de la pègre parce qu'on n'a pas d'autre choix. Il ne faut pas l'oublier. Le milieu japonais, qui a des traditions remontant à cinq siècles, permet aux laissés-pour-compte et aux victimes de discriminations – c'est mon cas, je suis d'origine coréenne – de trouver des repères. Il faut encadrer les délinquants car, laissés à eux-mêmes, ils sont beaucoup plus dangereux pour la société. La nouvelle loi pousse les yakuza à devenir vraiment des hors-la-loi. À cela s'ajoute l'arrivée des voyous étrangers. »

Alfred Adler selon lequel le but de chacun est la supériorité : « Quel que soit le nom que nous lui donnions, nous trouverons toujours chez les êtres humains ce mobile essentiel : la lutte en vue de passer d'une position inférieure à une position supérieure, de la défaite à la victoire, de l'en dessous à l'en dessus. Cette lutte commence dans notre petite enfance et se poursuit jusqu'à notre mort. » Il y a chez l'homme une volonté de puissance. De cette « poussée vers le haut », de ce combat pour la supériorité, résulte naturellement l'ordre hiérarchique et l'obéissance. Il n'est pas de société animale ou humaine sans structure hiérarchique. C'est pourquoi, au final, la nature est essentiellement despotique et injuste.

LA HIÉRARCHIE ET L'OBÉISSANCE

Une mafia est un État parallèle, un véritable contre-gouvernement de l'ombre avec ses lois, sa justice, sa police, ses impôts, des politiques, une idéologie, etc. Ce gouvernement occulte vit au-dessus des lois et des frontières nationales. C'est en soi un monde à part avec ses règles, un système normatif *sui generis*[40]. Aucun mafieux n'en doute, considérant l'État officiel comme un ennemi, un intrus sans légitimité, dont le pouvoir est contesté dans toutes ses missions régaliennes. Quand Salvatore « Sammy The Bull » Gravano, sous-chef de la Famille Gambino de New York, décide de devenir un repenti (1991), il déclare d'emblée au procureur fédéral : « Je veux changer de gouvernement[41]. » Cosa Nostra se considère en effet comme un second gouvernement.

Une mafia s'occupe d'abord des « siens », de ses membres et de sa communauté ethnique. On touche là au cœur « politique » d'une mafia. Une mafia « offre » de la sécurité et de la protection. Une mafia concurrence l'État sur le seul service qui fonde réellement et historiquement sa légitimité. C'est sur ce terrain hobbesien – la préservation de soi (*Léviathan*, 1651) – que se joue l'affrontement entre ces deux pouvoirs.

Une mafia est une *société militaire et féodale*. L'individu disparaît derrière l'organisation. Il s'inscrit dans une pyramide hiérarchique stricte, dans un système vertical. Un véritable lien d'allégeance l'unit à son supérieur direct dans une relation de suzeraineté-vassalité. Ce féodalisme permet également de comprendre l'attachement apparemment désuet à la terre d'origine. C'est un système holiste, radicalement anti-individualiste, exigeant une obéissance et une soumission absolues. Le mafieux exécute sans discuter les ordres reçus, sous peine de mort. L'horizon du mafieux est borné par son chef direct. Comme le dit un proverbe japonais : « Si le patron voit blanc un corbeau qui passe, il faut l'approuver. » La crise de l'autorité touche la plupart des institutions modernes (État, partis, syndicats, famille, etc.) : elle est en

Le sens de l'obéissance selon Cosa Nostra de Sicile

L'ordre d'un supérieur ne doit jamais être discuté, même si l'ordre paraît absurde. Le *consigliere* de la Famille de Castelvetrano tente ainsi de le faire comprendre à un simple soldat :
« Il me montra la paume de sa main et me demanda :
— Combien y a-t-il de doigts ? Combien y a-t-il de doigts dans cette main ?
— *Vossia*[42], qu'est-ce que c'est que cette question, combien de doigts il y a ?
— Oui, il faut que tu me dises le nombre de doigts, combien il y a de doigts.
— Eh bien, cinq.
— Cinq ? Regarde bien.
— Que dois-je regarder ? Cinq doigts, c'est cinq doigts !
— Regarde-les bien.
— Je pourrais les contempler ainsi toute la journée, il y en aura toujours cinq.
— Je n'en crois rien. Il y en a quatre.
— *Vossia,* vous plaisantez ?
— Je dis la vérité, je ne plaisante pas. Je ne plaisante jamais avec les choses sérieuses.
— *Vabbe, Vossia* dit qu'il y a quatre doigts mais, moi, j'en vois cinq.
— Non, regarde bien, il y en a quatre et tu veux savoir pourquoi il y en a quatre ?
— Oui, oui bien sûr. Pourquoi ?
— Parce que je te le dis. Tu vois cinq doigts mais, moi, je te dis qu'il y en a quatre. Maintenant, combien de doigts vois-tu ?
— *Vossia*, quatre.
— Bien[43]. »

revanche encore, pour l'essentiel, étrangère au monde des mafias, qui semble même en constituer le dernier sanctuaire. En contrepartie de cette obéissance aveugle, l'initié se voit accorder une protection totale.

Les *hommes d'honneur* font de l'obéissance la pierre angulaire de leur cohésion. Honneur et obéissance entretiennent des liens étroits déjà notés en son temps par Thomas Hobbes : « Obéir, c'est honorer, car on n'obéit pas à ceux dont on pense qu'ils sont impuissants à nous venir en aide ou à nous nuire. Et, par conséquent, désobéir, c'est *déshonorer*[44]. »

Le mafieux devient un intouchable, car l'offense qui lui serait faite engagerait alors tout le groupe. Dans les yakuza, la force du lien d'obéissance est renforcé par un élément essentiel de la culture japonaise issu de l'époque féodale, la relation de l'oyabun-kobun, ou littéralement de « père-enfant », qui forme la base des relations entre le maître et l'apprenti, le suzerain et le vassal, etc. Ce lien ancestral génère une fidélité quasi fanatique au chef.

La discipline d'une mafia est de type militaire. L'obéissance est aveugle. Un ordre ne se discute en aucune circonstances, quelle qu'en soit la teneur. Comme le dit le *Boss* Paul Castellano à Salvatore « Sammy » Gravano lors de son initiation : « Quand le *Boss* vous convoque, vous devez venir [...]. Si votre enfant est mourant, s'il n'a plus qu'un quart d'heure à vivre, vous devez venir. Si vous refusez, vous serez tué. Un ordre du patron passe avant tout. [...] Je suis le chef. Je suis le père de la famille. *Je suis votre Dieu*[45]. » Michael Franzese, futur « capitaine » dans la Famille Colombo, se souvient de propos identiques au moment de sa cérémonie d'initiation : « Si tu es au chevet de ta mère mourante, et que le *Boss* t'appelle, tu quittes ta mère... Si tu reçois l'ordre de tuer – même ton meilleur ami, même ton père – tu le fais. Pas de questions. Si tu échoues, tu seras tué... Ceux qui obéissent seront protégés ; ceux qui désobéissent seront tués[46]. »

On sait depuis Max Weber, sociologue de la domination, que l'obéissance (durable) à un ordre (politique, social) suppose la croyance en la *légitimité* de cet ordre[47]. L'obéissance n'est pas (seulement) la soumission à une contrainte mais l'adhésion à un ordre jugé légitime. L'acceptation de cette servitude volontaire signifie que le dominé croit à la supériorité du dominant. C'est un face-à-face entre une croyance en la légitimité (de la part du dominé) et une revendication de légitimité (de la part du dominant). La domination (l'autorité) suppose une obéissance qui repose sur des représentations et des croyances, sur ce que Max Weber appelle « la croyance en la légitimité ». La domination est une construction sociale et non un fait naturel. Qu'est-ce qui fait alors que des mafieux choisissent des dominations aussi brutales et contraignantes ? Le pouvoir mafieux combine probablement les trois types de domination imaginés par Max Weber : *traditionnel* (l'éternel hier, les coutumes immémoriales, l'habitude, les traditions) avec la figure du patriarche ou du seigneur ; *charismatique* (grâce personnelle, héroïsme, qualités exceptionnelles du chef et dévouement des sujets) avec la figure du héros, du prophète ou du démagogue ; *légal-bureaucratique* (statut juridique et compétence positive) avec la figure du serviteur de l'État. Ces modèles purs de domination ne se rencontrent que rarement dans la réalité. L'expérience historique offre plutôt des combinaisons et des superpositions. Le pouvoir d'un chef mafieux repose à la fois sur un système de règles (dimension juridique et d'ordre), sur des croyances anciennes et mythifiées (la profondeur historique et sociale) et parfois sur la force de conviction (le charisme).

L'ETHNIE ET LA FAMILLE

Une mafia représente une forme originale de sociabilité qui ne relève d'aucun paradigme habituellement avancé (famille naturelle, entreprise, bureaucratie, etc.). Une *Famille mafieuse* est d'abord une *fraternité d'hommes*, c'est-à-dire un ensemble d'associés de sexe masculin qui se considèrent mutuellement comme des *frères.* Ce lien de solidarité est voulu, conscient, personnel et construit. Les mafias perpétuent en fait un type de lien social prémoderne, datant de l'Antiquité, *le contrat de fraternisation*. Ces hommes deviennent des égaux qui se considèrent comme *la même chose* (leur chose, *notre chose* – Cosa Nostra) et se doivent entre eux aide mutuelle. Cette relation d'échanges-réciprocité est moins utilitaire que morale et se fonde sur un principe (théorique) de générosité. La fraternisation est censée impliquer toute la personne et provoquer un complet changement de *statut*. Ses membres développent alors un sentiment subjectif d'appartenance à une même *communauté.* Toute forme de lutte et de concurrence est expulsée à l'extérieur de ce cercle. Max Weber évoque cette *fraternisation* des hommes adultes à travers le phénomène traditionnel de la *maison des hommes*[49].

Une Famille mafieuse remplit ainsi de multiples fonctions. Au-delà de sa dimension criminelle de centre opérationnel, la Famille offre à ses membres un cadre nouveau (et théorique) d'amitié, de connivence et de protection.

L'appartenance à une Famille mafieuse passe par de stricts critères raciaux. Il faut avoir des origines pures : être mâle, avoir deux parents italiens catholiques (Cosa Nostra américaine[50]), japonais ou coréens (yakuza), chinois (Triades), albanais (mafia albanaise), ou turcs (maffya turque), siciliens catholiques (Cosa Nostra de Sicile), calabrais (Ndrangheta), etc. La pureté ethnique et géographique des origines est considérée comme un gage de sécurité et de confiance : car « bon sang ne saurait trahir ». Cette recherche de pureté peut même conduire à ne choisir que des candidats à

Territoire, ordre et domination :
la tutelle de Cosa Nostra sur les parents du Mezzogiorno

Quand Cosa Nostra de Sicile et celle des États-Unis organisent la Ndrangheta (Calabre) :
Après la Seconde Guerre mondiale, la Ndrangheta (Calabre) n'était pas organisée en Familles mafieuses jugées dignes de ce nom. Cosa Nostra, tant de Sicile que des États-Unis, s'en méfiait donc, les jugeant peu fiables. Les seuls vrais « hommes d'honneur » calabrais se trouvaient aux États-Unis au sein de Cosa Nostra. Jusqu'au jour où Albert Anastasia, chef de la Famille Gambino de New York, lui-même d'origine calabraise, décide d'y mettre bon ordre. À cette fin, il donne mandat à Jo Ida, membre d'une autre Famille américaine et calabrais également. Jo Ida s'adresse en premier lieu à Charles « Lucky » Luciano, réfugié en Italie depuis 1946, qui lui-même se rapproche de Gioacchino Pennino, « homme d'honneur » palermitain. La Commission de Sicile est consultée (1956) : l'agrément est donné. Immédiatement deux vraies Familles apparaissent en Calabre qui deviennent les têtes de pont de Cosa Nostra de Sicile.
Quand la Famille Gambino de New York adoube Raffaele Cutolo à la tête de la Camorra (Campanie) :
Naples, années 1970. Raffaele Cutolo est en train de conquérir la Camorra en éliminant l'ancienne génération. Il reçoit une invitation attendue depuis longtemps. La Famille Gambino de New York veut le rencontrer. Est-ce un piège pour l'éliminer ou la consécration ultime de son nouveau pouvoir ? Recherché par la police, Raffaele Cutolo se rend aux États-Unis sous une fausse identité. La rencontre se déroule dans un restaurant de Mulberry Street (Little Italy, Manhattan, New York) en présence de Carlo Gambino. Raffaele Cutolo subit une série de questions et de conseils. Les « Américains » suggèrent d'abord une remise en ordre, un peu de calme et de cohésion : trop de violence nuit aux affaires. Puis ils demandent à être approvisionnés en drogue, la filière sicilienne ne suffisant pas. À la fin du repas, Raffaele Cutolo sait qu'il vient d'obtenir l'investiture de Cosa Nostra, une lettre de créance valable dans le monde entier. Son pouvoir à la tête de la *Nuova Camorra Organizzata* est ainsi reconnu[48].

l'initiation issus d'un seul village ou du voisinage. Ainsi, l'histoire de Cosa Nostra américaine compte de célèbres gangsters qui, participant pourtant à un très haut niveau aux activités d'une Famille, n'ont jamais pu être initiés en raison d'une « infirmité » d'origine : une mère ou un père non italien. Dans un réflexe pré-moderne, la géographie et l'ethnie déterminent donc l'affiliation mafieuse. Cette spécificité géographico-ethnique est cohérente avec le processus de sélection des futurs initiés qui est le fruit d'un long travail d'observation et d'identification des meilleurs au sein de la communauté.

Le terme de *Famille* est principalement utilisé par Cosa Nostra américaine[51], les yakuza et même les Triades qui se désignent parfois sous l'expression de « Famille Hung[52] ». Cependant, si chaque mafia utilise un vocable spécifique pour désigner son entité de base, le concept de Famille décrit parfaitement la nature réelle du lien imposé par toutes les mafias. Il ne s'agit pas seulement d'une métaphore un peu facile de la solidarité. La relation de base telle que proposée par une mafia relève bien de la création d'un nouveau lien naturel, comme le rituel du sang lors de la cérémonie d'initiation le montre. La Famille mafieuse crée une *parenté fictive* établissant une relation organique entre ses membres. C'est une imitation de la parenté biologique dans sa dimension la plus fermée, exclusive et charnelle.

Les différents noms de la Famille

Par emprunt à Cosa Nostra américaine, nous avons décidé d'appeler *Famille* l'unité de base d'une mafia. En réalité, chaque mafia utilise un terme propre pour désigner cette entité :
– Cosa Nostra de Sicile : *cosca* (*cosche*, au pluriel) signifiant *cœur d'artichaut* en dialecte sicilien. La métaphore est ici transparente : les liens unissant les membres sont à la fois organiques et souples, autour d'un cœur central.
– Cosa Nostra américaine : *Family* (Famille) et parfois *brigad* (brigade).
– la Ndrangheta : *Famille* ou *locale* (« place » en italien ; *locali* au pluriel) dont les branches s'appellent *N'Drine* (*Ndrina*, au singulier).
– les yakuza : *ikka* (famille) ou *gumi* (bande).
– les Triades : *loge, association* (hui) ou *famille* (jia).

Les yakuza utilisent des concepts très explicites pour évoquer cette relation Familiale. L'unité de base est l'*ikka* (Famille) ; le chef est le *kumicho*, aussi qualifié d'*oyabun* (maître/père) ; ses lieutenants sont les *wakagashira* (fils aînés) ; viennent les *wakashu* (fils) ou encore les *kobun* (apprentis/enfants) ; et les *aniki* (frères aînés), les *shatei* (jeunes frères), les *kyodai* (frères), etc. La sous-culture des yakuza se comprend d'abord à travers la relation *oyabun/kobun* qui, sans être propre au monde du crime à l'origine, en est devenue aujourd'hui une marque distinctive. Cette figure relationnelle de type patriarcal et hiérarchique définit le rapport entre « celui qui a la position d'un parent » (*oyabun*) et « celui qui assume la position d'un enfant » (*kobun*). De même au sein des Triades, où il est question dans les relations de *dai lo* (grand frère) et de *sai lo* (petit frère).

L'argot mafieux de Cosa Nostra et de la Ndrangheta use parfois du mot *Maman* pour désigner la société secrète. Une mère qui appartient à ses fils. Les chefs ndranghetistes les plus importants sont appelés *mamma santissima* (*mère la plus sainte*).

C'est un monde masculin assimilant la femme à la faiblesse[53]. Il y a à ce machisme quelques exceptions ponctuelles et peu significatives. Des femmes ont su s'imposer temporairement, moins d'ailleurs en raison de leur talent (criminel) que par délégation ou par héritage d'un mari ou d'un frère. Les cas sont rares[54]. Cependant, la Camorra semble constituer une exception à cette règle. Désormais, un nombre important de femmes y dirigent des Familles criminelles.

La Famille mafieuse n'est donc pas biologique et naturelle, mais culturelle, construite à partir d'un processus de sélection. Ce n'est pas une Famille du sang mais une famille artificielle, du choix et de la cooptation. L'entrée dans une Famille est le résultat d'un processus de sélection des meilleurs. Une vraie mafia a le souci de bien marquer la différence entre les familles biologiques et les Familles criminelles. Entre celles de la nature et celles de la culture. Cosa Nostra de Sicile et celle des États-Unis ont ainsi veillé au cours de leur histoire à ne pas concentrer dans la même Famille (criminelle) trop de membres d'une même famille (naturelle). Il s'agit ici de bien marquer la prééminence du lien criminel sur le lien naturel, d'éviter les vendettas inutiles et les alliances guidées par le seul lien du sang. C'est une parenté de substitution, un organe de sécurité de remplacement. La Famille est la garantie théorique d'une entraide fonctionnant comme un nouveau « contrat social ». Une Famille mafieuse est une société de secours mutuel, d'assistance réciproque entre égaux.

Sauf exceptions, le pouvoir Familial ne se transmet pas : on ne peut en hériter comme d'une seigneurie. On a vu parfois la constitution de dynasties de sang : mais le nom ne peut suffire. En fait, les situations réelles sont parfois plus subtiles. Les liens biologiques et criminels s'interpénètrent alors, familles de sang et Familles d'adoption se croisant souvent. L'endogamie (mariages entre cousins ou entre parents par alliance) peut être ponctuellement encouragée pour renforcer les liens du crime et rendre le tout plus homogène, hermétique et soudé. Tel est le cas au sein de la Ndrangheta qui accorde aux liens de la famille naturelle une place supérieure à celle rencontrée dans d'autres modèles mafieux.

La Famille mafieuse est censée supplanter toutes les autres formes d'allégeance et de liens sociaux. La Famille passe avant tout : « Les liens de parenté, l'amitié n'ont aucune valeur en face de la fidélité à Cosa Nostra. Si l'intérêt de la famille est en jeu, tous ces sentiments passent au second plan. Ils sont même utilisés pour mieux frapper, pour arriver plus facilement au but. Personne ne se sent particulièrement gêné de ça, et personne ne parle de "trahison" dans ces circonstances[55]. » Le mafieux ne s'appartient plus puisqu'il appartient désormais à sa Famille d'adoption. La primauté du lien de fraternité permet d'expliquer à la fois le niveau de soumission et d'obéissance de ses membres ainsi que l'extraordinaire flexibilité et élasticité de l'entité face à la diversité des situations.

Les mafias se sont développées au sein de sociétés traditionnelles accordant à la famille biologique un rôle central et quasi exclusif. Sociétés dans lesquelles le lien familial élémentaire (parents, frères et sœurs, enfants) et élargi (dimension clanique) prime sur toutes autres considérations. L'individu n'existe que par et pour le groupe. Les mafias trouvent alors naturellement leur terreau culturel dans ces mentalités holistes profondément étrangères à l'individualisme contemporain. La lecture de Thucydide nous apprend que depuis l'Antiquité le clan est la réalité première du Bassin méditerranéen. La mafia albanaise se développe par exemple sur un mode de vie tribal et clanique ancestral régi par un code coutumier, le « Kanun[56] ». Le propos vaut aussi pour le Japon bouddhiste et la Chine confucéenne qui accordent à la loyauté de l'enfant envers les parents une place éminente. Un Chinois naît dans une société hiérarchisée dans laquelle il n'y a pas d'individu isolé mais des êtres enserrés dans une toile d'obligations et de liens sociaux plus ou moins contraignants. Le terme chinois pour ce concept très particulier est *guanxi.* Utilisé comme nom commun, ce mot désigne une porte ou une muraille. Le *guanxi,* qui est « l'art des relations », peut se rapprocher de références familières aux Occidentaux telles que : connexions, réseaux, parenté, honneur, fidélité, fraternité, loyauté, etc. Ce concept « évoque à la fois la relation et l'individu à l'origine de la relation[57] ». Le *guanxi* recouvre aussi bien des relations naturelles que d'autres apprises et cultivées. C'est une stratégie sociale par laquelle un individu pris dans un système hiérarchique tente de gagner les faveurs des élites sociales. Le *guanxi* sert à définir les valeurs morales, le comportement et à résoudre les conflits. La loi générale et impersonnelle est marginalisée. Les liens du *guanxi* constituent une « éthique de relation » entre sens de l'honneur et dépendance. C'est un système complexe de relations comprenant une forte part de non-dit, d'invisibilité et de régénération dans la mesure où ces liens peuvent renaître sans cesse sur la base des relations déjà existantes. Le *guanxi* fait de tout Chinois une tête de réseau latente, y compris internationale. Le pouvoir de ces liens survit même à distance, malgré l'émigration, par-delà les mers.

Le mafieux appartient à un univers aujourd'hui étranger à la plupart des Occidentaux : le monde traditionnel-clanique[58]. La culture dominante en Occident ne reconnaît que l'individu isolé et hédoniste vivant en *société*, c'est-à-dire au sein de liens impersonnels, formels et choisis. Le mafieux – comme d'ailleurs la plupart des individus non occidentalisés – ne se reconnaît que dans la *communauté*, autrement dit le clan, un univers fait d'héritages, de déterminants sociaux (race, religion, sexe, classe), où l'on révère le sol, le sang et la famille biologique et l'ethnie. Ici, pas d'individu isolé et libéré, mais plutôt un être enraciné et contraint. Que peut comprendre alors un bourgeois urbanisé et progressiste à un mafieux ? La Famille mafieuse présente une intéressante ressemblance avec le *clan*. Nous sommes en présence avec le clan et la Famille mafieuse de deux réalités sociales fondées sur l'imbrication entre un lien familial (naturel ou construit), des finalités politiques et des origines quasi mythiques[59].

La Famille mafieuse est une *entité* permanente, rationnelle et impersonnelle. Une sorte de « personne morale » au sens juridique du terme, continuant à fonctionner quels que soient les « changements de personnels ». Les initiés passent, la Famille demeure. L'organisation mafieuse se distingue toutefois des autres formes de bureaucraties (État, entreprises) par l'illégalité et la clandestinité de ses activités et surtout par la diversité de ses fonctions sociales.

La cooptation de ses membres est en principe le fruit d'un consensus. Ainsi, à New York, l'initiation – « l'ouverture du livre », selon l'expression consacrée – ne peut se faire qu'avec l'accord des cinq Familles de la ville. On ne candidate pas. On est choisi après des années d'observation attentive puis présenté par un garant. Le lien ethnique est un premier et solide rempart contre l'infiltration et la trahison. Pour le néophyte, la Famille criminelle supplante désormais toutes les autres formes d'allégeance, y compris le lien familial naturel. Toutes les Familles d'une organisation se vivent elles-mêmes comme les parties d'un tout, d'une Famille globale à l'échelle du pays et du monde.

Il y a dans les mafias une idéologie de la famille naturelle ou construite qui est par exemple clairement exprimée dans le nom même de Cosa Nostra, *Notre Chose*. Les mafias affectionnent l'argot et *les rituels de présentation et de reconnaissance* afin de se protéger du monde extérieur (dimension de société secrète) et aussi pour marquer leur différence avec la société ordinaire (dimension de sous-culture). Les initiés de Cosa Nostra américaine utilisent un *code verbal* très révélateur. Quand un initié présente un non-initié, il l'appelle « un de mes amis » : ce qui signifie qu'il n'est qu'un ami personnel et qu'à ce titre il ne faut pas évoquer devant lui les « affaires de Famille » ; quand un initié présente un autre initié à un troisième (les deux ne se connaissant pas encore), il l'appelle « un de nos amis » : ce qui signifie qu'étant lui même membre de l'Organisation il est possible de parler en sécurité devant lui. Les yakuza pratiquent également des salutations codées, sous la forme d'un rituel s'inscrivant dans un code de comportement emprunté du confucianisme et du *bushido* : le *jingi*. Au-delà de leur fonction utilitaire de protection, ces rituels expriment l'idée d'un « entre nous » par opposition à « eux », les « autres ». C'est l'expression d'un « entre soi » primaire. Chaque mafieux désigne ainsi les non-mafieux sous un vocable générique et méprisant : les *civils* pour les mafieux américains ; les *katagi shu* (*citoyens ordinaires*) ou les *katagi no* (*citoyens sous le soleil*) pour les yakuza.

L'idéologie familialiste fondée sur des liens humains et primitifs assure la cohésion d'un groupe ; mais ce groupe ne peut se revendiquer et s'assumer, à la différence des organisations terroristes, sur des objectifs spécifiquement politiques. À travers la *construction Familiale*, les mafias jouent un puissant *rôle d'intégration* des marges sociales. Elles offrent un cadre de référence sociale à des catégories essentiellement flottantes et désorganisées. Le chef de Famille n'est pas loin d'incarner le rôle d'un père, d'un guide, d'un prophète. À l'image de l'homme honnête, l'homme criminel est ainsi fait qu'il manifeste un besoin quasi vital de se sentir inséré, protégé par une institution ayant des règles et une hiérarchie. La

Famille offre un destin, un projet, un idéal, une identité sociale, un avenir à des individus qui *a priori* n'en n'avaient pas.

Le contrat de fraternité comporte deux limites intrinsèques. Il ne peut opérer qu'avec des individus partageant des valeurs communes. Ce qui d'emblée élimine les candidats n'ayant pas le profil adéquat. Par ailleurs, le lien fraternel ne peut perdurer qu'aussi longtemps que les valeurs professées se trouvent en (relative) conformité avec le vécu des membres de la Famille. Un écart par trop important entre le discours familialiste et les actes, en particulier des chefs, ne peut que conduire à des crises internes (repentis, etc.).

L'ignorance de la « nature » réelle de la Famille mafieuse explique aussi pourquoi nombre de sociologues, malgré les révélations des repentis, se sont évertués à nier l'existence de la Mafia/Cosa Nostra comme entité formelle pour n'y voir qu'un ensemble de codes culturels et de comportements s'agrégeant dans des clientèles ou des liens de sang ne nécessitant aucun lien associatif. Le « culturalisme » des chercheurs en sciences sociales ne voulait admettre que les liens naturels et visibles, reléguant l'hypothèse organisationnelle dans la catégorie du racisme et du délire conspirationiste.

Au final, une mafia se présente sous les traits d'une *confédération de Familles* qui se reconnaissent mutuellement mais fonctionnent de manière autonome et indépendante dans la plupart des situations. Chaque Famille appartient ainsi à une Famille plus grande.

LA POLY-CRIMINALITÉ

Une puissance mafieuse est essentiellement *poly-criminelle.* Cette poly-criminalité est à la fois une cause et une conséquence de la puissance mafieuse. Une mafia ne se limite jamais à une spécialité criminelle. Sa force « militaire », politique et économique l'autorise à s'inviter dans tous les secteurs du crime. Une mafia n'exclut ni ne privilégie *a priori* aucune source de revenus criminels. Une mafia a *la capacité de choisir*. Ce choix est guidé par un très pragmatique bilan coût/avantages consistant à mettre en balance les bénéfices escomptés avec les risques nés de la répression (politique anticriminelle, niveau des peines, réalité de l'activité judiciaire, etc.). C'est un calcul rationnel de type économique. Que la répression se fasse subitement trop dangereuse dans une activité criminelle (le trafic de drogue par exemple), la mafia se retire. Qu'un nouveau marché criminel semble prometteur (êtres humains par exemple), la mafia s'impose. Les choix ne souffrent d'aucun fétichisme ni d'aucun tabou idéologique ou moral. Tout au plus peut-on citer l'interdiction que s'impose Cosa Nostra de Sicile pour l'usure et le « marché du sexe », jugés indignes d'un « homme d'honneur ». Et, si la question du trafic de drogue a été si souvent débattue au sein de Cosa Nostra, ce ne fut jamais en raison d'un quelconque souci moral de préservation de la santé, mais par une crainte raisonnée de la répression dans un secteur criminel où naturellement la tolérance des autorités politiques et judiciaires est moins forte que dans d'autres (jeux, usure, etc.).

Cette poly-criminalité explique que l'on retrouve toujours les mafias sur les marchés criminels les plus lucratifs du moment :

- le racket des activités légales ;
- les trafics de drogue, de cigarettes, d'armes, d'êtres humains ;
- l'usure ;
- le jeu ;
- les contrefaçons (luxe, médicaments, musique, etc.) ;
- l'industrie du sexe (prostitution-proxénétisme, pornographie, etc.).

Le machisme des mafias

Les yakuza. Dans *Confessions of a Yakuza*[60], l'auteur raconte la vie d'Ijichi Eiji qui, avant de devenir plus tard un chef de Famille, subit à ses débuts l'apprentissage réservé à tous les aspirants Yakuza. Comme les femmes suscitent une profonde méfiance, non seulement elles ne peuvent être initiées mais elles sont même interdites de tâches ménagères dans les locaux des yakuza. Les nouvelles recrues doivent donc assumer elles-mêmes l'entretien des lieux.

La scène se déroule dans les années 1920 au Japon. Ijichi vient d'intégrer la Famille Dewaya :

« Que fais-je réellement ? La lessive, le nettoyage, la cuisine et les courses. De plus, je devais rester en bons termes avec les commerçants du coin, et aider à ce que les rues du voisinage restent balayées et propres. Ce type de chose.

Le [gang] Dewaya n'avait aucun domestique. Cela signifiait que les jeunes recrues devaient tout faire à l'intérieur de la maison. J'avais l'habitude au départ de me demander pourquoi ils n'employaient aucune femme, jusqu'à ce qu'un aîné appelé Shiro m'explique. Il avait été le plus jeune avant que je n'apparaisse, donc maintenant que j'étais là il était tenté d'imposer son autorité.

"Ici, disait-il, me fixant durement avec son gros visage carré, pense à ce qui arrive s'il y a une descente de police et que tu sois pris. Ils te demandent qui fait quoi, quelles sortes de gens viennent pour jouer, quel volume d'argent liquide circule, etc. Un gars avec des tripes préférerait mourir que de lâcher quoi que ce soit, mais tu ne peux pas espérer la même chose d'une femme."
Selon lui, on ne pourrait jamais faire confiance aux femmes dans notre type de travail.
Ce que je veux dire c'est que fondamentalement elles sont faibles. Elles pourraient toujours affirmer qu'elles ne parleraient pas, mais il suffirait de les déstabiliser et de les travailler là où elles sont sensibles, et toutes leurs bonnes intentions disparaîtraient. Elles en arrivent à parler – et c'est la fin de l'organisation. C'est pourquoi nous ne conservons aucune femme ici et que nous faisons tout – je dis tout – nous-mêmes. »
Cosa Nostra de Sicile. Le mafieux repenti Antonino Calderone décrit sans détour la méfiance viscérale de Cosa Nostra pour les femmes : « Les hommes de Cosa Nostra font très attention à ce qu'ils disent à leurs femmes. Le point de départ, c'est que les femmes raisonnent d'une certaine manière. Toutes les femmes, y compris celles qui ont épousé des mafieux ou qui viennent de familles mafieuses. Quand une femme est frappée dans ses affections les plus chères, elle ne raisonne plus. Il n'y a plus de loi du silence qui tienne, plus de Cosa Nostra, plus d'arguments ni de règles qui puissent la retenir ! Et si on touche à leurs enfants, les femmes deviennent folles parce qu'il n'existe rien au monde qui soit plus fort que cet amour. Le lien entre la mère et l'enfant est plus fort que tout. Plus fort que le lien avec le mari, le père ou le frère.
La douleur d'être privée de son enfant, pour une mère, c'est une douleur impossible à supporter. Si on lui tue son mari, elle pourra se résigner (et encore, ça n'est pas évident du tout) mais si on lui tue son enfant, la femme perd la raison, elle ne connaît plus aucune règle, la douleur lui fait dire et lui fait faire les choses les plus inimaginables. [...]
Si elles savent quelque chose, les femmes parlent. Tôt ou tard, elles parlent. L'homme d'honneur sicilien le sait et il s'efforce de tenir les femmes, les sœurs et les mères loin des activités de Cosa Nostra. Pour les protéger, pour les sauvegarder, pour les sauver, parce que si la femme sait quelque chose, il finira par être obligé soit de la tuer lui-même, soit de la faire tuer par quelqu'un d'autre. Confier aux femmes les faits et gestes de la mafia, ça veut dire trahir le serment de fidélité à Cosa Nostra[61]. »

Obéissance familiale et pureté ethnique : quand Cosa Nostra dicte ses conditions

Dans un livre de souvenirs un peu complaisant[62], Michael Franzese, capitaine de la Famille Colombo de New York, révèle l'emprise totale de l'organisation sur la vie privée de ses soldats. Dans les années 1950, son père « Sonny » Franzese est une étoile montante de Cosa Nostra. Cependant, sa vie familiale préoccupe la Famille Colombo – sa vraie Famille. Sonny Franzese est en effet marié à une belle blonde d'origine allemande. Qui plus est, Mme Franzese veut être actrice. Les supérieurs de Sonny lui indiquent alors qu'avec une telle épouse sa carrière au sein de la Famille est compromise. En revanche, s'il trouve une nouvelle femme, plus docile et d'origine italienne, son avenir professionnel s'éclairera. Peu après, Sonny Franzese divorce pour épouser une jeune américaine d'origine italienne de 18 ans.

LES MYTHES ET LÉGENDES

On touche ici à la dimension la plus étonnante d'une mafia : son besoin de construction d'une origine quasi mythique tenant à la fois de la chanson de geste et de la légende populaire. Une mafia tente de se légitimer en s'enracinant dans une histoire embellie, transfigurée, idéalisée. Une mafia s'invente un passé glorieux de patriotisme, de résistance à l'oppression et de pratiques chevaleresques. Comme si un commencement mythique pouvait définitivement ennoblir de pures pratiques criminelles. Le mythe fondateur devient alors un élément déterminant de l'idéologie de l'organisation et donc de sa cohésion. C'est pourquoi les cérémonies d'initiation des nouveaux membres comportent un rappel des sources mythiques du groupe. La ruse consiste à récupérer des éléments de l'histoire et de l'identité nationales (ou régionales), de les détourner et de les utiliser à des fins criminelles. L'objectif est de parfaire l'intégration sociale de l'entité criminelle en tentant de l'enraciner aussi profondément que possible dans l'histoire locale. Cette construction mythologique est un élément de différenciation fort avec le banditisme classique : un gang ordinaire n'a qu'une réputation, là où une mafia a une légende.

Le mythe fondateur d'une mafia comporte toujours une histoire complaisante de protection et de résistance d'une communauté opprimée dans un environnement hostile. Le mafieux s'imagine d'abord en résistant et patriote. À l'occupant français et à tous ses successeurs pour Cosa Nostra de Sicile. Le mot même *Mafia* en témoignerait. Il serait issu de la glorieuse résistance des palermitains face aux Français au cours du fameux épisode des « Vêpres siciliennes » (30 mars 1282). Selon une première version, le mot Mafia serait la contraction d'un appel désespéré d'une mère voyant sa fille violée par la soldatesque française : *Ma fia !*, (*ma fille* !) ; selon une deuxième version, la révolte palermitaine aurait eu pour slogan *Morte Alla Francia ! Italia Anela* (*Mort à la France, l'Italie frémit*) formant l'acronyme *Mafia*. Une autre légende fait naître la Mafia entre les XVIe et XVIIIe siècles de la société secrète des *Beati Paoli*, sorte de société de secours mutuel et d'entraide religieuse dont le cri de ralliement (1860) aurait été : *Mazzini Autorizza Furti, Incendi, Avvelenamenti* (*Mazzini autorise le vol, l'incendie et le poison*) formant l'acronyme *Mafia*[63]. Rien de cela n'est sûr, mais Cosa Nostra se réapproprie ainsi complaisamment une grande partie de l'histoire sicilienne en tentant d'incarner des siècles d'opposition aux envahisseurs étrangers ; et plus généralement à l'oppression politique puisqu'elle se délivre même des brevets d'antifascisme militant !

Quant à sa sœur cadette nord-américaine, Cosa Nostra aurait été l'expression de la résistance, encore une fois, d'une communauté italienne fraîchement immigrée et accueillie, à la fin du XIXe siècle, aux États-Unis par des WASP (White Anglo-Saxons Protestant) fort hostiles. Cosa Nostra américaine s'est également approprié la mythologie de sa génitrice sicilienne.

D'après sa propre tradition, la première Triade chinoise aurait été fondée en 1674 par des moines bouddhistes du monastère de Shaolin dans le Fujian (sud-est de la Chine) sous le règne de l'empereur Kangxi (1662-1722) pour résister à l'oppression Mandchoue, tribu « barbare » ayant déferlé par-dessus la Grande Muraille de Chine. Les Mandchous au pouvoir depuis 1644 fondent la dynastie Qing, mais ne parviennent à contrôler que la partie nord du pays. Ils s'inquiètent en particulier de ces (108 ou 128) moines bouddhistes dont l'un d'entre eux (Tan Song) a mis au point une redoutable technique de combat à mains nues, le kung-fu. Selon une autre version, les religieux de Shaolin avaient en réalité contribué à la victoire des Mandchous. Mais, suite à des intrigues de cour, au lieu d'être récompensés pour leurs services, l'empereur décide de les éliminer. Quoi qu'il en soit, en 1674, les bonzes sont massacrés et le monastère détruit, trahis par l'un d'entre eux, numéro 7 dans la hiérarchie, Ma Yee Fuk. Cinq survivants forment une société secrète, la ligue Hung, du nom du premier empereur de la dynastie Ming qu'ils veulent restaurer, encore appelée Triade ou Société-association du Ciel et de la Terre, dédiée au renversement des Mandchous. Avec pour slogan : « Renverser les Qing et restaurer les Ming », c'est-à-dire renverser les envahisseurs mandchous et rétablir la dynastie chinoise qui les précédait. Pourquoi société de la Triade ? En raison de son symbole, un triangle équilatéral, dont les côtés représentent les trois concepts de l'harmonie chinoise, le ciel, la terre et l'homme. Les noms des cinq « Tigres de Shaolin » ou « Patriarches » sont passés à la postérité : Tsoi Tak Chung, Fong Tai Hung, Ma Chiu Hing, Wu Tak Tai et Lee Shik Hoi. La glorieuse légende des Triades se nourrit par ailleurs aux sources d'une tradition populaire adulant le bandit social incarné par exemple dans le fameux roman *Au bord de l'eau*[64]. Avec les années, cette légende n'a cessé de s'enrichir passant du stade de simple fable à celui d'histoire complexe. En fait, il existe de nombreuses versions de la légende fondatrice des Triades ; au moins sept versions semblent clairement identifiées. Un proverbe chinois dit : « Si l'armée protège l'empereur, les Triades protègent le peuple. » Les Triades furent-elles réellement à l'origine ces nobles groupes patriotiques ? Ou bien ne furent-elles dès le départ que des associations criminelles déguisées ? Leur dégénérescence, leur criminalisation ultérieure, ne serait-elle qu'un autre mythe ? Parfois, la réalité permet au mythe de se réincarner. En mai 1969, les tensions raciales en Malaisie sont à leur apogée entre Chinois et Malais : ne dit-on pas que face aux exactions de l'armée malaise la communauté chinoise de Kuala Lumpur fit appel aux Triades pour se défendre ? Mais peut-être n'est-ce aussi qu'une légende…

Le mafieux se veut par ailleurs un homme d'honneur, un chevalier incarnant des valeurs ancestrales de bravoure, de virilité et de courage. C'est un bandit d'honneur, un samouraï attaché au *bushido* (la voie du guerrier), une sorte de Robin des Bois protégeant les faibles et les pauvres, l'incarnation du tragique. Il est le gardien d'une culture et d'une tradition. Un Parrain tentera ainsi de soigner sa popularité et son image. Le procédé le plus usuel est la *charité sociale.* Les *Boss* mafieux ont leurs nécessiteux pour soigner leur image de marque. Pendant la dépression de 1929, Al Capone organisait des soupes populaires pour les pauvres. Toujours dans les années 1930, la Famille de Chicago eut l'idée d'imposer, pour la première fois dans l'histoire, aux distributeurs de lait frais pour enfants des dates de péremption dans un souci prophylactique. Un terrible tremblement de terre tue 5 500 personnes à Kobe, au Japon, en 1995. Immédiatement, Yoshinori Watanabe, chef d'un des principaux clans yakuza du pays, le Yamaguchi-gumi, dont le siège est justement situé à Kobe, fait distribuer gratuitement à la population eau et nourriture. La Turquie est dévastée en 1999 par un terrible tremblement de terre. Sedat Peker, un des plus puissants *Baba* du pays, fait survoler les zones dévastées par un hélicoptère afin de définir les priorités, distribue gratuitement environ 15 000 repas chauds quotidiennement, des tentes, des vêtements, supervise sur place les secours, etc.[65]. En 1991, deux fils mafieux du *Boss* Carlo Gambino offrent 2 millions de dollars au *Long Island Jewish Medical Center* du Queens (New York) ; le don fait scandale. Les exemples sont nombreux et de toutes époques.

Le récit fondateur peut faire sourire, mais il remplit pourtant quatre fonctions internes et externes à l'organisation. Il est d'abord le *ciment idéologique* dont une mafia, comme tout groupe social, a besoin pour assurer sa cohésion et son étanchéité. L'enjeu est de taille. Il est question ici de survie physique face à la concurrence et de liberté face à la répression. La culture mafieuse ne peut en effet valoriser ni le racket ni le meurtre ; en revanche des références positives d'honneur et de résistance séduisent, fascinent, attirent. Par ailleurs, le mythe tient à distance, intimide et joue *un rôle incapacitant* pour l'adversaire, qu'il s'agisse de l'État ou d'un adversaire criminel. De ce point de vue, le mythe permet d'économiser de la violence et fonctionne comme un multiplicateur de pouvoir. Ensuite, le mythe est un puissant *agent recruteur* parmi les jeunes gangsters des rues qui rêvent de décrocher leur bâton de maréchal en accédant à ce monde supérieur du crime. Le mythe fait rêver. Les gangsters sont souvent des âmes simples, des hommes ignorants et peu éduqués, plus facilement gouvernables par l'imagination et les sentiments que par la raison. Le mythe criminel peut vite se transformer en mythe criminogène. Dans des jeunes têtes, l'histoire est supplantée par un folklore valorisant à l'excès la tradition. L'identité des enfants et des adolescents se fonde sur des idées et des valeurs biaisées par une tradition orale valorisant la force et le mépris des lois. Enfin, la mythologie mafieuse concourt à créer un climat favorable, à développer une forte *tolérance sociale*. S'attaque-t-on à Robin des Bois ? À un rebelle tragique ou à un bandit social ? L'opinion publique peut être tentée de juger une mafia autant sur un imaginaire détourné et complaisant que sur des crimes bien réels. Une sympathie malsaine faite de fascination et d'effroi immunise alors contre une réprobation trop brutale. La vitrine mythique permet de dissimuler habilement un fonds de commerce criminel. Les mafias ne sont plus perçues comme les entités les plus dangereuses du monde criminel mais comme ses franges les plus

« nobles ». Ne sous-estimons jamais ce très puissant pouvoir de *séduction* des formes criminelles les plus dangereuses. On ne peut expliquer autrement la multiplication des sites Internet consacrés aux yakuza ou à Cosa Nostra, à la dimension apologétique évidente.

Le cinéma renforce puissamment cette dimension mythique et légendaire des mafias. Ce média permet de pousser au paroxysme une esthétique et une idéalisation du mal. On ne compte plus en Asie les milliers de films de propagande ayant pour thème les Triades et les yakuza. Exercice d'autant plus facile que ces industries sont souvent sous l'emprise de ces organisations criminelles. Entre le début des années 1960 et le milieu des années 1970, quelque 1 500 films de yakuza furent réalisés au Japon. Il va sans dire qu'ils étaient tous apologétiques. La compagnie de production *Toei*, à l'origine de la plupart de ces films, fut d'ailleurs soupçonnée d'être en cheville avec la pègre. Il n'étonnera personne que le cinéma de Hong Kong exalte fort peu discrètement les Triades à travers les films de kung-fu dont l'objet est de nous convaincre que cette technique de combat rend invulnérable. Les Triades ont par ailleurs de puissants intérêts dans l'industrie cinématographique de Hong Kong[66].

Les mafieux nord-américains ont fait du film *The Godfather* (*Le Parrain*, 1972) de Francis Ford Coppola leur référence, au point parfois de s'identifier aux personnages. Désormais, le tueur fidèle d'un chef de Famille de Cosa Nostra sera toujours plus ou moins un Luca Brasi[67]. On comprend pourquoi Cosa Nostra a surveillé de près le tournage du *Parrain* pour que le film reste politiquement correct. Exercice réussi. Car que nous disent Francis Ford Coppola et le livre de Mario Puzzo (1969) dont il est l'adaptation ? La Mafia n'est qu'une réalité familiale (biologique), un moment dans la dure ascension sociale aux États-Unis de pauvres immigrants persécutés par les WASP et attachés à de fortes traditions (honneur, etc.) ; la criminalité mafieuse n'est que la réponse, temporaire, de braves immigrés en butte à la dureté de la société américaine ; le vieux Corleone incarne un chef bienveillant d'abord soucieux de la sécurité des siens, distribuant une justice naturelle dans sa communauté. On notera que la fable du *Parrain* (1972) prend son essor juste après les premières révélations du repenti Joe Valachi (1962-1963), comme une sorte de contre-feu médiatique. Ce film constitue une véritable apologie de la culture mafieuse et une négation de Cosa Nostra en tant qu'entité formelle (« organisation »).

Dans la conscience populaire, tout autant que dans l'histoire du cinéma américain, la saga du *Parrain* constitue un tournant. Le gangster de type mafieux prend la place occupée naguère par le cow-boy du western. Au mythe de la *Frontière*[68] succède celui du *capitalisme prédateur*. Ce n'est plus *Une bible et un fusil* (film de Stuart Millar, 1975) mais *la libre entreprise* et *la quête du bonheur*. La Mafia nous parle en effet du capitalisme dans ce qu'il a de plus mobile, destructeur et profitable, d'une immigration vers la terre promise qui ne demande qu'un bout de paradis. La mythologie du *Parrain* se réapproprie par ailleurs des archétypes et des thèmes intemporels : l'honneur, la haine, la famille, l'amour, le sexe, le pouvoir, la trahison et même la rédemption (*Parrain III*). *Le Parrain* fut probablement l'événement le plus heureux de l'histoire de la Mafia[69]. Auparavant, les gangsters du cinéma n'étaient que des voyous rudes et cruels. Subitement, ils acquièrent une dimension politique et quasi métaphysique. On ne peut enfin ignorer la continuité profonde entre les figures du cow-boy et celle du gangster-mafieux : un homme armé qui, par son mérite personnel, sa détermination et sa force, bouscule l'ordre social[70].

De façon plus générale, le cinéma hollywoodien a (involontairement ?) rendu service à Cosa Nostra en remplissant deux rôles. D'abord intégrateur en faisant passer l'idée que la Mafia fait définitivement partie du paysage social américain. Les représentations comiques et sarcastiques banalisent ainsi puissamment la présence d'un groupe criminel qui n'est plus perçu comme un corps étranger. Ce sont désormais *nos* gangsters, *notre chose* aussi. Telle est la fonction par exemple des *soap opera* (séries télévisées) comme *Les Sopranos*. Cette moquerie télévisée plutôt talentueuse fonctionne comme un habile procédé d'intégration, plus efficace que le déni (« la mafia n'existe pas »). Intimidateur ensuite : qui aura l'idée de témoigner contre la Mafia ou de tenter de l'escroquer après avoir vu le film *Casino* de Martin Scorsese ? De ces milliers d'heures de fiction, le public n'aura retenu en définitive qu'un message simple : respectons *notre* Mafia nationale. Les mafias profitent ainsi pleinement de la fascination morbide et apeurée que la violence cinématographique génère.

Le mythe va parfois se loger dans de curieux ressorts, telle l'origine supposée des mots du langage courant. D'où viendrait *Omertà* (*silence*) ? Prétendument de *uomo*, (*homme*) : sous-entendu, le mafieux est l'homme viril par excellence. Et Ndrangheta ? Du grec *andraghatos* (*homme courageux*) ! L'intention apologétique est ici évidente.

La dimension mythologique n'est pas qu'un habile discours de propagande. Ces contes et légendes pénètrent profondément les mentalités mafieuses. Pour s'en convaincre, la lecture des mémoires de mafieux repentis (Buscetta, Calderone, Gravano, Mutolo, Caramandi, etc.) ou non repentis (Bonanno) est édifiante. Il y est constamment question d'une Mafia idéale, celle du passé évidemment, en butte à une Mafia présente, corrompue, cruelle, indisciplinée et dégénérée, ne respectant plus les codes et les valeurs de l'organisation, jadis noble et respectable. On peut voir dans cette reconstruction fausse de l'histoire de la Mafia une ruse un peu piteuse pour justifier la repentance judiciaire. Il faut en réalité décrypter dans ces discours une illusion psychologique très commune consistant à idéaliser le passé à partir d'un préjugé présent. C'est le mythe de « l'âge d'or » : le recours à une époque idéale qui n'a jamais existé mais qui constitue la référence idéologique[71]. Cette mythologie reflète également un pur phénomène de génération biologique : des mafieux plus jeunes, donc plus violents et plus agressifs, tentent d'évincer des mafieux vieillissants. Les anciens sont des perdants gérant des rentes de situation et qui se confrontent à une génération affamée. Cette double dichotomie purement mythologique – ancienne-bonne mafia contre nouvelle-mauvaise mafia – ne trompe pas seulement les mafieux et les observateurs pressés : c'est malheureusement une illusion courante que nombre de sociologues véhiculent complaisamment.

Les mythes concourent à occulter et à transfigurer la réalité, à nous en éloigner. Mais, objectera-t-on, ces récits vieillissent et perdent de leur force au fil des siècles ! Fort peu en fait. Loin d'être figés et fermés dans un passé ancien et révolu, ces contes et légendes s'enrichissent au cours des générations des exploits des *Boss* ayant su éviter l'oubli. Les extravagances d'un Al Capone ou d'un John Gotti font désormais partie intégrante de l'histoire non seulement mafieuse mais au-delà des États-Unis. Chaque mafia se retrouve ainsi propriétaire d'un patrimoine historique et mythique qui, loin d'être fixe, ne cesse de s'enrichir au fil des années. Et ce patrimoine mythique parvient ensuite à peupler plus ou moins consciemment l'imaginaire et la mémoire populaires.

L'ANCIENNETÉ ET LA PÉRENNITÉ

Une mafia se reconnaît à cette capacité unique de survie qui lui permet, quels que soient les aléas de l'histoire (guerres), les régimes (démocratie, dictature), les systèmes économiques (féodalité, capitalisme libéral) et surtout les coups de butoir de la répression, de poursuivre ses activités. Cette faculté à durer transforme une mafia en élément du décor, en structure permanente du paysage social, là où d'autres institutions passent et meurent. Pourquoi ? Probablement grâce à une sorte d'intelligence collective qui la rend à la fois *dure* et *souple* ou plus exactement *dure car souple*. Les mafias ont apparemment une infinie *capacité d'adaptation* aux bouleversements du monde. La répression des États semble glisser sur elles, tels ces orages brefs et violents ravinant des terres trop sèches. Un proverbe Sicilien dit : « Courbe-toi jonc, la crue passe. » Qu'une tête tombe, qu'une Famille subisse des arrestations, l'entité survit. D'autres soldats prennent la place. La dimension formelle d'une mafia lui permet d'exister quelles que soient les vicissitudes : les soldats et les chefs passent, elle demeure. La structure est stable, et les hommes remplaçables. Telle l'hydre, les têtes repoussent. Par comparaison, le réseau d'espionnage, la cellule terroriste ou encore le gang ordinaire se relèvent rarement de la répression. Les gangs du milieu criminel classique, si redoutables soient-ils, se caractérisent par une totale incapacité à surmonter la disparition de leurs chefs.

Le mythe de l'âge d'or : la mafia idéalisée

Cosa Nostra de Sicile. Dans ses mémoires, Tommaso Buscetta se livre à un exercice d'idéalisation de Cosa Nostra. Est-il sincère ? Cherche-t-il à rendre plus respectable son engagement de jeunesse ? Ignore-t-il la nature réelle et l'histoire de sa société criminelle ? Peu importe en définitive, le discours mythologique se suffit à lui-même :

« Par le passé, Cosa Nostra n'avait rien à voir avec l'entité perverse qu'elle est devenue aujourd'hui. Du temps de ma jeunesse et même une fois parvenu à l'âge adulte, c'est-à-dire jusqu'à la fin des années 1960 si l'on veut fixer une date, elle se fondait sur des principes positifs, sur des concepts de bonté, d'honnêteté et de justice qui m'ont fasciné et qui continuent de m'attirer. Quand je soutiens que mon appréciation sur Cosa Nostra a radicalement changé mais que ma manière d'être et mon caractère sont restés les mêmes, je veux dire qu'au fil des années, ma personnalité s'est modelée à partir de comportements issus de ces concepts. Les anciens, les vieux mafieux qui m'ont éduqué et expliqué les traditions de Cosa Nostra quand j'avais moins de 20 ans, m'ont dit qu'elle était née pour défendre les faibles contre les injustices des puissants ainsi que pour affirmer les valeurs de l'amitié, de la famille, du respect de la parole donnée, de la solidarité et de l'omerta. En un mot, le sens de l'honneur.

Je parle ici des années 1940. Ces vieux avaient alors 70-80 ans et faisaient donc référence à des situations vieilles de plus d'un siècle. Mais toute la première phase de ma vie a été inspirée par ces idées en lesquelles j'ai cru de toutes mes forces, auxquelles j'ai juré fidélité et qui ont encore à mes yeux une signification. À bien regarder, ce ne sont pas des caractéristiques exclusives du comportement mafieux ; elles sont ancrées dans la dignité de l'homme. Pour un Tommaso Buscetta de 20-30 ans, Cosa Nostra était quelque chose de splendide. C'était tout : l'instrument pour permettre à l'homme piétiné, à la victime de vexations infligées par les riches et les malfaiteurs, d'acquérir dignité et orgueil. [...]
La violence gratuite et sournoise, la tromperie, le double jeu sont venus bien après. Les plats froids de la haine, des trahisons et des meurtres sans mobiles ont été servis dans les années 1970 et 1980 avec l'argent de la drogue et des marchés publics, avec la corruption des anciennes valeurs et, surtout, à la suite de l'ascension de Toto Riina, l'homme le plus maléfique de toute l'histoire de Cosa Nostra[72]. »

Les yakuza. En 1999, Tokutaro Takayama, 71 ans, chef en titre de la fédération criminelle Aizu-Kotetsu, exprime dans une de ses rares interviews ce qui ressemble à des états d'âme : « Ça ne va pas dans la bonne direction. Aujourd'hui je ne voudrais jamais rejoindre les yakuza. » « Aujourd'hui, ils ne font plus attention aux obligations, à la tradition, au respect et à la dignité[73]. »

Par ailleurs, une mafia sait l'État souvent velléitaire et apte au compromis. Il lui suffit d'attendre, de courber l'échine, de faire croire à sa propre défaite, d'attendre des jours meilleurs. D'ailleurs, l'histoire dresse un bilan plutôt modeste des effets de la répression. Jusqu'à présent, jamais une mafia n'a disparu du fait de l'action de l'État ou des circonstances de l'histoire. Cette règle aurait pu connaître une exception. Le régime fasciste italien fit, un temps, quasiment disparaître Cosa Nostra, avant que la libération de la Sicile par les forces alliées ne lui redonne vie[75].

Une mafia a un instinct sûr, animal, pour se fondre dans les réalités du moment. Une mafia sait changer pour que rien ne change. Une mafia est capable de survivre, de se renouveler et de croître. Longtemps, une confiance naïve dans les effets bénéfiques du progrès a fait prédire une disparition naturelle des mafias. Ces résidus d'archaïsme rural, ces reliquats de vie primitive, ces restes d'un passé obscur, devaient mourir naturellement avec l'avène-

Empreinte et admiration :
comment naît la vocation mafieuse

Dans *Le Camorriste*[74], le journaliste italien Giuseppe Marrazzo raconte à la première personne la vie de Raffaele Cutolo qui, dans les années 1970, modernise et prend la tête de la Camorra (Naples, Campanie). La jeunesse de Raffaele Cutolo est marquée par la misère paysanne. Sa famille vit sous la coupe d'un propriétaire cupide, le *cavaliere* Astoria. Une mauvaise récolte survient, le père de Raffaele ne peut payer le loyer, et le *cavaliere* menace de les chasser. Reste un ultime recours, don Alfredo, le *Boss* de la région. La rencontre avec ce sauveur sera déterminante à plus d'un titre : « Il apparut soudain dans l'encadrement de la porte. D'un bond, mon père et moi fûmes debout, marmonnant un bonjour qui nous libéra en partie de l'embarras de cette première rencontre. Don Alfredo répondit d'un léger signe de tête avec un sourire à peine ébauché. Il portait une veste croisée sur une chemise blanche et une cravate bleue à bandes claires. Son visage était large et sévère. Sa moustache clairsemée couvrait ses lèvres charnues et rouges qui révélaient par instants de grandes dents blanches.

Il écouta sans mot dire, ébauchant un sourire de compréhension et d'assentiment, comme pour nous rassurer. On devinait qu'il voulait nous faire comprendre : “Je n'ai aucun problème à faire ravaler au *cavaliere* Astoria ses menaces.” La conversation fut brève. Elle consista en quelques phrases hachées prononcées par mon père, en proie à l'émotion.

Même si la visite fut de courte durée, elle me suffit à analyser en détail l'homme fort qui était en face de moi. Il m'apparut exactement comme l'archange Gabriel de la paroisse de San Giuseppe. La sobriété de ses manières, ses gestes mesurés, sa voix rauque lui conféraient une aura qui me frappa profondément. C'était une impression que je n'avais jamais ressentie auparavant ; pas même à l'occasion de la visite du maire en deuxième année du cours élémentaire ou à l'église, en compagnie de don Peppino. De don Alfredo émanait un fluide sécurisant. […]

Je fus envahi par un sentiment d'euphorie, de bonheur et de satisfaction, mêlé d'un surcroît de vénération pour ce personnage qui neutralisait l'arrogance et la violence du *cavaliere* Astoria, son indifférence totale au fait qu'il allait nous ruiner en nous privant de la ferme. Et au fur et à mesure que je trottais vers la maison aux côtés de mon père, j'étais gagné par l'envie de devenir comme don Alfredo, fort, décidé, dispensateur de sécurité, défenseur des faibles comme Michele ‘a Vecchia, justicier du *cavaliere* Astoria. »

ment de la démocratie et de la prospérité économique. Analysées de façon aussi sommaire que condescendante comme des tribus archaïques égarées dans la modernité, comme des codes primitifs, les mafias devaient inéluctablement disparaître avec le progrès politique et économique. La longévité inattendue de ces « Derniers des Mohicans », plus résistants que prévu, détruit ainsi le mirage parfois teinté de mépris d'une mafia qui ne serait que le miroir ou le sous-produit d'une société traditionnelle et immobile, sous-entendue attardée et sous-développée. D'où les équations faciles : mafia = féodalité et développement politico-économique = disparition de la mafia. On sait ce qu'il advint.

Les mafias ne sont pas solubles dans le progrès. Les mafias sont désormais les championnes du capitalisme libéral. Cette croyance naïve dans les effets bénéfiques du progrès et de la modernité renvoie à l'idée tout aussi incertaine des origines économiques et sociales du crime, à l'existence d'un bouillon de culture originel qu'il suffirait de faire disparaître pour éradiquer le mal. Pour l'Italie du Nord, la Mafia n'était que l'expression provisoire d'un Mezzogiorno attardé ; pour les Américains, Cosa Nostra constituait un simple folklore d'importation, un stade provisoire dans l'insertion de nouveaux immigrants. On a vu à l'œuvre ce préjugé anthropologique sur l'archaïsme mafieux à chaque mesure d'éloignement de ses chefs : loin de leur territoire primitif, ils dépériront, disait-on ! Au final, ils ont prospéré et gangrené des terres saines[76]. Gageons que l'ordinateur aujourd'hui, pas plus que la locomotive hier, ne fera pas disparaître les mafias, au contraire. Puisque la thèse analysant le phénomène mafia en termes d'archaïsme est démentie par les faits, ne faudrait-il pas inverser la proposition et plutôt analyser la mafia en termes de modernité naissante ? On ne peut qu'être troublé par la concomitance historique entre l'émergence puis l'extension des mafias et précisément la modernisation des pays les ayant vu naître. La corrélation est troublante tant pour Cosa Nostra sicilienne, nord-américaine et les yakuza aux XIXe et XXe siècles que pour la mafia albanaise à la fin du XXe siècle.

Une mafia peut s'acclimater quel que soit l'environnement. Pourquoi ? Parce qu'elle sait développer le biotope qui lui convient. Une mafia ne subit pas son environnement, elle le conditionne.

Au final, une mafia nous enseigne que l'ancienneté n'est pas forcément la vieillesse. La pérennité de l'organisation n'est donc pas synonyme d'immobilisme et de fixité mais plutôt d'évolution et de changement. Ces organisations sont vivantes. Des Familles naissent ; les moins adaptées meurent ; les autres, plus innovantes ou plus chanceuses, se développent et prospèrent. C'est pourquoi, il n'est pas abusif de parler de « résilience mafieuse ».

Quand cette dimension d'ancienneté et de pérennité est comprise, alors il n'est plus question de douter de la grande *permanence non seulement des mafias mais aussi des événements liés aux mafias*. Faute de mémoire, nous croyons ces événements nouveaux et inédits alors qu'ils ne sont qu'une *répétition* du passé, pour ne pas dire un bégaiement de l'histoire. Prenons deux exemples tirés de l'histoire italienne.

Premier exemple : l'armée en renfort à Naples (Campanie). À un siècle d'écart, l'État italien s'est trouvé dans l'obligation d'envoyer l'armée à Naples afin d'y rétablir un semblant de paix publique. S'en souvient-on encore ? Il faut croire que l'emprise de la Camorra était déjà grave pour que, en juillet 1862, l'état de siège soit déclaré et que dans les trois mois suivants 500 camorristes soient arrêtés. Les autorités veulent clairement rétablir leur domination dans le sud de l'Italie où manifestement elle a perdu pied : 100 000 soldats y sont envoyés. Naples, où la Camorra est qualifiée de « banditisme urbain », n'échappe pas à la mesure. En 1863-1864, 1 200 camorristes sont assignés à résidence. Années 1990-2000 : les très spontanés clans camorristes de Naples ne cessent de régler leurs conflits de territoires par de sanglants règlements de comptes en plein jour, dans la rue. Il faut régulièrement envoyer des renforts. 1997 : 600 hommes de troupe. Septembre 2000 : 500 policiers.

Second exemple : les maxi-procès (Campanie et Sicile). Le maxi-procès de 1986-1987 à Palerme contre Cosa Nostra de Sicile fait sensation par son ampleur : 474 prévenus, une instruction de 600 000 pages. D'autres suivront à Messine, Agrigente, Milan, Turin, Naples, Venise, Reggio de Calabre, etc., mais avec moins de succès. Ces procès à grand spectacle impressionnent l'opinion sans d'ailleurs porter de coup fatal aux mafias du Mezzogiorno. On oublie alors qu'ils ne sont pas une nouveauté. L'État italien en a déjà usé par le passé, sans parvenir à obtenir de résultat probant. Ainsi en 1911-1912, 35 chefs camorristes sont condamnés à de longues peines pour le meurtre d'un des leurs, Gennaro Cuocolo.

ENFIN ET SURTOUT, LE SECRET ET L'INITIATION

Une mafia est une *société secrète et initiatique*, un organisme régi par la discrétion et l'ésotérisme. Ce qui fait d'une mafia une réalité sociale complexe et subtile que l'on ne peut réduire, sauf à la travestir, à une simple entité criminelle.

L'entrée dans une mafia s'opère symboliquement par un *rite d'initiation*, une cérémonie scellant un pacte de silence et de solidarité[77]. Ces rites ont clairement une fonction *expressive* dans la mesure où ils servent à institutionnaliser des normes et des valeurs[78]. L'initié pénètre alors dans un autre monde, un univers aux règles nouvelles. On est ici frappé par les dimensions quasi mystiques et religieuses des coutumes mafieuses.

À l'examen, les rites d'initiation des différentes mafias (Triades, Yakuza, Cosa Nostra) sont étrangement proches. L'entrée dans la Famille est un baptême, une renaissance. Un homme nouveau et vierge naît. La cérémonie d'initiation des Triades et de Cosa Nostra a souvent comporté un rituel du sang (coupure, incision) pour symboliser le lien nouveau. Le privilège de l'initiation expulse de l'ordinaire social (les « citoyens » ou « civils ») et criminel. Le mafieux devient un prince, un aristocrate de la pègre. L'initiation est une forme d'ascension sociale. Le mafieux rejoint une élite. Le mafieux est protégé : il est désormais quasi intouchable pour les non-initiés puisqu'il appartient à la caste supérieure du crime. Les initiés sont l'université du crime. Même simple « soldat », donc au bas de la hiérarchie mafieuse, l'initié est un « général du crime », le « cardinal d'une Église ». Car l'importance de l'initiation réside moins dans ce qu'elle cache au non-initié et révèle à l'initié que dans ce qu'elle exprime : l'affirmation d'un nouveau *statut* social. Ce statut aristocratique conduit à considérer le monde extérieur comme une réalité ennemie et déshumanisée. Devenu *homme d'honneur*, le mafieux perd à l'égard du reste de l'humanité toute forme de compassion. Qui s'étonnera alors que l'initiation, dans sa dimension d'anoblissement, soit perçue par les gangsters comme l'aboutissement d'une carrière criminelle ? L'ex-chef de la Famille de Philadelphie Ralph Natale, devenu repenti, explique lors d'un procès pour assassinat (2004) que rejoindre Cosa Nostra « est le rêve ultime de tout voyou de chaque grande ville ».

Le silence est le ciment du pacte mafieux. Sa violation est sanctionnée par la mort. C'est pourquoi le rituel comporte un serment sacramentel, tel celui utilisé par la Famille Patriarca (Providence, Rhode Island) : « Je veux entrer dans cette organisation pour protéger ma famille et pour protéger tous mes amis. Je jure de ne pas divulguer ce secret et d'obéir avec amour et Omerta[79]. »

Socialement, l'initiation est une cérémonie qui fait accéder l'individu à un nouveau groupe d'appartenance. Psychologiquement, l'initiation s'apparente à un processus destiné à provoquer le passage d'un état, réputé inférieur, à un état supérieur. Dans une dimension quasi religieuse, le rituel de la cérémonie transforme le profane en initié. Il meurt au monde ordinaire pour renaître à une vie nouvelle. Le rite d'initiation est un *rite de passage*, une représentation symbolique de la mort et de la résurrection. L'entrée en mafia s'apparente ainsi à une entrée en religion. Au XIXe siècle, dans certaines loges des Triades de Canton, les candidats à l'initiation devaient ramper entre les jambes du maître de cérémonie dans une représentation très évocatrice de renaissance[80]. Cosa Nostra de Sicile et la Ndrangheta utilisent les symboles et l'iconographie du catholicisme le plus traditionnel. Dans la Ndrangheta, la cérémonie d'initiation porte le nom évocateur de « baptême ». Les Triades cultivent à souhait leurs origines bouddhiques et mythiques du monastère de Shaolin, conférant de la sorte à leur société secrète une dimension quasi religieuse.

Comme tout rite de passage, la cérémonie mafieuse marque successivement trois phases symboliques : une *séparation* (de l'ancien monde), une *transition* (entre deux mondes) et enfin une *incorporation* (au sein d'un nouveau monde).

L'initié pénètre dans un autre monde, un monde parallèle. « Initié » vient du latin *initium* signifiant *commencement, entrée.* L'initié se distingue du mystique qui est généralement un isolé. L'initiation en revanche ne peut être le fait que d'une organisation (secrète), d'où son caractère éminemment social. La cérémonie communique à l'initié plus que des règles nouvelles. La cérémonie lui offre une autre vision du monde. Le secret initiatique relève autant de la connaissance nouvelle que de l'émotion et du sentiment, avec la part d'incommunicable que ce type d'expérience recèle[81]. Le but est moins la découverte d'une doctrine nouvelle que la révélation d'un autre univers. C'est la sensation d'une mort puis d'une nouvelle naissance. Encore faut-il que l'initié adhère et croie à la transformation censée s'opérer. Ce nouvel état est en principe permanent, et seule la mort naturelle ou violente peut y mettre fin. Le mystère intérieur doit se doubler d'un mystère social.

Au final, l'initiation établit un double lien. Immédiat, immanent et social avec des « semblables », intemporel et traditionnel avec une histoire, des mythes et des légendes. L'initié peut de la sorte s'inscrire dans un passé. L'initiation lui fait changer ses allégeances et transforme son identité.

L'ésotérisme des pratiques initiatiques confère aux sociétés secrètes, y compris mafieuses, une étrange dimension religieuse. Pour le mafieux initié, sa société secrète ressemble à une Église invisible. Lorsque Bill Bonanno raconte son initiation au sein de Cosa Nostra, il confesse : « Dans cette église, j'avais une révélation[82]. » Une conversion sincère, qu'elle soit religieuse ou mafieuse, engage profondément toute l'âme d'un individu.

L'existence de ces rituels initiatiques permet d'approcher certaines proximités dérangeantes, du moins dans leurs origines historiques et culturelles, que les mafias entretiennent avec la franc-maçonnerie et les religions révélées. Cosa Nostra de Sicile est née ainsi sur une île profondément marquée par deux siècles d'islam chiite duodécimain[83], puis par un catholicisme fervent mais aussi par une maçonnerie active d'origine « carbonariste ». Il est évident que la diffusion d'une culture de sectes et de sociétés secrètes a constitué un terrain favorable au développement de Cosa Nostra. Il n'est donc pas étonnant de retrouver dans les rituels d'initiation mafieux des accents mystiques et religieux. Le rituel de Cosa Nostra n'est pas sans rappeler certains rites de la franc-maçonnerie et des sociétés secrètes traditionnelles (Carbonari, par exemple) qui ont sans doute servi de modèles.

Ces rituels ne sont aucunement figés. On les voit évoluer au gré de l'histoire, comme si leur contenu importait moins que leur fonction symbolique de franchissement de seuil, de pénétration dans un nouveau monde.

Il y a des exceptions. La Camorra napolitaine ne semble pas connaître de rite formel d'initiation. Seul Raffaele Cutolo avait tenté dans les années 1970-1980 de réintroduire une prestation de serment. Il est établi que la Famille de Cosa Nostra de Chicago, *The Outfit*, n'a jamais eu de véritable rituel d'initiation mais un simple serment de loyauté. Cette particularité s'explique peut-être par ses origines : cette Famille fut fondée par des Italiens majoritairement originaires de Naples (comme Al Capone).

Une fois initié, le mafieux devient un « affranchi », distinct et séparé des « citoyens ordinaires ».

Kakuji Inagawa, fondateur de la Famille éponyme, dit ainsi dans une interview en 1984 : « Nous appartenons à la face secrète de la société, et n'entendons pas être davantage. »

Les symboles et les rites créent du lien et de la fraternité entre les initiés et développent de l'émotion. Il y a donc, au-delà de la création de normes (droits et obligations), l'émergence d'une dimension mystique et irrationnelle. C'est pourquoi le statut de mafieux ne peut se réduire à l'idée d'une simple *profession* ou d'une banale *occupation*. C'est un *statut nouveau* dépassant les catégories sociales et économiques faisant appel à toutes les dimensions de la personnalité. Et de la vie sociale.

L'émotion initiatique[84]

Serafino Castagna, Ndrangheta, 1967 : « Je m'en souviens comme si c'était hier, le jour saint du 7 avril 1941, quand le chef de la *'ndrina* m'a appelé *picciotto*... J'étais profondément bouleversé, quand j'ai compris que j'étais devenu un membre de la société... D'une voix claire, j'ai prêté le serment que je n'ai jamais oublié. [...] À la fin de la réunion, j'ai eu le sentiment de gagner en stature ; je n'étais plus un moins que rien, mais un *camorriste*, quelqu'un qui devait respecter la loi de l'honneur et s'assurer que les autres la respectent. »

Gaspare Mutolo, Cosa Nostra, années 1980 : « Quand je suis devenu un membre, c'était pour moi une nouvelle vie, avec de nouvelles règles. Pour moi seule Cosa Nostra existait. »

Calogero Marceno, Ndrangheta : « La cérémonie est une émotion intense pour le futur initié, si bien que beaucoup suent et tremblent. »

Tous les critères distinctifs exposés dans ce chapitre expliquent la longévité et la solidité d'entités, dont toutes les caractéristiques concourent à les rendre *hermétiques*, tant à la répression qu'à l'usure du temps. La connaissance de ces critères distinctifs nous démontre qu'il n'existe pas, du moins pour l'instant, de mafias autres que les neuf grandes précédemment citées. Parler de mafia vietnamienne, russe ou nigériane constitue à ce jour un abus de langage. Cependant, la liste des mafias n'est pas immuable. Il se peut ainsi que d'autres entités criminelles s'affirment dans un avenir proche comme de véritables mafias. Le libre marché criminel et sa « main invisible » en décideront souverainement[85]...

Au final, nous suggérons *la définition* suivante d'une mafia : « Une mafia est une société secrète et fraternelle à caractère criminel, permanente et hiérarchisée, fondée sur l'obéissance, à recrutement ethnique, contrôlant un territoire, dominant les autres espèces criminelles et s'adossant à une mythologie. »

Le concept d'aristocratie (mafieuse)

Les mafias prétendent incarner une aristocratie (du crime) et chaque mafieux s'identifie à un aristocrate. Pour preuve, l'importance dans le discours mafieux de l'« honneur », concept très révélateur de cette représentation aristocratique. Dans *De la démocratie en Amérique*, Alexis de Tocqueville avait justement repéré combien l'honneur est un sentiment propre aux sociétés aristocratiques : il y a un rapport étroit et nécessaire entre l'inégalité des conditions sociales et l'honneur. Ce concept d'aristocratie opère en effet une ségrégation symbolique et une relation hiérarchique entre les groupes sociaux. Le sentiment d'appartenance aristocratique crée une coupure et une exclusion entre *eux* et *nous*. Ce groupe social autoproclamé aristocratique s'isole au moyen de codes de l'honneur et des valeurs propres. Toutes ces poches aristocratiques, qu'elles se situent en haut ou en bas de la société, cultivent également toujours un sens aigu de la cruauté.

Chapitre IX
LOGIQUE ET PRATIQUE DE LA SOCIÉTÉ SECRÈTE

Une mafia est d'abord une société secrète. Plus qu'aucun autre critère, le secret peut à lui seul résumer l'essence d'une mafia. Or de telles sociétés ont des caractéristiques communes, quels que soient le lieu ou l'époque de leur apparition. Les études comparatives mettent en exergue ces traits communs : rites initiatiques, serment, origine légendaire, loyauté, idéologie de l'honneur et, le plus souvent, exclusion des femmes.

Ces sociétés secrètes se contentent généralement de vouloir dissimuler leur *contenu*, c'est-à-dire leur activité, le nom de leurs membres et leur mode de fonctionnement (rites, lois, etc.). La société secrète de type mafia vise un enfouissement plus profond encore. Ici le secret tente d'envelopper non seulement le contenu mais le *contenant* : l'occultation doit toucher *l'existence* même de la société secrète. Et, trop souvent, cette invisibilité a conduit à présumer l'inexistence des mafias[1]. Les yakuza japonais font ici exception, signe probablement de leur haut niveau d'acceptation sociale et politique, du moins au Japon. La sociologie des sociétés secrètes s'avère donc un outil indispensable pour comprendre l'âme des mafias. Saisir l'originalité profonde d'une mafia impose ainsi une évolution intellectuelle consistant à passer du monde spécifiquement criminel (la dimension association criminelle et crime organisé) à celui, moins étudié et assurément plus mystérieux, des sociétés secrètes. L'essence d'une mafia réside plus dans son mécanisme organisateur, son horlogerie sociale, le secret, que dans sa raison sociale, le crime. L'objectif (criminel) est ici moins déterminant que le procédé structurant (le secret). Le mode de socialisation de l'individu, en l'occurrence par le secret, semble constituer le facteur discriminant et fondateur de l'objet mafia. Ainsi envisagé, une mafia se révèle d'abord comme *une expression du secret et de l'invisible, de l'occulte et du dissimulé* et seulement ensuite comme un phénomène criminel. Car, en définissant ses frontières extérieures à travers le secret, une mafia se vit comme une totalité autosuffisante fondée sur l'entraide mutuelle de ses membres.

L'invisible et le mal selon Platon

Dans *La République* (IVe siècle av. J.-C.), Platon relate l'histoire de l'anneau de Gygès :

> « Celui-ci était un berger au service de celui qui régnait alors sur la Lydie. Après un gros orage et un tremblement de terre, le sol s'était fissuré et une crevasse s'était formée à l'endroit où il faisait paître son troupeau. Cette vue l'émerveilla et il y descendit pour voir, entre autres merveilles qu'on rapporte, un cheval d'airain creux, percé de petites ouvertures à travers lesquelles, ayant glissé la tête, il aperçut un cadavre, qui était apparemment celui d'un géant. Ce mort n'avait rien sur lui, si ce n'est un anneau d'or à la main, qu'il prit avant de remonter. À l'occasion de la réunion coutumière des bergers, au cours de laquelle ils communiquaient au roi ce qui concernait le troupeau pour le mois courant, notre berger se présenta portant au doigt son anneau. Ayant pris place avec les autres, il tourna par hasard le chaton de l'anneau vers la paume de sa main. Cela s'était à peine produit qu'il devint invisible aux yeux de ceux qui étaient rassemblés autour de lui et qui se mirent à parler de lui, comme s'il avait quitté l'assemblée. Il en fut stupéfait et, manipulant l'anneau en sens inverse, il tourna le chaton vers l'extérieur : ce faisant, il redevint aussitôt visible. Prenant conscience de ce phénomène, il essaya de nouveau de manier l'anneau pour vérifier qu'il avait bien ce pouvoir, et la chose se répéta de la même manière : s'il tournait le chaton vers l'intérieur, il devenait invisible ; s'il le tournait vers l'extérieur, il devenait visible. Fort de cette observation, il s'arrangea aussitôt pour faire partie des messagers délégués auprès du roi et parvenu au palais, il séduisit la reine. Avec sa complicité, il tua le roi et s'empara ce faisant du pouvoir[2]. »

On connaît le sens que Platon donne à cette fable pessimiste. L'homme n'est jamais juste de son plein gré mais contraint par la force de la loi. On est seulement juste par impuissance à commettre l'injustice. Cependant, l'allégorie de l'anneau de Gygès recèle une autre leçon. Platon nous indique qu'il existe un rapport essentiel et immédiat entre *le mal et l'invisible*. L'invisibilité est la solution parfaite permettant d'échapper au regard des autres, donc au contrôle social. L'homme devient alors l'égal d'un dieu. La visibilité sociale implique la contrainte. L'invisibilité offre la liberté absolue. L'invisibilité est source de pouvoir.

« *L'art de se taire* » *selon l'abbé Dinouart*

Si la culture du silence des sociétés mafieuses apparaît aujourd'hui en fort décalage, pour ne pas dire en contradiction, avec les valeurs modernes de communication et de transparence, elle fait en revanche étrangement écho aux meilleurs auteurs du XVIIe siècle qui, au milieu de la « société de cour », percevaient dans le silence un art à la fois de la conversation et de la conservation. Le silence se voit alors reconnaître une supériorité sur la parole dans la conduite de la vie ordinaire. Toute parole recèle en effet un risque de dépossession de soi et de mise en danger. *L'Homme de cour* célébré par Baltasar Gracián[3] incarne ce double idéal psychologique et social de maîtrise de soi et de prudence.

C'est probablement l'abbé Dinouart qui célèbre le mieux cette éthique du silence dans *L'Art de se taire* (1771)[4], dont le sous-titre un peu vite oublié est déterminant pour la compréhension de son propos : *Principalement en matière de religion*. Chez l'abbé Dinouart, le silence est un gouvernement de soi et des autres. Le chapitre premier de son ouvrage mérite à lui seul d'être cité tant il pourrait passer pour un manuel du silence mafieux :

> « 1. On ne doit cesser de se taire, que quand on a quelque chose à dire qui vaut mieux que le silence.
> 2. Il y a un temps pour se taire, comme il y a un temps pour parler.
> 3. Le temps de se taire, doit être le premier dans l'ordre ; et on ne sait jamais bien parler, qu'on ait appris auparavant à se taire.
> 4. Il n'y a pas moins de faiblesse, ou d'imprudence à se taire, quand on est obligé de parler, qu'il y a de légèreté et d'indiscrétion à parler, quand on doit se taire.

5. Il est certain qu'à prendre les choses en général, on risque moins à se taire, qu'à parler.
6. Jamais l'homme ne se possède plus que dans le silence : hors de là, il semble se répandre, pour ainsi dire, hors de lui-même, et se dissiper par le discours, de sorte qu'il est moins à soi, qu'aux autres.
7. Quand on a une chose importante à dire, on doit y faire une attention particulière : il faut se la dire à soi-même, et après cette précaution, se la redire, de crainte qu'on ait sujet de se repentir, lorsqu'on n'est plus le maître de retenir ce qu'on a déclaré.
8. S'il s'agit de garder un secret, on ne peut trop se taire ; le silence est alors une des choses dans lesquelles il n'y a point ordinairement d'excès à craindre.
9. La réserve nécessaire pour bien garder le silence dans la conduite ordinaire de la vie, n'est pas moins une moindre vertu, que d'habilité et l'application à bien parler ; et il n'y a pas plus de mérite à expliquer ce qu'on sait, qu'à bien se taire sur ce qu'on ignore. Le silence du sage vaut quelquefois mieux que le raisonnement du philosophe ; le silence du premier est une leçon pour les impertinents, et une correction pour les coupables.
10. Le silence tient quelquefois lieu de sagesse à un homme borné, et de capacité à un ignorant.
11. On est naturellement porté à croire qu'un homme qui parle très peu n'est pas un grand génie, et qu'un autre qui parle trop est un homme étourdi, ou un fou. Il vaut mieux passer pour ne point être un génie du premier ordre, en demeurant souvent dans le silence, que pour un fou, en s'abandonnant à la démangeaison de trop parler.
12. Le caractère propre d'un homme courageux est de parler peu, et de faire de grandes actions. Le caractère d'un homme de bon sens est de parler peu, et de dire toujours des choses raisonnables.
13. Quelque penchant qu'on ait au silence, on doit toujours se méfier de soi-même ; et si on avait trop de passion pour dire une chose, ce serait souvent un motif suffisant pour se déterminer à ne plus la dire.
14. Le silence est nécessaire en beaucoup d'occasions, mais il faut toujours être sincère ; on peut retenir quelques pensées, mais on ne doit en déguiser aucune. Il y a des façons de se taire, sans fermer son cœur ; d'être discret, sans être sombre et taciturne ; de cacher quelques vérités, sans les couvrir de mensonges. »

Chez l'abbé Dinouart, qui distingue plusieurs espèces de silence (prudent, artificieux, complaisant, moqueur, spirituel, stupide, d'approbation, de mépris, d'humeur, de caprice), le silence est également une *catégorie politique* à part entière :

« Le silence politique est celui d'un homme prudent, qui se ménage, qui se conduit avec circonspection, qui ne s'ouvre point toujours, qui ne dit pas tout ce qu'il pense, qui n'explique pas toujours sa conduite et ses desseins ; qui, sans trahir les droits de la vérité, ne répond pas toujours clairement, pour ne point se laisser découvrir[5]. »

Ce que dessine l'abbé Dinouart est un modèle de retenue. La parole est un dangereux dévoilement là où le silence est une source de pouvoir. Mais l'abbé pousse sa réflexion au-delà. Lorsque cesse la parole, c'est alors le corps qui parle. Le corps peut se montrer tout aussi éloquent et démonstratif que la langue. L'abbé Dinouart comprend qu'il existe un langage du corps, en particulier du visage. Le mutisme ne met pas fin à la communication.

Soulignant combien les rapports internes de la Mafia sont régis par le mutisme, Giovanni Falcone remarquait combien *l'homme d'honneur* doit apprendre à décrypter les signes, les silences et les comportements : « Tout est message, tout est chargé de sens dans le monde de Cosa Nostra[6]. » Tout jeune initié au sein de Cosa Nostra américaine, Bill Bonanno explique comment il consacra ses débuts à observer les comportements : « *Body langage first, words second*[7] » (« Le langage du corps d'abord, les mots ensuite »).

En quoi l'*homme de cour* se différencie-t-il de l'*homme d'honneur* ? Le monde du silence renvoie fatalement à un monde de *signes* et de *codes* complexes. Les populations soumises à l'emprise territoriale d'une mafia savent en distinguer concrètement la réalité et les codes, quelle que soit la myopie des non-initiés. Dans la vie quotidienne, une mafia communique par des signes et des messages discrets. Le repenti Tommaso Buscetta explique (1996) comment Cosa Nostra sait montrer sa préférence pour un parti politique : « La façon de procéder était simple. Il suffisait qu'un chef de la Mafia, moi ou un autre, aille avec le candidat dans sa circonscription, prenne un café et les gens savaient ce qu'ils devaient voter. » Ni déclaration publique ni porte à porte, une simple promenade suffit pour guider les électeurs.

Les mafias savent que l'autorité procède d'abord d'une part d'ombre, de distance, donc de secret. En se taisant, le pouvoir crée et diffuse de la puissance. La réalité du pouvoir s'exprime par un dosage de la parole. En sens inverse, le subordonné manifeste sa déférence et son statut d'infériorité en faisant preuve de réserve. La relation entretenue par le dominant et le dominé s'organise ainsi autour d'un subtil dosage du silence et de la parole. La maîtrise de la communication fonctionne comme un double marqueur : le mutisme descendant signe l'autorité, le mutisme montant est une preuve de soumission. Tout système hiérarchique est certes une canalisation de la violence. Mais aussi – mais surtout ? – une retenue du verbe.

Les « mondes parallèles » de Georg Simmel

Les analyses fécondes de Georg Simmel sont indispensables à notre étude des sociétés mafieuses. Dans *Secret et sociétés secrètes*[8] paru en 1908, le sociologue allemand propose une approche globale de ces sociétés. Il mérite d'être longuement cité tant ses analyses sont éclairantes.

Le fait de dissimuler des réalités par des moyens négatifs ou positifs apparaît comme :

> « Une des plus grandes conquêtes de l'humanité ; comparé à l'état d'enfance, où toute représentation est aussitôt exprimée, où toute entreprise s'offre à tous les regards, le secret permet un extraordinaire élargissement de la vie, parce que la publicité totale empêche bien des contenus existentiels de se manifester. Le secret offre en quelque sorte la possibilité d'un autre monde à côté du monde visible, et celui-ci est très influencé par celui-là. Toute relation entre deux personnes ou deux groupes est caractérisée par la présence, et par la quantité de secret qu'elle comporte ; car, même lorsque l'autre ne remarque pas qu'il y a du secret, celui-ci n'en modifie pas moins le comportement de celui qui dissimule. Dans bien des domaines, le développement historique de la société est défini par le principe suivant : quelque chose qui autrefois était manifeste vient à être protégé par le secret, et, à l'inverse, ce qui autrefois était secret peut se passer de cette protection et devient manifeste – ce qui peut se comparer à cette autre évolution de l'esprit : ce que l'on exécutait d'abord en toute conscience se dégrade en une pratique inconsciente et machinale, et, d'autre part, ce qui était autrefois inconscient et instinctif s'élève à la clarté de la conscience. »

Le crime entretient quant à lui un rapport particulier au secret : « Si le secret n'est pas lié directement au mal, le mal est lié directement au secret. » Avant toute signification utilitaire, le secret a pour l'individu une séduction particulière « puisque notre sensibilité est éveillée par la différence ».

> « Le secret place la personne dans une situation d'exception, il agit comme un charme dont la détermination est purement sociale, indépendant dans son principe du contenu qu'il protège ; mais naturellement, ce charme croît dans la mesure où le secret que l'on détient en exclusivité est important et vaste. Et à cela vient contribuer une autre inversion, analogue à celle que je viens de mentionner : toutes les personnalités supérieures, toutes les actions supérieures ont quelque chose de mystérieux pour la moyenne des hommes. »

Comme tout ce qui est mystérieux, le secret est idéalisé et assimilé hâtivement à quelque chose d'important et d'essentiel.

> « Or ces attraits du secret sont liés, curieusement, à ceux de son contraire logique, la trahison, qui de toute évidence ne sont pas de nature moins sociologique. Il y a dans le secret une tension qui se relâche à l'instant de la révélation. Celui-ci constitue une péripétie dans l'évolution du secret, et tous ses charmes se rassemblent et culminent encore une fois dans ce moment-là ; de même que le moment de la dépense permet de jouir de la valeur de l'objet avec une extrême intensité : pour l'âme du prodigue, le sentiment de puissance que donne la possession de l'argent se concentre de la façon la plus parfaite et la plus délectable dans l'instant où il ouvre sa main pour le dépenser. Le secret est porté, lui aussi, par la conscience qu'on *peut* le trahir, et qu'ainsi on tient entre ses mains le pouvoir de changer le cours du destin, de provoquer des coups de théâtre, d'apporter la joie ou la destruction, quand bien même il ne s'agirait que d'autodestruction. C'est pourquoi la possibilité et la tentation de trahir tournent autour du secret, et au risque extérieur d'être découvert vient se mêler le risque intérieur de se découvrir, qui ressemble à la fascination du vide. Le secret met une barrière entre les hommes, mais il éveille en même temps la tentation de le briser par le bavardage ou l'aveu – qui accompagne la vie psychique du secret comme un son harmonique. C'est pourquoi la signification sociologique du secret ne trouve sa mesure pratique, son mode de réalisation que dans l'aptitude ou la tendance des sujets à le garder, c'est-à-dire dans leur résistance ou leur faiblesse face à la tentation de le trahir. Le jeu de ces deux intérêts opposés, celui de dissimuler et celui de dévoiler, fait naître des colorations, des fatalités, qui traversent tout le champ des interactions humaines. Si toute relation entre les hommes est caractérisée, ainsi que nous l'avons établi ci-dessus, par la quantité de secret qu'elle renferme et qui l'entoure, son évolution ultérieure se définit par la proportion respective d'énergies qui retiennent et d'énergies qui cèdent – les premières reposant sur l'intérêt pratique et les charmes formels du secret, les secondes sur l'incapacité de soutenir plus longtemps la tension du secret, et sur le sentiment de supériorité qu'il contient en quelque sorte sous une

forme latente, et qui ne s'actualise pleinement qu'à l'instant du dévoilement ; mais d'un autre côté, c'est aussi le plaisir de l'aveu, où l'on peut souvent trouver ce sentiment de puissance sous une forme négative et perverse, celle de l'abaissement de soi et de la contrition. »

De façon apparemment contradictoire, un individu peut donc sociologiquement se distinguer et se valoriser en utilisant le secret comme un ornement, une parure : « Ce qui se cache, ce qui cède devant la conscience des autres doit justement s'y affirmer ; c'est justement grâce à ce qu'il dissimule aux autres que le sujet doit apparaître comme particulièrement remarquable. » Pour l'individu, « la signification sociologique du secret reste l'isolement, l'opposition, l'individualisation égoïste ». Son sens est extérieur car il définit l'individu qui détient le secret par rapport à celui qui ne le détient pas.

Pour un groupe, le secret a un sens intérieur dès lors qu'il devient « une forme d'existence » déterminant les relations des individus entre eux. Le secret n'isole plus, il socialise.

Le secret remplit alors deux fonctions. D'abord, une fonction de *protection*. C'est pourquoi la relation interne et primordiale d'une société secrète est la *confiance* réciproque de ses membres. « La confiance n'exige pas la connaissance véritable de la personne. » En prolongeant la pensée de G. Simmel, on pourrait dire que la confiance fonctionne comme un raccourci vers l'autre. Cette confiance est spécifique en ce sens qu'elle tient dans la capacité de ses membres à se taire. On comprend pourquoi une société secrète constitue « une école extrêmement efficace de la solidarité morale entre ses membres ». G. Simmel note que la confiance est aussi une « catégorie affective ». Afin de susciter le silence, une société secrète utilise d'abord le serment et la menace de sanction, ou encore le silence systématique pour le néophyte. Mais comment se protéger ? « De toutes les mesures de protection, la plus radicale est certainement de se rendre invisible. C'est là la différence fondamentale entre la société secrète et l'individu qui recherche la protection du secret. Il ne peut vraiment le faire que pour des entreprises ou dans des situations ponctuelles ; s'il est tout entier en jeu, il peut certes se cacher pour un temps, ou disparaître d'un certain endroit, mais hormis certaines combinaisons tout à fait abstruses, son existence même ne peut être un secret. Ce qui est tout à fait possible, en revanche, pour une unité sociale : ses éléments peuvent avoir entre eux un commerce extrêmement actif, mais qu'ils forment une société, une conjuration ou une bande de malfaiteurs, un conventicule religieux ou une association ayant pour but des débordements sexuels – tout cela peut être un secret, par sa nature et de façon permanente. » La seconde fonction du secret est d'être *un stade intermédiaire* pour des forces déclinantes ou croissantes. Aussi bien celles qui sont encore dans leur enfance que celles au bord du non-être.

Pour le groupe, le secret est une fin sociologique en soi qui vient équilibrer l'effet d'isolement chez l'individu : « La société secrète compense ainsi le moment d'exclusion propre à tout secret par le fait qu'elle est, précisément, une société. » La socialisation agit comme un appui psychologique.

Ces sociétés se distinguent par l'importance de la hiérarchie, de l'organisation et de la division du travail. La société secrète exerce une autorité absolue sur ses membres. La « paix domestique » y règne plus facilement qu'ailleurs. Leur centralisation très affirmée autorise une obéissance aveugle et absolue envers les dirigeants : « Plus les fins de l'association secrète sont criminelles, plus le pouvoir des chefs y est illimité, et plus ils l'exercent avec cruauté. » La centralisation joue un rôle vital pour la société secrète toujours menacée par la trahison : la cohésion ne peut être assurée que par un centre ferme et inflexible. Ce qui s'explique par un autre de leur trait : « Le caractère fortement *conscient* de leur vie, qui substitue aux forces organiques instinctives une volonté de régulation permanente, à la croissance de l'intérieur une finalité de construction. » Ce sont des groupes hautement rationnels, réfléchis, arbitraires et ritualisés car construits. Édifiées *ex nihilo*, les sociétés secrètes sont essentiellement créatrices de normes. Ce « désir de construire » et « la tentation particulière d'exercer un pouvoir sur un vaste cercle d'humains, déjà assujettis en esprit ou prêts à le devenir », expriment sans ambiguïté « la volonté de puissance » de ces sociétés.

Georg Simmel analyse finement le rôle du rituel :

> « Ce qu'il y a de frappant dans l'observation du rituel dans les sociétés secrètes, ce n'est pas seulement sa rigueur, mais surtout l'anxiété avec laquelle on garde le secret là-dessus – comme s'il était aussi dangereux de le trahir que de dévoiler les buts, les activités, ou même l'existence de la société. Sans doute faut-il ainsi intégrer au secret tout un ensemble complexe de formes extérieures, pour que tout le domaine des activités et des intérêts de la société puisse devenir une unité parfaitement achevée. La société secrète doit chercher à créer une sorte de totalité existentielle dans les catégories qui lui sont propres ; tout autour de sa finalité fortement soulignée, elle

> édifie donc un système de formules, comme un corps autour d'une âme, et elle place l'une et l'autre sous la protection du secret, parce que c'est là le seul moyen de constituer un tout harmonieux, où toutes les parties se soutiennent mutuellement. La raison pour laquelle il est nécessaire d'insister particulièrement sur la clandestinité de ces choses *extérieures*, c'est parce que ici elle n'est pas moins évidente ni moins dépendante de l'intérêt immédiat que le but concret de la société secrète. »

Même si Georg Simmel n'utilise pas le terme, on peut dire qu'une société secrète a une dimension totalitaire dans la mesure où elle engage l'individu totalement, dans toutes ses dimensions : « Elle s'adresse à l'homme tout entier. » Telle est d'ailleurs la fonction du rituel :

> « Le symbolisme du rituel faisant naître une infinité de sentiments aux limites floues, au-delà de tous les intérêts particuliers rationnels, la société secrète noue entre eux ces intérêts en prenant en compte l'individu tout entier. La forme rituelle élargit le but spécifique pour former une unité, une totalité aussi bien sociologique que subjective. »

Plus étrange encore, Georg Simmel souligne que les sociétés secrètes ont toujours un « accent de liberté ».

> « L'essence de la société secrète en tant que telle, c'est l'autonomie. Mais c'est une autonomie qui confine à l'anarchie ; le fait de sortir du cadre général entraîne aisément pour la société secrète une absence de racines profondes, de stabilité existentielle, et de soutien normatif. Et c'est ce manque que la précision et la minutie du rituel vient pallier. Ici on voit aussi à quel point l'homme a besoin d'un certain équilibre entre la liberté et la loi, et quand les quantités respectives de l'une et de l'autre ne lui viennent pas d'une source *unique*, il s'efforce de compléter le quantum donné de l'une par un certain quantum de l'autre, qu'il puise à une source quelconque, jusqu'à ce que l'équilibre soit rétabli. Avec le rituel, la société secrète s'impose de son plein gré une contrainte formelle que son isolement matériel et son repliement sur soi exigent comme complément. »

Le rituel est donc la marque d'une liberté et d'une autonomie qui impose en contrepartie cette « contre-norme qu'est le schématisme ». La liberté extrême que s'arroge la société secrète par rapport à la société globale doit être compensée « pour que fût respecté l'équilibre du sens de l'existence, par un égal excès de soumission et d'abandon de toute volonté propre ».

Historiquement, une société secrète est une « formation secondaire » puisqu'elle n'apparaît qu'au sein d'une société globale déjà achevée. Elle se situe dans une position subordonnée, agressive et d'imitation. La société secrète s'impose comme une réplique de la société globale à laquelle elle s'oppose. Elle s'y affronte par imitation et emprunt. Mais « cette opposition a toujours le sens d'une fermeture ». Et cette fermeture doit la transformer en « unité parfaite ». Le secret lui sert de « frontière ». Dans les sociétés non secrètes, ouvertes, le but et le contenu de l'association remplissent la conscience de ses membres au point de rendre le processus même de socialisation accessoire. Il en est tout autrement avec une société secrète qui ne peut autoriser à ses membres « de perdre la conscience claire et forte qu'ils forment justement une société ». Le discours et la pratique du secret, avec tout ce qu'il comporte de formel, donnent au lien associatif une importance supérieure au but de l'association.

L'exclusion de l'environnement social, la coupure avec le monde, sont aussi une marque de supériorité. Les membres de la société secrète forment une aristocratie : « La motivation aristocratique donne à cette aristocratie le cachet d'une chose "spéciale", au sens d'une valeur. » Le secret permet à ce petit nombre de dissimuler sa faiblesse numérique.

La lecture de Georg Simmel nous rapproche d'une vérité désagréable : il existe des mondes parallèles, invisibles, agissant de leur volonté propre, non pas à côté mais superposés au monde manifeste. Ces sociétés clandestines se contentent de copier et de détourner des processus normaux de socialisation.

Le secret est un outil à la fois de dissimulation et de différenciation. En se séparant du reste de l'humanité, le secret lie ses membres, les fédère. La connivence autour du secret trace des frontières symboliques d'appartenance et les consolide. C'est un mode de socialisation et de solidarité infiniment plus puissant que les naïves illusions de l'idéologie de la communication. Comme marque d'affiliation, le secret joue un rôle de distanciation. Le secret remplit une fonction identique dans l'organisation. Au sein même de l'organisation, tous ne peuvent ni ne doivent tout savoir. Le secret crée alors des niveaux de pouvoir et de hiérarchie. À l'intérieur ou à l'extérieur, le secret transforme toute information en outil de pouvoir.

Les « arrière-mondes » de Victor Segalen

Toute l'œuvre de l'écrivain et sinologue Victor Segalen[9] est habitée par l'étrange pouvoir du secret et de l'invisible. Pour Victor Segalen, la Chine n'est en fait qu'un détour et un prétexte, au demeurant particulièrement fécond. L'histoire de ce pays est en effet profondément marquée par les sociétés secrètes, et sa culture fortement imprégnée du poids de la suggestion. Un proverbe célèbre en Chine affirme : « Les autorités officielles tiennent leur pouvoir de la loi, le peuple des sociétés secrètes. » En 1912, Victor Segalen publie *Stèles*[10], un monument de la poésie française. Un de ces poèmes, intitulé *Éloge et pouvoir de l'absence*, accompagné d'une épigraphe signifiant *Éloge de l'invisible*, montre, dans une dimension quasi mystique, comment les vrais pouvoirs sont invisibles :

> « Je ne prétends point être là, ni survenir à l'improviste, ni paraître en habits et chair, ni gouverner par le poids visible de ma personne,
>
> Ni répondre aux censeurs, de ma voix ; aux rebelles, d'un œil implacable ; aux ministres fautifs, d'un geste qui suspendrait les têtes à mes ongles.
>
> Je règne par l'étonnant pouvoir de l'absence. Mes deux cent soixante-dix palais tramés entre eux de galeries opaques s'emplissent seulement de mes traces alternées.
>
> Et des musiques jouent en l'honneur de mon ombre ; des officiers saluent mon siège vide ; mes femmes apprécient mieux l'honneur des nuits où je ne daigne pas.
>
> Égal aux Génies qu'on ne peut récuser puisqu'invisibles – nulle arme ni poison ne saura venir où m'atteindre. »

Un poème qui dissimule une réflexion en forme d'allégorie sur l'essence du véritable pouvoir, fait d'absence et d'invisibilité.

L'invisibilité du visible selon Clément Rosset

Le secret constitue un obstacle majeur à la connaissance des mafias. Leur essence invisible est un puissant rempart à leur dévoilement. Pour autant, comme toute réalité humaine, une mafia peut faire l'objet d'une révélation, au sens photographique du terme. Pourquoi alors est-ce si difficile ? La difficulté ne réside pas uniquement dans ce qu'est une mafia, dans sa nature secrète, mais aussi dans notre incapacité à voir, c'est-à-dire à comprendre. Nous nous cachons plus l'invisible qu'il ne se dissimule à nous. L'évidence s'étale parfois devant nous sans que nous soyons en mesure de la reconnaître. Dans *Logique du pire* (1971)[11], le philosophe Clément Rosset écrit justement :

> « Rien de plus tragique, rien de plus terrifiant pour l'homme que ce qui provient de son fonds propre. Rien de plus étrange, de plus inconnu : ici, dans cette épouvante première devant soi-même, prend sa source ce que Freud a décrit sous le nom de "refoulement". L'idée que ce qui est le plus proche est aussi le plus lointain, le plus connu le plus inconnu, le plus familier le plus étrange, est un thème qui alimente à la fois la tragédie grecque, la technique de l'énigme policière et la pensée psychanalytique. Quel est l'inconnu x également recherché par le héros tragique, l'inspecteur de police et le psychanalyste ? Toi-même, dit la tragédie ; l'innocent numéro un, décrit dès l'abord comme personnage trop familier pour être soupçonné, dit le roman policier ; la force inconnue de toi qui en toi refoule, dit la psychanalyse.
>
> C'est en ce sens que l'histoire racontée par Edgar Poe dans *La Lettre volée*, avant d'être une illustration des thèses de Lacan sur la nature du signifiant, est d'abord et principalement, comme tous les contes de Poe, une histoire d'*épouvante* : livrant à l'état brut un modèle de terreur dont les autres contes ne font, en somme, qu'exploiter la richesse. Ce que relate *La Lettre volée* est, on le sait, l'*invisibilité du visible* : la lettre que recherche l'officier de police est en permanence sous ses yeux et ne rencontre pourtant jamais son regard, en raison d'un léger surcroît de visibilité qui, permettant au regard de constamment *voir*, lui interdit de jamais *regarder*. Ainsi toute chose existante peut-elle devenir épouvantable dès lors que son existence est, pour l'observateur, si proche qu'elle se dissimule sous l'éclat de sa visibilité même : l'épouvante ne désigne pas n'importe quel invisibilité ("personne n'aurait pu le prévoir, c'était invisible") mais seulement l'invisibilité du visible ("j'aurais dû le prévoir – et même *je le savais* – car c'était évident"). Ainsi toute chose est-elle réellement épouvantable puisqu'elle ne révèle qu'après coup son caractère *voisin* : car le point de vue, nécessaire à la vision, n'est donné que lorsque est retiré – ou du moins éloigné – l'objet à voir. De manière plus générale et philosophique, on dira que toute existence est tragique en tant qu'elle est vécue avant d'être pensée et que ce que raconte *La Lettre volée* est ainsi à la fois le ressort premier de l'épouvante et l'histoire de toute la tragédie : soit le caractère constitutionnellement impensable de la proximité.

Dans une étude intitulée *Das Unheimliche* (1919), Freud posait l'équation entre l'étrange et le familier : équation exprimée par la notion intraduisible de *heimlich*, dont l'ambiguïté résume le mécanisme de l'épouvante. Voir soudain – et trop tard – le présent, le proche, le familier, comme absent, lointain et étrange, est l'expérience tragique par excellence. Or de tout ce qui est proche à l'homme, rien ne l'est autant que lui-même, que les forces psychologiques qui se jouent en lui. Étrangeté familière des pouvoirs psychologiques, si éloignée de toute véritable connaissance que Freud lui a donné le nom d'inconscient : la possibilité de la relégation dans l'inconscient, qui s'effectue en silence, de la manière la plus familière mais aussi la plus inconnue, définissant ainsi un des "points" d'angoisse les plus caractéristiques. »

Complétons le propos de Clément Rosset par celui de Martin Heidegger. Que nous dit le philosophe allemand sur le proche et le visible ? Que la proximité est stratégique et paradoxale : « C'est seulement parce qu'elle est là, au plus proche, que nous avons de la peine à la découvrir. »

Visible, invisible ?

Pour les esprits avertis, l'invisibilité des mafias est en fait relative. D'abord, les populations soumises à leur joug en expérimentent concrètement et au quotidien le pouvoir. Par ailleurs, ces mafias ont souvent quasiment pignon sur rue. En empruntant un vocabulaire puisé chez les organisations terroristes, les mafias disposent souvent de *vitrines légales*. Il s'agit en général d'associations, à caractère sportif, culturel, commercial ou politique. Ces vitrines jouent le rôle de périscope social, les activités criminelles demeurant en situation d'immersion. Comme le dirait Martin Heidegger, les mafias ont ainsi une *apparence* qui n'est pas une *illusion*. Les Triades se dissimulent souvent derrière des clubs de sport (boxe, kung-fu), des entités commerciales ou associatives à caractère culturel, social ou ethnique (*tong*) : association des Chinois d'outre-mer, etc. Les yakuza japonais existent très officiellement avec siège social, adresses, sous la forme associative (*gumi*) ou commerciale. Plus subtilement, aux États-Unis, des associations de défense des droits civils de communautés (italienne, chinoise, japonaise, albanaise) peuvent parfois jouer un rôle similaire. Hier la fameuse *Union sicilienne*, aujourd'hui *La Ligue des droits civils des Italo-Américains* créée en 1970 par le *Boss* Joe Colombo pour protester contre l'arrestation (injuste et raciste !) de son fils pour trafic de drogue.

La parole masquée

Le secret a pour terreau le silence. Le silence n'est pas un manque ou un vide mais un acte de souveraineté sur soi et sur les autres, exprimant un autre rapport au monde extérieur. Ce n'est pas le mutisme creux et vide, ni l'abstention animale, mais une éthique et une discipline de la parole et de l'écrit. Alors, que peut comprendre au silence une modernité bruyante, pressée et bavarde ? Rien, ou presque, tant notre époque semble fonctionner comme une vaste entreprise de liquidation de ce qui n'est pas de l'ordre de l'instantané, de l'exprimé et de la transparence. Notre civilisation abuse du langage. Le silence y a le visage d'un anachronisme étrange et inquiétant. C'est là une vraie nouveauté historique. L'anthropologie nous enseigne en effet que les sociétés primitives et traditionnelles ont presque toutes accordé au silence une place importante en faisant un usage parcimonieux des mots. On s'y méfie instinctivement du bavardage. Ce souci d'économie des mots se retrouve également dans la plupart des religions connues. Le silence y bénéficie généralement d'un véritable *statut*. La parole fait peur : c'est un animal sauvage qu'il convient d'apprivoiser, un fléau porteur de périls pour l'unité et l'équilibre de la société. Les mots indomptés risquent de bouleverser l'équilibre du monde. Au final, le silence est perçu comme un mode de communication légitime, et la maîtrise du verbe comme un signe de perfection. On retrouve les mêmes enseignements chez les philosophes et dans les proverbes populaires. Savoir savant, préceptes religieux et bon sens populaire parviennent aux mêmes conclusions. Le silence est paré de toutes les vertus : sagesse, intelligence, gage de sécurité individuelle et collective. C'est donc un constat historique généralisé de méfiance à l'égard du bavardage.

De nos jours, qui a hérité de cette sagesse naturelle ? Principalement les mafias qui, vivant dans le monde dangereux de la rue, celui de la survie, en expérimentent quotidiennement les vertus. Comme nous l'avons déjà noté, les mafias ont surtout conservé nombre de traits de sous-cultures prémodernes (sens de la communauté). Là où la plupart des institutions modernes (État, parti, famille, médias, etc.) se complaisent dans le compassionnel et la communication, les mafias s'imposent en gardiennes de la dureté et de la discrétion. Les mafias perçoivent intuitivement cette vérité du philosophe Clément Rosset : le silence est le monde du tragique[12]. Mais des sociétés essentiellement *festives* (au sens où l'entend l'écrivain Philippe Muray[13]) comprennent-elles aisément le tragique ?

Le silence, l'*Omertà* sicilienne, est avant tout un modèle idéal. Ce silence n'est en rien une abstinence verbale mais un refus moral et normatif de collaborer avec l'État, dont la violation est généralement sanctionnée par la mort. Sauf si l'organisation l'exige pour mettre la police sur la piste de concurrents ou pour l'égarer. En Sicile, la Mafia s'appuie, détourne diraient certains, sur des éléments de la culture insulaire exaltant le silence, comme en témoignent de multiples dictons : « La meilleure parole est celle que l'on ne dit pas », « L'homme qui parle beaucoup s'enterre avec sa propre bouche », etc. Un « homme d'honneur » véritable ne ment pas et se tait devant la justice et la police. Évidemment, cette loi d'airain selon laquelle les « hommes d'honneur » doivent dire la vérité vaut d'abord dans leur rapports mutuels. L'obligation de vérité et de sincérité pousse ainsi les « hommes d'honneur » siciliens à doser constamment leurs propos, à dissimuler et à enfouir leurs pensées. On perçoit jusqu'à quel abîme d'absurdité, de tension et de surveillance de soi ce souci de la vérité accule ces individus. Les rapports humains au quotidien ne peuvent qu'en être faussés et biaisés.

Au moment où Michael Franzese vient d'être initié dans la Famille Colombo de New York (1975), son père Sonny, lui-même « homme d'honneur », lui donne un conseil tout droit issu de cette sagesse populaire : « Ne laisse pas ta langue être ton pire ennemi[14]. » Dans les années 1930, la Famille de Cosa Nostra de Chicago avait une loi non écrite fermement appliquée : « On ne boit pas. » Nul moralisme dans cette règle, mais simplement le souci de prévenir les occasions de bavardages. La règle vaut également en Sicile : on ne peut faire confiance à un homme incapable de dominer l'alcool. Il n'y a pas d'homme d'honneur alcoolique ou drogué car il faut en toutes circonstances pouvoir garder le contrôle de soi.

L'omerta professée par Cosa Nostra n'est pas qu'une technique de dissimulation, une banale précaution de gangster prudent. L'omerta est surtout *une idéologie, une manière d'être, un mode de vie* qui forment probablement le seul véritable fonds culturel d'individus souvent très frustes[15]. Cependant, le silence comporte aussi une autre signification. À l'image du rituel d'initiation, le silence est avant tout destiné à conférer un *statut*, celui de taiseux.

Une mafia sait d'instinct que le silence, tel le diable, se cache dans les détails. L'exemple du chauffeur du *Boss* est significatif. Quoi de plus banal et parfois de méprisé dans la vie civile que la fonction de chauffeur ? Voilà une erreur qu'une mafia ne commet pas. Un chauffeur, si modeste que soit sa fonction, se trouve en réalité dépositaire de multiples secrets (conversations et déplacements). Cosa Nostra de Sicile et des États-Unis ont appris à attribuer cette tâche à des hommes de toute confiance. Le chauffeur a parfois une place hiérarchique dans l'organisation plus importante que la modestie apparente de sa mission ne le laisse percevoir.

L'omerta expliquée par Tommaso Buscetta[16]

Le langage de l'omerta : « Le fait est que les hommes d'honneur sont peu loquaces. Ils parlent leur langue faite de phrases très ramassées, de courtes expressions qui résument de longs discours. L'interlocuteur, s'il est perspicace (ou s'il est lui aussi homme d'honneur), comprend exactement ce que l'on veut dire. Le langage de l'*omerta* se fonde sur l'essence des choses. Les hommes d'honneur n'aiment pas les détails. Moi aussi, je suis comme ça. Je ne suis pas habitué à parler plus qu'il n'en faut. Au cours de ma vie, j'ai développé une psychologie qui ne me permet pas de communiquer facilement et de manière spontanée avec les autres. »

Une mentalité : « La fragmentation de l'information est une des règles les plus importantes. Cosa Nostra est secrète non seulement vis-à-vis de l'extérieur, dans le sens où elle cache aux étrangers son existence et l'identité de ses membres, mais également à l'intérieur : elle empêche d'avoir une connaissance complète des faits et crée des obstacles à la circulation de l'information.

Si l'on me demandait quel est le fondement principal du pouvoir de Cosa Nostra, j'hésiterais à répondre la "violence", "la possibilité d'ôter la vie à autrui" ; je serais indécis entre la violence et le secret. Celui-ci est vraiment essentiel et s'exprime sous plusieurs formes. Il imprègne le comportement et la mentalité des hommes d'honneur jusque dans les détails les plus insignifiants de la vie quotidienne. Le secret impose de réprimer sa curiosité sur les faits illicites, au sujet desquels il est interdit de poser des questions. Il implique de tenir cachés les réseaux particuliers par lesquels on peut influencer les juges, la police et le monde politique. Cela signifie une mentalité empreinte de discrétion, de silence et de méfiance. »

Le royaume des discours incomplets : « Tout cela s'accompagne d'autres caractéristiques comme la tendance à omettre certaines parties des discours et à peu s'exprimer ; cela finit par produire toute une série de compartiments étanches qui à leur tour interrompent la continuité d'une information et d'un récit. Le mafieux est inculte mais pas stupide. Il est tout à fait conscient qu'en mettant des rideaux de fer ici ou là, une information ne parvient pas à traverser tout l'univers de Cosa Nostra.
J'ai beaucoup insisté auprès du juge Falcone sur cet aspect. Cosa Nostra est le royaume des discours incomplets. Aucun homme d'honneur ne connaît toute la vérité des faits de Cosa Nostra. [...] Dans le milieu mafieux, les questions ne sont pas bien vues. Aujourd'hui encore, alors que je ne fais plus partie de Cosa Nostra, j'ai l'habitude de ne jamais poser de questions aux gens qui m'entourent. C'est une habitude enracinée. Si quelqu'un veut aborder un sujet avec moi, il m'en parle. En tout cas, ce ne seront pas mes questions qui le pousseront à se confier. C'est une mentalité acquise qui parfois me surprend moi-même quand j'analyse mes comportements. En outre, ce qui vaut pour les questions vaut également pour les appréciations, les bavardages. [...]
Il faut révéler le moins de choses possible y compris sur ses propres intentions et sur ses orientations personnelles, même les plus générales. Je me souviens qu'à mon époque, au sein de Cosa Nostra, on taisait même le fait qu'un homme d'honneur aille acheter son journal et qu'il se mette à lire les faits divers. Pourquoi donner à un étranger, peut-être un policier, la possibilité de savoir qu'il s'était intéressé à une certaine nouvelle ? Certes, l'homme d'honneur prévoyant lit le journal, mais il le fait acheter par quelqu'un d'autre et le feuillette dans un coin, ou chez lui, en privé, sans publicité.
Cosa Nostra est pleine de secrets. Il n'existe pas un homme d'honneur qui puisse raconter de A à Z le déroulement d'un fait, à moins qu'il ne l'ait vu de ses propres yeux. L'habitude de fragmenter l'information est telle que lorsqu'on se trouve à quatre, cinq ou six personnes et que l'on commence à discuter, il arrive toujours un moment où l'un des présents demande la permission aux autres de pouvoir s'entretenir en particulier avec moi. Qui sait, peut-être seulement pour me dire qu'il vient de manger des pâtes aux haricots ou bien pour me communiquer quelque chose de plus important. Mais son comportement est dicté par le fait que d'autres hommes d'honneur – même si ce sont des personnes en règle, en ordre et sages – ne doivent pas écouter ce qu'il a à me raconter. »

Les propos de Tommaso Buscetta font penser au mode de fonctionnement d'un service secret dont la règle de base est le *besoin d'en connaître.* Ne jamais en savoir plus que nécessaire.

La culture du silence comporte tout naturellement une phobie de *l'écrit* qui, plus que l'oral, dévoile et incrimine[17].

Cependant, il faut bien communiquer, sans se désigner aux autres et surtout aux forces de répression. Les mafias savent utiliser des *codes de communication* verbaux (phrases à double sens) ou physiques (signes), particulièrement nécessaires pour que les initiés puissent se reconnaître. Leurs *dialectes* d'origine sont pratiques puisque souvent difficilement compréhensibles pour les forces de l'ordre. Les mafias développent également une *langue propre*, un argot, fait d'euphémismes, d'allusions, de nuances, de sous-entendus et de périphrases qui, tout en fonctionnant comme des marqueurs identitaires, servent à déjouer les pièges de la preuve électronique (micros, écoutes téléphoniques, etc.). Cette langue particulière est à la fois un système de reconnaissance pratique et un outil de protection face à un monde extérieur perçu comme étranger et menaçant. Cosa Nostra américaine a ainsi son *mobspeak*, son « parler gangster[18] », et la Ndrangheta son *bacchiaggiu* issu du dialecte calabrais et de l'italien. Cosa Nostra de Sicile a également son *bacchiaggiu* : mais ce qui au XIXe siècle désignait un véritable argot est désormais une certaine façon métaphorique, brève et incomplète de s'exprimer adoptée par certains « hommes d'honneur ». Dans un ouvrage oublié et fondamental, *The Triad Society or Heaven and Earth Association*[19], William Stanton décrit en 1900 les multiples codes de reconnaissance des Triades : des phrases et questions tests ; la place des objets (tasses de thé, pipes à tabac ou à opium) sur une table ; ou encore le placement des doigts. Cependant, ces codes de communication ont des effets paradoxaux. Nécessaires pour maintenir un certain entre-soi et se dissimuler aux autres, ils peuvent tout à la fois contribuer par leurs particularismes à faire disparaître l'invisibilité recherchée. Ils désignent autant qu'ils protègent. C'est pourquoi Cosa Nostra de Sicile a abandonné certains de ses signes de reconnaissance traditionnels, tels le baiser des « hommes d'honneur » ou le tatouage d'une étoile à 5 points (utilisé aussi par la Ndrangheta)[20], car jugés trop visibles, donc dangereux.

Au final, le silence constitue à la fois *une stratégie de protection* face à un extérieur perçu comme essentiellement hostile (opinion publique, police, etc.) et comme *un élément d'une sous-culture* indispensable à la cohésion du groupe.

Parlez-vous le Cosa Nostra américain ?

Les mafieux américains ont un argot très particulier. Deux exemples :
To skim : écrémer. En fait, détourner les bénéfices d'une activité légale ou illégale. Synonyme de racketter et de frauder le fisc.
To shylock : prêter de l'argent à des taux usuraires. Terme emprunté, si l'on peut dire, au personnage d'usurier, Shylock, inventé par Shakespeare dans *Le Marchand de Venise*.

Le secret n'est jamais un bloc monolithique et uniforme. Le secret comporte des *degrés*. Toutes les mafias ne l'imposent pas avec la même force. Ces différences trouvent leur origine dans la culture ambiante et surtout probablement dans le niveau de répression judiciaire et sociale dont la société secrète fait l'objet. Plus la *tolérance* judiciaire, politique et sociale est élevée, moins le secret s'impose comme une nécessité vitale. La très large acceptation et légitimité sociales et politiques dont bénéficiait Cosa Nostra de Sicile après la Seconde Guerre mondiale autorisait ses chefs à une très forte *visibilité* sociale. Par ailleurs, au sein de chaque mafia, l'accès à l'information dépend étroitement de la place hiérarchique de l'initié. Des séparations formelles existent entre les échelons, faisant ainsi d'une mafia une entité segmentée par des barrières invisibles. Le secret se diffuse en cercles concentriques jusqu'aux extérieurs de la société secrète où les simples associés ne peuvent qu'entrevoir et deviner la réalité fermée d'une mafia.

Entrer et sortir du cercle : initiés et repentis

Une mafia ne demeure secrète qu'en contrôlant étroitement les entrées et les sorties de la société criminelle qu'elle constitue.

À l'entrée, tout repose sur le *processus de sélection* des futurs initiés, processus forcément aléatoire et risqué. C'est pourquoi la sélection-initiation est parfois *interrompue* afin justement de préserver l'hermétisme de la société secrète. C'est ainsi que les cinq Familles de Cosa Nostra de New York ont gelé toute initiation entre 1955 et 1972. Toutefois, il fallut tout de même « rouvrir le livre » – selon l'expression mafieuse consacrée –, c'est-à-dire reprendre le processus des initiations pour régénérer le sang de Familles épuisées par la vieillesse, la mort et les arrestations. La sélection peut également dépendre d'un *consensus en forme d'enquête* large. Le nom du prétendant est alors préalablement soumis à l'approbation des autres Familles. C'est un moyen non seulement de prévenir tout conflit né de la personnalité ou du passé d'un futur membre, mais surtout d'en vérifier les antécédents. À New York, tous les pressentis à l'initiation doivent être approuvés par les Cinq Familles de la ville. En Sicile, toutes les Familles de la région sont également consultées.

L'enquête de recrutement

Cosa Nostra de Sicile, le cas de Tommaso Buscetta : « La famille de Porta Nuova suivit la pratique habituelle de Cosa Nostra en termes d'admission : elle ouvrit une enquête en bonne et due forme sur mon compte et sur celui de ma famille, la vraie. Des informations furent recueillies auprès d'autres familles de la province de Palerme et un billet, avec mon nom inscrit dessus, fut adressé à chacune d'entre elles. Cette pratique avait pour but de vérifier s'il n'y avait pas de contre-indications à mon entrée dans la confrérie. Les réponses devaient revenir oralement au représentant local. D'un point de vue mafieux, mon *curriculum vitae* ne présentait aucun défaut. Je ne m'étais disputé avec aucun homme d'honneur, et ma conduite n'avait été en aucune manière déshonorante ou empreinte d'indécision. Mes parents étaient, eux aussi, sans reproche : du point de vue de la moralité, d'une part, étant donné qu'il n'y avait jamais eu de cocufiage ni d'outrage à l'honneur d'autrui ; au regard des relations avec Cosa Nostra, d'autre part, mon père et mes frères n'ayant jamais subi de torts, ni offensé des hommes d'honneur, et n'ayant jamais adressé de dénonciations ni de plaintes à la justice d'État[21]. »

Cosa Nostra de Sicile, le témoignage d'Antonino Calderone : « À Cosa Nostra, les enquêtes sur les jeunes qui voulaient devenir hommes d'honneur étaient très poussées, on épluchait tout ce qui les concernait, on allait même jusqu'à contrôler la biographie de leurs parents.

Si je vous disais qu'on est même allé jusqu'à reprocher à Michele et Salvatore Greco le fait que leur père, dans les années vingt ou trente, pendant un procès, avait dit au juge qu'il demandait justice pour le meurtre d'un de ses frères ! On a demandé des explications à Michele Greco, en 1975, à ce sujet là[22]. »

Cosa Nostra américaine, le cas de Michael Franzese : « Après la rencontre, mon nom, avec ceux des autres prétendants potentiels, était mis en circulation auprès des cinq Familles. C'était la version mafieuse d'un contrôle bancaire standard. Si quelqu'un avait une raison à faire valoir contre mon entrée dans la famille, il l'aurait fait savoir rapidement à DiBella [n.b. : son garant pour l'initiation]. La circulation du nom avait aussi un autre but. Si quelqu'un dans une autre famille ressentait l'envie de faire une réclamation, il devait le faire savoir. C'est exactement ce qui arriva pour moi. Pasquale "Paddy Mack" Marchiola, un soldat de la Famille Genovese, souleva une objection. Il soutint que j'avais fait des affaires avec un de ses amis, et que cela avait fait de moi sa recrue. Paddy Mack pariait que cette situation irait à l'encontre de la demande de mon père et occulterait le temps passé dans les manifestations avec le chef de Famille Joe Colombo. La commission de la Mafia rejeta la réclamation de Mack[23]. »

Il s'agit ni plus ni moins d'une sorte *d'enquête d'habilitation au secret* comparable à la procédure d'embauche au sein d'un service secret d'État.

La sortie de la société secrète se fait en principe par la mort, naturelle ou provoquée. On ne peut décider de quitter la société selon son bon vouloir. Le risque serait trop grand de voir l'initié fatigué ou déçu briser son vœu de silence. Ce type de velléité est fatalement sanctionné par une mort brutale. De la sorte, le seul véritable ennemi d'une mafia est la *défection* d'un de ses membres. Le terme de *repenti* généralement utilisé semble impropre. Le mot est en effet chargé d'une connotation morale liée au regret et au remords qui est la plupart du temps étrangère à des hommes dont la seule motivation pour évoquer leur passé dans un cadre judiciaire est un accord rationnel sur une remise ou une exemption de peine. Ce sont en fait de simples *collaborateurs de justice* recherchant un avantage précis. De ce point de vue, l'initié devenu un témoin judiciaire fait montre d'un pur *pragmatisme* face au système judiciaire ; pragmatisme en tous points conforme à celui qui l'animait du temps de ses activités criminelles. La posture morale expiatoire adoptée par ces « repentis » ne doit pas faire illusion. D'autant qu'elle est la plupart du temps très relative. L'initié défroqué invoque souvent une idyllique et irréelle mafia, bonne et vertueuse, ayant subitement dégénéré. Le sens de cette représentation toute mythologique est claire : le mafieux « repentant » justifie ainsi successivement son engagement criminel initial puis sa rupture présente. Si tout s'était déroulé idéalement, si la société secrète avait su conserver ses valeurs originelles, le mafieux serait resté ce qu'il est, un « homme d'honneur » fidèle à sa Famille. Le prétendu repenti ne récuse donc pas le modèle idéal et parfait de sa jeunesse et de ses rêves, celui qui a fait naître sa vocation, mais son incarnation présente, son prétendu dévoiement par des mafieux sans scrupules et indignes. Il est resté le même, et c'est le système qui a changé[24]. Ce jeu éthique particulièrement ambigu constitue aussi une ruse autorisant la publication de mémoires. L'éditeur puis le lecteur acceptent plus facilement la narration des crimes s'ils s'abritent *in fine* derrière une apparente conversion morale.

Par ailleurs, nombre de repentances sont d'habiles *trompe-l'œil*. Il y a les repentis envoyés en mission par leur Famille mafieuse dans le but d'égarer la justice dans un dossier ou pour décrédibiliser des défecteurs dangereux. Ou les programmes de réinsertion pour mafieux repentis : la renonciation auprès des autorités des activités criminelles vaut absolution. Ce sont en fait des amnisties déguisées destinées à entretenir l'illusion d'une répression efficace. On se contente d'une déclaration formelle de départ des Familles pour accorder l'impunité judiciaire sans même exiger des renseignements en retour. Sur ce point, les lois antimafia entrées en vigueur en 1988 à Hong Kong, en 1992 au Japon et en 1996 à Taiwan n'ont donc eu que des résultats (volontairement ?) cosmétiques. Le Japon ne connaît pas vraiment le système judiciaire des repentis. Depuis la loi de 1992, les autorités encouragent certes le départ des yakuza avec, par exemple, l'installation d'un « centre pour l'élimination des boryokudan » dans chaque région administrative. Ces centres aident les « partants » dans leurs démarches de retour à la vie civile. Cependant, à aucun moment, il ne leur est demandé de collaborer avec la Justice. Un étrange système de repentance consistant à partir sans trahir…

On notera que *la politique des repentis* a en définitive donné des résultats judiciaires ambigus. Certes la technique a fait ses preuves. Il s'agit même à ce jour de la seule méthode réellement efficace pour arrêter des mafieux importants. Par ailleurs, au-delà des succès judiciaires, sans les lumières de ces défecteurs, le monde des mafias resterait aujourd'hui un complet mystère, et la plupart des analystes en

Tommaso Buscetta : « Je ne suis pas un repenti »

« J'ai parlé et je parle. [...] Non parce que je me suis "repenti" : c'est un mot qui m'a toujours énervé et qui encore aujourd'hui me fait enrager. On m'en a affublé comme ça, par commodité et superficialité : à l'exception de quelques rares individus, on n'a pas fait l'effort minimal pour tenter de comprendre la vérité et la complexité des choses ni pour prendre en compte jusqu'au bout mes motivations.

De quoi me serais-je repenti ? Je ne l'ai pas encore compris. J'ai renié, j'ai désavoué une institution en laquelle j'ai cru et que j'ai servi avec loyauté et désintéressement. Je ne me suis *repenti* de rien. Le repentir implique une demande de pardon. Moi je n'ai demandé pardon à personne. Je n'ai pas non plus demandé un pardon général à la société pour les préjudices que je lui ai causés par mon activité de mafieux. Peut-être un jour le ferai-je, mais jusqu'à maintenant je ne l'ai pas fait. C'est mon choix. Alors pourquoi m'affubler de cette étiquette usée et imprécise ?

Celui qui parle de Buscetta comme d'un repenti devrait spécifier quand, où et devant qui j'ai demandé pardon. Je ne me suis jamais présenté devant un tribunal pour dire : "Monsieur le président, je me repens de tous les péchés que j'ai commis en tant que membre de Cosa Nostra." Je ne suis pas un repenti dans le sens moral et religieux du terme. Je ne renie pas tout en moi, ni tout mon passé. Je ne suis pas un repenti : je suis seulement un homme fatigué et tourmenté qui, arrivé à un certain stade de sa vie, à une certaine maturation de son expérience et de sa capacité de jugement, s'est rendu compte de ce qu'est devenue la mafia et qui s'est décidé à aider la justice pour la démanteler. Ma mentalité a changé en plusieurs points, mais ma personnalité est restée la même. Je ne crois pas avoir tout raté. Je pense que nombre de comportements et d'idées de Cosa Nostra auxquels j'ai cru sont encore valables, extrêmement valables. Ce sont les autres, les Corleonais, qui les ont détruits et dénaturés[25]. »

seraient encore probablement à en nier l'existence. Cependant, comment ne pas être troublé par la survivance de ces entités criminelles malgré ces trahisons à répétition ? La résistance à tant de frappes légales nous en dit long sur la capacité de régénération spontanée des mafias, sur leur solidité face à la loi. Ce qui pourrait d'ailleurs conduire à une réflexion de politique anticriminelle quelque peu désabusée. On pourrait se demander si, au final, une répression efficace ne contribuait pas involontairement à renforcer les Familles mafieuses en faisant disparaître ses entités les plus faibles et en apprenant aux autres à se renforcer dans un processus adaptatif. Comme si la répression participait du *struggle for life*, du jeu naturel de la compétition primitive.

Le syndrome Al Capone

Le crime organisé, si puissant soit-il, n'a qu'un seul véritable ennemi dans le monde moderne : *la surexposition médiatique*. Qu'un chef d'organisation criminelle se laisse subitement griser par les médias, la sanction survient alors inévitablement par la mort ou la prison. Pourquoi ? L'arrogance affichée par voie médiatique constitue fatalement à terme une provocation que ni l'opinion publique ni l'État, si pusillanime soit-il, ne peuvent indéfiniment tolérer. La publicité fonctionne telle une muleta devant un taureau : un appel à la traque pour les policiers et les juges, surtout s'ils sont eux-mêmes avides de reconnaissance publique. Souvenons-nous du plus célèbre des narcotrafiquants colombiens des années 1980, Pablo Escobar. Riche à souhait, se complaisant dans un train de vie ostentatoire, devenu une vedette de la presse internationale, il imagine pouvoir mener en toute impunité une guerre frontale à l'État colombien en usant du terrorisme et ce tout en narguant les États-Unis. Erreur d'autant plus grossière que les médias, comme d'ailleurs le système répressif américain, aiment se focaliser sur la traque d'*un individu* plus que sur la solution et la compréhension globales d'un problème[26]. Après une longue traque, il meurt, tué par l'armée colombienne avec l'aide des États-Unis (décembre 1993), et le cartel de Medellin avec lui. Aurait-il appris la discrétion, il serait probablement encore en vie, lui et son organisation[27].

Cette leçon, le mafieux traditionnel la connaît. L'« homme d'honneur » sicilien classique cultive l'humilité, la réserve et la modestie. Il sait le vrai pouvoir voilé et discret. Il joue en coulisses, non sur la scène. Il parle peu, se montre peu, minimise son pouvoir. Tout est en économie, se méfiant du tapageur et de l'excessif. Les démonstrations bruyantes de pouvoir sont pour les parvenus du crime. La réticence à voir étaler l'argent et la sexualité relève d'un élémentaire réflexe de prudence. Rien de moralisateur dans cette attitude mais la certitude que l'ostentation fragilise et rend vulnérable. Un mafieux n'est pas un vulgaire bandit de rue. Apprécions le mépris tout mafieux affiché par Tommaso Buscetta pour le voyou ordinaire : « C'était un gangster typique : fanfaron, extraverti, généreux. [...] Il donnait de l'argent à tout le monde, offrait bijoux et voitures comme s'il s'agissait de cigarettes. Il aimait le luxe, la belle vie et les femmes. C'était un mégalomane : le parfait contraire d'un mafieux [...] de l'homme d'honneur, réfléchi et mesuré[28]. »

Un très discret employé de bureau

Dans les années 1980, même la fort complaisante police de Hong Kong commence à s'inquiéter du pouvoir de la Triade Sun Yee On, probablement la plus puissante de la colonie. Des perquisitions sont alors menées (1987), en particulier au bureau d'un certain Heung Wah-yim, juriste à mi-temps d'une société ayant pignon sur rue dans le centre de Hong Kong. Ces opérations permettent de mettre la main sur une liste de 1 267 membres de la Triade. Heung Wah-yim n'est pas n'importe qui : il est le chef, *la tête de dragon*, de la Sun Yee On depuis plus de 30 ans. Or l'homme certainement le plus craint de Hong Kong, qui comparaît avec ses complices devant la justice, est très loin du stéréotype du criminel ordinaire. La presse décrit « un avoué, menant une vie respectable et d'une grande monotonie ». Un homme discret et ordinaire en quelque sorte[29]...

Pour autant, la mégalomanie médiatique et guerrière ne touche pas que les juvéniles groupes criminels du tiers-monde. Même Cosa Nostra s'y est parfois laissé prendre, contaminée par la culture du succès, des paillettes et du *show business*. Cosa Nostra a beau être une société secrète, ses dignitaires n'en subissent pas moins les influences de leur temps. En 1931, la chute d'Al Capone, *Boss* (officiel) de la Famille de Chicago, procède de cette surexposition publique : trop de violence (1929 : « le massacre de la Saint-Valentin[30] »), trop de dépenses publiques (train de vie injustifié), trop de presse. Ses mœurs de vedette élégante et le refus obstiné de dissimuler son argent le condamnent fatalement. Le comportement d'Al Capone finira par mettre en danger les affaires de la Famille de Chicago, et sa disparition du devant de la scène (prison puis décès) sera plutôt un soulagement pour ses comparses. Ses héritiers à la tête de la Famille de Chicago (Joe Accardo, etc.) retiendront la leçon : désormais, la recherche de l'anonymat sera leur seule obsession. Qui d'ailleurs aujourd'hui peut avec certitude donner le nom du chef de cette Famille ? Charles « Lucky » Luciano, pourtant l'organisateur de la Cosa Nostra moderne dans les années 1930, l'homme qui a compris les nouvelles règles du jeu de la société libérale, n'a pas su échapper aux mirages de l'ostentation. Son mode de vie tapageur va progressivement choquer l'opinion et lui attirer les foudres de la répression jusqu'à le conduire en prison pour proxénétisme. Son ami et associé Meyer Lansky, financier de Cosa Nostra aux États-Unis pendant des décennies, ne cessera de répéter ce conseil : éviter d'avoir son nom dans la presse, rester invisible.

Cinquante ans plus tard, John Gotti, chef de la Famille Gambino de New York dans les années 1980, tombe à son tour dans le piège qui avait été fatal à Al Capone. Là, il pousse l'exercice très loin. Le *Boss* fait la une de la presse (*New York Times*, *People*, *New York*), se comporte en star de cinéma, devient une quasi-attraction touristique, se montre en public avec ses lieutenants. John Gotti, grisé par son image et ses succès judiciaires, perd pied avec la réalité. Il offre ainsi sur un plateau son organisation au FBI. Al Capone et John Gotti ont en commun d'avoir été les deux seuls mafieux à faire la une du magazine *Time*. Dans la Mafia, vivre pour un public conduit fatalement vers la chute, l'arrestation puis la mort en prison[31].

Les dangereuses provocations de John Gotti

Avant de devenir un repenti célèbre, Salvatore « Sammy The Bull » Gravano fut le sous-chef de la Famille Gambino alors dirigée par John Gotti. Dans ses mémoires[32], Sammy Gravano adopte la posture flatteuse de « l'homme d'honneur » discret et surtout gardien des traditions de Cosa Nostra. Le comportement de son nouveau *Boss* – le précédent, Paul Castellano, vient d'être assassiné par lui-même et John Gotti – le choque profondément. Non seulement Gotti s'écarte des canons de la société secrète dont il vient de conquérir une Famille prestigieuse et puissante, mais ses frasques mettent en danger la sécurité de ses membres. « Gotti hissa sa personne – et sa garde-robe – à la hauteur des circonstances. Il ressemblait à ce qu'un gangster doit être pour les Américains. On eût dit qu'il avait étudié la totalité des films noirs du répertoire et incorporé à son image tous les traits qu'il en avait dégagés. Le diamant de sa chevalière, ses cheveux argentés

à la coupe impeccable, son hâle de lampe à bronzer, ses costumes croisés sur mesure à 2 000 dollars, ses cravates peintes à la main à 200 dollars le firent rapidement surnommer le Don Élégant par les journaux à sensation.
Au lieu de demeurer dans l'ombre, il se complaisait dans sa célébrité toute neuve. Arborant un éternel sourire, il posait pour les caméras de télévision, lançait des "petits mots" que la presse s'empressait de reproduire : "Bien sûr que je suis le *Boss* de la famille – de ma femme et de mes gosses." Il affectait des manières courtoises. S'effaçant un jour pour laisser passer une journaliste, il lui déclara : "On m'a appris à tenir la porte aux dames." Les journalistes rapportèrent en frémissant d'excitation que, pendant le réveillon de Noël au *Ravenite*, les truands avaient fait la queue pour l'embrasser et lui rendre hommage. Il ne manquait pas une occasion de dire : "Ouais, je suis un gangster, mais vous pouvez le prouver ?" […] »
« Dans les mois qui suivirent son acquittement, John Gotti estima que le club *Bergen*, perdu dans Ozone Park, ne correspondait plus à son statut de vedette. Il lui fallait un endroit branché comme Manhattan et il décida d'installer sa cour à l'ancien club de Neil Dellacroce, le *Ravenite*, dans la Petite Italie. Il arrivait chaque après-midi vers cinq heures dans une étincelante Mercedes avec chauffeur, entouré avec la pompe convenant à son rang. Membres et associés s'alignaient dehors pour le saluer avec force embrassades. Des badauds s'attroupaient sur le trottoir d'en face de Mulberry Street pour apercevoir le grand homme, qui leur adressait un sourire, le pouce dressé. Il ne manquait plus que de l'inscrire dans les guides comme l'une des principales curiosités touristiques de la ville. »
Et, fatalement, des équipes de télévision traînaient souvent dans les parages afin d'apercevoir la vedette.
Gravano est scandalisé par ce comportement dangereux : « C'était ridicule, la façon dont les gars se conduisaient devant le *Ravenite*, déclare Sammy. Ils se croyaient dans un film, ma parole. C'était l'effet que John avait sur eux. Moi, je n'étais pas dans un film. Si j'étais obligé de me livrer au petit jeu des embrassades, je le faisais à l'intérieur du club. »
Un soir, Sammy Gravano se laisse entraîner par John Gotti dans la célèbre boîte, *Régine*. « Deux filles regardaient dans sa direction, et il a envoyé Bobby leur parler : "Vous voulez prendre un verre avec John Gotti ?" Merde, le cinoche ! Je faisais ça quand j'avais 18-19 ans. Et il n'arrêtait pas de dire : "Oh, regarde, voilà

Machin, la vedette de cinéma, et là Truc, le présentateur télé." Qu'est-ce qu'on en avait à foutre ? Ça ne me ressemblait pas d'aller quelque part pour me montrer. On n'est pas des acteurs, on est des gangsters, des racketteurs. On n'est pas censés être connus du public. "Nous sommes une société secrète, disait Paul [Castellano] en piquant le doigt du futur initié. C'est ça, le secret ?" »

John Gotti a fini par s'identifier à son double médiatique. « John est tout bonnement tombé amoureux de lui-même. D'accord, on ne pouvait pas contrôler les journaux, les magazines et tous les trucs qu'ils publiaient. John était séduisant, il avait du charme, du charisme. Je comprenais ça : j'avais vu plein de types intelligents faire des conneries par vanité. John n'était pas différent. Au bout d'un moment, le pouvoir vous transforme. Il s'est mis à croire ce qu'on disait de lui dans la presse et à la télé. Ce n'était plus de la vanité, c'était la folie des grandeurs. Il ne voulait plus entendre la vérité, il s'entourait de gens qui lui disaient ce qu'il avait envie d'entendre. Non seulement les médias l'adoraient mais il s'adorait lui-même. Il parlait sans arrêt de "son public". »

Le futur repenti tire la conclusion de ce comportement : « John a offert toute la Famille – et certains gars d'autres Familles – au FBI sur un plateau d'argent. »

Entre les époques d'Al Capone (1920-1930) et de John Gotti (1980-1990), un autre *Boss* avait commis l'imprudence de céder aux mirages du battage médiatique. Joseph « Joe » Colombo fonde en 1970 la « Ligue pour la défense des droits civiques des Italo-Américains ». Le chef de Famille veut officiellement combattre les préjugés pesant sur les Américains d'origine italienne, faire cesser le harcèlement policier, mettre fin à l'utilisation du mot « Mafia » par les médias pour parler du crime organisé et ne plus assimiler tout Italo-Américain à un gangster. Plus trivialement, Joe Colombo veut aussi en profiter pour protester contre l'arrestation (injuste !) de son fils Joe Jr pour trafic de drogue. Ce vaste et louable programme politique jette toutefois la consternation chez les autres *Boss*. La place d'un chef de Famille d'une société secrète n'est pas dans la rue devant les caméras. Surtout lorsque la Ligue organise des manifestations devant le siège du FBI à New York dont les agents, forcément agacés, se mettent à photographier tous les participants. Il est vrai que les slogans assimilant le *Bureau* à la Gestapo ont de quoi exciter le Service fédéral d'investigation. Le mouvement s'amplifie : le gouverneur de l'État de New York, Nelson Rockefeller, devient membre honoraire de la Ligue, Joe Colombo multiplie les interviews, Frank Sinatra donne des concerts, etc. Ce succès culmine avec un immense rassemblement à *Colombus Circle* à Manhattan (New York), le 29 juin 1970 (*Colombus Day* commémore la découverte de l'Amérique par Christophe Colomb). On dénombre 50 000 participants. Même Carlo Gambino[33] a dû s'y rallier. Sa Famille contrôle les docks, et, pour la première fois dans l'histoire, le travail sur les quais cesse pendant une journée pour que les dockers se joignent à la manifestation. Pris pour cible, piqué au vif, le FBI réagit en renforçant la surveillance sur les Familles. Cependant, la Ligue rapporte beaucoup d'argent à Joe Colombo grâce aux cotisations ; argent dont, semble-t-il, il ne fait pas profiter les autres *Boss*. La situation devient incongrue : un chef mafieux transformé en vedette des médias et en champion des libertés publiques. La Ligue enregistre un réel succès. Le ministre de la Justice John Mitchell annonce que le FBI et son ministère n'utiliseront plus les termes « Mafia » et « Cosa Nostra » ! Al Ruddy, célèbre producteur du *Parrain*, annonce, lors d'une conférence de presse de la Ligue en mars 1971, que les termes « Mafia » et « Cosa Nostra » seront bannis de son film[34]. La Ligue décide même de nommer Joe Colombo « Homme de l'année ». Carlo Gambino et la Commission, l'organe de régulation de Cosa Nostra, exigent que cette agitation cesse. Un Joe Colombo inconscient et infatué s'y refuse. Erreur de jeunesse probablement : Joe Colombo est alors le plus jeune *Boss* en exercice dans le pays. L'année suivante, les dockers n'arrêtent pas le travail le jour du *Colombus Day*. Et, le 28 juin 1971, Joe Colombo reçoit trois balles dans la tête en pleine manifestation publique. Transporté à l'hôpital, il survivra sept ans à l'état végétatif. L'auteur de la tentative d'homicide, Jerome A. Johnson, est un jeune Afro-Américain, muni d'une carte de presse, qui a dissimulé l'arme dans une caméra. Il est arrêté sur les lieux du crime par un policier mais est abattu instantanément par le garde du corps de Joe Colombo, Gennaro « Fat Jerry » Ciprio. Il n'aura donc jamais l'occasion de témoigner. Évidemment, le mode opératoire fait étrangement penser à deux assassinats célèbres : Anton Cermak (1931)[35] et John F. Kennedy (1963). Sur le moment, on se perd en conjectures : est-ce un épisode banal d'une sourde lutte pour le pouvoir, la sanction d'une politique solitaire et irréfléchie de publicité, ou l'acte insensé d'un solitaire ? On sait aujourd'hui que Joe Colombo ne fut pas la victime d'un fou isolé ni d'un rival ambitieux (Joey Gallo), mais de ses pairs effrayés, Carlo Gambino en tête, soucieux de faire respecter les règles. L'argent se partage, et, surtout, les médias sont mauvais pour les affaires.

Les mirages de la provocation n'ont pas épargné non plus les parents siciliens. La stratégie terroriste de guerre frontale à l'État de Toto Riina, *capo di tutti capi*, au cours des années 1980-1990, conduit Cosa Nostra de Sicile dans une impasse ; son successeur Bernardo Provenzano comprend le danger pour l'avenir de l'organisation et revient à une politique classique d'enfouissement et de disparition médiatique. Les médias et la notoriété « tuent » aussi sûrement que la répression ou la concurrence.

Mêmes les méthodes criminelles révèlent ce souci constant de discrétion. On a longtemps glosé sur les procédés d'assassinats des Mafias siciliennes et américaines. En fait, Cosa Nostra ne manifeste aucun souci fétichiste pour une technique d'assassinat. Elle n'est guidée que par un pragmatisme congénital qui lui fait choisir le chemin le plus court et surtout le plus discret. D'où son goût pour les étranglements qui évitent les coups de feu, puis les disparitions pures et simples des corps (*lupara bianca*), dissous dans des bains chimiques ou dans le béton. Sans bruit ni traces.

Sociétés secrètes, mafias, services secrets : jeux de miroirs ?

En tant que société secrète, une mafia présente des analogies avec les services secrets et la franc-maçonnerie.
L'omerta est comparable au devoir de silence imposé par les obligations juridiques du *secret défense* ou du *besoin d'en connaître*. De même, *l'enquête préalable d'admission* dans la mafia n'a pas grand-chose à envier à une *enquête d'habilitation au secret* d'une administration publique. Par ailleurs, on ne peut passer sous silence une ressemblance fonctionnelle plus troublante notée par Xavier Raufer : « Tous deux *s'affirment* et *se dérobent* à la fois – et leurs opérations ratées sont les seules médiatisées. Ainsi la plupart des méfaits criminels dépeints [ci-après] parviennent-ils à la connaissance des instances de répression, des médias, du public, à l'occasion d'enquêtes policières, d'arrestations, de procès, de condamnations ; bref, d'échecs[36]. » Comment s'étonner alors que mafias et services spéciaux parviennent parfois à nouer de dangereuses alliances ? Cette *ressemblance essentielle* devrait avoir une conséquence en termes de répression et de surveillance. Une connaissance profonde et durable des mafias ne peut passer que par des services de renseignement. Le travail naturel d'un pur service de police criminelle condamne en effet l'État à n'avoir qu'une compréhension *aléatoire et épisodique* d'un adversaire permanent et organisé comme un contre-État. Le feu se combat par le feu.
Au-delà du constat historique que Cosa Nostra de Sicile a fait de la franc-maçonnerie présente dans l'île une source d'inspiration et d'imitation, il est désormais établi que Cosa Nostra de Sicile et la Ndrangheta ont noué durant tout le XXe siècle des liens profonds et compromettants avec certaines loges présentes sur leurs territoires respectifs[37]. Le repenti sicilien Leonardo Messina a ainsi révélé que les *Boss* les plus importants de Cosa Nostra étaient affiliés à une loge maçonnique, ce qui leur permettait de nouer, en toute discrétion, des contacts avec des politiciens, des policiers, des juges et des entrepreneurs. Sur ce terrain commun d'affiliations secrètes, les relations les plus inavouables étaient possibles.

Chapitre X
DU BIOLOGIQUE AU GÉOPOLITIQUE

Tel l'État dans la pensée du géopoliticien Karl Haushofer, une mafia est une entité vivante et dynamique, quasi biologique, ayant vocation à s'étendre, faisant fi des frontières politiques, de la morale ordinaire et du *statu quo*. Déjà en 1962, Raymond Aron, s'interrogeant sur les racines de l'institution belliqueuse[1], soulignait les racines biologiques et psychologiques des guerres. Dans son maître livre *Classes laborieuses et classes dangereuses* (1958)[2], l'historien Louis Chevalier insistait sur les fondements biologiques de l'histoire sociale. L'anthropologue Edward T. Hall rappelle justement que « l'homme, comme les autres membres du règne animal, est d'emblée jusqu'au bout et irrévocablement prisonnier de son organisme biologique[3] ». Ou à la manière de Robert Ardrey : « Un schéma culturel humain n'est souvent que l'application d'un schéma biologique sous-jacent[4]. » Ces auteurs ont compris que nos comportements apparemment les plus culturels ont des origines biologiques. Peut-on occulter que l'homme a un profond passé animal ? Notre humanité a de puissantes racines animales, et les comportements criminels plus que d'autres. Soulevons les masques culturels pour découvrir un héritage biologique et des déterminants archaïques. Certaines vérités biologiques permettront peut-être de rompre avec quelques vérités trompeuses des « sciences humaines ». La mafia, système « culturel » s'il en est, a des soubassements profondément naturels que les progrès des sciences peuvent nous aider à saisir. Une éthologie criminelle est-elle concevable pour les prédateurs supérieurs ?

Le principe de cruauté

Cette archéologie du mal mafieux nous conduit à revenir à une vérité dérangeante de la vie : *le principe de cruauté*. La vie est synonyme d'affrontement, de combat, de lutte et d'agression[5]. Quels sont les enseignements de la biologie et de l'éthologie modernes ? D'abord, à tous les instants, la violence et la destruction fondent, organisent et conditionnent la vie. Mère Nature n'est ni gentille ni compatissante mais cruelle. La sauvagerie n'est pas une invention humaine mais un *modus operandi* que la Nature a ancré dans nos physiologies. La violence est dans l'homme car la violence réside d'abord dans la nature. C'est un fait de nature et non une invention historique. La compétition violente fait partie intégrante du processus d'évolution depuis ses formes primaires jusqu'aux plus élaborées. Ensuite, la nature va du chaos à l'organisé, du simple au complexe, et non l'inverse. Les organismes ont une logique d'expansion. Howard Bloom écrit ainsi :

> « La nature n'abhorre pas le mal, elle l'intègre. Elle l'utilise pour construire. Avec lui, elle conduit le monde humain vers des niveaux supérieurs d'organisation, de complexité et de pouvoir[6]. » « Comme un sculpteur taillant une silhouette dans la pierre, la Nature crée en détruisant. Son marteau et son ciseau frappent sans discontinuer. À chaque coup jaillissent des éclats. Au fur et à mesure que ces éclats s'accumulent sur le sol, une nouvelle forme émerge là où la lame a taillé. À la fin de sa journée, le sculpteur se contente de balayer le tas de poussière inutile et d'éclats de pierre. La nature fait de même. Mais ces fragments qui ont été jetés dans l'atelier naturel sont les corps de créatures qui étaient, quelques instants auparavant, vivantes, des créatures telles que vous et moi[7]. »

Les individus comme les groupes sociaux n'échappent pas à cette réalité première : de la violence et de l'organisation.

Konrad Lorenz a montré que l'agression n'avait en elle-même rien de pathologique ni de mauvais, mais qu'elle constituait un instinct utile à la survie des espèces, un trait inné commun à tous les êtres vivants (*L'Agression*[8], 1969). L'agression dont parle Konrad Lorenz est ce besoin biologique de domination inscrit dans le vivant. Autrement dit, la conduite agressive n'est ni accidentelle ni anormale, mais constitue une donnée permanente et utile du vivant, ne devenant nocive qu'exceptionnellement.

Une mafia n'apparaît plus alors comme une aberration sociale mais plutôt comme un *aboutissement normal* – normalité comprise au sens statistique et sociologique. Au sein d'un monde criminel, proche de l'état de nature, une mafia est un groupe social parvenu au faîte de la préséance criminelle dans un processus de sélection-compétition-domination des espèces criminelles.

Une mafia est au sens premier du terme un organisme social, c'est-à-dire un être vivant et organisé : de la violence brute efficacement structurée. Les mafieux eux-mêmes expliquent avec cynisme et précision la nature réelle de leur mode de vie : un plaisir jamais démenti de tuer et de dominer, une vie de peur. Le mafieux repenti Salvatore « Sammy The Bull » Gravano est on ne peut plus clair sur le sujet quand il décrit ce qu'il a ressenti après un « contrat » : « J'avais mis fin à une vie humaine, j'avais pouvoir de vie et de mort. J'étais un animal, un prédateur. J'étais Cosa Nostra[9]. » Joey Black, tueur de Cosa Nostra nord-américaine, raconte une expérience identique pendant un assassinat : « [Et] je pouvais sentir la peur. Si vous vous êtes jamais demandé pourquoi un animal attaque quelqu'un ayant peur de lui, c'est parce que la peur suinte de lui et crée une odeur. Je l'ai vue. Je l'ai sentie. Je l'ai aimée[10]. » Le même Joey Black explique simplement, un peu amusé, la fascination qu'exerce son métier de tueur de la Mafia : fréquenter un *animal* attire. Avec l'olfaction, ces tueurs redécouvrent le sens le plus animal, le premier, le plus chimique, celui qui permet de déchiffrer les états affectifs de ses congénères. Ne se qualifient-ils pas eux-mêmes les « affranchis » ? Sous-entendu, ceux qui se sont « affranchis », libérés, des lois et des contraintes sociales, pour laisser libre cours à leur *instinct* de violence et de domination. Il ne s'agit évidemment pas de rabaisser ce type de criminel au rang de sous-hommes ou d'animaux, mais de reconnaître que leur choix de vie a une signification particulière : c'est un retour brutal vers un état de nature plus proche du loup hobbesien que du bon sauvage rousseauiste.

La biologie et l'éthologie permettent aussi de mieux comprendre *l'entre nous* mafieux (Cosa Nostra : *Notre Chose*), à la fois ethnique et familial, ce réflexe de fermeture qui ne peut seulement s'expliquer par un souci ordinaire de confidentialité. Raymond

Aron avait noté la pacification spontanée entre animaux élevés ensemble et *a contrario* ses effets négatifs : « Mais cette socialisation primitive crée aussi, dans le règne animal, la différenciation entre les familiers et les étrangers, entre les membres du groupe et les autres. La pacification du rapport intrasocial va souvent de pair avec l'hostilité de rapport entre groupes ou entre individus de groupes distincts[11]. »

La libre sélection par le mal

Comment accède-t-on à l'élite criminelle ? Ici, ni les diplômes ni la naissance ne constituent les bons viatiques. Les critères de sélection au sein de l'élite mafieuse se fondent sur des valeurs naturelles et primaires : la violence et la ruse. L'état de nature départage les prétendants à l'élite mafieuse. C'est une compétition relevant du combat primitif et de la survie. Sauf exception, on ne naît pas mafieux, mais on le devient en s'affirmant par la cruauté. L'intelligence ici exigée n'est ni abstraite ni théorique mais concrète et adaptative. Il y a un libre marché du mal où s'expriment les pires tendances de la nature humaine. Dans ce système de concurrence absolue, les candidats les mieux adaptés à la violence et à la ruse s'affrontent, espérant au final être choisis par une Famille criminelle. Le processus est résolument inductif : on s'impose par le bas en se confrontant aux autres. Le fameux « ascenseur social » cher aux libéraux s'exprime ici à l'état pur. La hiérarchie mafieuse est ainsi rarement le fruit de l'hérédité mais plutôt celle du terrain et de l'expérience. Le statut mafieux se mérite et se gagne par la manifestation de qualités spécifiques dont la principale est la violence pure. Le mafieux Antonino Calderone décrit bien le processus : « On devient homme d'honneur en grande partie par héritage familial, mais pas comme dans l'aristocratie, où le père laisse le sceptre du commandement et le titre de marquis ou de prince à son fils. Non, dans la mafia, c'est plus compliqué. Ça ne se fait pas par nomination. Ça se fait par l'observation, l'examen, de la part des plus vieux, des meilleurs parmi les jeunes. Les mafiosi les plus anciens, amis du père, parents de la mère, suivent les petits, et quelques-uns ressortent du lot. Ce sont les nouveaux chefs, les nouveaux hommes d'honneur[12]. »

La condition d'homme véritable se confond donc avec celle de l'assassin. C'est un retour à la dure loi naturelle qui respecte le bon chasseur et le guerrier valeureux. L'homme mafieux est ramené à sa vérité originelle : celle d'un animal prédateur. La bestialité ainsi requise s'accompagne fatalement d'autres « qualités » (pureté ethnique, capacité d'obéissance, discrétion, etc.). Ce déchaînement premier de la nature, indispensable pour accéder au stade supérieur de l'initié, suppose ensuite, une fois ce stade franchi, un encadrement strict des comportements afin que la Famille mafieuse ne se désagrège pas. La violence primitive se doit en effet d'être canalisée et stabilisée.

Ainsi s'explique la rigidité toute militaire des règles de fonctionnement de ce genre d'organisation. Cette violence première est également compensée et amortie par l'enchevêtrement des liens de parenté naturels et par la perspective d'intérêts matériels bien compris. Les liens de fratrie et les affaires profitables sont de puissantes sources de consensus et de coopération. Mais le fonds « culturel » d'une mafia demeure toujours cette extrême âpreté des rapports sociaux fondée sur le combat permanent, plus proche de l'état de nature que de la civilisation. C'est une « culture » de survie, d'agressivité et de mort qui méprise fatalement les faibles (femmes, vieux, etc.). Un monde impitoyable, sans compassion ni tabou. Voilà pourquoi les hiérarchies sont si mobiles, le pouvoir si incertain et fluctuant.

Ici fonctionne une réelle *circulation des élites*. Le principe mafieux se révèle donc ainsi d'une très grande *vitalité biologique*[13] puisque doué d'un fort potentiel de régénération spontanée. Que d'excellents auteurs aient pu identifier les racines hobbesiennes du pouvoir mafieux n'a donc rien d'étonnant. Thomas Hobbes (*Léviathan*, 1651) nous rapproche de la véritable « nature humaine », un combat permanent, brutal et cruel pour la survie. Une mafia est un phénomène de domination-prédation chimiquement pur, débarrassé des acquis de la morale ordinaire. Le mafieux recherche la puissance et méprise les idéaux. La lecture hobbesienne est essentielle car elle permet de décrypter nombre de comportements apparaissant étranges à l'observation extérieure.

L'univers mafieux est étranger au monde des idées : il n'est que matérialisme et pragmatisme. Ainsi, une mafia ne nourrit aucun fétichisme particulier quant à ses méthodes d'action : elle fait œuvre d'un pragmatisme extrême dans toute chose en privilégiant le chemin le plus court et le moins coûteux. Toutes les règles extérieures à l'entité mafia peuvent être transgressées. Un mafieux méprise le droit : sa morale est celle de la force et du pouvoir que l'on arrache. C'est un homme naturel, c'est-à-dire sans préjugés. Le respect, notion détournée par les mafieux, naît du sang versé[14]. Le mafieux n'a pas quémandé ou hérité son pouvoir de domination, il l'a conquis. C'est un pur autodidacte, un *self-made-man* de la marginalité.

Le monde des mafias ne fait d'ailleurs que reproduire à son échelle un processus universel et d'une grande normalité de sélection sociale et biologique. Comme l'écrit Max Weber : « La sélection est "éternelle", parce qu'on ne peut imaginer aucun moyen susceptible de la supprimer totalement [...]. La sélection sociale constitue empiriquement, la sélection biologique en principe, la barrière que l'élimination de la lutte ne saurait franchir[15]. »

Étant sa propre source de légitimation, le mafieux ne peut regarder qu'avec mépris les autres formes de pouvoir, surtout celles hésitant à user de la force pour se faire respecter. Une mafia teste donc constamment les dispositifs adverses (l'État, les criminels ordinaires, etc.), leur capacité de résistance et de réaction, assimilant toute inertie à de la faiblesse. Ce code culturel n'a rien de très sophistiqué puisque relevant d'une très primaire psychologie animale de type dominant-dominé.

Cette essence mafieuse ne doit pas être confondue avec de l'immobilité, bien au contraire. S'il existe *une* essence mafieuse, il y a aussi constamment *régénération* de sa structure. Par un effet naturel de générations, les jeunes remplaçant les vieux, les plus cruels éliminant les plus faibles, une nouvelle mafia remplace une ancienne mafia. La nouvelle mafia n'est ni plus ni moins implacable que l'ancienne. Seuls les témoignages des perdants (les repentis souvent) donnent l'impression du passage d'une mafia mythique – compatissante – à une mafia dégénérée – cruelle. Il s'agit en réalité de la même mafia, renouvelée et identique, vue par une autre génération, plus jeune donc plus dynamique, plus agressive. En un mot, ambitieuse et affamée. Les vainqueurs ayant pris la place des vaincus. C'est un pur effet de génération, au sens biologique du terme.

Qu'est-ce que l'État dans un tel univers ? Une bande rivale, une simple cohorte d'hommes, que la violence peut faire plier comme n'importe quel autre groupe social. La notion d'État est d'ailleurs une abstraction pour le mafieux. Le mafieux n'identifie concrètement que ses serviteurs ponctuels, plus ou moins courageux, compétents et corruptibles. Qu'est-ce que la répression ? Une chasse à l'homme éliminant (provisoirement, le plus souvent) le gibier le moins habile.

Le mafieux incarne parfaitement *la figure criminelle du survivant*, d'un être programmé à la survie, à l'envie et au risque[16]. On imagine alors l'effroi que peuvent susciter à un mafieux les systèmes judiciaires humanistes et compatissants des démocraties : droit au silence, présomption d'innocence, absence de torture, prisons chauffées, etc.

Le retour au réel est toujours cruel. Notre compréhension des phénomènes criminels est en effet obscurcie par le rousseauisme, cet angélisme qui voudrait nous faire croire que « l'homme est bon, seule la société le pervertit ».

Une fois admises les sources naturelles et cruelles d'une mafia, comment s'étonner alors de son extraordinaire talent à s'insérer dans le capitalisme mondial ? Qu'est-ce qu'un capitaliste, sinon un compétiteur sans préjugé excessif, pragmatique et mû par le profit ?

Le respect : une notion détournée par les mafieux. L'exemple de Benny Ong

En principe, le respect est simplement l'égard que l'on doit à autrui. Les mafieux se sont emparés de cette notion pour en faire une valeur centrale de leur pouvoir criminel. La vie de Benny Ong illustre ce détournement.

Benny Ong est dans les années 1970-1980 le Parrain incontesté du Chinatown de New York et probablement au-delà. Son pouvoir est immense et sans partage. Au début des années 1980, un certain Herbert Liu fonde sa propre organisation criminelle à Broadway, en oubliant d'obtenir l'accord de Benny Ong. Le 23 décembre 1982, trois membres de son gang sont tués et huit autres blessés, en plein jour, par un groupe armé. Benny Ong nie toute implication, mais déclare toutefois à la presse : « Soixante ans que je construis du respect, et il pense pouvoir me renverser en un jour ? » H. Liu se voit offrir la protection de la police s'il accepte de témoigner contre Benny Ong. Il refuse et préfère plutôt faire circuler des excuses publiques pour avoir troublé la paix de la communauté. À sa mort en août 1994, comme tout vrai Parrain quel que soit le continent, Benny Ong reçoit une véritable marque de respect. Dans Chinatown, une procession funéraire de 120 voitures suit son cercueil. Des milliers de personnes le regardent passer.

Biologie du crime organisé

Le crime a ses stades historiques d'évolution correspondant à des niveaux distincts de dangerosité. Une histoire biologique du crime organisé est-elle concevable ?

Les criminels isolés et l'association ponctuelle de criminels forment ce que l'on qualifie habituellement un *milieu criminel* aussi mouvant qu'instable et précaire. Ces criminels plus ou moins organisés ont une activité de *prédation* classique. Ils vivent sur la « bête sociale » au risque d'ailleurs de la faire disparaître. Puis l'enracinement criminel peut aboutir à transformer une simple prédation criminelle en *parasitisme* social. Ces deux étapes correspondent à des situations radicalement différentes que l'on connaît très bien dans le monde de la faune et de la flore :

> « Vivre sur le territoire et aux dépens de l'autre, c'est vivre en parasite. L'autre, c'est l'hôte, celui qui accueille bon gré, mal gré un visiteur embarrassant. Le parasite est agressif : en se nourrissant aux dépens de son hôte, animal ou plante, il l'affaiblit mais se garde bien de le tuer, ce qui reviendrait à signer son propre arrêt de mort. Entre l'hôte et le parasite, une relation dominant/dominé s'instaure. Le dominé, la plante hôte, continue de travailler : elle est verte, possède de la chlorophylle, effectue la photosynthèse, élabore de la matière vivante. Le parasite, au contraire, ne s'embarrasse pas de telles considérations : brunâtre, non-chlorophyllien, il en prend à son aise avec la règle et se différencie des "plantes normales" en se passant de photosynthèse. C'est son hôte qui le nourrit. Mais un parasite n'est pas un prédateur. Le prédateur choisit sa proie et la dévore : il vit sur un capital qu'il dilapide. Le parasite vise au contraire à maintenir son hôte en vie : il se contente de prélever les intérêts sans toucher au capital, et ne tue pas la poule aux œufs d'or[17] ! »

La prédation criminelle relève d'une marginalité pathologique, comme extérieure au corps social. Le parasitisme criminel atteint par les mafias confère à la marginalité un sens autre : on passe *du pathologique au physiologique*[18], de l'anormal au rouage. Le citoyen n'est plus considéré comme une simple proie mais comme *un consommateur de biens illicites* (drogues, jeux, usure, prostitution, etc.) avec lequel une relation permanente et de long terme doit s'établir. Dans ce schéma, une mafia répond (aussi) à une demande sociale.

La sortie du stade de la simple prédation peut également s'analyser comme le passage vers le monde du *business, des affaires légales*. Il s'agit alors d'une autre modalité de l'intégration au système économique et social.

Stade ultime enfin, le parasite et l'hôte ne font plus qu'un : c'est la *symbiose*. Ce passage de la prédation au parasitisme puis à la symbiose est la marque distinctive de l'installation définitive d'une mafia au sein d'une société. Une mafia est un parasite à finalité symbiotique. Une mafia devient comme indispensable au fonctionnement du système social qui l'a vu naître et qui ne l'a probablement pas inventée par hasard.

Ce stade final de *maturation criminelle* provoque alors de multiples *mutations* à la fois dans la participation des mafieux à la vie sociale (intégration économique et politique) et dans leur perception extérieure (tolérance). Leur enracinement rend toutes les institutions poreuses aux influences mafieuses. Cette *porosité finale* du monde légal au monde criminel consacre ainsi un processus historique de type biologique. Qui s'étonnera alors de la fréquente impunité dont les mafias bénéficient ?

La dimension biologique des mafias permet de comprendre leur extraordinaire capacité d'*adaptation* (aux changements politiques, sociaux et économiques) et de *camouflage* (au regard extérieur). Ainsi, les mafias sont rurales quand le monde est rural, urbaines quand le monde est urbain, capitalistes quand le monde est capitaliste, etc. Ces entités criminelles ont su passer par exemple des crimes de rue traditionnels (racket, etc.) aux crimes les plus sophistiqués (économiques, financiers, etc.). On croit les voir disparaître à chaque bouleversement social majeur car elles perdent certaines de leurs apparences anciennes : en fait, elles ne font que s'imprégner de l'air du temps pour s'y fondre et s'y dissimuler.

**Les funérailles des chefs :
entre tolérance sociale et intégration politique**

Les funérailles des Parrains en disent long sur la fascination et la peur qu'ils exercent, sur le niveau de tolérance et d'intégration politique dont ils bénéficient dans la société, bref, sur leur dimension symbiotique avec le système qu'ils parasitent. Ainsi, le 11 février 1996, à Taiwan, les funérailles de Chen Yung-Ho et Ning Lei-Chia, respectivement chef et homme de main de la Triade des Quatre Mers, assassinés par des rivaux, rassemblent-elles plus de 10 000 personnes. Le cortège est impressionnant : les Parrains des Triades de l'île mais aussi des représentants de mafias venus des États-Unis, du Japon, de Macao et Hong Kong, un candidat aux élections présidentielles, des parlementaires en nombre, au milieu de 135 limousines d'importation, 12 chevaux, des douzaines de motards. Le cortège est entouré de centaines d'hommes en costume noir. Les journalistes se voient interdire de photographier les visages des participants. Des ministres en exercice, et des maires, dont celui de Taipei, et le secrétaire particulier du président de la République ont envoyé des présents.

CONCLUSION

La matrice mafieuse

Quelle est *la nature profonde* d'une mafia ? Une analyse première et superficielle tendrait à réduire une mafia à sa seule dimension criminelle (déviance, illégalité, marginalité) ou économique (recherche du profit, entreprise), c'est-à-dire à ses objectifs visibles et matériels. Or *l'intention manifeste* d'une entité n'en détermine pas forcément sa *nature réelle*. En commettant cette erreur d'analyse (confusion entre intention et nature), on risque par exemple d'occulter des aspects plus complexes et plus troublants des mafias. Une *dimension culturelle* d'abord : nous sommes manifestement en présence de sous-cultures profondément ancrées dans un terreau historique et social. *Une dimension politique* : l'importance du contrôle territorial et la limitation de la violence obligent à se demander si une mafia ne répond pas d'abord à la définition que donne Max Weber d'un *groupement politique*[1], en l'occurrence, une entité protopolitique ?

En fait, la nature d'une mafia n'est jamais univoque. Ni purement criminelle, ni spécifiquement économique, ni uniquement politique. Une mafia remplit de multiples fonctions sociales et présente des visages diversifiés. La matrice mafieuse est une machine complexe, capable de domination politique, d'enrichissement criminel et d'enracinement social. Là résident son originalité, sa force historique et probablement le secret de sa longévité. Le code génétique d'une mafia est complexe. Il se dérobe aux explications simplistes.

Un groupement politique selon Max Weber : violence et territoire[2]

« 1. Nous dirons d'un groupement de domination qu'il est un groupement *politique* [*politischer Verband*] lorsque, et tant que, son existence et la validité de ses règlements sont garanties de façon continue à l'intérieur d'un territoire *géographique* déterminable par l'application et la menace d'une contrainte *physique* de la part de la direction administrative. Nous entendons par *État* une "entreprise politique de caractère *institutionnel*" [*politischer Anstaltsbetried*] lorsque, et tant que, sa direction administrative revendique avec succès, dans l'application des règlements, le *monopole* de la contrainte physique *légitime* [...].
La violence [*Gewaltsamkeit*] n'est naturellement ni l'unique moyen administratif ni même seulement le moyen normal d'un groupement politique. En effet, les dirigeants se sont au contraire servis de tous les autres moyens possibles en général pour mener à bonne fin leurs entreprises. Cependant la menace, et, éventuellement, l'application de la violence, en est assurément le *moyen* spécifique et partout elle est, en cas de défaillance des autres moyens, l'*ultima ratio* [...].
Ce qui caractérise le groupement politique, *outre* la possibilité d'utiliser la violence (du moins aussi) pour garantir ses règlements, c'est le fait qu'il revendique la domination de sa direction administrative et de ses règlements sur un *territoire* et qu'il la garantit par la violence. Partout où un groupement utilisant la violence répond à cette caractéristique, nous l'appellerons *dans cette mesure* un groupement politique – qu'il s'agisse d'une communauté rurale ou même de communautés domestiques particulières ou de groupements comme les corporations et les syndicats (les "conseils").
2. Il n'est pas possible de définir un groupement politique – pas même l'« État » – en indiquant seulement la *fin* de son activité de groupement. En effet, il n'existe pas de fin, depuis le souci du ravitaillement jusqu'à la protection des arts, que le groupement politique *n'ait* à l'occasion poursuivie ; de même il n'existe pas de fin, depuis la garantie de la sécurité personnelle jusqu'à la fonction judiciaire, que *tous* les groupements politiques n'aient pour-

suivie. C'est pourquoi on ne peut définir le caractère "politique" d'un groupement *uniquement* par le *moyen* – élevé, le cas échéant, à la hauteur d'une fin en soi – qui ne lui est pas propre à lui seul, mais qui lui est certainement spécifique et indispensable du point de vue de son essence, à savoir la violence. »

La mafia comme classe dominante

Les mafias sont la classe dominante des autres espèces criminelles. Cependant, ne sont-elles que l'expression de la domination d'une aristocratie criminelle sur un « Tiers État de la déviance » ? Non : par leur richesse, leur insertion symbiotique dans l'économie mondialisée et leur proximité avec les pouvoirs politiques et économiques, les mafias – du moins leurs couches supérieures – frôlent désormais les élites sociales, approchent *la* classe dominante (légale). Car il existe une « bourgeoisie mafieuse », comme il existe par ailleurs une bourgeoisie du textile ou de l'informatique. Cette bourgeoisie mafieuse inclut certes les mafieux *stricto sensu* mais aussi tous leurs affidés prospérant aux frontières floues de la légalité et de l'illégalité.

Le pouvoir mafieux, par sa nature même, s'approche ainsi du pouvoir dominant. Les mafias les plus accomplies cohabitent aussi avec les élites politiques et d'affaires. Dans les secteurs de la planète « en odeur de mafia », ces élites ont entre elles plus de points communs que de divergences : elles sont simplement « en haut ». En Sicile, par exemple, la bourgeoisie de l'île manifeste d'ordinaire peu d'hostilité à l'égard de Cosa Nostra. Les possédants de l'île ont toujours su s'en accommoder.

Vers un âge criminel ?

Si nous n'y prenons garde, les mafias seront de plus en plus *notre chose*. Leur présence engendre déjà une *criminalisation avancée* de certaines sphères politiques et économiques. Jusqu'au jour où, achevé, ce processus aboutira à une *confusion* quasi parfaite entre les acteurs politiques et économiques légaux et les mafias. La distinction du légal et de l'illégal s'évanouira alors. Nos systèmes auront subrepticement changé de *nature*. Luciano Violante, ancien président de la Chambre des députés italiens et de la Commission antimafia (1992-1994), affirme que les mafias construisent sous nos yeux *un système criminel global* qui, dans les décennies à venir, pourrait devenir le plus grand péril pour notre liberté. Voulons-nous d'*un monde sicilianisé* ?

En effet, subrepticement, le monde sort de deux siècles dominés par le pouvoir des idéologies. Inaugurée par la Révolution française, cette *ère idéologique* meurt lentement sous nos yeux. En sommes-nous conscients ? Sommes-nous prêts à penser le monde autrement, dégagé du noble attrait des idées ; un monde ayant pour principe organisateur l'argent ? Comment ne pas constater que l'argent est désormais le moteur et l'idéal commun de la société légale et de la société criminelle ? Les deux derniers siècles furent dominés par des passions politiques (nationalisme, socialisme, libéralisme) aux funestes conséquences (nazisme, communisme). Au final, le matérialisme est sorti vainqueur des décombres de la guerre froide. Car le déterminant profond de notre modernité chaotique est désormais l'argent. Comme si la prédiction de Karl Marx se réalisait avec retard : « Le triomphe de la bourgeoisie a noyé les frissons sacrés de l'extase religieuse, de l'enthousiasme chevaleresque et de la sentimentalité à quatre sous dans les eaux glacées du calcul égoïste » (*La Lutte des classes en France*, 1850).

Les optimistes contesteront ce sombre constat par une addition : les démocraties ne cessent de se multiplier depuis la chute du mur de Berlin. La liberté a gagné. Pour autant, peut-on accueillir ce triomphe apparent de l'idée démocratique sans une certaine réticence ? Auréolée de sa victoire, la démocratie ne s'est-elle pas à son tour transformée en idéologie un peu superficielle ? La place presque sans partage de la démocratie dans les esprits (légitimité) et dans la pratique politique (démocratisation des régimes) offre désormais au pouvoir des urnes une emprise peu contestée. Hommage du vice à la vertu, même les régimes autoritaires s'en réclament en organisant des scrutins populaires plus ou moins honnêtes, voire carrément truqués. Par ailleurs, les démocraties libérales (les vraies, les « historiques ») voient la plupart de leurs institutions gagnées par cette frénésie de démocratisation : presse, religion, affaires, culture, famille, etc.

Doit-on bouder son plaisir ? Probablement, car l'histoire est riche en autocrates sanguinaires démocratiquement élus et en pouvoirs populaires belliqueux et épurateurs. Au risque de passer pour un rabat-joie, il faut convenir avec Fareed Zakaria dans *L'Avenir de la liberté*[3] que « la démocratie gagne sans cesse du terrain, pas la liberté ». À l'heure où la démocratie tente d'irradier le monde, il n'est pas indifférent de rappeler qu'il existe un divorce historique entre la démocratie et la liberté : une démocratie pure est parfois liberticide, une autocratie peut se révéler libérale (Hong Kong avant 1989, Singapour, etc.), et on ne compte plus les démocraties autoritaires (les élections libres moins les libertés)[4]. Quoi qu'il en soit, nous assistons à une vague démocratique porteuse d'une croyance naïve : le recours au suffrage populaire est toujours la meilleure solution aux problèmes du moment. Il n'est pas question ici de discuter la pertinence de cette évolution mais d'en repérer une conséquence importante : « Plus un système s'ouvre, plus il est poreux à l'argent, aux lobbies, et aux extrémismes[5]. »

Le constat qu'une démocratisation mal maîtrisée peut se révéler source d'oppression politique et sociale n'est pas en soi réjouissant ni d'ailleurs très nouveau. Il l'est moins encore lorsque l'on réalise que ce processus historique majeur est concomitant d'un autre phénomène : la *criminalisation* du monde moderne. Simple corrélation ou vraie causalité, il est indéniable que le jeu démocratique s'avère d'une grande perméabilité aux pouvoirs criminels. Car nous n'assistons pas seulement au divorce entre la démocratie et la liberté, mais également à celui de la démocratie et de la *légalité*. Ce qui en définitive revient au même puisqu'il n'y a pas de vraie liberté sans légalité. Seule la nature de l'oppression peut sembler différente dans ses origines, politique pour l'une, sociale pour l'autre.

ANNEXES

1 – La lutte antimafia

Les mafias jouent de l'hétérogénéité des législations nationales en matière de répression pénale. Chaque pays lutte dans son coin, alors que les mafias sont des multinationales du crime. Il est donc urgent de dépasser les stratégies de lutte strictement nationales, voire régionales (Union européenne, par exemple). Dans ce domaine, l'Organisation des Nations unies (ONU) a pris une initiative importante.

Au cours de la Conférence ministérielle mondiale sur la criminalité transnationale organisée, tenue à Naples (Italie) du 21 au 23 novembre 1994, les États membres des Nations unies ont adopté une « Déclaration politique et un Plan d'action contre la criminalité transnationale organisée », ensuite approuvés par l'Assemblée générale des Nations unies le 23 décembre 1994.

Puis, en décembre 2000, 123 pays ont signé à Palerme (Italie) la « Convention des Nations unies contre la criminalité transnationale organisée », en présence du secrétaire général de l'ONU, Kofi Annan, et du secrétaire général adjoint chargé de la prévention du crime, Pino Arlacchi. La Convention comporte aussi trois protocoles additionnels sur : la traite des personnes, le trafic des migrants et la fabrication et le trafic d'armes. La « Convention de

Palerme » a ensuite été adoptée par l'Assemblée générale des Nations unies (résolution 55-25).

Ce nouvel outil juridique est essentiellement un texte de droit pénal international visant à harmoniser les incriminations pénales des différents États parties, et à faciliter l'entraide judiciaire pénale et les procédures d'extradition. À la différence des textes existant déjà, la Convention de Palerme ne vise pas des infractions spécifiques (trafic de stupéfiants, etc.) mais appréhende la criminalité transnationale organisée de manière globale. Le but de cette convention est de garantir que chaque État disposera des moyens juridiques de réprimer les principales infractions de nature transnationale impliquant les groupes criminels organisés.

La Convention de Palerme définit le *groupe criminel organisé* comme étant « un groupe stucturé de trois personnes ou plus existant depuis un certain temps et agissant de concert dans le but de commettre une ou plusieurs infractions graves ou infractions établies conformément à la présente convention, pour en tirer, directement ou indirectement, un avantage financier ou un autre avantage matériel » (article 2). Cette définition du « groupe criminel » permet donc de distinguer nettement le « crime organisé » (exigence d'un but lucratif) du « groupe terroriste » (but politique), dont la répression relève d'autres instruments juridiques.

La définition du caractère *transnational* des infractions est large. Sont en effet considérées comme telles, les infractions commises dans plus d'un État, mais également celles commises dans un seul État lorsqu'elles ont été préparées, planifiées, conduites ou contrôlées dans un autre État, ou lorqu'elles impliquent un groupe criminel organisé se livrant à des activités criminelles dans un autre État (article 3).

Quatre types d'infractions font l'objet d'une définition précise afin de faciliter les poursuites : la participation à un groupe criminel organisé (article 5), le blanchiment du produit du crime (article 6), la corruption active ou passive des agents publics nationaux (article 7), l'entrave au bon fonctionnement de la justice (article 23).

Les dispositions sur la coopération judiciaire innovent en prévoyant que les États ne pourront refuser une entraide judiciaire ou une extradition :

- au motif que l'infraction est de nature fiscale ;
- ou en opposant le secret bancaire.

La convention prévoit « un mécanisme de suivi de la convention » (article 32) afin d'effectuer régulièrement le bilan de la mise en œuvre du texte et de formuler des recommandations.

2 – L'initiation : cérémonies et serments ou l'univers ésotérique des mafias

COSA NOSTRA AMÉRICAINE

Famille Genovese

Joe Valachi (1930)[1]. Le rituel d'initiation dans Cosa Nostra est révélé aux Américains pour la première fois lorsque Joseph « Joe » Valachi (1903-1971), simple soldat de la Famille Genovese de New York, témoigne devant une Commission du Congrès des États-Unis en 1963.

L'initiation de Joe Valachi se déroule en 1930, dans une maison où une quarantaine de mafieux l'attendent assis autour d'une table dressée pour le dîner. On le fait asseoir à côté du chef de la Famille, Salvatore Maranzano. Une arme de poing et un couteau ont été déposés sur la table. Pendant que Salvatore Maranzano répète les serments, tous les hommes se tiennent les mains. Puis un papier est brûlé dans les mains de Joe Valachi, signe de ce qui arriverait à son âme s'il trahissait sa nouvelle Famille. Ensuite, un rituel de comptage a lieu afin de déterminer le tuteur-parrain du nouvel initié[2]. En l'occurrence, c'est Joe Bonanno qui, au moyen d'une aiguille, fait ensuite couler du sang de l'index de Joe Valachi, symbole de sa naissance dans sa nouvelle Famille[3].

Vincent Cafaro. En 1988, ce mafieux de la Famille Genovese témoigne devant une Commission d'enquête du Sénat américain en ces termes :

> « Je me souviens du jour où je suis devenu membre de la Famille des Genovese. Tony Salerno nous avait dit, à moi et à Patty Jerome, de les rencontrer un matin, lui et Buckaloo.
> Quand nous arrivâmes, Buckaloo m'emmena au restaurant *El Cortile* sur Mulberry Street, où nous rencontrâmes Funzi Tieri, le sous-chef de la Famille et Fat Tony qui à cette époque était le *consigliere*. Je sus pourquoi j'étais là quand je vis, disposés sur une table, une arme à feu, un couteau, une épingle, de l'alcool et des mouchoirs. Funzi

me demanda si je voulais devenir membre de la Famille. Il me dit que je pouvais accepter ou bien refuser, et que cela ne poserait pas de problème. Mais il me dit aussi que dès que j'aurais accepté de leur appartenir, ils passeraient toujours en premier, ma famille, ma maison, passeraient en seconde position. "Nous d'abord, peu importe pourquoi." Et donc j'acceptai. Alors Funzi me montra l'arme à feu et le couteau et me dit : "Voici l'arme à feu et le couteau – tu vis grâce à l'arme à feu et tu meurs par le couteau." Il m'expliqua que Fat Tony m'avait parrainé et me donna un morceau de papier que je devais laisser brûler dans ma main tout en prononçant le serment : "Si je trahis la *Cosa Nostra,* je brûlerai comme ce papier." Ensuite, il me piqua le doigt, celui qui sert à appuyer sur la détente du pistolet, à l'aide de l'épingle, et dit : "Maintenant, tu es un *amico nostra* (*sic*) – Tu viens de naître à nouveau. Maintenant, tu es un homme. Tu nous appartiens[4]." »

Famille de Los Angeles (1947-1976)[5]

Aladena « Jimmy the Weasel » Fratianno est initié en 1947 au sein de la Famille de Los Angeles sous le parrainage de Johnny Rosseli. La cérémonie se déroule dans une société viticole, devant une cinquantaine de mafieux. Son déroulement est à peu de chose près celui que décrira Joe Valachi en 1963. À l'exception du papier brûlé.

Mais, dans des périodes de guerres entre Familles, cette initiation peut prendre une tournure plus sommaire. Ainsi, lorsque **Michael Rizzitello** est initié en 1976, la cérémonie se déroule dans une voiture enfumée, sur une route obscure, en présence de Louis Dragna (*Boss* par intérim : le *Boss* et l'*underboss* sont en prison), Frank Bompensiero (*consigliere*), « Jimmy the Weasel » Fratianno et Rizzitello. Il prête les serments et on lui pique le doigt. Lui non plus ne se souvient pas d'avoir tenu un papier brûlé. L'émotion leur a-t-elle fait oublié cet épisode ? Ou bien les mafieux de Los Angeles ne prisent pas cette coutume !

Famille Bonanno (1954)

Initiation de **Bill Bonanno** au printemps 1954 à Brooklyn (New York). Sont présents les *Boss* des quatre autres Familles de New York ainsi que ceux de Buffalo, Milwaukee, Chicago et Philadelphie. En guise de préliminaires, les participants se livrent à un long rappel des traditions et de l'histoire de Cosa Nostra en Sicile (« les vêpres siciliennes », etc.). Puis, la cérémonie *stricto sensu* débute :

> « Les discours s'arrêtèrent enfin. La cérémonie elle-même, simple, raide, et glaçante commença. On me demanda d'écrire un nombre sur un petit bout de papier, un nombre supérieur au nombre de personnes dans la pièce. J'inscrivis 115 (mon anniversaire est le 5 novembre : 11/5). Puis chacun dans la pièce leva un, deux, ou trois doigts d'une main. Quand le nombre que j'avais sélectionné fut atteint, la personne désignée retira du sang de mon doigt avec une piqûre d'épingle. Les gouttes de sang éclaboussèrent une image de saint Sébastien ; l'image fut ensuite brûlée pendant que je la tenais afin que je puisse sentir sa chaleur, sentir ce qui m'arriverait si jamais je cassais le serment que je prêtais maintenant. [...] Il n'y avait plus ni péchés ni problèmes – seulement un pur engagement à un futur défini par quelque chose de plus grand que moi. La cérémonie que je venais de subir était à la fois un baptême et une purification – tout autant qu'une sorte de vœu de mariage qui, comme dans l'Église catholique, ne pourrait être défait seulement qu'avec ma mort[6]. »

Après la cérémonie, la soirée s'achève dans un restaurant italien.

Famille Gambino de New York (années 1970-1986)

Initiation de **Salvatore « Sammy The Bull » Gravano** dans les années 1970, en présence du chef de la Famille, Paul Castellano :

> « Toddo nous emmène dans une maison de Bensonhurst, chez Frankie le Rital. Je ne me rappelle plus quelle rue, je n'y suis allé que cette fois-là. On entre dans la salle de séjour, où il y a déjà d'autres types. Un par un, ils nous font descendre au sous-sol. Je plane. C'est le jour le plus important de ma vie. Finalement, quelqu'un me dit : "Sammy, c'est ton tour."
>
> Je me sens nerveux, mais heureux en même temps. Je descends l'escalier et – je ne l'oublierai jamais – les marches grincent, elles sont en bois. Ça se passe comme au ralenti. J'entends chaque grincement. Je descends lentement et quand j'arrive en bas, je me tourne, je découvre la pièce. Obscure. Pleine de fumée. Paul Castellano est assis au bout d'une longue table, avec à côté de lui Neil Dellacroce, et Joe Gallo, mais pas de la Famille Gallo, le *consigliere*. Il y a également Toddo, et des capitaines comme Jimmy Brown. Les gars qui ont été appelés avant moi sont aussi autour de la table.
>
> Quelqu'un m'indique la chaise libre à côté de Paul et me dit d'aller m'y asseoir.
>
> "Tu sais pourquoi tu es ici ?" me demanda Paul en me fixant.
>
> C'est la seule chose que Toddo m'ait dite – ce que je dois répondre.
>
> "Non.

— Tu connais tous ceux qui sont ici ?
— Oui, la plupart.
— Tu as de l'estime pour eux ?
— Oui.
— Tu sais qu'ils forment une confrérie, une société secrète ?
— Oui.
— Cette société secrète, il y a une seule façon d'y entrer, une seule façon d'en sortir. On entre sur ses pieds, on sort dans un cercueil. Tu comprends ?
— Je comprends.
— Acceptes-tu de faire passer cette confrérie avant tout ?
— Oui.
— De tuer pour nous, au besoin ?
— Oui.
— Avec quel doigt tu appuieras sur la détente ?"

Je tends l'index. Toddo s'approche, me fait signe de me lever.

Paul, Neil et Joe Gallo se lèvent aussi. Les autres restent assis.

Toddo me pique le bout du doigt avec une épingle, fait tomber une goutte de mon sang sur une image pieuse, place cette image entre mes mains.

"Nous allons brûler cette image", dit Paul.

Il y met le feu avec une allumette. Je suis censé la faire sauter doucement dans mes mains, comme les autres, mais je suis tellement pris par la cérémonie que j'oublie. À la fin de l'initiation, j'aurai des ampoules.

Paul me prévient que si je divulgue nos secrets, mon âme brûlera en enfer comme cette image entre mes mains. Il me fait répéter après lui.

Puis il prononce quelques mots en italien – encore aujourd'hui, je ne sais pas ce que ça signifiait. Il me dit d'écraser les cendres de l'image, de les faire tomber dans un cendrier. Neil ou quelqu'un d'autre me murmure : "Embrasse Paul sur les joues." Je fais ensuite le tour de la table pour embrasser tout le monde et je reviens près de Paul, qui me demande de me rasseoir.

Tous les autres se lèvent, se prennent par la main pour former ce qu'ils appellent la "chaîne". En italien, Paul déclare : "Au nom de notre confrérie, je défais le lien", et ils se lâchent tous la main. On m'ordonne de me lever, de me joindre à la chaîne, et Paul dit en italien : "Au nom de notre confrérie, je renoue le lien."

Il se tourne vers moi : "Tu es membre. Tu es maintenant un ami à nous."

Je retourne m'asseoir, on fait descendre le suivant. C'est à ce moment-là que je m'aperçois que j'ai des ampoules aux mains.

Quand tout le monde a prêté serment, Paul explique que nous formons une famille. Nous sommes la famille Gambino. On procède aux présentations. Paul est le *representante*, le patron ; Neil le numéro deux ; Joe Gallo le *consigliere*. On nous présente ensuite les capitaines. À l'extérieur, les présentations doivent respecter une règle précise : si je présente quelqu'un comme un "ami à moi", il n'est rien de plus. Mais si je suis avec un membre de la société et qu'on rencontre un autre membre, je serai présenté comme un "ami à nous". Cette présentation doit obligatoirement être faite par un tiers.

Paul nous a expliqué ensuite qu'il y avait cinq Familles à New York. Il nous a donné les noms de leurs chefs. Il a ajouté qu'il en existait une autre, plus petite, dans le New Jersey, et beaucoup d'autres en dehors de New York, mais sans entrer dans les détails.

Il a parlé de la commission nationale, l'organisme dirigeant chargé de régler les différends entre Familles et de fixer la ligne. Chaque *Boss* y participe.

Il a aussi expliqué que le capitaine est notre chef direct. C'est par lui que tout passe. On le consulte, on lui fait son rapport. On n'a pas le droit de tuer sans sa permission. On n'a le droit de rien faire, en gros, sans le feu vert de la famille. Mais on ne s'adresse pas au *Boss*, on va trouver son capitaine. C'est la règle. Le capitaine en réfère à la direction de la Famille, constituée du patron, du numéro deux et du *consigliere*.

"Vous êtes nés aujourd'hui, dit Paul. Toutes les disputes, toutes les rancunes d'avant ce jour appartiennent au passé. Oubliez-les. Elles sont effacées."

Il nous explique aussi qu'il n'y a pas de Dieu. Pas de loyauté envers le pays. Notre famille personnelle, nos femmes et nos enfants, c'est secondaire. Notre Chose passe avant tout, dit-il. Vous voulez croire en Dieu ? En votre pays ? En votre propre famille ? Tout ça vient après.

"Quand le *Boss* vous convoque, vous devez venir, continue-t-il. Si votre enfant est mourant, s'il n'a plus qu'un quart d'heure à vivre, vous devez venir. Si vous refusez, vous serez tué. Un ordre du patron passe avant tout. C'est la seule fois où vous ne devez pas consulter votre capitaine. Vous ne lui dites pas : 'Le patron m'a convoqué, qu'est-ce que je dois faire ?' Parce que c'est peut-être lui la cible. Je veux peut-être que vous le liquidiez. Dans quatre-vingt-dix-neuf cas sur cent, ça n'arrivera pas. Si je vous dis d'en parler à votre capitaine, vous le faites. Si je vous dis de ne pas le faire, vous ne le faites pas. Je suis le chef. Je suis le père de la Famille. *Je suis votre Dieu.*"

Après ça, divers capitaines ont parlé de différentes choses. D'honneur, de règles. Pas le droit de coucher avec la femme ou la fille d'un autre membre. Pas le droit de porter la main sur un autre membre. Sous peine de mort[7]. »

La cérémonie finie, une fête et un repas suivent.

« Sammy The Bull » Gravano raconte par ailleurs l'étrange initiation en 1986 de **Joe Paruta**, un de ses associés les plus proches et les plus anciens. Joe Paruta se meurt d'un cancer. La douleur est si vive d'ailleurs que Joe Paruta demande à Sammy Gravano de le tuer. Au lieu de ça, Sammy Gravano obtient la permission du chef de la Famille, John Gotti, de l'initier. Sammy Gravano conduit une cérémonie abrégée, en compagnie de quelques mafieux, alors que Joe Paruta est couché dans son lit. Joe Paruta meurt quelques semaines plus tard, apparemment heureux d'avoir été honoré de la sorte juste avant de mourir.

Famille Patriarca de Nouvelle-Angleterre (Rhode Island)

Après cinq ans d'enquête, le FBI et la police locale parviennent, en 1989, à placer deux micros dans le plafond d'une maison située 34 Guild Street à Medford dans le Massachusetts, près de Boston. Et le 29 octobre 1989 est enregistrée une série de cérémonies d'initiation au sein d'une Famille de Cosa Nostra. La date est historique. Un tel enregistrement est une première et constitue désormais une preuve irréfutable de l'existence du rituel et donc de la Mafia en tant qu'entité formelle et société secrète. Le *Boss* de la Famille, Raymond Patriarca Jr, est entouré de son *consigliere* et d'une quinzaine de ses capitaines et soldats afin d'initier quatre nouveaux venus. Ces cérémonies ont été publiées en 1992 sous le titre : *The Ceremony*[8]. L'une d'entre elles est ici reproduite. Il s'agit de l'initiation de Robert DeLuca, âgé de 45 ans, par Raymond Patriarca Jr, Joseph Russo, Vincent Ferrara, Biagio Di Giacomo et Charles Quintina. Certains passages sont inaudibles et ont été complétés[9] (signalés par des crochets). La prestation de serment *stricto sensu* est en italien (signalé par des italiques et traduction entre crochets). La langue est argotique et pleine de sous-entendus :

« Vincent Ferrara : Yeah.
— Joseph Russo : [Robert DeLuca] es-tu préparé [et prêt à entrer dans notre société] ? Nous avons un engagement à l'égard de notre groupe. [Pause.] Nous voudrions faire de toi un d'entre nous, le souhaiterais-tu ?
— Robert DeLuca : Oui, je le souhaiterais.
[Passage inintelligible.]
— Joseph Russo : Cette chose est très importante. C'est plus important [que tout ce que tu as pu faire dans ta vie, ou que tu feras jamais]. Tout autre chose [d'autre doit passer après ça. Le ferais-tu] ?

— Robert DeLuca : Oui, je le ferai.
— Joseph Russo : Tu sais pourquoi [tu as été invité ici] ? Veux-tu ça ?
— Robert DeLuca : Oui.
— Joseph Russo : [Tu ne feras jamais une chose comme] ça [inaudible] du tout. Cette chose est une des [plus] heureuses rencontres auxquelles tu auras pu à jamais assister. Est-ce que tu admets ça ?
— Robert DeLuca : Oui, je l'admets.
— Joseph Russo : Tu seras maintenant baptisé.
— Robert DeLuca : Oui, je le serai.
— Raymond Patriarca : Si tu acceptes ça, cela implique ta fidélité.
— Joseph Russo : Tu passes avant n'importe qui.
— Raymond Patriarca : Et ce que j'essayais de faire est que j'étais [en train de te dire qu'ici] tout le monde est ton meilleur ami. Donc que tu [es redevable de ton allégeance non seulement] à moi mais à Matty [à Joe, à n'importe qui d'autre ici]. Veux-tu accepter ça ?
— Robert DeLuca : Oui, je le veux.
[Pause. Mouvements de chaises. Passage inaudible.]
— Biagio DiGiacomo : Bobby, nous allons te baptiser. [Inaudible.] Nous te baptisons dans ce Club.
— Robert DeLuca : Mmm-hmm.
— Biagio DiGiacomo : C'est une [union] sacrée. Nous travaillons les uns pour les autres. [Passage inaudible.] *Io, Bobby* [Moi, Bobby].
— Robert DeLuca : *Io, Bobby* [Moi, Bobby].
— Biagio DiGiacomo : *Voglio* [Je veux].
— Robert DeLuca : *Voglio* [Je veux].
— Biagio DiGiacomo : *Entrare* [Entrer].
— Robert DeLuca : *Entrare* [Entrer].
— Biagio DiGiacomo : *In questa* [Dans cette].
— Robert DeLuca : *In questa* [Dans cette].
— Biagio DiGiacomo : *Organizzazione* [Organisation].
— Robert DeLuca : *Organizzazione* [Organisation].
— Biagio DiGiacomo : Ça signifie avec les autres. *Per* [Pour].
— Robert DeLuca : *Per* [Pour].
— Biagio DiGiacomo : *Proteggere* [Protéger].
— Robert DeLuca : *Proteggere* [Protéger].
— Biagio DiGiacomo : *La mia famiglia* [Ma famille].
— Robert DeLuca : *La mia famiglia* [Ma famille].
— Biagio DiGiacomo : *E per proteggere* [et pour protéger].
— Robert DeLuca : [Inaudible.]
— Biagio DiGiacomo : Pour protéger, *Tutti i miei amici* [Tous mes amis].
— Robert DeLuca : [Inaudible.]
— Biagio DiGiacomo : Cela signifie, « tous les nôtres ».
— Charles Quintina : Nous te protégeons.

— Biagio DiGiacomo : Nous protégeons ta famille, et tu nous protèges et notre Famille aussi.
[Pause.]
— Biagio DiGiacomo : *Io* [Je].
— Robert DeLuca : *Io* [Je].
— Biagio DiGiacomo : *Lo giuro* [Jure].
— Robert DeLuca : *Lo giuro* [Jure].
— Biagio DiGiacomo : *Di non svelare* [De ne pas divulguer].
— Robert DeLuca : *Di non svelare* [De ne pas divulguer].
— Biagio DiGiacomo : *Questo segreto* [Ce secret].
— Robert DeLuca : *Questo segreto* [Ce secret].
— Biagio DiGiacomo : C'est un [inaudible]. *E di ubbidire* [Et d'obéir].
— Robert DeLuca : *E di ubbidire* [Et d'obéir].
— Biagio DiGiacomo : *Di amore* [Avec amour].
— Robert DeLuca : *Di amore* [Avec amour].
— Biagio DiGiacomo : *Ed omertà* [Et omerta].
— Robert DeLuca : *Ed omertà* [Et omerta].
— Biagio DiGiacomo : Et lequel sera ton *cumpare* [« Copain »] ?
— Intervenant non identifié : [Tends] les doigts.
— Biagio DiGiacomo : Celui-là [inaudible].
— Joseph Russo : Charlie, fais le compte[10].
— Charles Quintina : Six, onze, douze, seize, dix-neuf, vingt et un, vingt-cinq, vingt-sept, vingt-huit, trente-trois, trente-cinq, trente-sept, quarante et un, quarante-six, quarante-huit.
— Joseph Russo : Un, deux, trois, quatre, cinq, six, sept, huit, neuf, dix, onze, douze, treize, quatorze, quinze, seize, dix-sept, dix-huit, trente-six, trente-sept, trente-huit, trente-neuf, quarante, quarante et un, quarante-deux, quarante-trois, quarante-quatre, quarante-cinq, quarante-six, quarante-sept, quarante-huit, Sonny.
— Intervenant non identifié : Sonny, tu as gagné.
— Intervenant non identifié : Oh, Sonny. [Inaudible.]
— Biagio DiGiacomo : Sonny va être ton *cumpare* [« Copain »].
[Long passage inaudible.]
— Biagio DiGiacomo : Maintenant voudrais-tu mettre tes mains comme ça. Nous allons brûler ce saint.
[Inaudible.]
— Charles Quintina : Jongle avec, Bobby.
— Intervenant non identifié : [Inaudible.] Jongle avec.
— Intervenant non identifié : Jongle avec. [Inaudible.]
— Robert DeLuca : Okay.
— Charles Quintina : Bounce it. C'est ça.
— Biagio DiGiacomo : *Come si brucia* [Comme brûle].
— Robert DeLuca : *Come si brucia* [Comme brûle].
— Biagio DiGiacomo : *Questa santa* [Ce saint].

— Robert DeLuca : *Questa santa* [Ce saint].
— Biagio DiGiacomo : *Così si brucerà* [Ainsi brûlera].
— Robert DeLuca : *Così si brucerà* [Ainsi brûlera].
— Biagio DiGiacomo : *La mia anima* [Mon âme].
— Robert DeLuca : *La mia anima* [Mon âme].
— Biagio DiGiacomo : *Entro vivo in questa organizzazione* [J'entre vivant dans cette organisation].
— Robert DeLuca : *Entro vivo* [J'entre vivant].
— Biagio DiGiacomo : *In questa organizzazione* [Dans cette organisation].
— Robert DeLuca : *In questa organizzazione* [Dans cette organisation].
— Biagio DiGiacomo : *E dovrò uscire morto* [Et je devrai en sortir mort].
— Robert DeLuca : *E dovrò uscire morto* [Et je devrai en sortir mort].
— Biagio DiGiacomo : Tu es devenu un membre de cette organisation.
[Inaudible. Longue pause.]
— Intervenant non identifié : Félicitations. Sois chanceux, Bobby.
— Intervenant non identifié : Félicitations.
[Mouvements de chaises.]
— Intervenant non identifié : Félicitations.
— Intervenant non identifié : Si tu as besoin de quelque chose, viens me voir. »

Famille de Philadelphie

En 1984, Nicolas « Nicky Crow » Caramandi est initié au sein de la Famille de Philadelphie alors dirigée par Nicodemo Scarfo[11]. La cérémonie se déroule dans le restaurant d'un associé de la Famille, en présence d'environ 35 initiés (la Famille en compte alors une soixantaine). Nicodemo Scarfo et les autres membres de la Famille se tiennent devant une longue table sur laquelle ont été déposés un couteau et un revolver. Le *Boss* prend la parole :

« La raison pour laquelle tu es ici autour de cette table avec ces hommes est que nous souhaiterions que tu deviennes un des nôtres. Nous voulons que tu appartiennes à Notre Chose [*"This thing of ours"*]. Je veux que tu regardes autour de cette table. Connais-tu toutes les personnes ici présentes ? »
Caramandi répond par l'affirmative. Scarfo reprend : « Tu n'as aucun ressentiment contre quiconque ici présent, n'est-ce pas ? » Caramandi répond par la négative. Scarfo poursuit : « Nous voulons que tu deviennes l'un d'entre nous [*"one of us"*]. [...] Maintenant écoute, si tu ne veux pas nous rejoindre et devenir l'un d'entre nous, tu peux partir maintenant et tu auras toujours le même respect de notre part. Nous ne t'en voudrons pas et tu bénéficieras toujours des

mêmes faveurs. » Scarfo demande alors à Caramandi s'il veut réfléchir. Caramandi sait à ce moment-là, qu'en réalité, il ne peut plus reculer et qu'un refus le condamnerait à mort. Caramandi donne donc immédiatement une réponse positive.

Scarfo place ensuite un morceau de papier de soie dans les mains de Caramandi, serrées en forme de coupe. Le *Boss* enflamme le papier de soie et demande à Caramandi de répéter après lui : « Je brûlerai comme les saints en enfer si je trahis un de mes amis. » Puis, Scarfo montre les objets placés sur la table et dit : « Tu vois ce couteau et ce revolver sur la table. Les utiliserais-tu pour n'importe lequel de tes amis ? » Caramandi acquiesce. Ensuite, un des capitaines de la Famille saisit une aiguille et pique l'index droit de Caramandi, c'est-à-dire le doigt qu'il utilise pour appuyer sur la détente de son arme à feu. Du sang jaillit.

Tout le monde se lève alors et se prend par la main. Scarfo dit quelques mots en italien. Tous ont la tête penchée. Caramandi qui ne comprend pas l'italien capte cependant quelques mots : *amico nostro* et *cosa nostra*. Scarfo ordonne à Caramandi d'aller serrer la main de chaque participant à la cérémonie. En retour, Caramandi reçoit encouragements et baisers sur les joues ou sur les lèvres. Tous se reprennent à nouveau par la main. Scarfo répète une fois encore quelques mots en italien et dit : « Tu es maintenant l'un des nôtres. Les personnes ici présentes sont toutes tes frères. »

La cérémonie se poursuit par l'énumération des interdits (pas d'enlèvements, ni de fausse monnaie ou de trafic de drogue[12]) et l'exposé des règles de présentation entre mafieux (« un ami à nous »/«un ami à moi »). La cérémonie s'achève par un long repas.

COSA NOSTRA DE SICILE

En dépit de variantes locales, la cérémonie d'initiation au sein de Cosa Nostra (et de la Ndrangheta) suit toujours trois étapes. La présentation du candidat par un initié à l'ensemble du groupe (1) ; la description de la société secrète et de ses règles de fonctionnement (2) ; enfin la prestation de serment par le novice (3).

Cérémonie d'initiation en Sicile, à la fin du XIXe siècle, telle que relatée dans le procès-verbal d'interrogatoire de Leo Pellegrino le 15 mars 1876 :

« Marsala [...] me lia l'index de la main droite fortement avec de la ficelle, puis il me perça le bout du doigt avec une épingle, sécha le sang avec l'image d'une sainte, brûla ensuite l'image, partagea en deux morceaux le papier brûlé et m'en donna un. Après quoi,

Marsala et moi avons froissé les cendres dans nos mains et les avons jetées en l'air. Une fois terminée cette cérémonie qui constitue l'acte du serment, ils me déclarèrent que j'étais inscrit à la Société [*Oblonica*] qui a pour chef Don Vito Vita et pour but d'attenter aux personnes et aux propriétés. [...] Ils m'avertirent que la société a des affiliés dans d'autres villages, que chaque village a son chef, et que celui qui manque à l'une des obligations s'expose à être jugé par la Société et condamné à mort. Puis ils m'enseignèrent le moyen de se reconnaître entre affiliés[13]. »

Cérémonie d'initiation du docteur Melchiorre Allegra au début du XXe siècle.

« L'extrémité de mon majeur fut percée à l'aide d'une aiguille, et l'on retira du sang avec lequel on mouilla l'image d'un saint. L'image fut brûlée, et tandis que je tenais les cendres dans ma main on me demanda de prêter serment plus ou moins dans ces termes : "Je jure d'être loyal envers mes frères, de ne jamais les trahir, de toujours les aider, et si je manque à ma parole, que je sois brûlé et réduit en cendres tout comme cette image[14]." »

Cérémonie d'initiation d'Antonino Calderone, dans les années 1960, telle que l'intéressé la raconte dans ses mémoires[15] :

« "Chers jeunes gens, savez-vous pourquoi nous sommes ici ce soir ?" Quelqu'un a répondu oui, qu'il était au courant, qu'il se doutait. D'autres n'ont rien dit.

"Nous sommes ici parce que ce soir nous avons un beau cadeau à vous faire. Ce soir, nous allons vous faire devenir... Vous connaissez la mafia ? Vous en avez entendu parler, vous avez une idée de ce que c'est, cette mafia dont tout le monde parle ?

— Oui, oui, bien sûr, ont dit certains.

— Bien, alors ce soir..."

Le représentant s'est arrêté. Il allait trop vite.

"Mais attention, la vraie mafia, ce n'est pas cette mafia dont les autres parlent. C'est Cosa Nostra. Elle s'appelle Cosa Nostra !"

Il a dit ça en élevant la voix, comme une annonce officielle. On aurait dit qu'il se débarrassait d'un poids. Je suis resté ébahi. C'était la première fois que j'entendais ce nom-là. En fait, je l'avais déjà entendu avant, du temps de Valachi, le repenti américain. Je l'avais lu dans le journal mais j'avais pensé que "Cosa Nostra", c'était la mafia américaine. "La nôtre, je m'étais dit, elle s'appelle mafia."

Mais le représentant continuait à répéter, en martelant les mots, pour bien nous les graver dans la cervelle :

"C'est Cosa Nostra. Co-sa-Nos-tra ! Vous avez compris ? C'est Cosa Nostra, pas mafia. Mafia, c'est le nom que lui donnent les flics et les journaux. Maintenant, je vais vous dire comment Cosa Nostra est née. Elle est née à l'époque des Vêpres siciliennes. Quand les gens se sont révoltés. Et c'est là que sont nés aussi les Beati Paoli. Les hommes d'honneur se réclament des Beati Paoli. Tout est parti des événements qui se sont produits à Palerme."

Moi, je connaissais déjà tout ça. Mais les autres, à mon avis, ils ne savaient rien de ces choses-là. Ils n'avaient absolument aucune idée de ce qu'étaitent ces Beati Paoli. C'est pas pour me donner des airs, mais ces livres-là, moi, je les avais lus. Et aussi les livres sur "Coriolan de la Forêt", "Talvan le Bâtard" et d'autres histoires comme ça. J'étais renseigné.

Le représentant a continué encore un peu en expliquant la signification de ces histoires. Puis il a dit :

"Maintenant, il y a les règles. Première chose : quand un homme d'honneur est en fuite, où qu'il se trouve, il doit se souvenir que tout homme d'honneur a le devoir de lui donner asile, et de le loger chez lui s'il le faut. Mais gare à celui qui pose les yeux sur la fille ou la femme d'un autre. S'il fait ça, c'est un homme mort. Dès l'instant où on apprend qu'un homme d'honneur a embêté la femme d'un autre, cet homme doit mourir.

Deuxièmement. Quoi qu'il se passe, on ne doit jamais aller trouver les 'sbires', on ne doit jamais dénoncer. Celui qui le fait doit être tué. Troisièmement. Il est interdit de voler."

À ce moment-là, Natale Ercolano, le candidat des Ferrera dont mon frère ne voulait pas, s'est levé et a crié : "Stop ! Arrêtez tout ! Ça ne me va pas ! Je ne suis pas d'accord !"

Ercolano était voleur. C'est tout ce qu'il faisait, voler. Sinon, le pauvre, comment il s'en serait sorti ? Et presque tous les jeunes aspirants hommes d'honneur présents dans cette pièce volaient. J'étais peut-être le seul qui n'avait pas d'expérience dans ce domaine-là. Il y a eu un moment de perplexité générale.

L'oncle Peppino Indelicato, le représentant, a souri, amusé. "Assieds-toi ! Reste tranquille, je t'expliquerai de quelle manière il ne faut pas voler", a-t-il dit à Ercolano, qui est tout de même resté préoccupé jusqu'à la fin de la cérémonie.

L'oncle Peppino a poursuivi en expliquant les autres commandements. Il ne fallait pas exploiter la prostitution. Il fallait éviter les conflits avec les autres hommes d'honneur, garder le silence sur Cosa Nostra avec les étrangers, se comporter de façon sérieuse sans ostentation ni fanfaronnades, et aussi, comme je vous l'ai déjà dit, éviter formellement de se présenter de soi-même à d'autres hommes d'honneur.

[…]

J'entrais dans un monde nouveau, rempli de gens exceptionnels, prêts à risquer leur vie pour aider leurs camarades, capables de venger les torts causés, puissants au-delà de tout ce qu'on pouvait imaginer.

Après avoir expliqué les règles, le représentant a fait une pause puis a déclaré : "Maintenant vous savez de quoi il s'agit. Alors, vous voulez en être, ou pas, de cette Cosa Nostra ? Si vous ne voulez pas en être, il est encore temps. Vous pouvez vous en aller, même si vous savez qui nous sommes. Il ne vous arrivera rien. Si vous décidez d'y entrer, il y a une chose que vous devez bien garder présente à l'esprit : on entre par le sang à Cosa Nostra, et on en sort par le sang ! On ne peut pas en sortir, on ne démissionne pas de Cosa Nostra. Vous le verrez vous-mêmes, dans pas longtemps, comme on y entre par le sang. Et si vous en sortez, vous en sortez par le sang parce qu'on vous tue. Vous ne pouvez pas en partir, vous ne pouvez pas trahir Cosa Nostra, parce qu'elle est au-dessus de tout. Elle vient avant votre père et avant votre mère, avant votre femme et avant vos enfants."

Le discours du représentant a continué encore longtemps. Pippo et d'autres anciens sont intervenus aussi pour préciser certaines choses, donner des exemples, éclaircir certains problèmes.

C'était une cérémonie bien faite, complète, à l'ancienne. Dans les années qui ont suivi, il y en a eu d'autres, et nous avons "fait" beaucoup d'autres hommes d'honneur. Moi-même, en tant que vice-représentant de la famille, j'ai organisé beaucoup d'initiations. Pourtant, je n'arrive pas à me souvenir d'une cérémonie aussi minutieuse, aussi spéciale que celle-là. Ou peut-être que je l'ai ressentie de cette manière-là parce que j'étais un gamin, pas encore très dégourdi.

[...]

L'oncle Peppino a continué : "Maintenant, que chacun de vous choisisse un parrain." D'habitude, le parrain que le nouveau choisit, c'est la personne qui l'a suivi, qui l'a "préparé" en vue de son entrée à Cosa Nostra. C'est un homme d'honneur qui a pris la responsabilité de présenter le candidat à la famille. Dans mon cas, c'était l'oncle Peppino lui-même qui m'avait "amené" et c'est donc lui que j'ai choisi comme parrain.

À ce moment-là, l'oncle Peppino a pris une aiguille, une grande aiguille, et il m'a demandé :

"Avec quelle main tu tires ?

— Avec celle-là."

Alors il m'a piqué à un doigt et il a fait couler un peu de sang sur une image religieuse. Je l'ai regardée. C'était la Madone de l'Annonciation, la sainte patronne de Cosa Nostra, dont la fête tombe le 25 mars.

L'oncle Peppino a craqué une allumette et il a approché la flamme de l'image en me demandant de la prendre et de la tenir jusqu'à ce qu'elle soit entièrement brûlée. J'ai refermé mes deux mains en creux autour de l'image – j'étais vraiment ému, je transpirais – et je l'ai regardée se transformer en cendres. Pendant ce temps-là, l'oncle Peppino m'a demandé de répéter après lui le serment. Selon la formule, si un affilié trahit les commandements de Cosa Nostra, il doit brûler comme l'image de l'Annonciation.

Après le serment, tous ceux qui étaient là se sont approchés pour m'embrasser. J'étais devenu homme d'honneur. Le représentant a continué en répétant le rite avec chacun des autres. Avant de clore la cérémonie, il s'est adressé à tous les nouveaux de Cosa Nostra pour leur décrire la hiérarchie de la Famille de Catane, la situation dans la province et celle de Cosa Nostra dans toute la Sicile. Il a particulièrement insisté sur la fonction du chef de dizaine – le supérieur direct de chacun de nous, les jeunes.

Dans les années qui ont suivi, j'ai participé, je l'ai dit, à de nombreuses cérémonies. Et j'ai pu remarquer que certains rites changeaient en fonction des usages locaux. Dans certaines Familles, par exemple, pour piquer le doigt du candidat, on utilisait une épine d'oranger. Dans la Famille de Riesi, on se servait d'une longue aiguille d'or exclusivement réservée à ça.

En cas de nécessité, les affiliations devenaient plus rapides. Il suffisait de la présence d'au moins trois hommes d'honneur, même s'ils appartenaient à des Familles différentes, voire à des Familles de provinces différentes.

[...]

On pouvait passer aux réjouissances. On a débouché je ne sais combien de bouteilles de mousseux. Et je ne sais pas combien de poulets grillés on a mangés. Les choses avaient été faites en grand. Je n'oublierai jamais cette soirée. »

Comparaison historique entre les cérémonies d'initiation du XIXe siècle et celle de **Giovanni Brusca** au XXe siècle.

À la fin du XIXe siècle, un fait divers va révéler que Cosa Nostra de Sicile est bien une organisation secrète, liée par un serment de sang : « l'affaire du docteur Gaspare Galati », un honnête propriétaire terrien racketté par la *cosca* du village d'Uditore dirigée par Antonino Giammona. Avant de fuir avec sa famille à Naples, le docteur Galati envoie un mémorandum au ministre de l'Intérieur en août 1875. L'enquête de police qui s'ensuit va en particulier démontrer l'existence du rituel d'initiation. L'historien John Dickie remarque combien ce rituel va peu évoluer d'un siècle à l'autre, et ce en le comparant à celui de Giovanni Brusca :

« Quand le docteur Gaspare Galati envoya son mémorandum au ministère de l'Intérieur en 1875, il poussa le ministre à demander un rapport au chef de la police de Palerme. C'est dans ce rapport que le chef de la police révéla le rite initiatique de la Mafia pour la première fois. La source de cette découverte était sûre : c'était probablement la police elle-même qui, si l'on en croit l'histoire de Galati, entretenait une relation étroite et ambiguë avec la Mafia.

Selon le rapport du chef de la police, dans la Mafia des années 1870 tout homme d'honneur prêt à être initié devait être conduit devant les chefs et sous-chefs. Un de ces hommes piquait alors le bras ou la main du futur mafioso et lui demandait de frotter une image pieuse avec le sang de la blessure. Puis, le serment de loyauté était prêté tandis que l'image brûlait et que les cendres étaient dispersées, symbolisant ainsi la destruction de tous les traîtres.

Un envoyé spécial du gouvernement en chemin pour la Sicile répondit au chef de la police sur la demande du ministre : "Félicitations ! Maintenant, un champ d'investigations gigantesque et compliqué s'ouvre aux autorités." Sans nul doute l'envoyé du gouvernement aurait été stupéfait d'apprendre que son champ d'investigation était tout aussi gigantesque et compliqué un siècle plus tard, en mai 1976, quand Giovanni le "Scannacristiani" Brusca fut "initié". (Le terme qu'utilise Brusca lui-même est "combinato", un vague mot italien qui signifie "arrangé" ou "assemblé, mis dans la combine"). Le rite subi par Brusca présente une similitude frappante avec la version de 1875 et cette similitude apporte une meilleure compréhension du comment et du pourquoi de l'importance pour la Mafia d'être une organisation secrète.

L'homme qui plus tard fera sauter le juge Falcone à Capaci fut initié jeune, à l'âge de 19 ans. Le fait que son père était un chef lui avait permis de gravir les échelons rapidement ; son premier meurtre était déjà loin derrière lui. Un jour Brusca fut conduit dans une maison à la campagne sur le prétexte qu'un des périodiques banquets de l'organisation s'y tenait. De nombreux hommes honorables étaient présents, y compris le grand chef, Toto "le court" Riina, que le jeune homme appelait déjà "Padrino" (Parrain). Quelques-uns des hommes présents commencèrent à questionner Brusca, "Quel effet cela te ferait-il de tuer un homme ? Que dirais-tu de commettre des crimes ?" Cela lui sembla plutôt bizarre ; il avait déjà tué, et pourtant ils lui demandaient ce qu'il ressentirait. Il ne le savait pas mais le rite initiatique avait déjà commencé.

À un certain moment, les autres se rassemblèrent dans une pièce, laissant Brusca dehors. Quand on l'appela un petit peu plus tard, il vit que son père s'était retiré et que les autres gangsters étaient assis autour d'une grande table ronde au centre de laquelle se trouvaient un pistolet, un poignard et une petite image pieuse représentant un saint. Le feu des questions reprit : "Si tu finissais en prison, serais-tu fidèle ou serais-tu un traître ?"

"Veux-tu faire partie de l'organisation appelée Costa Nostra ?"

Alors qu'il reprenait confiance, il commença à répondre avec enthousiasme. "J'aime ces liens amicaux, j'aime le crime."

Un des hommes d'honneur prit alors son doigt et le perça à l'aide d'une épingle ; Brusca étala le sang sur l'image pieuse qu'il tenait dans ses mains formant une sorte de coupe, tandis que Riina lui-même y mit le feu. Le Parrain prononça ces mots, "Si tu trahis Cosa Nostra, ta chair brûlera tout comme ce saint" et les mains du Parrain formaient une coupe au-dessus de celles de Brusca pour empêcher le jeune initié de lâcher l'image.

Parmi les statuts de l'organisation que Riina expliqua à Brusca ce jour-là, il y avait celui, maintenant célèbre, concernant les présentations. Personne n'est autorisé à se présenter soi-même comme étant un mafioso, même pas à un autre homme d'honneur. Au lieu de cela, un tiers, également initié, doit présenter l'un et l'autre en utilisant une formule telle que : "il est des nôtres" ou bien "vous deux êtes semblables à moi". Ce fut précisément cette phrase que prononça Riina quand, après avoir réadmis le père de Brusca dans la pièce pour féliciter son fils, il présenta le père et le fils, comme des hommes d'honneur.

Les règles de présentation telles qu'elles furent expliquées à Brusca montrent des différences intéressantes par rapport à la version originale contenue dans le rapport de police de 1875. Un siècle avant que Brusca ne fut initié, les mafiosi utilisaient un système de reconnaissance beaucoup plus sophistiqué, une sorte de dialogue codé qui commençait toujours par une conversation étrange à propos de « mal de dents » :

A : Mon Dieu, j'ai mal aux dents (en montrant l'une des canines supérieures).

B : Moi aussi.

A : Depuis quand ?

B : Depuis le jour de l'Annonciation.

A : Où étais-tu ?

B : Passo di Rigano.

A : Et qui était là ?

B : Des gens sympathiques.

A : Qui était-ce ?

B : Antonino Giammona, numéro un, Alfonso Spatola, numéro deux, etc.

A : Et comment ont-ils fait la mauvaise action ?

B : Ils ont tiré au sort et Spatola a gagné. Il a pris un saint, l'a coloré avec mon sang, l'a placé dans ma main et l'a brûlé. Il a dispensé les cendres dans l'air.

A : Qui t'a-t-on demandé d'adorer ?

B : Le soleil et la lune.

A : Et quel est ton Dieu ?

B : L'air.
A : À quel royaume appartiens-tu ?
B : L'index.
Passo di Rigano, mentionné ici, est un autre village aux environs de Palerme. Les références au soleil et à la lune, à l'air et à l'index sont les désignations précises de la Famille mafieuse dans laquelle le mafioso B fut initié.
Cette cérémonie de reconnaissance est plus encombrante et moins fiable que la version contemporaine expliquée à Giovanni Brusca. (On se demande en effet comment les deux gangsters sont supposés savoir lequel des deux doit prendre la directive du dialogue...) Cependant, pour la première fois, ce dialogue étrange confirme quelque chose de très simple et de très important à propos des débuts de la Mafia : c'était une organisation si étendue que les membres ne se connaissaient pas toujours. « Mafia » était déjà beaucoup plus qu'un simple nom pour les gangs locaux isolés.
Plus que tout autre chose à propos de la Mafia, le rite initiatique renforce les mythes largement répandus sur le caractère vieillot de l'organisation. En réalité, c'est aussi moderne que le reste au sujet de la Mafia. Cela fut certainement emprunté à l'origine aux francs-maçons. Les sociétés secrètes maçonniques, qui furent importées de France en Sicile *via* Naples aux alentours de 1820, devinrent rapidement très populaires parmi les opposants ambitieux de la classe moyenne au régime des Bourbons. Les sociétés avaient des cérémonies initiatiques, bien sûr, et certaines de leurs salles de réunion étaient décorées de poignards sanglants servant d'avertissement aux traîtres potentiels. Une secte maçonnique appelée les Carbonari (les brûleurs de charbon de bois) avait aussi comme but la révolution patriotique. En Sicile de tels groupes ont engendré parfois des factions politiques et même des gangs criminels ; un rapport officiel de 1830 parle d'un cercle Carbonaro impliqué dans la corruption de contrats auprès du gouvernement local.
Devenant une association secrète unique, utiliser les rites de style maçonnique offrait de nombreux avantages à la Mafia[16]. »

LA NDRANGHETA

Comme dans Cosa Nostra, la cérémonie comporte trois phases (voir *supra*). Toutefois, la cérémonie est plus élaborée. Dans l'argot ndranghetiste, la cérémonie s'intitule *fedelizzazione*.

Le novice, appelé *contrasto onorato* ou *cardone*, est présenté devant la *società minore*. La présentation est faite, comme dans Cosa Nostra, par un membre initié qui fait office de tuteur et qui lui a appris un certain nombre de formules rituelles. Puis le rite proprement dit commence réellement. Le chef de la *società minore* et le novice échangent des avertissements en forme d'insinuations. « Que cherches-tu ? » lui demande le chef. « Du sang et de l'honneur », répond l'aspirant. « Pourquoi, en es-tu dépourvu ? » reprend le chef. Et le candidat de répondre : « J'en ai à donner et à prendre. » Suivent ensuite des tests de courage physique. Puis trois séries de votes marquent l'entrée graduelle du candidat dans la société :

> « Une fois que le procès est terminé, la *società* procède à trois votes marquant l'admission progressive des candidats à l'Organisation. Le premier vote est appelé par le chef : "Par ce bel après-midi avec la permission de la *camorrista* que nous avons pour chef, *Capo Giovane* et *Puntaioli,* j'effectue le premier vote pour le compte du novice en commençant par les *picciotti* à ma droite. Si auparavant, je le connaissais jeune homme, à partir de maintenant, je le reconnais en tant qu'un *giovane d'onore,* appartenant et n'appartenant pas encore à cette honorable Société." Alors, on présente le second vote. "Par ce bel après-midi, avec la permission de la *camorrista* que nous avons pour chef, *Capo Giovane* et *Puntaioli,* j'effectue le second vote, en commençant par les *picciotti* à ma droite. Si auparavant, je le connaissais en tant que *giovane d'onore,* à partir de maintenant, je le reconnais comme un *picciotto* nommé oralement, appartenant et n'appartenant pas encore à cette honorable Société." Finalement, le troisième vote célèbre l'entrée du nouveau membre dans la *Cosca.* "Par ce bel après-midi, avec la permission de la *camorrista* que nous avons pour chef, *Capo Giovane* et *Puntaioli,* j'effectue le troisième vote, en commençant par les *picciotti* à ma droite. Si auparavant, je le connaissais en tant que *picciotto* nommé oralement, à partir de maintenant, je le reconnais comme mon fidèle compagnon. Je mangerai avec lui, je partagerai le bien et le mal avec lui, je défendrai sa chair, sa peau, son sang, ses os jusqu'à la dernière goutte de sang. S'il échoue et échoue encore ; s'il escroque et entache l'honneur, ses crimes seront à sa propre charge et frapperont la Société de son discrédit[17]." »

Enfin, le candidat prête un serment de loyauté et d'obéissance au groupe avec le rituel du sang et de l'image sainte brûlée dans ses mains.

Une cérémonie simplifiée existe pour les enfants de ndranghetistes. Les jeunes garçons sont soumis à une sorte de préinitiation leur conférant le titre de *giovani d'onore* (*garçons d'honneur*). Ce statut leur garantit une affiliation puis une carrière plus rapides dans la Ndrangheta.

LES TRIADES

Dans *The Triad Society*[18] (1900), William Stanton décrit par le menu les rites, les coutumes et, de manière très complète, la cérémonie d'initiation des Triades.

« Au début de la cérémonie, les nouveaux venus doivent répéter les vers suivants :

"Que ce premier encens s'élève jusqu'aux cieux
Alors que nous jurons notre opposition aux *Tsings*
Nous récompenserons le feu mauvais de *Shaolin*
Nous abattrons les Mongols et restaurerons les *Mings*
Ce deuxième encens s'élève de notre encensoir
Dans ce pavillon nous jurons aux cieux
Fidélité dans tout ce que nous entreprenons
Et partout inimitié à l'égard des Mongols
Que notre troisième encens imprègne tous les *Muyangs*
Et que nos frères perpétuent notre force patriotique
Nous avons prié, aux cieux et sur la terre, nos parents
Afin que notre famille Hung puisse jouir d'une grande paix
Que notre quatrième encens atteigne les étoiles, la lune, le soleil,
C'est ainsi que nous prions devant cet autel maintenant
Étalez en grand le travail que nous avons commencé
Que les jours de celui qui rompit son serment soient abrégés.
Dans la loyale maison des patriotes, cet encens brûle
Aidons notre empereur Ming, le plus loyal,
Et que la prospérité nous soit rendue
Alors que nos serments se consument là à Tsz-Yun."

[...]

Une fois encore nous nous rassemblons autour de notre Maître de l'Encens, qui nous a introduit parmi les patriotes. Nous proclamons et jurons aux cieux impériaux que nous vivrons et mourrons ensemble. Ce soir, nous amenons plusieurs novices vers cette association des cieux et de la terre afin qu'ils prennent Hung comme nom de famille, Chin-Lan comme prénom et notre famille pour famille. Comme ceux des Anciens dans le Jardin des Pêchers, nous nous engageons dans la confrérie, prenant pour base la loyauté et la sincérité, comme règles les principes de gentillesse et de droiture, et accordant une importance primordiale à l'amour filial et à l'obéissance. Une fois que nous aurons rejoint la famille Hung, nous devrons nous considérer comme les membres d'un seul corps ; attendant une aide mutuelle et nous appuyant sur la foi et la générosité de chacun, encore plus que si nous étions nés des mêmes parents. Il n'y aura plus de distinction entre ce qui est à toi et ce qui est à moi.

[...]

Deux Sandales d'Herbes entrent maintenant et reçoivent des mains du Maître de l'Encens un rouleau de papier jaune, mesurant environ six pieds de long et deux pieds de large, sur lequel sont écrits les trente-six serments. Ce morceau de papier est habituellement orné d'une image représentant sur le côté droit deux dragons, se querellant pour une perle, et sur le côté gauche, un ou deux phénix, se querellant pour une perle. Les bords supérieurs et inférieurs sont généralement décorés de dessins grossiers représentant des fleurs et des oiseaux. Les mots "soumettre les Tsing, restaurer les Ming" sont écrits, un caractère dans chaque coin, au dos du papier. Après avoir reçu ce rouleau, ils l'ouvrent et alors que l'un s'agenouille sur le genou droit et tient un bout du rouleau dans la main droite, l'autre s'agenouille sur le genou gauche, tenant l'autre extrémité dans la main gauche. Le Maître de l'Encens et tous les membres s'agenouillent pendant la lecture des trente-six serments :

1 – Après avoir franchi les portes des Hung, considérez la piété filiale et l'obéissance aux parents comme des plus importantes. Traitez vos voisins avec égards. D'aucune façon, ne vous opposez à vos parents, ne commettez pas l'adultère, n'agissez pas en traître, n'offensez jamais la propriété d'autrui, ne gênez pas vos voisins – Que ceux qui n'observeraient pas ces lois meurent tranchés par les couteaux en dix mille morceaux.

2 – Après avoir franchi les portes des Hung, vos parents ne sont plus que vos géniteurs, vos épouses et vos filles deviennent vos belles-sœurs et nièces. Si l'un de vous commet l'adultère ou agit de manière impropre avec eux, qu'il meure sous les coups d'un millier de couteaux ou périsse de dix mille blessures.

3 – Après avoir franchi les portes des Hung, vous serez loyal envers votre chef, et ne jasez pas sur votre père, fils, frère ou autres personnes de même que vous ne devrez rien leur dire quand le temps de l'action sera arrivé. Que les Cinq Patriarches soient témoins de ceux qui agiraient contre cet ordre.

4 – Après avoir franchi les portes des Hung, la fidélité et la constance seront primordiales. Vous ne devrez pas, afin d'obtenir une récompense, donner des renseignements qui permettraient l'arrestation d'un frère, ni porter de témoignage contre lui, ni le désigner aux soldats du gouvernement qui pourraient l'arrêter. Que le ciel et la terre s'unissent pour anéantir ceux qui désobéiraient à cet ordre.

5 – Après avoir franchi les portes des Hung, les hommes vertueux, valeureux et droits, qui sont tous salués comme des Grands Hommes, ne devront pas se servir de leur notoriété pour opprimer les humbles. Quand les Frères font des affaires entre eux, elles doivent se faire simplement et avec justice. Que ceux qui désobéiraient

à cet ordre meurent sous les coups de mille couteaux ou périssent de dix mille blessures.

6 – Après avoir franchi les portes des Hung, vous devrez faire preuve d'esprit patriotique, de respect mutuel et d'amour. Personne ne pourra mettre en avant sa richesse pour insulter le pauvre, ou bien sa force pour ridiculiser le faible. Personne ne se permettra de rire d'un frère – Que ceux qui désobéiraient à cet ordre meurent dans les combats.

7 – Après avoir franchi les portes des Hung, vous ne devrez pas être la source de honte ou de ridicule, en racontant à des auditeurs étrangers à notre cause nos rites, les questions que nous posons, ni nos versets – Que le tonnerre frappe ceux qui ne respecteraient pas cet ordre.

8 – Après avoir franchi les portes des Hung, tous les Frères doivent élire pour Instructeur la sagesse et le discernement. Ne négligez pas cela car les livres écrits avec adresse et les papiers secrets sont nécessaires. Que les dieux contemplent et jugent ceux qui désobéiraient à cet ordre.

9 – Après avoir franchi les portes des Hung, tous les Frères sont censés donner de l'argent pour les festivités du vingt-cinquième jour du septième mois, pour l'anniversaire de Tah-tsung, le neuvième jour du neuvième mois et pour les vêtements du sacrifice pour les reliques des esprits délaissés. Que les Patriarches observent et jugent ceux qui refuseraient de souscrire.

10 – Après avoir franchi les portes des Hung, tous les Frères sont avertis que si, sur des vaisseaux ou des routes, ils voyaient le signe secret d'un autre frère, ils ne doivent pas lui dérober en plein jour ni même de nuit. Que ceux qui désobéiraient à cet ordre périssent de dix mille blessures.

11 – Après avoir franchi les portes des Hung, que vous soyez travailleurs zélés, étudiants appliqués, écoliers, fermiers, mécaniciens, commerçants, médecins, devins, astrologues, physionomistes, acteurs, chanteurs, adeptes de Confucius, bouddhistes ou taoïstes, vous ne devrez pas boire ni être impliqués dans des rixes ou être fauteurs de troubles. Que les dieux vous observent et jugent ceux qui désobéiraient à cet ordre.

12 – Après avoir franchi les portes des Hung, vous devrez être frugal et complaisant pour contrôler vos familles. Un frère doit toujours rembourser ce qu'il emprunte à un autre frère. Que les Cinq Patriarches observent et jugent ceux qui emprunteraient et ne rembourseraient pas.

13 – Après avoir franchi les portes des Hung, c'est le devoir des Semelles d'acier, si une lettre arrive disant qu'un Frère se trouve retenu au loin ou bien a des ennuis, de la porter immédiatement à notre famille. Peu importe s'il vente, ou pleut, s'il est tard la nuit, le

renseignement doit être communiqué. Que ceux qui désobéiraient à cet ordre soient anéantis en tout point par la foudre.

14 – Après avoir franchi les portes des Hung, comment saurons-nous parmi tous nos membres que quelque chose arrive à certains d'entre nous ? Si un jour un frère a des ennuis et que l'un d'entre nous soit capable de le sauver et qu'il ne le fait pas, ou qu'il ne l'informe pas des moyens qu'il a de s'évader, alors, que le tonnerre l'anéantisse.

15 – Après avoir franchi les portes des Hung, si vous devez monter la garde ou surveiller un emplacement, vous ne devrez pas dérober ni laisser les autres dérober des biens. Si l'un de vous agit illégalement, que la foudre l'anéantisse.

16 – Après avoir franchi les portes des Hung, si vous n'avez pas de souci, vous ne devez pas, dans le but d'obtenir de l'argent, prétendre que vous en avez, ni user de votre force pour obliger les autres à vous faire un prêt. Que ceux qui désobéiraient à cet ordre meurent sous les coups.

17 – Après avoir franchi les portes des Hung, s'il arrive qu'un frère vous rende visite chez vous, laissez-le se reposer et offrez-lui à boire. Montrez-lui du respect. Que nous soyons du même village ou d'un village étranger, nous sommes d'un même corps. Que les dieux jugent ceux qui n'observeraient pas cette règle.

18 – Après avoir franchi les portes des Hung, si vous rencontrez un frère en difficulté, secourez-le et si, dans la maladie, vous devez l'assister et que sa mort devait advenir, faites une quête pour son cercueil. Que la foudre frappe ceux qui n'accompliraient pas cet ordre.

19 – Après avoir franchi les portes des Hung, si vous entendez parler (ou qu'il soit porté à votre connaissance) d'une lettre destinée à un frère d'un frère d'une autre province, vous devez prévenir le destinataire immédiatement et si de l'argent ou d'autres valeurs y étaient joints, vous ne devez pas vous l'approprier. Que ceux qui manqueraient de livrer à son destinataire ce qui lui revient meurent sous les coups de mille couteaux ou de dix mille blessures.

20 – Après avoir franchi les portes des Hung, si certaines circonstances se produisaient (par exemple, si vous étiez dévalisé), vous devez rapidement le dire et montrer le signal secret ; mais sans causer d'alarme. Que ceux qui oseraient dévaliser un membre de la famille des Hung périssent dans les combats.

21 – Après avoir franchi les portes des Hung, vous devez conserver précieusement par-devers vous la bourse et le petit cachet (certificat de membre et manuels de la société) et les garder à l'esprit, et considérer que vous ne devez pas divulguer le signal secret transmis par le Mère (par Mère, nous entendons le Maître de l'Encens). Que les Cinq Patriarches jugent ceux qui désobéiraient à cet ordre.

22 – Après avoir franchi les portes des Hung, ne méprisez pas les sympathies que vous allez ressentir dans la confrérie. Que le ciel et la terre s'unissent pour anéantir ceux qui dévoreraient leur frère, ou escroqueraient un frère, ou intrigueraient dans le but d'obtenir son bien.

23 – Après avoir franchi les portes des Hung, on vous enseigne de réussir dans la vie en ne pratiquant que le commerce. Si un frère possède de l'argent et refuse de vous en prêter, ne montrez pas de ressentiment. En aucun cas vous ne devrez forcer un frère à vous acheter quelque chose ou à vous vendre quelque chose. Que les Cinq Patriarches jugent ceux qui n'appliqueraient pas cette règle.

24 – Après avoir franchi les portes des Hung, on vous a enseigné que dans les affaires de la famille Hung un dirigeant d'entreprise ne doit jamais utiliser les fonds publics pour ses intérêts privés ni s'approprier les droits d'entrées des nouveaux membres. Que la foudre anéantisse ceux qui s'approprieraient des fonds.

25 – Après avoir franchi les portes des Hung, vous devez porter le deuil d'un parent pendant trois ans, après quoi, si votre mère est encore en vie, vous devrez la prendre en charge. Ceux qui désobéiraient à cet ordre seront noyés dans les rivières ou les mers et finiront dans le ventre des poissons.

26 – Après avoir franchi les portes des Hung, vous êtes éligible sur la période de dix mois pour un emploi mineur et, deux ans après, pour un emploi de vangarde. Ceux qui font preuve de loyauté en amenant des membres ne devront pas accepter de pots-de-vin. Que la foudre anéantisse de toutes parts ceux qui désobéiraient à cet ordre.

27 – Après avoir franchi les portes des Hung, si, dans n'importe quel lieu, le frère observe le signe que la famille Hung va se battre contre des non-membres, il doit apporter son aide. Si l'on se joint à la bataille et que l'on se retire ou bien que l'on prétend ne pas connaître l'existence du combat, que l'on meure de mille blessures provoquées par mille couteaux.

28 – Après avoir franchi les portes des Hung, et avoir juré nos serments effrayants, vous ne devrez pas retourner chez vous et préparer des offrandes d'encens en présence du ciel, aux esprits puissants, pour enlever votre faute. Le ciel doit extirper ceux qui désobéiraient à cet ordre.

29 – Après avoir franchi les portes des Hung, si l'un d'entre vous s'approprie la souscription du premier mois des nouveaux membres au lieu de l'expédier au Maître de l'Encens, qu'il rencontre le sort de Ma-I-fah et périsse sous les coups de mille couteaux.

30 – Après avoir franchi les portes des Hung, vous devrez en toutes circonstances vous comporter comme des frères. Qu'un frère soit infidèle envers son épouse ou son fils, vous ne devrez pas vous les

approprier pour vous-même. Que la foudre tue et que le feu consume ceux qui désobéiraient à cet ordre.
31 – Après avoir franchi les portes des Hung, vous ne devez pas, par des propos pervers ou des paroles malencontreuses, nuire au Maître de l'Encens ; de même qu'un Maître de l'Encens ne peut se permettre de comploter afin de nuire à d'autres frères. Que les Cinq Patriarches jugent ceux qui ne se conformeraient pas à cette règle.
32 – Après avoir franchi les portes des Hung, vous ne devez pas, afin de satisfaire vos désirs, blesser un frère. Si un frère possède de l'argent et refuse de vous en prêter, vous ne devez pas comploter pour le blesser. Que ceux qui désobéiraient à cet ordre soient malchanceux et ne puissent prospérer.
33 – Après avoir franchi les portes des Hung, ne prêtez jamais attention aux propos des mauvaises personnes ni à ceux des intrigants. Si un frère enfreint la loi, faites venir les autres frères et étalez l'affaire publiquement, sans utiliser de paroles coléreuses ou de langage pervers devant le Maître de l'Encens, en ajoutant de l'huile sur le feu. Que les dieux jugent ceux qui désobéiraient à cet ordre.
34 – Après avoir franchi les portes des Hung, traître est celui qui retourne sa veste ; il sera rejeté. Mais le loyal, le patriote, sera honoré. Si un frère commet une offense, que les autres frères discutent son cas et le punissent, et s'il fait preuve de ressentiment ou bien désobéit à cet ordre, que les dieux le punissent.
35 – Après avoir franchi les portes des Hung, si un membre commet une offense quelle qu'elle soit, il doit être puni, et ne peut accuser les autres. Que ceux qui ne se conformeraient pas à cet ordre soient anéantis par la foudre.
36 – Après avoir franchi les portes des Hung, vous ne devez pas épouser les femmes des autres membres ni commettre l'adultère avec elles, ni les enlever, ni non plus outrager leurs filles. De façon que, dans l'avenir, vos enfants et petits-enfants puissent s'unir, prospérer et être heureux, voire riches et honorables, et avoir eux aussi des enfants et petits-enfants.
[...]
Une aiguille est alors produite avec laquelle tous les candidats et tous les membres se piquent le deuxième doigt de leur main gauche et laissent tomber le sang des blessures dans le bol contenant l'eau et le sang du coq, ou parfois dans un bol contenant du vin.

Pendant qu'ils se piquent le doigt, le Maître de l'Encens prononce ces paroles :

"L'aiguille apportez vos doigts vous piquez
tous les frères connaissent là où piquer
elle entre blanche mais ressort rouge
à l'entrée des portes des Hung, vous avez été menés

pour faire preuve de vos vrais sentiments
et là, face aux cieux, vous promettez
que les Tsing vous exterminerez
et les Ming restaurerez."

Les cendres des trente-six versets brûlés sont alors ramassées et versées dans le bol qui contient le mélange d'eau ou de vin, et de sang. Ce bol est passé à chaque candidat et à chaque membre qui en boit une gorgée en témoignage du serment de fraternité. Parfois, trois petites briques faites de plumes de volailles carbonisées sont mélangées dans le bol, pour donner un charme, si ce n'est goût, à ce breuvage peu appétissant. Après cela les candidats sont proclamés "frères" et le Grand Frère donne à chacun d'eux quatre cachets enveloppés de papier rouge. En retour, ils paient chacun un droit d'entrée de un dollar. Ils sont donc enrôlés comme membres. [...] Après l'enrôlement, les 21 règles, les 10 interdictions et les 10 offenses passibles de punitions sont lues aux membres. Voici les 21 règles ou lois de la société :

Celui qui commet un crime et en rend un frère responsable sera mis à mort ou, si la peine est commuée, aura les deux oreilles tranchées.

Celui qui commet l'adultère avec l'épouse d'un frère ou fornique avec sa fille sera tué sans pitié.

Celui qui enlèvera un frère à l'étranger aura les deux oreilles tranchées.

Celui qui pour obtenir une récompense fera arrêter un frère sera mis à mort.

Celui qui obtiendra de mener une affaire en prétendant à tort qu'il est un Maître de l'Encens sera mis à mort.

Celui qui perdra son livre de cérémonie et son certificat aura les deux oreilles tranchées et recevra 108 coups.

Celui qui donnera des informations à des étrangers sur les affaires de la société aura les deux oreilles tranchées et recevra 108 coups.

Celui qui, étant un nouveau membre, usurpera la conduite d'affaires aura une oreille coupée.

Celui qui dira du mal de ses parents aura les deux oreilles tranchées.

Celui qui, s'appuyant sur sa force, insulte le faible aura les deux oreilles tranchées.

Celui qui injurie secrètement le Maître de l'Encens ou a des propos pervers à son égard aura les deux oreilles tranchées.

Celui qui se cachera alors que les frères ont un combat à mener aura les deux oreilles tranchées.

Celui qui, alors qu'il en était capable, échoue pour sauver un frère, ou prétend qu'il n'était pas averti, aura les deux oreilles tranchées et recevra 108 coups.

Celui qui volera un frère et refusera de lui rendre son bien aura les deux oreilles tranchées.

Celui qui blesse secrètement un frère ou lui prend son argent aura une oreille tranchée.

Celui qui ne répondra pas à un ordre de mission sera mis à mort.
Celui qui, questionné par des non-membres, délivrera des informations aura les deux oreilles tranchées et recevra 72 coups.
Celui qui, ayant la direction d'affaires, agit de façon impropre et utilise l'argent de la société comme il lui plaît aura les deux oreilles tranchées et recevra 108 coups.
Celui qui un mois après son admission n'aura toujours pas payé son droit d'entrée aura les deux oreilles tranchées et recevra 72 coups.
Celui qui triche contre ses frères aura les deux oreilles tranchées.
Celui qui enfreint les règles et refuse de se soumettre aux punitions aura les deux oreilles tranchées.
Voici les 10 interdictions :
Vous ne devez pas envier la vie de vos frères. Si vous le faites, vous aurez les oreilles tranchées la première fois et serez mis à mort la seconde fois.
Si un frère perd son père ou sa mère et qu'il n'a pas de quoi payer les funérailles, vous devez l'aider. Si vous refusez, vous aurez les oreilles coupées la première fois et serez plus sévèrement puni la seconde fois.
Si un frère en difficulté vient vous demander de l'aide vous devez l'aider sans l'insulter ni prétendre ne rien savoir. Si vous refusez vous aurez les oreilles tranchées la première fois et serez plus sévèrement puni la seconde fois.
Si vous trouvez un frère dans une maison de jeu vous ne devez pas le laisser perdre tout son argent. Sinon vous recevrez 108 coups.
Après être entré dans la maison des Hung, il est interdit de divulguer nos livres à des gens extérieurs. Cela est passible de mort.
Si un frère en affaire à l'étranger reçoit du courrier contenant des valeurs, vous ne devez pas vous l'approprier. Ceux qui le feraient auraient les oreilles tranchées.
Si des frères vont se battre et vous en avertissent vous devez les aider. Ceux qui ne le feraient pas en prétendant ne rien savoir recevront 108 coups.
Il est interdit de présumer de sa grandeur pour insulter les faibles ni d'utiliser sa force pour emprunter sans rembourser. Ceux qui le font auront les oreilles tranchées et recevront 72 coups.
Si un frère est dans la détresse, vous devez lui prêter de l'argent. Mais ceux qui empruntent doivent rembourser, sinon ils recevront 108 coups.
Si un frère a des ennuis et que l'on offre une récompense pour son arrestation, vous devez l'en avertir. Ceux qui n'accompliraient pas cette règle recevront 108 coups.

Les 10 offenses passibles de punition sont :
Manque de respect envers ses parents : 108 coups

Dévoiler des affaires importantes 108 coups
Prétendre qu'il y a des affaires alors que cela est faux : 108 coups
Escroquerie envers un frère : 108 coups
Complot avec des personnes extérieures pour blesser un frère : 108 coups
Conserver l'argent d'un frère : 108 coups
Ivresse, bagarre et troubles divers : 72 coups
Oubli de donner l'argent confié par un frère : punition sévère
Prise de position contre un frère dans un combat : 72 coups
Paris au-delà de ses moyens : 72 coups

Il n'est besoin de faire remarquer que la peine de mort est très souvent la punition appliquée.
Ceux qui y échappent perdent leurs oreilles et ont nombre d'os brisés.
Le reste de la soirée se passe à donner des ordres, à réciter d'autres versets et à dire des ballades. »

Voici le « **code d'éthique** » de la **Triade du Bambou Unifié** saisi par les services du shérif du comté de Los Angeles en 1997 :

« 1 – L'harmonie entre les personnes est la priorité. Nous nous devons d'établir des liens personnels et de bonnes relations sociales de manière à ne pas nous créer d'ennemis.
2 – Nous devons obtenir auprès des membres non compromis du gang une aide ainsi que des faveurs particulières en renforçant nos relations extérieures. Qu'ils nous fassent de la publicité.
3 – Le jeu est notre principale source de revenus. Nous devons faire attention à la manière de le gérer.
4 – Ne prenez pas sur vous de commencer une action ou de prendre des décisions que vous n'êtes pas autorisé à prendre. Avant tout projet, quel que soit le sujet, vous devez en discuter avec le groupe ou avec votre aîné dans la confrérie.
5 – Une responsabilité propre à chacun a été assignée : ne créez pas de confusion !
6 – Il est interdit de divulguer les projets et affaires à des personnes extérieures, telles que nos épouses et petites amies, etc. Cela pour notre propre sécurité.
7 – Il est important de rester uni avec tous nos frères et d'obéir aux ordres de nos aînés.
8 – Tout argent gagné en dehors du groupe devra retourner au groupe. Vous ne devez pas en garder pour vous. Laissez votre aîné en décider.
9 – Lorsque vous démarchez d'importants clients, n'agissez pas dans la hâte. En outre, évitez le harcèlement et les menaces. Faites en sorte de ne provoquer ni soupçons ni craintes.

10 – Si quoi que ce soit d'inattendu se produit, n'abandonnez jamais vos frères. En cas d'arrestation, prenez sur vous toutes les responsabilités et les sanctions. N'impliquez pas vos frères. »

LES YAKUZA

La cérémonie s'appelle *sakazuki*. En province, le rite est systématique ; ce qui n'est pas toujours le cas à Tokyo. Le rite permet de passer du statut d'apprentis (*jun-kosei-in*) à membres (*kumi-in*).

Voici comment le FBI décrit en 1992 une cérémonie d'initiation :

« Afin que l'intronisation soit parfaitement accomplie, la présence des personnes suivantes est hautement recommandée :
— Tojhi-Sha : les personnes chargées de former la relation par l'échange des coupes.
— Torimochi-Nin : une sorte de médiateur, d'intermédiaire.
— Mitidoke-Nin : un témoin de la cérémonie.
Ces personnes représentent le nombre minimal d'individus impliqués. Toutefois, dans la plupart des cas, quand il y a des familles particulièrement nombreuses ou quand une famille désire que la cérémonie soit plus formelle, d'autres assistants sont nécessaires :
— Koken-Nin : un gardien, un ancien. Habituellement le directeur ou le mentor de la personne concernée.
— Tokubetsu-Koken-Nin : un gardien spécial, qui tient le rôle d'assistant du mentor.
— Maishaku-Nin : un coordinateur qui accomplit la cérémonie en lieu et place du Torimochi-Nin.
— Kenbun-Nin : un examinateur, un témoin de haut rang.
— Suitsen-Nin : un personnage témoin de l'aptitude morale de la personne concernée.
— Honso-Nin : un assistant pour le processus de médiation.
— Sashizoe-Nin : un assistant pour la formation des liens fraternels.
— Tachiai-Nin : des assistants de moindre importance.

À l'origine, le Torimochi-Nin avait l'habitude d'accomplir la cérémonie du Sakazuki-Goto (Engumi) mais de nos jours, le Baishaku-Nin joue ce rôle presque exclusivement seul. Se déroulant dans une salle spécialement désignée comme salle de cérémonie et contenant un Saidan, sorte d'autel, les préparatifs de la célébration commencent par l'installation de figurines qui représentent les différents dieux japonais. Ils sont placés sur le gradin le plus élevé, la place la plus honorifique. Les dieux qui seront invoqués durant la cérémonie sont les suivants :
— Hackiman-Dai-Bosatsu : un dieu de bravoure,

— Amaterasu-Oomi-Kami : le dieu original,
— Kasuga-Dai-Myiojin : un dieu de bravoure,
— Katori-Dai-Myiojin : un dieu des arts martiaux ou militaires.

Sur le deuxième gradin du Saidan sont arrangées des offrandes pour les dieux. Il s'agit de nourriture placée dans des assiettes carrées. De chaque côté du Saidan, il y a des assiettes où l'on peut lire les noms suivants :
— Toji-Sha,
— Koken-Nin,
— Torimochi-Nin,
— Honso-Nin,
— Suisen-Nin,
— Baishaku-Nin.

Des deux côtés de la salle de cérémonie, il y a des assiettes aux noms du Mitadoke-Nin et du Tachiai-Nin, dans l'ordre de leur rang en commençant par le siège le plus élevé dans la pièce. Un long drap de coton délavé est étalé au centre de la salle, partant du milieu du Saidan et s'étirant jusqu'au siège le moins élevé, un peu semblable au tapis rouge utilisé pour les dignitaires. Le saké sacré, appelé Omiki, est installé au-dessus du Sanpo, sorte de tissu décoré d'origamis, papiers pliés en forme de papillons mâles et femelles. Du sel sacré formant une pyramide solide est aussi placé sur le Sanpo. Il est accompagné de poisson frais (généralement du rouget) et d'un assortiment de longues baguettes.

Quand tout est arrangé, les participants pénètrent dans la salle et prennent leurs places attitrées. Dans le cas d'un Engumi pour deux personnes, les protagonistes s'assoient face à face devant le Saidan. S'ils sont trois ou plus, les participants s'assoient face à l'assistance. Le Baishaku-Nin prend sa place face au Saidan tout au fond de la salle. Le Torimochi-Nin et le Honso-Nin prennent place à droite du Baishaku-Nin qui commence la cérémonie par un discours d'ouverture à la suite duquel il place le Sanpo avec le saké sacré sur l'autel. Puis il prie brièvement et place trois Sanpos devant les participants. Le Baishaku-Nin place ensuite le sel, le poisson et le saké sur chaque Sanpo, de la gauche vers la droite et prenant un Sanpo devant lui, il met une coupe à saké non vernie au-dessus, penche la tête et prie à nouveau les dieux. Puis, ôtant les papillons mâles et femelles et les bouteilles de saké sacré, il remplit la coupe non vernie, boit et annonce solennellement que le saké n'est pas empoisonné. Le Baishaku-Nin remplit alors les deux coupes restantes sur le Sanpo de saké sacré et prie encore silencieusement. Après avoir versé le saké, il touche à l'aide des baguettes le sel sacré et le poisson et, remuant les baguettes au-dessus des coupes, il mélange ensuite le reste du saké, en ajoutant un peu au saké déjà préparé, et présente les coupes au Torimochi-Nin, confirmant que tout est bien mêlé. C'est ainsi que se conclut la première cérémonie des boissons.

La seconde cérémonie des boissons commence avec le Baishaku-Nin, qui s'approche à nouveau des participants et leur demande de terminer le saké d'une seule gorgée. Le Baishaku-Nin déclare alors la fin de l'Engumi. Après avoir terminé le saké, les participants placent les coupes à l'envers sur le Sanpo, les enveloppant de papier, sur quoi chaque participant met la coupe contre sa poitrine dans les plis de son kimono. Dans une autre version, le Baishaku-Nin saisit la poignée d'une dague et réduit en pièces les coupes sur le Sanpo, symbolisant ainsi que pareil aux coupes qui ne peuvent ressusciter, jamais ne pourra s'éteindre cette amitié nouvelle. Le Baishaku-Nin se dirige alors vers le Torimochi-Nin et lui fait part de la fin de l'Engumi. Occupant le siège le plus élevé, le Torimochi-Nin fait face aux participants et leur demande de joindre leurs mains en même temps qu'il joint les siennes aux leurs. Il leur conseille ensuite de faire tous leurs efforts pour s'entraider tandis que les participants se jurent une éternelle fidélité. Le Mitodoke-Nin et le Tachiai-Nin applaudissent pour célébrer la fin de la cérémonie. Le Baishaku-Nin déclare alors la conclusion de l'Engumi à toute l'assistance et les participants expriment leur gratitude à tous.

Finalement, un somptueux banquet de fête conclut la célébration. »

Dans *Misère et crime au Japon*[19], Philippe Pons décrit en 1999 la cérémonie type d'initiation des yakusa :

« La cérémonie d'intégration au groupe, à la fois la plus solennelle et la plus élaborée, est marquée par un rituel particulier, symbole du lien qui unit désormais un *kobun* à un *oyabun* : l'échange des coupes de saké (*sakazukigoto*).

Des détails varient selon les “familles”, mais la cérémonie se déroule généralement suivant le même rituel. Elle a lieu un jour faste selon le calendrier lunaire, dans une pièce de style traditionnel et devant un autel shintoïque. Les participants sont souvent revêtus des *kimono* de cérémonies (*haori hakama*). De part et d'autre d'une table basse (*sambo,* utilisée pour les offrandes dans les cérémonies du rite shinto), placée devant le *tokonoma* (alcôve où sont déposés des objets précieux), sont assises trois personnes : à gauche, l'*oyabun*, à sa droite l'aspirant *kobun* et en face d'eux celui qui a fait office d'intermédiaire (*nakodo*, “l'homme du milieu”, appelé aussi *torimochinin*). Dans un autre cas de figure, l'*oyabun* et le *kobun* sont de chaque côté de la table basse et l'intermédiaire entre eux à un bout. De chaque côté de la pièce, les invités (autres chefs de bandes et subordonnés) sont assis sur leurs talons, en rang. Parfois, c'est notamment le cas chez les marchands de main-d'œuvre, la femme de l'*oyabun* participe à la cérémonie, assise en retrait.

Sur la table, posés sur une feuille de papier blanc triangulaire (*hosho*), figurent deux flacons à saké, trois petits cônes de sel, une coupe à saké (*sakazuki*), deux poissons crus placés nageoire dorsale contre nageoire dorsale et une paire de baguettes. L'intermédiaire commence le rituel en plaçant avec les baguettes les deux poissons ventre contre ventre puis il verse en trois coups secs dans la coupe du saké du premier puis du second flacon. Il prend ensuite avec les baguettes une pincée de sel qu'il met dans la coupe et trempe trois fois la tête du poisson dans celle-ci avant de la présenter à l'*oyabun* qui fait cul sec. Le *nakodo* refait la même opération pour le *kobun* qui boit à son tour. Il gardera la coupe enveloppée dans un papier blanc comme symbole de son appartenance au groupe.
Dans le bref discours de l'*oyabun*, il est rappelé au futur *kobun* qu'il lui est interdit de faire allégeance à un autre chef, d'entretenir des relations avec la femme d'un collègue, qu'il doit obéissance absolue à la "famille" à laquelle il appartient désormais et doit être prêt à lui sacrifier sa vie, même s'il a femme et enfants. Ce à quoi s'engagera le *kobun* dans sa réponse[20]. Il prendra un nouveau nom qui sera inscrit sur une petite tablette de bois au siège du gang. Autrefois, il recevait, en outre, une veste frappée des caractères du *kumi*.
La cérémonie qui s'est déroulée dans un strict silence s'achève sur le cri lancé d'une seule voix par l'assistance, *"Omedeto gozaimasu !"* (Félicitations !). Après avoir remercié l'intermédiaire, l'*oyabun* donne le signal des agapes sur lesquelles se terminera la cérémonie. »

La cérémonie des yakuza comporte une série de symboles obscurs pour les étrangers mais évidents pour des Japonais. Le mélange de saké, de sel et de poisson représente le sang ou plus précisément l'échange des sangs. L'échange des coupes se retrouve dans d'autres rituels de la société japonaise : il incarne la création d'un lien profond, celui de la parenté fictive. Le sel symbolise la pureté ; les poissons placés ventre contre ventre, la fécondité et la naissance ; quant au saké, il est présent dans de nombreux rituels profanes.

3 – Topographie mafieuse en Italie

La géopolitique est d'abord une géographie. De ce fait, il est indispensable de connaître les territoires historiques d'action des mafias. L'exposé ici proposé est le fruit d'un travail de recherches pour ce livre et n'a pas la prétention à l'exhaustivité.

LES PRINCIPAUX FIEFS ET CLANS DE COSA NOSTRA EN SICILE : LES CANTONS MAFIEUX (MANDAMENTI) IDENTIFIÉS DES PROVINCES DE PALERME, AGRIGENTE ET TRAPANI, CALTANISSETTA ET CATANE (EN 2004)[21]

Les Familles de Cosa Nostra sont connues sous le nom de la ville, du village ou du quartier (à Palerme) dont elles sont issues. La Sicile compte une centaine de Familles mafieuses, dont environ plus de 70 sur Palerme et sa province. La connaissance des cantons mafieux – chaque canton regroupant 3 à 4 Familles en moyenne, parfois plus – démontre la très grande densité mafieuse de l'île[22].

Mandamenti de la province de Palerme

Les 17 mandamenti identifiés dans la province de Palerme, avec les 66 Familles qui les composent (par ordre alphabétique) :

• Bagheria : Familles de Bagheria (Leonardo Greco, détenu), Casteldaccia, Altavilla Milicia et Santa Flavia.

• Brancaccio : Familles de Brancaccio, Ciaculli (Francesco La Rosa, en fuite), Roccella/Corso Calatafimi, Corso Dei Mille/Sant'Erasmo.

• Caccamo : Familles de Caccamo (Domenico Rancadore, en fuite), Trabia, Termini, Lercarra Friddi, Cerda, Montemaggiore, Vicari, Belsito. (*nb : Il s'agirait du mandamento le plus puissant de la province de Palerme*).

• Cinisi : Familles de Cinisi (Vito Roberto Palazzolo, libre en Afrique du Sud), Terrasini, Carini.

• Corleone : Familles de Corleone (Bernardo Provenzano, en fuite), Prizzi, Castronovo, Chiusa Sclafani, Giardinello, Campofiorito.

• Gangi : Familles de Gangi (Francesco Bonomo, libre), San Mauro, Polizzi Generosa, Lascari, Petralia Soprana.

• Misilmeri : Familles de Misilmeri (Pietro Calvo, en fuite), Belmonte, Bolognetta, Ciminna.

• Noce : Familles de Noce (Antonino Cina, libre), Malaspina, Altarello.

• Pagliarelli : Familles de Pagliarelli (Giovanni Motisi, en fuite), Mezzomonreale, Molara.

• Partinico : Familles de Partinico (Giuseppe Gelardi, en fuite), Borgetto, Montelepre.

• Passo di Rigano (quartier de Palerme) : Familles de Passo di Rigano (Domenico Buscemi, en fuite), Boccadifalco, Uditore.

• Porta Nuova (quartier de Palerme) : Familles de Porta Nuova (Agostino Badalamenti, libre), Borgo Vecchio, Palermo Centro.

• Resuttana (quartier de Palerme) : Familles de Resuttana (Diego Madonia, en fuite), Capaci, Acquasanta, Arenella.

• San Guiseppe Jato : Familles de San Guiseppe Jato, Altofonte (Domenico Raccuglia, en fuite), Monreale, Camporeale, Piana.

• San Lorenzo : Familles de San Lorenzo (Salvatore Lo Piccolo, en fuite), Partanna Mondello, Tommaso Natale/Cardillo.

• Villabate : Familles de Villabate (Francesco Di Fresco, en fuite), Acqua dei Corzari, Ficarazzi.

• Villagrazia : Familles de Villagrazia (Salvatore Fileccia, en fuite), Santa Maria, Guadagna.

Mandamenti de la province d'Agrigente

Les 8 mandamenti de la province d'Agrigente, avec (environ) les 29 Familles qui les composent :

• Siculiana : Familles de Siculiana, Realmonte, Porto Empedocle, Giardina Gallotti, Agrigente, Loppolo Giancaxio.

• Ribera : Familles de Ribera (Joseph Focoso, en fuite), Cattolica Eraclea, Burgio.

• Santo Stefano di Quisquina : Familles de Santo Stefano di Quisquina, Bivona, Alessandria Della Rocca.

• Santa Elisabetta : Familles de Santa Elisabetta (Stefano Fragapane, libre), Raffadali, Aragona, Sant'Angelo Muxaro, Casteltermini.

• Aire Occidentale : Familles de Sciacca (Leo Sutera, détenu), Santa Margherita Belice, Sambuca di Sicilia, Menfi, Montevago.

• Aire Orientale : Familles de Canicatti (Maurizio Di Gati, en fuite), Racalmuto, Naro, Camastra, Licata.

• Favara : Familles de Favara (Giuseppe Nobile, détenu) et autres.

• Campobello di Licata : Familles de Campobello di Licata (Giuseppe Falsone, en fuite) et autres.

Mandamenti de la province de Trapani

Les 4 mandamenti de la province de Trapani, avec (environ) les 16 Familles qui les composent :

• Mazara del Vallo : Familles de Mazara del Vallo (Vito Bigione, détenu), Santa Ninfa, Vita, Salemi, Marzala.

• Castelvetrano : Familles de Castelvetrano (Matteo Messina Denaro, en fuite), Gibellina, Partanna, Salaparuta, Campobello di Mazara.

• Trapani : Familles de Trapani (Pietro Virga, libre), Paceco, Valderice.

• Alcamo : Familles d'Alcamo (Ignazio Melodia, libre), Castellammare del Golfo, Calatafimi.

Mandamenti de la province de Caltanissetta

La province de Caltanissetta compte 7 mandamenti :

• Gela : Familles de Gela (Daniele Emmanuello, en fuite) et autres.

• Caltanissetta : Familles de Caltanissetta (Domenico Magliocco, en fuite) et autres.

• Riesi : Familles de Riesi (Francesco Cammarata, libre) et autres.

• Campofranco : Familles de Campofranco (Domenico Vaccaro, détenu) et autres.

• Barrafranca : Familles de Barrafranca (Raffaele Bevilacqua, détenu) et autres.

• Enna : Familles d'Enna (Giovanni Mattiolo, libre) et autres.

• Agira : Familles d'Agira (Vincenzo Militello, libre) et autres.

Mandamenti de la province de Catane

La province de Catane compte au moins 4 mandamenti :

• Catane : Familles Santapaola (Umberto Di Fazio, en fuite), Mazzei (Sebastiano Mazzei, détenu), Sciuto (Filippo Marchi, détenu).

• Messine (Michelangelo Alfano, libre).

• Syracuse (Michele Midolo, libre).

• Raguse (Gaetano Dominante, libre).

LES PRINCIPAUX FIEFS ET CLANS DE LA CAMORRA EN CAMPANIE

La Camorra contrôle les cinq provinces de la Campanie (Naples, Caserte, Avellino, Benevento et Salerne) et dispose de quelques ancrages ailleurs en Italie.

Naples et sa province

La ville est contrôlée par deux clans majeurs : *l'Alliance de Secondigliano* (*Alleanza di Secondigliano*) comprenant environ 20 Familles (dont les Familles Mallardo, Contini, Licciardi, Bocchetti et Lo Russo) et le clan Misso-Mazzarella comprenant environ 12 Familles :

• *Quartier de Ponticelli* : affrontement entre les clans De Luca Bossa et Sarno.

• *Quartier de Pianura* : affrontement entre les clans Lago et Marfella (relié au clan d'Antonio Luca Bossa).

• *Quartier de Forcella* : déclin du clan Guiliano et installation de Michele Mazzarella (fils de Vincenzo), marié avec Marianna Guiliano, fille du *Boss* Luigi.

• *Quartiers San Giovanni à Teduccio* : répartition entre les clans Mazzarella et les Familles Reale et Rinaldi.

• *Quartier de Secondigliano* : domination de la confédération de clans dite de l'Alliance de Secondigliano.

• *Quartier de Bagnoli* : affrontement entre les clans D'Ausilio et Rossi.

La province connaît quelques concentrations mafieuses dans les villes de :

• *Pozzuoli/Quarto* : domination du clan Longobardi-Beneduce et Bellofiore allié au clan Polverino-Nuvoletta.

• *Ercolano/Portici* : domination des clans Iengo-Birra et Ascione (sud de la ville) et Cozzolino (au nord de la ville).

• *Torre Annunziata* : domination des clans Gallo, Gionta et Limelli-Vangone.

• *Castellammare di stabia* : domination des clans D'Alessandro et Cesarano.

• *Gragnano* : domination des clans Leonardo Martino et Imparato-D'Alessandro.

• *San Gennaro Vesuviano* : figure dominante de Mario Fabbrocino.

• *Casalnuovo* : affrontement entre les clans de Carmine Esposito (assassiné en 2003) et Domenico Tortora.

• *Frattamaggiore* : domination des clans de Sant'Antimo, Mocca et Casalesi.

• *Caivano-Frattaminore.*

• *San Anastasia* : domination des clans Anastasio, Orefice et Mauri.

• *Pollena-Trocchia.*

• *Ottaviano.*

• *Sant'Antimo-Casandrino* : domination des clans Puca, Verde et Ranucci.

• *San Antonio Abate* : domination du clan Imparato-Fontanella.

• *Torre del Greco* : domination du clan Falanga-Gargiulo.

• *Somma Vesuviana.*

• ***Boscoreale-Boscotrecase-Trecase-Terzigno*** : domination des clans Di Martino-Falanga, Casillo, Sorrentino, Pesacane, Annunziata, Cascone.

• *Poggiomarino.*

• *Volla.*

• *Acerra.*

• *Nola.*

• *Pomigliano d'Arco.*

• *Casalnuovo.*

• ***Afragola-Cardito*** : domination du clan Moccia.

• ***Giugliano-Villaricca-Licola-Varcaturo*** : domination du clan Mallardo.

• ***Marano*** : domination du clan Nuvoletta.

Caserte et sa province

Caserte et sa province sont dominées par le clan de Francesco Schiavone. On citera également le clan des Casalesi auquel adhèrent 11 Familles. Les principales concentrations mafieuses se situent dans les villes de :

• *Trentola, Lusciano* et *Aversa* : le clan Biondino est en perte de vitesse. Un autre clan s'affirme dirigé par Raffaele Della Volpe (emprisonné).

• *Parete* : déclin du clan Feliciello depuis l'incarcération de son chef historique Domenico Feliciello.

• *Mondragone* et *Sessa Aurunca* : domination des clans La Torre (dirigé par Tiberio La Torre et Pasquale Miraglia) et Esposito (dirigé par Emilio Esposito et Gaetano Di Lorenzo, emprisonné) qui ont conclu un accord de paix avec les Caselli.

• *Villa Literno.*

• *Pignataro Maggiore.*

Avellino et sa province

Les clans de cette province ont su étendre leur influence jusqu'à Naples et Salerne, soit au-delà de leurs limites naturelles. Les clans se concentrent surtout aux frontières des provinces de Naples, Salerne et Benevento.

Les clans les plus structurés sont ceux originaires de la ville de *Quindici* : les clans des Graziano et des Cava. Ils dominent la vallée de Lauro et du Baianese. Dans la vallée Caudine, il faut noter la présence du clan Pagnozzi.

Les villes de *Montoro* et *Solofra*, dans la banlieue d'Avellino, sont dominées par les clans d'Avellino. Ainsi, à Solofra domine le clan Gava *via* l'affilié Aniello Grasso.

Le clan Genovese est présent dans les villes de *Serino*, *Montoro*, *Solofra* et *Mercogliano*.

Benevento et sa province

La province est dominée par le clan Pagnozzi. Ce clan fédère trois Familles qui contrôlent les villes de :

• *Montesarchio*, *Bonea*, *Arpaia*, *Forchia*, *Airola*, *Bucciano* et *Paolisi* : Famille Iadanza-Panella.

• *Foglianise*, *Vitulano*, *Ponte*, *Tocco Caudio*, *Torrecuso* : Famille Lombardi.

• *Sant'Agata dei Goti*, *Durazzano*, *Moiano*, *Dugenta*, *Limatola*, *Airola* et *Bucciano* : Famille Saturnino-Razzano.

• *San Felice* et *Cancello-Maddaloni* : Familles Pagnozzi, Fabbrocino et Di Paolo.

Salerne et sa province

Les principales villes contaminées sont : *Salerne*, *Nocera*, *Pagani* (clan de Tommaso Fezza, emprisonné), *Angri* (clan de Tommaso Nocera), *Scafati* (clan de Francesco Matrone, ex-clan Loreto), *Sant'Egidio del Monte Albino* (clan de Luigi Iannaco), *Cava de Tirreni*, *Battipaglia*.

Dans la plaine du Sele domine le clan Pecoraro-Renna. À noter la présence du clan De Feo.

Cette province a connu une éphémère tentative de fédération de clans criminels sous le nom d'*Associazione Camorrista Riformata* (ACR).

Ailleurs en Italie

La Camorra est présente dans les zones suivantes : *Ligurie* (Gênes, Sanremo), *Marches* (Ancone, Ascoli, Pesaro et Urbino), *Vénétie*, *Trentin/Haut-Adige*, *Toscane*, *Latium*.

Dissolutions de conseils municipaux et géographie camorriste

Les dissolutions d'administrations communales par décret pour collusion ou influence mafieuses sont d'excellents indicateurs de l'implantation de la Camorra.

Au second semestre 2002, ces dissolutions avaient touché les villes de : *Portici*, *Quindici*, S. *Paolo Bel Sito*, *Frattamaggiore*.

De 1990 à 1993, les dissolutions avaient touché 32 conseils municipaux :

• Province de Naples : *Accera, Casamarciano, Casandrino, Casola di Napoli, Ercolano, Marano di Napoli, Nola, Poggiomarino, Pomiogliano d'Arco, Quarto, San Guiseppe Vesuviano, Sant'Antimo, Sant'Antonio Abate, Torre Annunziata.*

• Province d'Avellino : *Pago del Vallo di Lauro, Quindici.*

• Province de Caserte : *Carinola, Casal di Principe, Casapesenna, Cesa, Frignano, Grazzanise, Lusciano, Mondragone, Recale, San Cipriano d'Aversa, Santa Maria La Fossa, Villa di Briano.*

• Province de Salerne : *Nocera inferiore, Pagani, Sarno, Scafati.*

LES PRINCIPAUX FIEFS
ET CLANS DE LA NDRANGHETA EN CALABRE

Province de Cantazzaro

Zone de *Lamezia Terme* : au chef-lieu, suprématie des Familles Costanzo et Catanzaritti. Ailleurs dans la zone, domination historique des Familles Iannazo et Torcasio-Cerra-Giampa.

Province de Cosenza

À Cosenza : domination de la Famille Perna-Rua.

Sur la côte Tyrrhénienne : *Cetraro* (Famille de Francesco Muto alliée aux Familles des Polillo), *Scalea* et *Belveder Marittimo* (Famille des Stummo-Valente), *Paola* et *Fuscaldo* (Familles Serpa-Martello-Scofano), *Amantea* (Famille Gentile), *Santa Maria del Cedro* (Famille des Femia), *San Lucido* (Famille Michele Tundis).

Sur la côte Ionienne : *Rossano* (Famille Manzi-Morfo), *Corigliano* (Famille Santo Carelli), *Cariati* (Famille de Domenico Critelli), *Mandatoriccio* (Famille des Greco-Crescenti), *Castrovillari* (Famille des Di Decio), *Altomonte* (Famille Magliari).

Province de Crotone

Cette province compte en son sein les Familles de la Ndrangheta parmi les plus dangereuses.

Surtout sur la façade maritime de la mer Ionienne : le chef-lieu *Crotone* (Famille Ciampa-Vrenna), *Ciro Marina* (Famille Anania-Cariati), *Rocca di Neto* (Famille Iona), *Cutro* et *Strongoli* (Famille Mannolo), *Isola di Capo Rizzuto* (Famille Arena, mais aussi Familles Grande-Aracri et Farao-Marincola).

Province de Reggio de Calabre

Ici, les Familles sont anciennes, nombreuses et actives. On en retrouve des métastases un peu partout en Italie et dans le monde. Le pouvoir entre les Familles de Reggio de Calabre s'est stabilisé autour d'un partage territorial en trois « délégations », une urbaine et deux provinciales (ionienne et tyrrhénienne). Les principales concentrations mafieuses se situent à *Reggio de Calabre* (Familles des Condello-Serraino-Imerti-Rosmini et des De Stefano-Tegano-Libri), *Gioia Tauro* (Famille Piromalli-Mole) et *Rosarno.*

Province de Vibo Valentia

Principales villes infectées : *Vibo Valentia* et *Limbadi* (Famille Mancuso).

LES PRINCIPAUX FIEFS ET CLANS DE LA SACRA CORONA UNITA DANS LES POUILLES

Province de Bari

Principales villes infectées : *Bari* (Familles Laraspata, Strisciuglio, Capriati, Diomede/Mercante et surtout Savino Parisi), *Monopoli* (Familles d'Antonio Tauro, Guiseppe Muolo, Alfredo Solpaso) *Conversano, Polignano a mare, Putignano, Rutigliano* (pour ces 4 dernières villes, domination aussi de la Famille d'Antonio Tauro), *Valenzano, Triggiano, Carpuso, Carbonara, Casamassina* (domination de la Famille Angelo Michele Stramaglia lié à Savino Parisi), *Barletta* (Familles Cannito et Lattanzio), *Bitonto* (Familles Semiraro et Cassano), *Gravina* (Familles Loiudice/Gigante et Centonze), *Altamura* (Loglisci/Matura et Francesco Mangione).

Province de Brindisi

Cette province est historiquement une terre d'asile et de « colonisation » pour les mafieux de Cosa Nostra. D'où des liens forts entre les Familles locales de la SCU et de Cosa Nostra.

Principales villes infectées : *Brindisi, Fasano, Ostuni* et *Mesagne.*

Province de Foggia

Principales villes infectées dans la zone du Gargano : *Foggia, San Severo, Cerignolia, Manfredonia* (Famille Romito), *San Giovanni Rotondo, Monte Sant'Angelo* (Familles de Li Bergolis et Primosa-Alfieri-Basta) et *Lucera* (Familles Ricci-Papa et Tedesco).

Les Familles de Foggia ont apparemment une organisation assez pyramidale et sont réunies sous une structure appelée *Società* (*Société*) se subdivisant en *Batterie* (*Batteries*). Dans cette ville, le chef incontesté est Roberto Sinesi, bien qu'incarcéré. Sa Famille compte une centaine de membres. L'autre grande Famille de Foggia est celle d'Antonio Vincenzo Pellegrino.

Province de Lecce

Principales villes infectées : *Lecce* (Famille de Giovanni de Tommasi), *Nardo* (Famille Marcello Dell'Anna), *Surbo*, *Monteroni di Lecce* (Famille Tornese), *Galatina* (Famille Coluccia), *Copertino*, *Gallipoli*, *Taurisano.*

Province de Tarante

Principales villes infectées : *Tarante* et *Lizzano*.

LE CAS PARTICULIER DE LA BASILICATE

La Basilicate n'a pas produit à ce jour de mafia spécifique. Cette région mérite cependant une mention particulière car elle est enclavée entre les trois grandes régions mafieuses que sont la Campanie à l'ouest (Camorra), les Pouilles au nord et à l'est (SCU) et la Calabre au sud (Ndrangheta). Il n'est donc pas étonnant de constater une contamination des criminels locaux par les trois mafias limitrophes. Les criminels de la Basilicate se sont en effet professionnalisés au contact de leurs voisins mafieux. Un seuil qualitatif a peut-être été franchi dans les années 1990. Un groupe appelé les *Basilischi* commence à se distinguer.

De temps à autre, une des mafias limitrophes manifeste sa présence dans la Basilicate. Ainsi, en novembre 2004, est rendue publique une vaste enquête pour corruption et collusion avec Cosa Nostra, impliquant des élus et des fonctionnaires de la Basilicate autour de l'attribution de marchés publics. Les magistrats instructeurs délivrent 52 mandats d'arrêt. Parmi les mis en cause, on trouve 7 élus de Potenza et de la région (sud de la Basilicate), dont le maire de Potenza et un de ses adjoints, le président de la région, 3 députés (Gianfranco Blasi de *Forza Italia*, le centriste Antonio Potenza de l'*UDEUR* et le démocrate de gauche Antonio Luongo du *DS*) ; un haut magistrat président de la chambre pénale de Potenza, le bâtonnier de la région et des policiers.

4 – La maffya turque : les générations de Baba, les villes mafieuses

LES DIFFÉRENTES GÉNÉRATIONS DE KABADYI ET DE BABA

Années 1940, les Kabadayi

Arnavut Cafer (« Cafer l'Albanais ») ; Oflu Hasan (« Hasan d'Of » : Of est une ville des côtes de la mer Noire).

Années 1960, les Baba

Bekir Celenk ; Dündar Kilic ; Hüseyin Heybetli ; Cilli Burhan (« Burhan le Rouquin ») ; Kürt Idris (« Idris le Kurde ») ; Arap Nasri (« Nasri l'Arabe ») ; Oflu Osman (« Osman d'Of ») ; Celal Ates ; Dundar Kilic.

Années 1960-1970, les Baba

Behcet Cantürk ; Mehmet Nabi Inciler (« Inci Baba ») ; Oflu Ismail (« Ismail d'Of ») ; Gacero Yilmaz ; Sari Avni (« Avni le Jaune ») ; Osman Ayanoglou ; Yasar Avni Musullulu ; Abuzer Ugurlu ; Hussein Baybasin.

Années 1970, les Baba

Hasan Heybetli ; Alaatin Cakici ; Enis Karaduman ; Necdet Ulucan. Ce groupe sera surnommé « la jeune génération des *Baba* ». Ce sont eux qui contrôlent la maffya turque de la fin du XXe et du début du XXIe siècle.

Années 1990, les babacik (« petits papas »)

Uour Kiliç ; Cem Kiliç ; Cenk Kiliç ; Kudret Ozbir ; Murat Ozbir.

Les gloires montantes (prôche des Loups gris)[23]

Sedat Peker ; Onur Ozbizerdik ; Aktur Yasar ; Cillioglu Mehmet ; Kirci Haluk ; Ozbir Idris, Seyhanlioglu Adem ; Ulucam Necdet.

Les chefs historiques

Hussein Baybasin ; Alaatin Cakici ; les frères Nuri, Vedat, Nejat et Soner Ergin ; Erol Evcil ; Abdulkasim Gencyilmaz ; Ismaïl Hacisuleymanoglu ; Hasan Heybetli ; Dundar Kilic ; Ayvar Korkmaz ; Yasar Avni Musullulu ; Sedat Sahin ; Abuzer Ugurlu ; Mahmut Yildirim ; Kursat Yilmaz.

LES VILLES MAFIEUSES DE TURQUIE
ET LEURS GANGS

Fin 1998, un rapport détaillé de la police criminelle turque[24] a révélé l'existence et la localisation des principales Familles de la maffya turque.

Les villes : *Adana, Adapazari, Ankara, Antalya, Bodrum, Bolu, Bursa, Denizli, Gaziantep, Iskenderun, Istanbul, Izmir, Kayzeri, Kocaeli, Konya, Manisa, Rize, Samsun, Trabzon.*

Les gangs : Gang de Yakup Sut (*Istanbul*) ; Gang d'Aga Canturk (*Istanbul*) ; Gang de Savas Cakici (*Istanbul*) ; Gang de Serda Murat Topal et Elif Lutfiye Topal (*Istanbul*) ; Gang d'Erol Evcil (*Istanbul*) ; Gang d'Ayvaz Korkmaz (*Istanbul*) ; Gang de Nermin Kastar ; Gang de Sedat Sahin (*Samsun*) ; Gang de Surmeli Demirci (*Samsun*) ; Gang de Savas Kibar (*Kocaeli*) ; Gang de Hadi Ozcan (*Kocaeli, Adapazari, Bursa, Rize, Istanbul, Iskenderun, Antalya, Izmir*) ; Gang d'Abdulkasim Gencyilmaz (*Ankara, Kocaeli, Bolu*) ; Gang de Mahmut Yildirim ; Gang d'Aydin Cetinkaya (*Istanbul*) ; Alaattin Cakici (*Istanbul*) ; Kursat Yilmaz (*Istanbul*) ; Sahin Tekdemir (*Kocaeli*) ; Mustafa Korkmaz (*Adana*) ; Senol Turan (*Istanbul*) ; Ali Cokkus (*Denizli*) ; Sait Denizaslani (*Bodrum*) ; Baki Kahraman (*Istanbul*) ; Mustafa Durna (*Konya*) ; Kasim Bayraktar (*Istanbul*) ; Recep Cakmak (*Istanbul*) ; Muzaffer Fidan (*Izmir*) ; Mustafa Karaoglu (*Bolu*) ; Hasan Caglayan (*Adana*) ; Zihni Akmese (*Izmir*) ; Seydar Koken (*Izmir*) ; Menderes Kutlu (*Adana*) ; Remzi Onuk (*Istanbul*) ; Ekrem Edis (*Kayseri*) ; Oguz Korukir, Erkan et Enver Goktepeli (*Kocaeli*) ; Aydin Akceli (*Izmir*) ; Mehmet Yilmazlar (*Gaziantep*) ; Mehmet Kacan (*Izmir*) ; Mustafa Ertekin (*Ankara*) ; Hakan Cillioglu ; Ayhan Yildirim (*Trabzon*) ; Ali Cokmus (*Izmir*) ; Yilmaz Sahin Saksak (*Manisa*) ; Pasa Yildirim (*Bursa*) ; Eyup Atmaca (*Samsun*) ; Hidayet Vurgun (*Samsun*) ; Bulent Ozdemir (*Samsun*) ; Ehat Akyol (*Samsun*).

5 – *Les protomafias*

Aucune réalité sociale n'est figée. Dans un avenir plus ou moins lointain, rien n'interdit de penser que certaines organisations criminelles déjà bien installées vont mûrir, au point de changer de nature, pour accéder au stade suprême de mafia. La prudence impose de tenter d'anticiper ces évolutions qui se produisent probablement sous nos yeux. Quelles sont ces mafias peut-être en devenir ? Trois entités criminelles méritent de retenir l'attention :

LES FRATERNITÉS (« BRAVTA ») RUSSES

Nées de la décomposition du système soviétique et du capitalisme de prédation des années 1990, ces « fraternités » représentent une centaine de groupes criminels totalisant environ 20 000 membres. Une douzaine de ces groupes ont atteint un niveau de « puissance critique » dont : Solntsevskaya (Moscou, 9 000 membres), Ismailovskaya (Moscou), Tsentralnaya (Moscou, Tchétchènes) et Tambovskaya (Saint-Pétersbourg).

LES CARTELS MEXICAINS

Cinq grands cartels importent la moitié de la cocaïne consommée aux États-Unis et produisent de l'héroïne, des amphétamines et du cannabis : Cartel de Guadalajara, Cartel du Golfe, Cartel de Tijuana, Cartel de Juarez et Cartel de Culiacan.

LES CARTELS COLOMBIENS

Les grands cartels (Medellin et Cali) ont disparu au profit d'une vingtaine de groupes plus petits (*cartelitos*), plus aptes à résister à la répression et plus rentables. Ces cartels exercent un réel contrôle territorial sur une grande partie de la Colombie. Ils demeurent encore spécialisés dans le seul trafic de drogue.

6 – *L'acte d'accusation contre Giulio Andreotti*

Dans *The Antimafia*[25], l'historienne et journaliste Alison Jamieson offre un résumé de l'acte d'accusation officiel transmis le 27 mars 1993 par le parquet de Palerme au Sénat italien pour pouvoir poursuivre Giulio Andreotti :

« Salvo Lima était le fils du mafioso Vincenze Lima, mais il n'était probablement pas un "homme d'honneur" lui-même. L'élection de Lima comme maire de Palerme entre 1958 et 1964 fut soutenue par le clan La Barbera, si l'on en croit un rapport des Carabiniers. En 1968, Lima accepta de devenir responsable de la faction du parti chrétien démocrate conduite par Andreotti qui jusqu'à cette époque obtenait la plupart de ses suffrages dans la région de Rome. Lima continua d'apprécier l'aide électorale de Cosa Nostra et celle du chef de la Commission, Stefano Bontate, et il était très lié aux cousins Salvo. Sous la direction de Lima, la part des votes en Sicile en faveur d'Andreotti passa de 2 % à 10 %. En 1976, Andreotti accepta l'aide d'un maire précédent chrétien démocrate, Vito Ciancimino, qui était lui épaulé par la faction des Corleonais de Cosa Nostra. Le pacte avait été formalisé dans la résidence officielle du Premier ministre à Rome, en la présence d'Andreotti, de Ciancimino, de Lima et de deux autres députés nationaux de Sicile. Cet accord continua au moins jusqu'à ce que la conférence régionale du parti chrétien démocrate se tienne à Agrigente en 1983.

À la fin des années 1970, Andreotti commença à faire un usage spécifique de l'aide de Cosa Nostra. Dans les jours qui suivirent l'enlèvement du Président Aldo Moro en mars 1978 par les Brigades Rouges (BR), Stefano Bontate fut sollicité afin d'aider à localiser l'endroit où était retenu Moro. On demanda à Tommaso Buscetta, un mafioso influent à l'époque en détention dans les quartiers de haute sécurité de la prison de Cuneo, d'entrer en contact avec les chefs des Brigades Rouges incarcérés. À cette fin, Buscetta demanda son transfert pour la prison de Turin où les Brigades Rouges passaient en jugement. Le transfert de Buscetta devait être facilité par un ami d'Andreotti, le Procureur de Rome, Claudio Vitalone. Mais le transfert ne se fit pas et Buscetta découvrit que l'aide proposée par Bontate avait été contrecarrée par Andreotti qui ne tenait pas à ce que l'on découvrit l'endroit où était retenu Moro. »

En effet, Giulio Andreotti venait d'apprendre qu'Aldo Moro avait fourni, au cours des interrogatoires des Brigades rouges, un certain nombre d'informations qui le discréditaient. Pour autant, l'exécution d'Aldo Moro n'avait pas tout réglé. Giulio Andreotti découvrit que deux hommes avaient fait des copies des déclarations de Moro pendant les interrogatoires : le général des carabiniers Carlo Alberto Dalla Chiesa et un journaliste rusé et peu scrupuleux, Mino Pecorelli, dont l'hebdomadaire *OP* était considéré proche des services secrets.

« Pecorelli, qui ne cessait d'attaquer Andreotti dans ses articles, faisait allusion à ce qu'il savait de l'affaire Moro et en janvier 1979, il

> était prêt à publier un article faisant état des liens qui rattachaient Andreotti à une série de manœuvres financières menées par le directeur de société Nino Rovelli. Au cours d'un dîner dans un restaurant de Rome, on proposa 30 millions de lires (18 000 dollars) à Pecorelli pour ne pas publier son histoire. Pecorelli fut assassiné en mars 1979 par des membres de la bande de la Magliana liée à Cosa Nostra. Le meurtre fut commandité par Stefano Bontate à qui les cousins Salvo avaient demandé de faire une faveur à Andreotti.
> Entre la fin de l'année 1978 et le printemps 1979, Andreotti rencontra Michele Sindona, un banquier qui avait blanchi de l'argent pour la faction Bontate de Cosa Nostra, à une époque où Sindona fuyait la justice italienne. Cosa Nostra protégea Sindona en simulant un enlèvement l'année suivante. »

À partir de 1979, un certain nombre de politiciens siciliens essayèrent de se soustraire à l'influence de Cosa Nostra et commencèrent à la combattre avec détermination. C'est dans ce contexte que le secrétaire du parti démocrate-chrétien de Palerme, Michele Reina, fut assassiné en mars 1979. Après quoi, Andreotti se rendit en Sicile où il rencontra le *Boss* de Catane, Nitto Santapaola, en compagnie de Salvo Lima. Leur présence fut confirmée par le gérant de l'hôtel où eut lieu la réunion.

Le président démocrate-chrétien de la région de Sicile, Piersanti Mattarella, fut assassiné en janvier 1980. En février, à nouveau, Andreotti s'envola secrètement pour la Sicile à bord d'un jet privé affrété par les Salvo. Il avait là-bas rendez-vous avec Bontate et d'autres membres de la Commission, entretien au cours duquel il protesta à propos des tueries. Bontate l'avertit : « C'est nous qui commandons en Sicile et si vous ne voulez pas que la Démocratie chrétienne disparaisse complètement, il faudra que vous agissiez comme nous le souhaitons. Sinon, nous emporterons toutes vos voix, non seulement en Sicile mais aussi de Reggio de Calabre et de toute l'Italie du Sud. Vous devrez vous contenter du nord de l'Italie où tout le monde vote communiste. »

> « Quelques mois plus tard, la guerre entre la faction Bontate et les Corleonais monta d'un cran ; Bontate fut assassiné et sa faction de Cosa Nostra fut quasiment anéantie. Tous les contacts politiques de Bontate furent récupérés par les Corleonais (Ciancimino ayant été politiquement discrédité), tandis que les cousins Salvo et Salvo Lima survivaient au conflit grâce aux liens qu'ils entretenaient avec Andreotti.
> Au printemps 1982, à la suite de l'assassinat du secrétaire régional du PCI, Pio La Torre, le général Dalla Chiesa fut nommé préfet de

Palerme. Dalla Chiesa fut invité à une réunion par Andreotti avant de prendre son poste. Là, il dit à Andreotti qu'il n'avait "aucun respect pour la faction la plus corrompue de l'île". Dans son journal intime, Dalla Chiesa écrit que la faction Andreotti en Sicile était "dedans jusqu'au cou". Dalla Chiesa n'obtint pas l'aide des institutions ni les pouvoirs spéciaux pour traiter avec la Mafia et en septembre 1982, il était assassiné ainsi que son épouse. Selon Tommaso Buscetta, les meurtres de Pecorelli et des époux Dalla Chiesa étaient liés : en 1979 Buscetta avait été pressenti au nom d'une "personnalité politique" (qu'il nomma plus tard comme étant Andreotti) pour sonder les intentions des Brigades Rouges. Il s'agissait de savoir si ceux-ci étaient prêts à endosser la responsabilité du meurtre de Dalla Chiesa s'il devait avoir lieu, et cela quel que soit l'endroit en Italie. On lui répondit que les Brigades accepteraient à la seule condition qu'un de leurs membres participe à l'action. Alors le projet fut abandonné. Buscetta était avec son camarade, le mafioso Gaetano Badalamenti, au Brésil quand il apprit la nouvelle du meurtre des Dalla Chiesa. Badalamenti commenta que Dalla Chiesa avait été envoyé à Palerme délibérément pour y être assassiné. Pecorelli et Dalla Chiesa furent tous deux assassinés parce qu'ils représentaient une menace pour Andreotti.

En août 1985, Andreotti fit une visite dans la ville sicilienne de Mazaro del Valo officiellement pour inspecter la flotte maritime, et le même jour, il assista en fait à une série de rencontres privées dans un hôtel au bord de la mer, avec des politiciens locaux. L'une de ces rencontres – un rendez-vous discret sous la bonne garde du maire de la ville – était avec un important mafioso de la région. La rencontre avait été consignée par un officier de police dont le rapport fut examiné au cours de l'enquête judiciaire.

Cosa Nostra avait traditionnellement voté pour la Démocratie chrétienne car c'est le parti qui lui procurait les meilleures garanties pour les intérêts de l'organisation, en particulier grâce à l'influence qu'il exerçait sur les cours de justice de Palerme et même sur la Cour suprême à Rome. À la demande de Lima, Andreotti était intervenu dans un verdict de la Cour suprême en 1981. Une réunion se tint à Rome entre le chef de la Mafia, Gaetano Badalamenti, un des cousins Salvo et Andreotti, pour discuter du verdict de la Cour dans le cas du beau-frère de Badalementi, Filippo Rimi. En dépit du fait que Rimi eut écopé d'une peine à perpétuité, la Cour suprême annula le verdict. La Cour annula aussi trois condamnations à perpétuité, décidées pour le meurtre d'un officier de police, Emanuele Basile, en 1980, malgré des preuves irréfutables de la culpabilité des accusés ; annulation fondée sur le fait que les avocats de la défense n'avaient pas été avertis de la date de sélection du jury. Carnevale avait une "relation personnelle particulière" avec Andreotti et il avait "toujours été approchable" par Cosa Nostra. Selon un repenti, il représentait une garantie et certainement pas seulement pour ses idées juridiques. »

Cependant, Cosa Nostra commenca à comprendre qu'Andreotti n'avait plus l'envie ou le moyen d'influencer le maxi-procès en sa faveur. Les tentatives faites par les avocats pour bloquer le procès – en contestant le président de la Cour et en essayant de faire lire à voix haute tous les documents du procès devant la Cour – avaient échoué. Pour avertir Lima et Andreotti qu'il était nécessaire d'en faire un peu plus, Cosa Nostra fit voter en faveur du Parti socialiste et du Parti radical lors de l'élection générale de 1987.

« Andreotti eut encore une rencontre avec les chefs de Cosa Nostra le 20 septembre 1987 chez Ignazio Salvo à Palerme. Celui-ci était à cette époque assigné à résidence et passait en justice pour association avec la Mafia. Toto Riina et Salvo Lima étaient aussi présents. Quand Andreotti entra, il embrassa Riina sur les deux joues. À partir de là, Andreotti était tellement compromis avec Cosa Nostra qu'il ne pouvait plus se retirer – il était obligé d'assister à la rencontre pour protéger la vie de Lima et sauvegarder l'appui électoral de la Mafia pour son parti.

À partir de 1987, la Cour suprême commença un processus de démantèlement du maxi-procès en annulant les preuves de manière répétée. Il y eut procès sur procès jusqu'au printemps 1991, quand le juge Corrado Carnevale indiqua la composition de la section de la Cour suprême qui allait présider au verdict final. Cependant, le président de la Cour suprême décida en octobre de nommer Arnaldo Valente à la présidence des audiences à la place de Carnevale. »

[illegible]

Cependant, Cosa Nostra [illegible]

[illegible]

CARTES

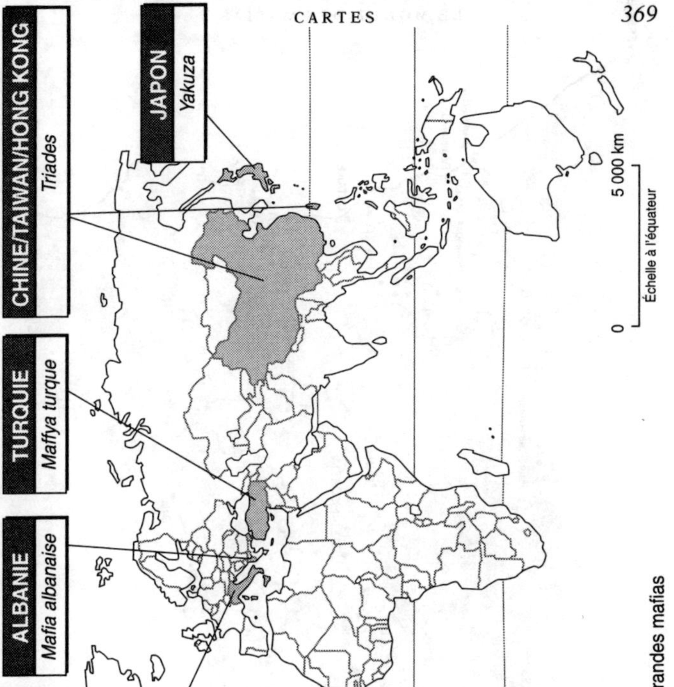

Carte 1 – *Carte mondiale des neuf mafias.*

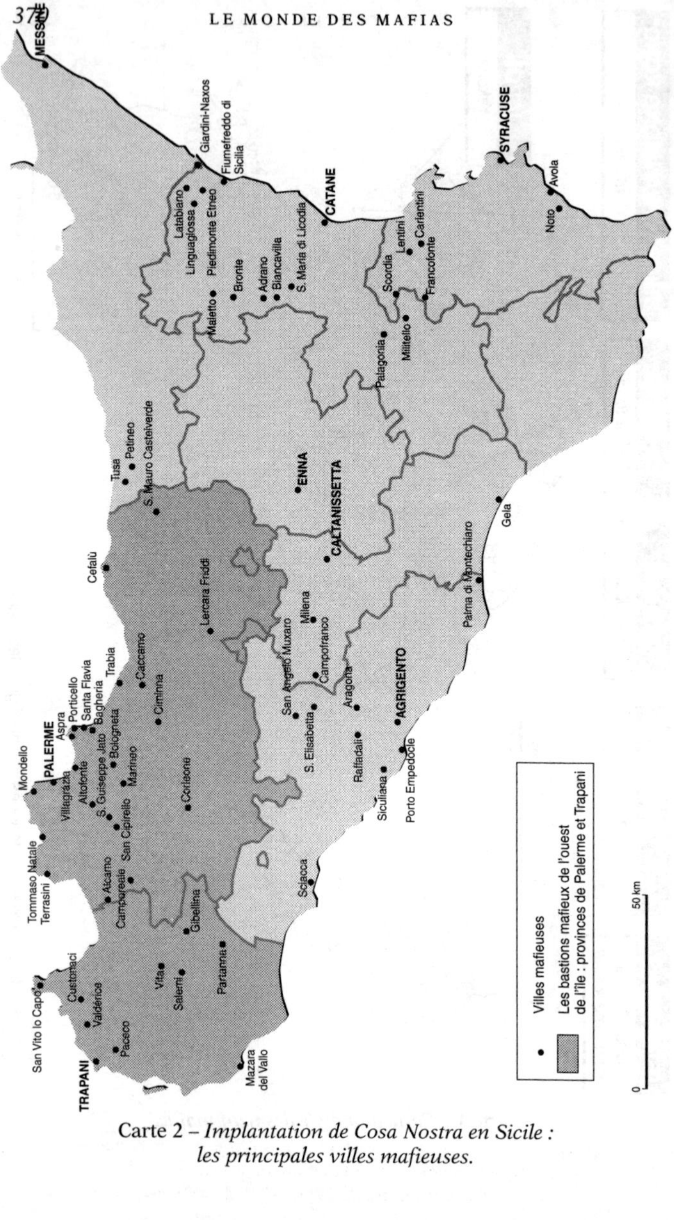

Carte 2 – *Implantation de Cosa Nostra en Sicile : les principales villes mafieuses.*

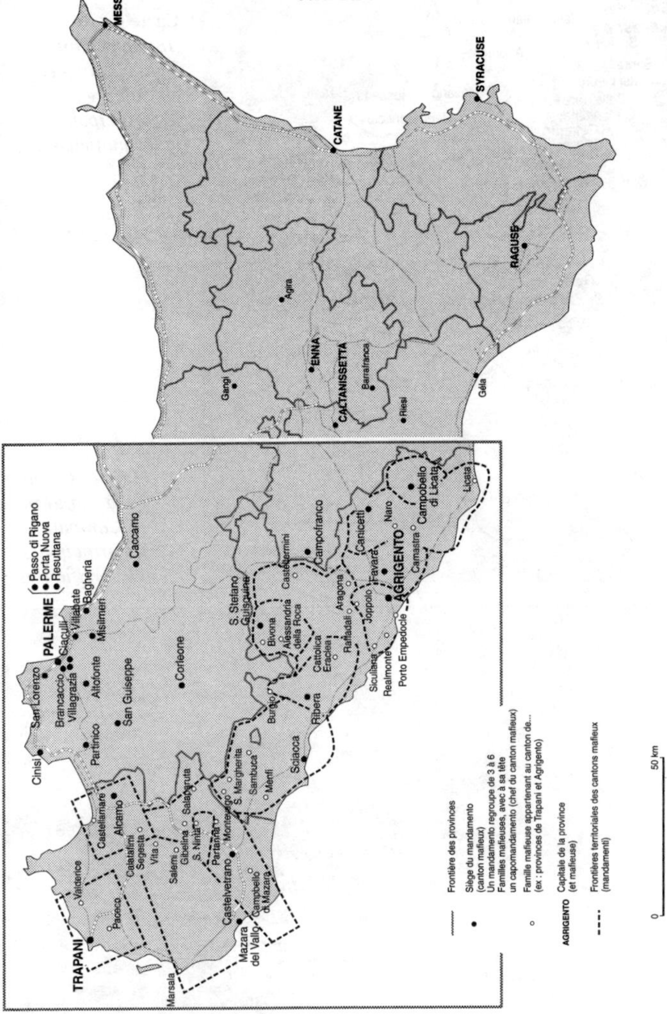

Carte 3 – *Les cantons mafieux (*mandamenti*) en Sicile ; un exemple « d'administration territoriale criminelle » : les cantons mafieux de Trapani et d'Agrigente.*

Carte 4 – *Implantation de la Ndrangheta en Calabre : les principales villes mafieuses.*

Carte 5 – *Implantation de la Camorra en Campanie : les principales villes mafieuses.*

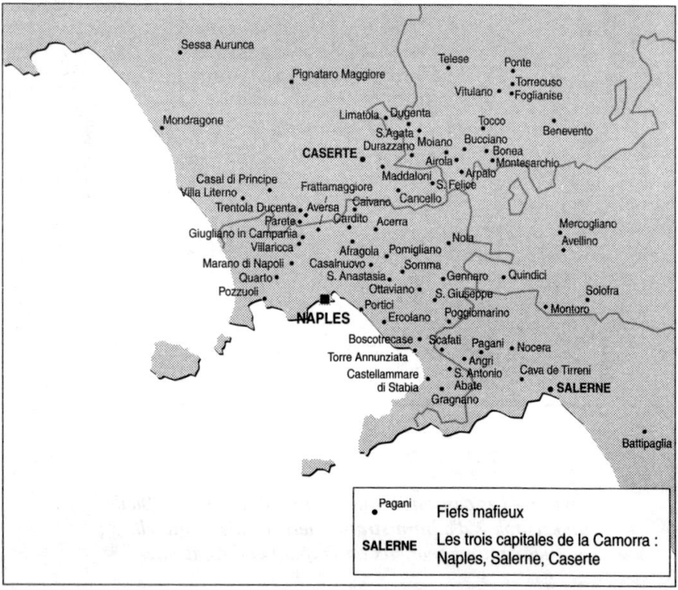

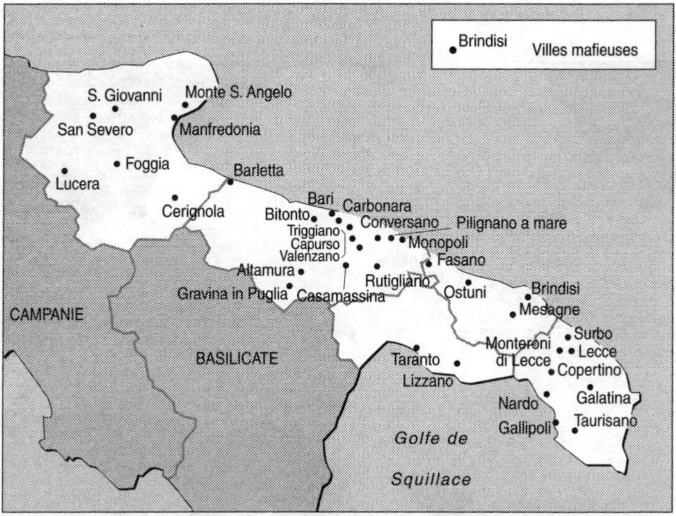

Carte 6 – *Implantation de la Sacra Corona Unita dans les Pouilles : les principales villes mafieuses.*

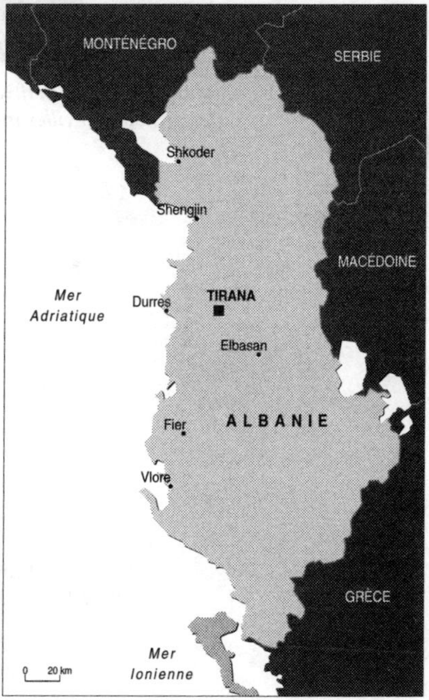

Carte 7 – *Implantation de la mafia albanaise en Albanie : les principales villes mafieuses.*

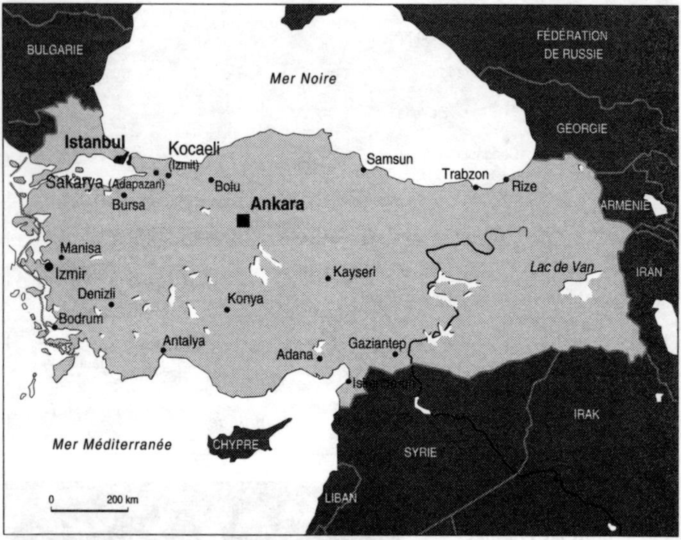

Carte 8 – *Implantation de la maffya turque en Turquie : les principales villes mafieuses.*

Carte 9 – *Implantation des Triades dans le bassin Pacifique et en Asie du Sud-Est.*

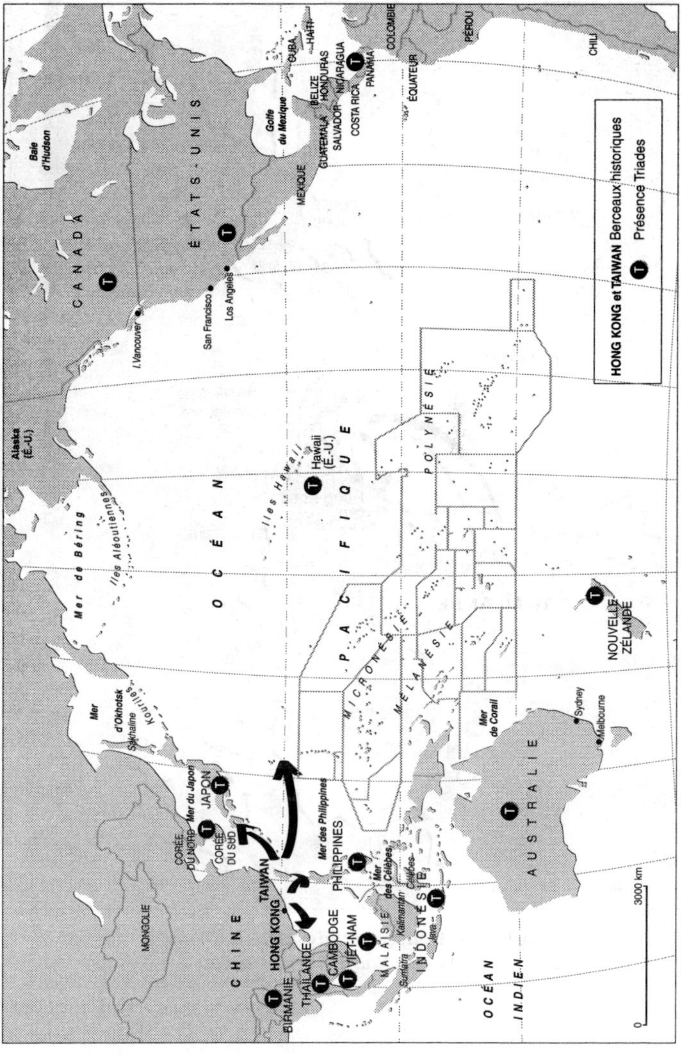
HONG KONG et TAIWAN Berceaux historiques
Présence Triades
CANADA
ÉTATS-UNIS
Baie d'Hudson
Alaska (É.-U.)
I. Vancouver
San Francisco
Los Angeles
Golfe du Mexique
MEXIQUE
CUBA
HAÏTI
BELIZE
HONDURAS
GUATEMALA
SALVADOR
NICARAGUA
COSTA RICA
PANAMA
COLOMBIE
ÉQUATEUR
PÉROU
CHILI
Mer de Béring
Îles Aléoutiennes
OCÉAN PACIFIQUE
Îles Hawaii
Hawaii (É.-U.)
POLYNÉSIE
MICRONÉSIE
MÉLANÉSIE
NOUVELLE ZÉLANDE
Mer de Corail
Sydney
Melbourne
AUSTRALIE
Mer d'Okhotsk
Sakhaline
Kouriles
Mer du Japon
JAPON
CORÉE DU NORD
CORÉE DU SUD
MONGOLIE
CHINE
TAIWAN
HONG KONG
BIRMANIE
THAÏLANDE
CAMBODGE
VIÊT-NAM
MALAISIE
PHILIPPINES
Mer des Philippines
Mer des Célèbes
Célèbes
Kalimantan
Sumatra
Java
INDONÉSIE
OCÉAN INDIEN
0
3000 km

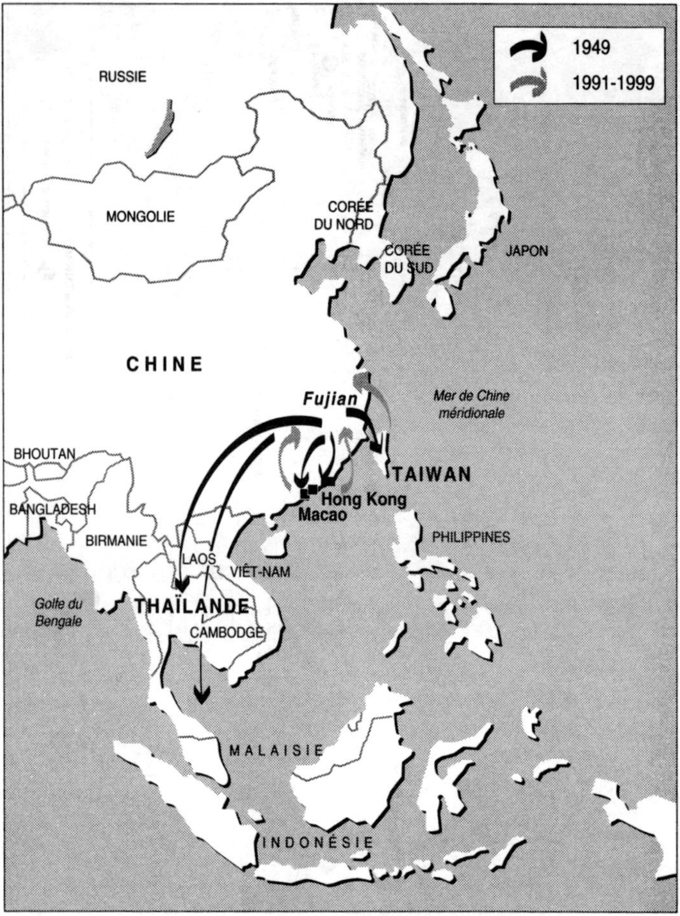

Carte 10 – *Mouvement historique des Triades en Asie du Sud-Est au XXe siècle.*

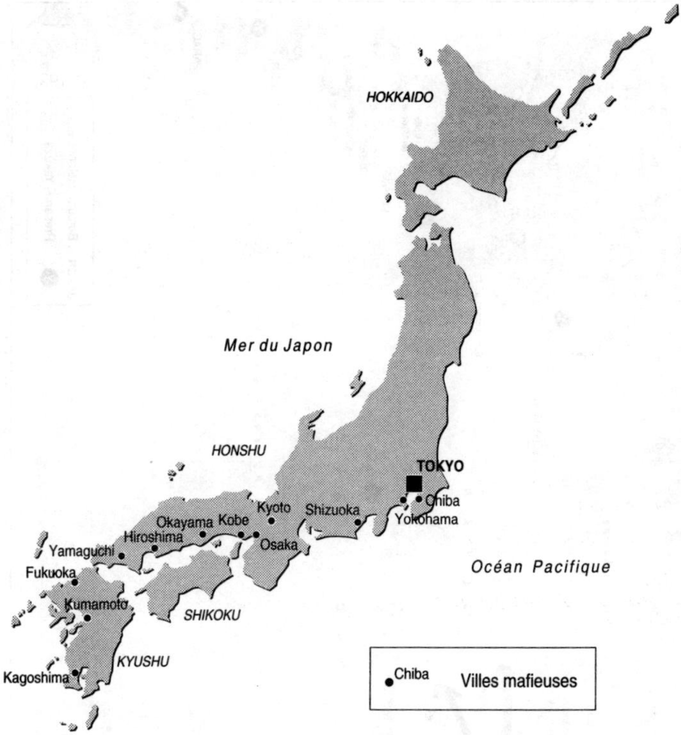

Carte 11 – *Implantation historique des yakuza au Japon : les principales villes mafieuses.*

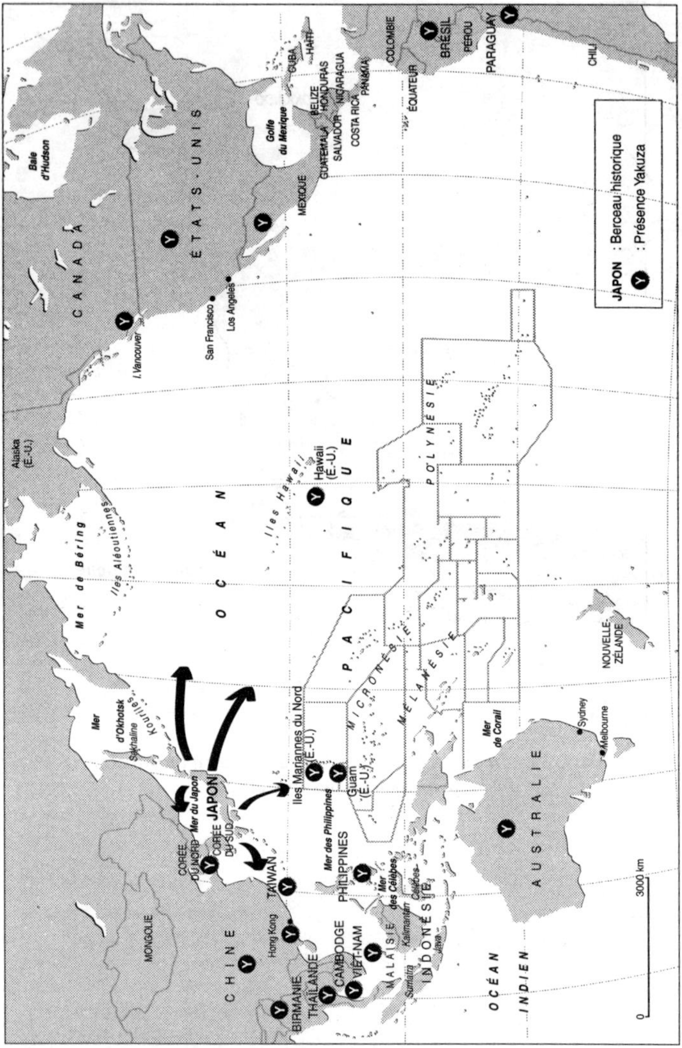

Carte 12 – *Implantation des yakuza dans le bassin Pacifique et en Asie du Sud-Est.*

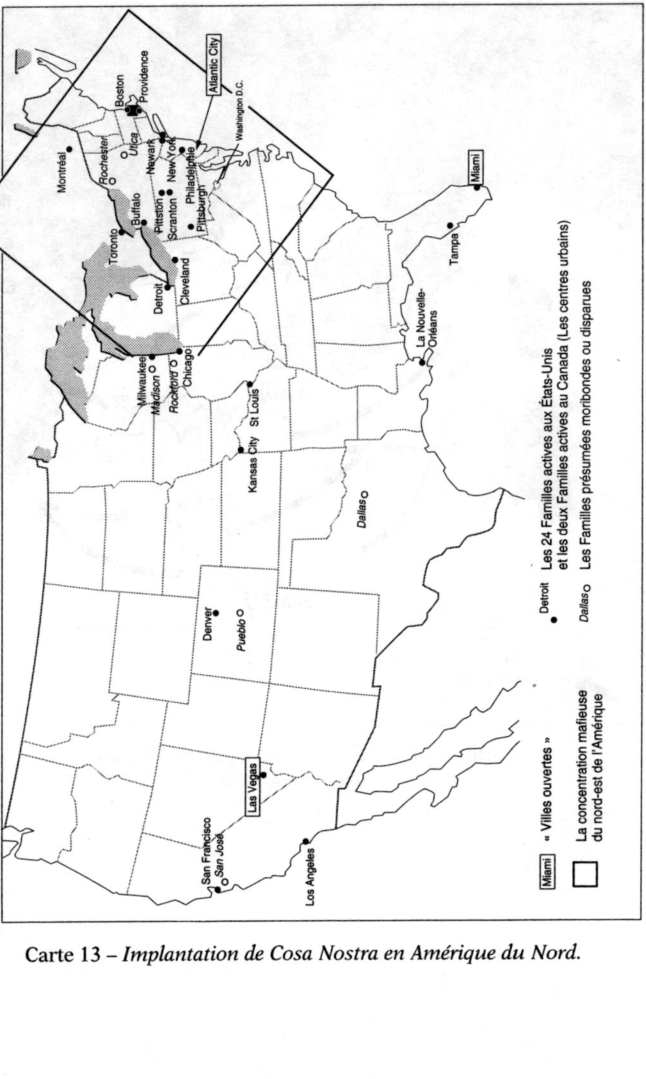

Carte 13 – *Implantation de Cosa Nostra en Amérique du Nord.*

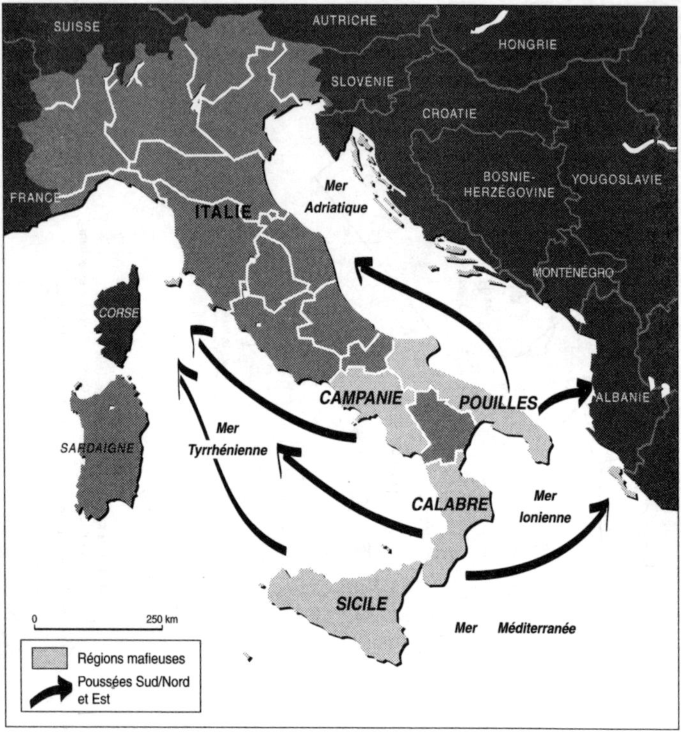

Carte 14 – *L'Italie, ses quatre régions mafieuses et leur poussée vers le nord et l'est.*

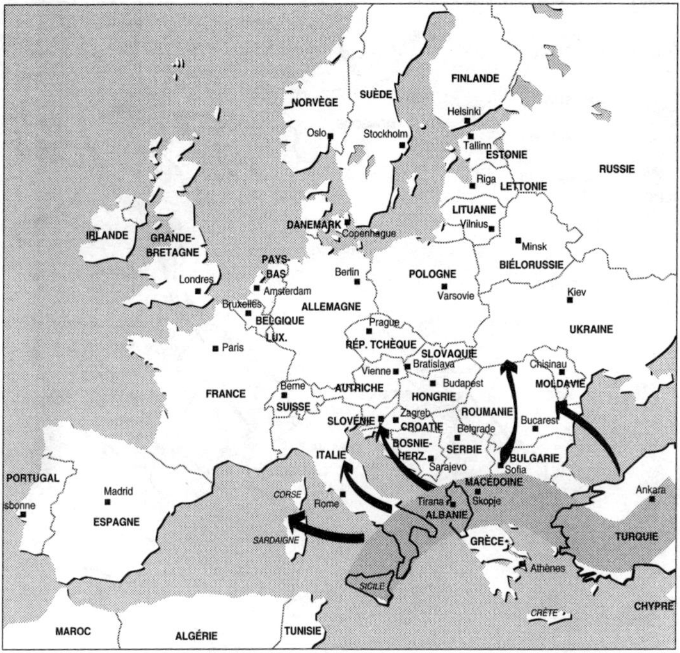

Carte 15 – *La poussée mafieuse sur le flanc sud de l'Europe.*

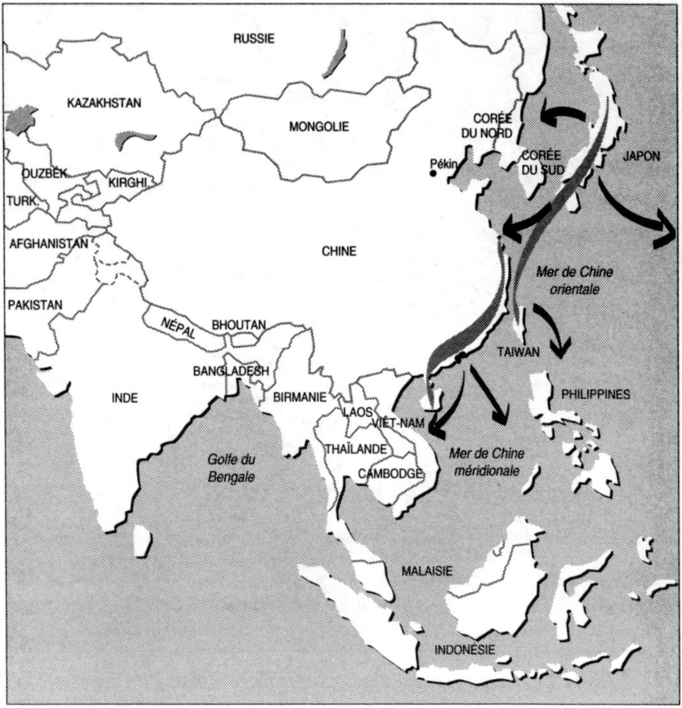

Carte 16 – *L'arc mafieux de l'Asie du Sud-Est.*

NOTES

PRÉAMBULE

1. Précision sémantique. Dans ce livre, les mots « mafia » et « famille » seront chacun utilisés dans deux sens différents qui seront expliqués précisément. Déjà, afin de faciliter la lecture, il convient d'en dévoiler les différences : a) *Mafia* avec une majuscule désigne les entités criminelles spécifiques connues en Sicile et aux États-Unis (nom propre) ; *mafia* sans majuscule est le terme générique servant à qualifier toutes les entités criminelles de niveau supérieur (nom commun) ; b) *famille* sans majuscule renvoie à la famille biologique et naturelle ; *Famille* avec une majuscule désigne l'unité de base d'une mafia.

INTRODUCTION

1. Odile Jacob, 2003.

2. La connaissance des mafias – objet de ce livre – est indissociable de l'étude de leur *répression.* À ce titre, voir Annexe 1 : La lutte antimafias.

3. « Comment Jean-Bertrand Aristide présidait au trafic de drogue en Haïti », Jean-Michel Caroit, *Le Monde,* 2 avril 2004 ; « Haïti, régime sous cocaïne », Jean-Pierre Perrin, *Libération*, 28 mars 2004.

4. Économiste britannique (1723-1790) auteur des *Recherches sur la nature et les causes de la richesse des nations* (1776).

5. « Italy and the eco-Mafia, how billions are made through dumping toxic waste with little public outcry », 27 mars 2003.

6. De 1958 à 1964, la mairie de Palerme est dirigée par Salvo Lima, chef de la Démocratie chrétienne de Sicile et représentant du courant de Giulio Andreotti. Il engage alors la « rénovation » de Palerme pour le plus

grand profit de Cosa Nostra. En 1964, un rapport du préfet de Palerme constatera que seuls 5 individus, des prête-noms en fait, ont obtenu 80 % des 4 000 permis de construire délivrés pendant cette période. Salvo Lima est assassiné par ses amis de Cosa Nostra en 1992.

7. Comme le montre le livre du député François d'Aubert, *Main basse sur l'Europe. Enquête sur les dérives de Bruxelles* (Plon, 1994), l'Europe et son argent ont depuis longtemps aiguisé les appétits des mafias italiennes.

8. Voir *infra*.

9. Xavier Raufer, « Du chaos au nomos, penser les menaces émergeantes », *Notes et études*, Département de recherches sur les menaces criminelles contemporaines, Institut de Criminologie de l'université Paris-II, 2003.

10. Au point de croire en voir là où il n'y en n'avait *plus* : en Irak au début du XXIe siècle.

11. Encore que le problème relève peut-être moins des médias dans leur essence moderne (technologie, concurrence exacerbée, etc.) que dans leur appartenance à de grands groupes capitalistes de « communication » dont les dirigeants ont une sensibilité, des intérêts et parfois même une proximité avec des acteurs criminels qui ne sont pas à sous-estimer.

PREMIÈRE PARTIE
La géopolitique, les mafias

1. Aymeric Chauprade, Michel Korinman, Yves Lacoste, Pascal Lorot, François Thual, etc.

Chapitre premier
LE CHAOS MONDIAL, NOUVEL OBJET D'ÉTUDE POUR LA GÉOPOLITIQUE

1. La géographie s'est peu intéressée aux mafias. On notera toutefois que le célèbre géographe Élisée Reclus (1830-1905) consacre quelques paragraphes à la Mafia dans le tome I de sa *Nouvelle Géographie universelle* (1875-1894, Hachette) : « C'est aussi dans Palerme et son district que les mœurs féroces de la guerre, de la piraterie, du brigandage se sont maintenues le plus longtemps. Les lois de l'*omertà*, "code des gens de cœur", font un devoir de la vengeance. *A chi ti toglie il pane, e tu toglili la vita !* (À qui te prend le pain, eh bien, toi, prends la vie !) tel est le principe fondamental du code ; mais, dans la pratique, la vengeance palermitaine n'a pas du tout la simplicité de la *vendetta corse*, elle se complique parfois d'atroces cruautés. D'après une statistique, peut-être exagérée, il n'y aurait pas moins de quatre à cinq mille Palermitains affiliés à la ligue secrète de la *maffia*, dont les membres s'engagent solidairement à vivre de tromperies, de fraudes et de vols de toute espèce. Encore en 1865, les brigands étaient à peu près les maîtres de la campagne environnante, jusque

dans les provinces limitrophes de Trapani et de Girgenti. Ils en vinrent même, pour ainsi dire, à faire le siège de Palerme et à la séparer de ses faubourgs ; aucun étranger n'osait quitter la capitale, de peur d'être assassiné ou capturé par les bandits ; aucun propriétaire n'allait récolter son blé, son raisin, ses olives, ni tondre son troupeau sans acheter un droit de passage aux malandrins. Dix ans se sont écoulés depuis cette époque, et, malgré toutes les mesures exceptionnelles de répression, l'association de la mafia, protégée par la complicité de la peur et par la haine de la police étrangère, s'est maintenue et fait peser la terreur sur ses ennemis. »

2. Sans compter un paradigme farfelu, que nous négligerons donc, mais qu'il faut citer puisqu'il émerge régulièrement. C'est le thème de la *conspiration étrangère* : un corps social sain contaminé par des forces extérieures.

3. Pour les citations suivantes : Pascal Lorot, *Histoire de la géopolitique*, Économica, 1995 ; Pascal Lorot et François Thual, *La Géopolitique*, Montchrestien, 1997 ; Aymeric Chauprade, *Géopolitique. Constantes et changements dans l'Histoire*, Ellipses, 2001 ; Thierry de Montbrial, *L'Action et le système du monde*, Presses universitaires de France, 2002.

4. Calmann-Lévy, 1962-1984.

5. *Paix et guerre entre les nations*, *op. cit.*

6. *Méthodes de la géopolitique*, Ellipses, 1996.

7. *Méthodes de la géopolitique*, *op. cit.*

8. Et nous verrons au fil du livre combien cette idée (géopolitique) du *dévoilement* est cruciale dans l'abord d'un sujet essentiellement invisible et occulté.

9. *Méthodes de la géopolitique*, *op. cit.*

10. « Le sens de l'espace a été, à chaque époque, déterminé par la représentation que les hommes se faisaient de leur habitat, par le style de mouvement et de combat sur terre et sur mer, par l'enjeu que les sociétés prêtaient à leur lutte » : *Paix et guerre entre les nations*, *op. cit.*

11. *Dictionnaire de géopolitique*, Flammarion, 1994.

12. Xavier Raufer, *Les Superpuissances du crime*, Plon, 1993.

13. Arléa, 2002.

14. Voir *infra* : Deuxième partie, chapitre IV.

15. Faction de Cosa Nostra qui en prend le contrôle durant les années 1980 ; voir *infra* : Deuxième partie, chapitre IV.

16. Elio Veltri et Marco Travaglio, *L'Odeur de l'argent. Les origines et les dessous de la fortune de Silvio Berlusconi*, Fayard, 2001.

17. Armand Colin, 1992.

18. Maier Suchowljansky, *alias* Meyer Lansky, est né en 1902 à Grodno, en Pologne. À partir des années1920, il fut le grand organisateur des affaires de Cosa Nostra aux côtés de Charles « Lucky » Luciano. Il meurt en 1983.

19. Salvatore Lucania, *alias* Charles « Lucky » Luciano, est né près de Palerme en Sicile en 1897. Il arrive aux États-Unis en 1906. Il connaît sa première arrestation en 1907. Il devient le chef du gang des *Five Points*

Gang. Avec Meyer Lansky, il devient dans les années 1920 un puissant trafiquant d'alcool. Il élimine successivement les deux principaux chefs de la mafia de l'époque : Guiseppe « Joe the *Boss* » Masseria, puis Salvatore Maranzano. La « vieille Mafia » disparue, Charles « Lucky » Luciano décide de transformer Cosa Nostra en entreprise moderne. Arrêté en 1936, il est libéré en 1946 pour les services rendus au pays (voir *infra* : Troisième partie) et expulsé vers l'Italie. Il y poursuit ses activités criminelles. Il meurt en 1962 d'une attaque cardiaque, à l'aéroport de Naples.

Chapitre II
LES MAFIAS, PUISSANCES DISCRÈTES ET OCCULTÉES

1. Voir *infra*.

2. Toutes choses égales par ailleurs, la sociologie criminelle française, à de rares exceptions près, s'est acharnée pendant 30 ans environ (1970-2000) à nier l'explosion criminelle en France. Avant de se réveiller à peine penaude !

3. Cité *in* Letizia Paoli, *Mafia Brotherhoods, Organized Crime, Italian Style,* Oxford University Press, 2003.

4. St Martin's Press, 1999.

5. On notera, à titre anecdotique (mais d'ailleurs, n'est-ce que cela ?), que Bill Bonanno, qui fut une figure marquante de l'histoire de Cosa Nostra américaine au XXe siècle, attribue la responsabilité de l'assassinat de John F. Kennedy à un groupe de *Boss* de Cosa Nostra (Carlos Marcello, *Boss* de La Nouvelle-Orléans, Santo Trafficante *Boss* de Tampa et Sam Giancana *Boss* de Chicago) qui semblaient avoir un fort contentieux avec le nouveau Président. Lequel ? D'une part l'échec du débarquement de « la baie des cochons » qui faisait disparaître définitivement tout espoir de retour à Cuba où les Familles avaient perdu leurs casinos depuis l'arrivée de Fidel Castro. D'autre part, et surtout, ces *Boss* ne comprenaient pas la nomination de Robert Kennedy, frère de John, au poste de ministre de la Justice alors que ce dernier était un adversaire déclaré et ancien de la Mafia, ce que les premières années de son action à la tête de son ministère allaient confirmer ; sa croisade antimafia était perçue comme une *trahison* : Joe Kennedy, le fondateur du clan, était un ami ancien de Cosa Nostra (la prohibition, Hollywood, etc.), et John venait de bénéficier de déplacements de voix lors de l'élection présidentielle de 1960 sans lesquelles il aurait perdu face à Nixon. Sur la proximité historique entre le clan Kennedy et Cosa Nostra : Seymour Hersh, *La Face cachée du clan Kennedy*, J'ai Lu, 1999.

6. Citons pour mémoire : Henner Heiss, Schneider et Schneider, Pino Arlacchi un temps, etc.

7. Voir encadrés, pages 41 et 42.

8. *Op. cit.*

9. *Petits Poèmes en prose (Le Spleen de Paris)*, Gallimard, « Poésie », 1973. Dans *Le Joueur généreux,* Baudelaire fait parler un prédicateur : « Mes chères frères, n'oubliez jamais, quand vous entendrez vanter le

progrès des lumières, que la plus belle des ruses du diable est de vous persuader qu'il n'existe pas. » Idée en fait empruntée aux scolastiques : *diabolum negare est diabolum credere.*

10. Plon, « Terre humaine », 1973. Publié en 1972 aux États-Unis sous le titre : *A Family Business.*

11. Ainsi, Pino Arlacchi dans un livre publié en 1983 : *Mafia et Cies. L'éthique mafiosa et l'esprit du capitalisme,* Presses universitaires de Grenoble, 1986. L'auteur changera d'opinion par la suite. Au demeurant, sur ses autres aspects, le livre est remarquable.

12. *Les Primitifs de la révolte dans l'Europe moderne,* Fayard, 1966.

13. Pino Arlacchi, *Buscetta : la Mafia par l'un des siens,* Éditions du Félin, 1996.

14. Sur le contenu et l'importance de ce témoignage : Norman Lewis, *The Honoured Society,* Eland, 2003 ; Salvatore Lupo, *Histoire de la mafia des origines à nos jours,* Flammarion, 1999.

15. *Time,* 29 mars 2004.

16. Voir à ce sujet : Xavier Raufer, « Une absurde lubie médiatique : le "dernier parrain" », *Nouvelles du MCC,* Département de recherche sur les Menaces criminelles contemporaines, Institut de criminologie de Paris-II.

17. Du moins dans le premier épisode de la trilogie tourné en 1972. Il en sera différemment pour les deux autres qui seront tournés plus tard.

18. Xavier Raufer et Stéphane Quéré, *La Mafia albanaise,* Éditions Favre, 2000.

19. La cécité des autorités britanniques de Hong Kong jusque dans les années 1970 s'explique peut-être en partie par la forte corruption régnant dans les rangs de sa police. Dans les années 1960, il semble que 35 % des policiers de Hong Kong sont aussi membres des Triades locales ! ; à ce sujet : Martin Booth, *The Dragon Syndicates,* Bantam Books, 1999.

20. *Le Monde,* 24 mai 2002.

21. *Libération,* 23 mai 2002.

22. Voir *infra* : Troisième partie, chapitre IX.

23. Après les attentats du 11 Septembre 2001, l'Amérique s'est livrée, comme à son habitude, à un vaste exercice d'introspection et d'autocritique sur le thème : « Pourquoi n'avons-nous rien vu ? » Dans ce cadre, le témoignage de John Ashcroft, ministre de la Justice au moment des faits, devant une Commission d'enquête du Congrès est très éclairant : « La simple vérité du 11 Septembre est que nous ne savions pas qu'une attaque allait se produire, car pendant près d'une décennie, notre gouvernement *n'a pas voulu voir nos ennemis.* » Cité *in* « John Ashcroft est accusé d'avoir sous-estimé la menace Al Qaida », Éric Leser, *Le Monde,* 15 avril 2004.

24. John E. Hoover est né le 1er janvier 1895 à Washington D. C. Il intègre le *Bureau* en 1921. Il en prend la direction en 1924 et le dirige sans discontinuer pendant 48 ans jusqu'en 1972, année de sa mort. Il sert ainsi 8 présidents des États-Unis. De son vivant, il devient un quasi-

pouvoir autonome inspirant une véritable crainte révérencielle à la classe politique américaine, y compris aux Présidents élus. Sur ce personnage central de l'histoire américaine : Anthony Summers, *Le Plus Grand Salaud d'Amérique. J. E. Hoover, patron du FBI*, Seuil, 1995 ; « Le FBI de John Edgar Hoover », André Kaspi, *in L'Histoire,* n° 54, mars 1983.

25. Cité par Anthony Summers, *Le Plus Grand Salaud d'Amérique, op. cit.* Par ailleurs, dans un pur ouvrage de propagande à la gloire du FBI (*Crime aux États-Unis*, Paris, Robeyr, 1939), John E. Edgar Hoover parvient à ne jamais mentionner l'existence de la Mafia/Cosa Nostra.

26. *The Mafia Encyclopedia*, Checkmark Books, 2e édition, 1999.

27. Le propos de John E. Hoover ne manque pas de culot. Car c'est bien là l'accusation que nombre de ses contemporains lui feront : d'avoir fait du FBI une véritable police politique.

28. En réalité, cette prise de conscience d'une « Mafia organisée à l'échelon national » aurait dû avoir lieu plus tôt. En effet, un autre « Apalachin » s'était déjà déroulé, 30 ans auparavant, sans qu'à l'époque l'événement ne provoque d'émoi particulier. Ainsi, le 5 décembre 1928, la police de Cleveland (Ohio) découvre-t-elle par hasard une concentration anormale de *Boss* de la Mafia installés à l'hôtel Statler de la ville. Officiellement réunis par l'*Union Sicilienne* (un faux nez de Cosa Nostra), 27 mafieux, tous siciliens, venant de tout le pays (Chicago, New York, Buffalo, Tampa, etc.) sont arrêtés. Parmi eux de grands noms de Cosa Nostra : Joe Profaci, Joe Magliocco, Vincent Mangano, etc. Les autorités politiques et judiciaires ne tirent alors aucun enseignement majeur d'une telle réunion. Ce fait divers est vite oublié, même en 1957 après Apalachin...

29. Aux États-Unis, le FBI dépend du ministère de la Justice.

30. Selon Anthony Summers (*Le Plus Grand Salaud d'Amérique, op. cit.*), John E. Hoover eut par exemple pour proches amis et « financiers » deux millionnaires dont les liens d'affaires avec Cosa Nostra étaient très importants : le magnat texan du pétrole Clint Murchinson (proche des *Boss* Carlos Marcello et Vito Genovese) et Lewis Solon Rosenstiel (proche du *Boss* Frank Costello et de Meyer Lansky).

31. Nombre de commentateurs et d'intellectuels américains ont complaisamment nié l'existence de la mafia et raillé les conclusions de la Commission Kefauver. Ainsi le célèbre sociologue Daniel Bell dans un ouvrage publié en 1960 et constamment réédité depuis, *The End of Ideology, On the Exhaustion of Political Ideas in the Fifties*, Harvard University Press.

32. Voir *infra* : Deuxième partie, chapitre IV.

33. Giuseppe Marrazzo, *Le Camorriste. Vie secrète du parrain de Naples*, Flammarion, 1985.

34. The Atlantic Monthly Press, New York, 1997 ; traduction française, Le Jardin des livres, 2001.

Chapitre III
UN NOUVEL ACTEUR GÉOPOLITIQUE, LES MAFIAS

1. Voir carte mondiale des neuf mafias, page 369.

2. Souvenons-nous à nouveau des trois décennies (1970-2000) au cours desquelles en France la réalité de l'explosion criminelle fut niée. Les mots « crime » et « criminalité » avaient quasi disparu au profit de notions vagues, molles et minimalistes comme « déviance » ou « délinquance ». Ce glissement sémantique avait pour but évident de relativiser la situation criminelle.

3. Plon, 1958 ; dernière édition : Perrin, 2002.

4. *Classes laborieuses et classes dangereuses*, *op. cit.*

5. Mal nommer une situation conduit inéluctablement à de dangereuses impasses pratiques. Les questions de sécurité n'échappent pas à ce risque. Les exemples ne manquent pas en la matière. La criminalité est fallacieusement qualifiée de « délinquance » ou de « déviance » ; le terrorisme d'origine salafiste est réduit au label magique « Al Qaida » ; la sécurité économique est affublée de l'étrange et confus néologisme d'« intelligence économique » ; etc. Au final, l'erreur sur le *mot* révèle une profonde incompréhension de la *chose*. L'erreur de diagnostic – se tromper de symptômes et donc de maladie – aboutit alors à choisir de mauvais remèdes au risque de laisser s'aggraver le mal...

6. Les Éditions de Minuit.

7. Gallimard, « Tel », 1967.

8. *Économie et société*, Plon/Pocket, 1971/1995.

9. *Paix et guerre entre les nations*, *op. cit.*

10. *Ibid.*

11. *Paix et guerre entre les nations*, *op. cit.*

DEUXIÈME PARTIE
Expansion des mafias : l'approche géopolitique

Chapitre IV
LE « G. 9 » DU CRIME ORGANISÉ

1. Voir carte de l'implantation de Cosa Nostra en Sicile : les principales villes mafieuses, page 370.

2. Cette intéressante précision fut fournie par le repenti Tommaso Buscetta, en 1984, pendant ses auditions par le juge Giovanni Falcone.

3. Le canton ou mandamento est un échelon important de la structuration de Cosa nostra et de sa capacité de contrôle territorial. Voir carte : Les cantons mafieux (mandamenti) en Sicile, page 371 ; et Annexe 3 : Les principaux fiefs et clans de Cosa Nostra en Sicile : les cantons mafieux (mandamenti) identifiés dans les provinces de Palerme, Agrigente, Trapani, Caltanissetta et Catane (en 2004).

4. Voir Alison Jamieson, *The Antimafia, Italy's Fight against Organized Crime*, MacMillan Press, 2000.

5. Voir *infra* : chapitre V.

6. Cité *in* Alison Jamieson, *The Antimafia, op. cit.*

7. Il n'est pas impossible par ailleurs que cette « stratégie de la tension » d'origine mafieuse ait aussi poursuivi un autre objectif, cette fois de type séparatiste. Cosa Nostra se serait entendue avec d'autres acteurs politiques italiens pour précipiter les aspirations sécessionnistes alors en vogue dans le nord de l'Italie. Cosa Nostra ne pouvait qu'être séduite par la disparition de l'État-nation. Une Europe de(s) régions faibles et subventionnées ne peut que faciliter ses affaires.

8. Les circonstances de son arrestation ont pu faire naître quelques doutes. Aurait-elle été *négociée* par l'État italien avec une faction moins violente de Cosa Nostra ? L'État arrêtait enfin une figure emblématique en fuite et soldait les comptes des attentats des années précédentes. Cosa Nostra de son côté pouvait tourner une page et revenir à une stratégie de dissimulation plus traditionnelle. Voir à ce sujet : Alison Jamieson, *The Antimafia, op. cit.*

9. Né à Palerme le 11 septembre 1941, Marcello Dell'Utri a commencé sa vie professionnelle comme employé de banque en Sicile.

10. C'est à partir de *Publitalia* que Marcello Dell'Utri créera de toutes pièces Forza Italia.

11. Né à Palerme le 18 août 1940, Vittorio Mangano appartient à la Famille de Porta Nuova (quartier de Palerme, la Famille d'origine du repenti Tommaso Buscetta). Il deviendra le chef de cette Famille. Il meurt de maladie en 2000. Tout au long de sa « carrière mafieuse », il est considéré comme le représentant à Milan de Cosa Nostra, d'abord de la faction de Salvatore Inzerillo (années 1970) puis des Corléonais de Toto Riina (années 1980). Il est un ami de longue date de l'un des principaux collaborateurs de Silvio Berlusconi, Marcello Dell'Uttri.

12. Elio Veltri et Marco Travaglio, *L'Odeur de l'argent, op. cit.*

13. En Allemagne, la présence de Cosa Nostra semble profonde. Ainsi, dans les seules régions de Basse-Saxe et de Rhénanie-Westphalie, 142 pizzerias et hôtels ont brûlé pour la seule année 1991. Le BKA (police criminelle fédérale) attribua ces attentats à Cosa Nostra.

14. La ville de Marbella a attiré les quatre mafias italiennes comme d'ailleurs des représentants de groupes criminels du monde entier : Russes, Colombiens, etc.

15. Toujours dans la région d'Agrigente, une autre organisation criminelle tente de concurrencer Cosa Nostra, les *Paracchi* (« parapluies » en italien). Le terme symbolise la fonction théorique du groupe consistant à assurer la protection de ses affiliés.

16. Voir l'implantation de la Ndrangheta en Calabre : les principales villes mafieuses, page 372; et Annexe 3 : La topographie mafieuse en Italie.

17. Voir encadré, page 81.

18. Voir carte : l'implantation de la Camorra en Campanie : les principales villes mafieuses, page 372 ; et Annexe 3 : La topographie mafieuse en Italie.

19. Voir *infra*, Troisième partie, chapitre VIII.

20. Voir *infra* : chapitre VI.

21. Tom Behan, *See Naples and Die, The Camorra and Organised Crime*, I. B. Tauris, 2002.

22. Tom Behan, *op. cit.*

23. Steve Pagani, « Camorra clans in control behind Naples facades », *Reuters*, 26 janvier 1999.

24. Si l'ensemble des Familles de la Camorra forme en effet un système plutôt horizontal et souple, cependant, chaque Famille camorriste adopte souvent un modèle interne d'organisation de type pyramidal afin d'assurer une discipline stricte de ses membres.

25. En 1993, le président de la Commission antimafia du Parlement italien, Luciano Violante, donnait comme estimation : 111 clans, 6 700 membres établis dans 549 villes et villages de Campanie. La *Direzione Investigativa Antimafia* donne les chiffres suivants pour les années postérieures : 7 200 en 1995, 7 541 en 1996 et 6 700 en 1997. Voir Annexe 3 : les principaux fiefs et clans de la Camorra en Italie.

26. Voir : l'implantation de la Sacra Corona Unita dans les Pouilles : les principales villes mafieuses, page 373 ; et Annexe 3 : La topographie mafieuse en Italie.

27. Le nom de cette entité criminelle comporte une claire référence religieuse. La « couronne » (sacrée et unifiée) symbolise le rosaire, c'est-à-dire le grand chapelet composé de 15 dizaines de petits grains.

28. Voir : l'implantation de la mafia albanaise en Albanie : les principales villes mafieuses, page 373.

29. La mafia albanaise a globalement un tropisme criminel avec toutes les mafias d'origine italienne. On retrouve ainsi cette proximité avec Cosa Nostra des États-Unis. Que l'on en juge par ce détail très révélateur. John Gotti, *Boss* de la Famille Gambino de New York, avait pour garde du corps et homme de main un Albanais : Zef Mustafa. Un privilège qui en dit long sur la confiance accordée à cette communauté.

30. Commission des Communautés européennes, *Albanie*, Bruxelles, rapport du 26 mars 2003. Dans un rapport consacré à l'Albanie publié en 2004, l'Union européenne confirme ses craintes : « La situation en Albanie, qui reste un important pays de passage des stupéfiants, est inquiétante » ; voir « Pressée par l'Europe, Tirana renforce sa lutte contre le trafic de la drogue », AFP, 6 mai 2004.

31. « Corruption et crime organisé en Albanie : inquiétude du Conseil de l'Europe », AFP, 29 avril 2004.

32. « Le crime organisé est un danger pour la démocratie albanaise », AFP, 19 novembre 2003.

33. « La vie politique en Albanie infiltrée par le crime organisé », AFP, 1er novembre 2004.

34. « Albanian gangs corner Britain's sex trade », *The Times of London*, 7 juin 2002 ; « Albanian organised crime dominates prostitution in Soho », *The Economist*, 21 juin 2001 ; « Le royaume albanais du sexe à Londres », Muhamed Veliu, *Gazeta Shqiptare*, 12 février 2004.

35. « Le gang d'Albanais écumait l'Europe du Nord », Jean Chichizola, *Le Figaro*, 17 octobre 2002 ; « Comment les flics belges ont démentelé la mafia albanaise », Antoine Dreyfus, *VSD*, 22/28, mai 2003 ; « Europe, comment s'implante la mafia albanaise », François Farcy, *Notes MCC d'alerte*, Institut de Criminologie de Paris-université Paris-II, février 2003. Pour son ampleur et son exemplarité, l'opération « Kanun » a fait l'objet d'une présentation complète à Europol en juin 2002.

36. Voir : l'implantation de la maffya turque en Turquie : les principales villes mafieuses, page 374 ; et Annexe 4 : La maffya turque : les générations de Baba, les villes mafieuses.

37. « La mafia turque brasse quelque 60 milliards de dollars, selon une enquête », AFP, 7 juin 2004.

38. Bekir Celenk fut mêlé à la tentative d'assassinat du pape Jean-Paul II survenue le 13 mai 1982. Il est soupçonné d'avoir organisé la fuite à l'étranger de l'auteur de l'attentat, Mehmet Ali Agca.

39. Voir « Traffic Monster », Hakan Aslaneli et Zafer F. Yörük, *Turkish Daily News*, 6 novembre 1996 ; « Le ministre de l'Intérieur turc a dû démissionner », Nicole Pope, *Le Monde*, 10 novembre 1996 ; « Yilmaz : There is a special unit... », Zafer F. Yörük, *Turkish Daily News*, 23 novembre 1996 ; « Two sides of the coin », Güneri Civaoglu, *Turkish Daily News*, 25 novembre 1996 ; « Les connexions mafieuses de Tançu Ciller », *Aydinlik* in *Courrier International*, 5 décembre 1996 ; « Mafia-state links come under scrutinity », *Turkish Daily News*, 13 décembre 1996 ; « State brings gangs to light », Hakan Aslaneli, *Turkish Daily News*, 18 décembre 1996 ; « Money adds new dimension to Susurluk puzzle », Akif Beki, *Turkish Daily News*, 29 janvier 1998 ; Thierry Cretin, *Mafias du monde*, Collec. Criminalité internationale, Presses universitaires de France, 2002 ; Xavier Raufer, *Le Grand Réveil des mafias*, *op. cit.*

40. Abdallah Catli était très proche, lui aussi, d'Ali Agca.

41. Premier ministre de mai 1993 à décembre 1995, DYP ou parti de la juste voie.

42. Premier ministre de juillet 1997 à novembre 1998, ANAP ou parti de la patrie.

43. Ce personnage central de la maffya turque fut interpellé en France, à Nice, le 17 août 1998 en application d'un mandat d'arrêt international émis par la Turquie pour des tentatives d'assassinat. Il était en possession de vrais passeports, dont un diplomatique, avec de fausses identités. Alaatin Cakici est extradé vers la Turquie en décembre 1999. Placé en détention en Turquie, il est libéré début 2004. Il est à nouveau interpellé, cette fois en Autriche, en juillet 2004 pour être de nouveau extradé. Reste une question : que venait-il *réellement* faire en France ?

44. *Turkish Daily News*, « I am not a godfather », 15 septembre 1999.

45. Le NCIS est le service britannique de centralisation et d'analyse du renseignement criminel.

46. « Police raids aim to smash Turkish mafia », *The Guardian*, 23 janvier 2003 ; « 550 police join blitz on family's crime empire », *Daily Mail*, 23 janvier 2003.

47. Voir : l'implantation des Triades dans le bassin Pacifique et en Asie du Sud-Est, page 374 ; et : Le mouvement historique des Triades en Asie du Sud-Est au XXe siècle.

48. Voir *infra*, Troisième partie, chapitre VIII.

49. Hong Kong, 1900 ; sur les soulèvements des Triades, voir aussi : Martin Booth, *The Dragon Syndicates, op. cit.*

50. Si cette révolte fut souvent abusivement qualifiée de « rébellion Triade », il n'en demeure pas moins que nombre de ses protagonistes furent des initiés de la « Société noire ». Voir *infra*, chapitre VI.

51. Les Boxers ou Boxeurs forment une société secrète qui, à partir de 1895, anime un mouvement anti-occidental en Chine. Ce mouvement culmine en 1900 avec une révolte menaçant les légations européennes de Pékin. Une intervention internationale sous commandement allemand a raison des révoltés. Les Boxers pratiquaient une boxe sacrée.

52. Voir *infra*, chapitre VI ; également : Martin Booth, *The Dragon Syndicates, op. cit.*

53. Voir à ce titre : *International Crime Threat Assessment*, décembre 2000.

54. Voir Troisième partie, chapitre VIII.

55. Sur l'utilisation de la numérologie par les Triades, voir Martin Booth, *The Dragon Syndicates, op. cit.*

56. Voir : l'implantation des yakuzas au Japon : les principales villes mafieuses, page 377 ; et : l'implantation des yakuza dans le bassin Pacifique et en Asie du Sud-Est.

57. Le terme *boryokudan* est parfois utilisé, mais de façon inappropriée, pour parler des yakuza ; le terme *boryokudan* est en fait plus large puisqu'il signifie *groupes violents*.

58. Voir *infra*, chapitre VII. Les Japonais ont d'ailleurs une expression très évocatrice pour désigner les entreprises appartenant aux yakuza : *les entreprises frères de sang* (*kigyô shatei*).

59. Voir encadré, page 105.

60. Interview de Tokutaro Takayama *in Le Monde*, 7 octobre 1994.

61. *International Crime Threat Assessment, op. cit.*

62. Voir carte page 379, l'implantation de Cosa Nostra en Amérique du Nord : les principales villes mafieuses.

63. Longtemps, les agences fédérales américaines ont labellisé Cosa Nostra sous le vocable italien de *La Cosa Nostra* (LCN).

64. Lire à ce propos les mémoires de Joe Bonanno, *Bound by Honor, op. cit.*

65. Sans tomber dans des comparaisons faciles, on notera que la « coopération judiciaire mafieuse » a historiquement précédé celle des États.

66. Par ailleurs, il est établi que, dès l'entre-deux-guerres, Cosa Nostra américaine avait suffisamment de poids pour se transformer en juge de paix quand les Familles de Palerme se querellaient. Que l'on en juge ! Un obscure et profond désaccord survient dans le cadre du développement du port de Palerme. Trois missions distinctes des « enfants » de New York, Chicago et Kansas City tentent une conciliation (en vain dans cet épisode) : Norman Lewis, *The Honoured Society, op. cit.*

67. Le premier repenti de Cosa Nostra américaine fut Joe Valachi, dans les années 1960, qui n'était qu'un modeste soldat de la Famille Genovese de New York.

68. Voir encadré, page 109.

69. Dans un système *biologique* comme celui des mafias, une série d'arrestations n'équivaut pas forcément à la mort, mais peut constituer un simple incident de parcours : sur ce sujet, voir *infra*.

70. En anglais : « équipement, attirail ».

71. « Mob Want You », *New York Daily News*, 8 février 2004.

72. Voir encadré, page 109.

73. Au début du XXe siècle, les 5 Familles de New York portaient le nom de la ville d'Italie dont la plupart de leurs membres provenaient (Villabate, Castellammarese, etc.). Puis ces Familles ont diversifié leur recrutement régional et, dès les années 1920-1930, il devint habituel de les désigner par le nom de leur *Boss* (Profaci, etc.). Les noms actuels des Familles se sont fixés à partir des années 1960.

74. Dans les années 1970-1980, cette redoutable Famille mafieuse ne comptait pourtant que 60 membres et environ 200 associés ; voir sur l'histoire récente de cette Famille : George Anastasia, *Blood and Honor*, Camino Books, 2004.

75. Cette Famille avait apparemment échappé à la vigilance de la plupart des observateurs de la « chose mafieuse » aux États-Unis. Elle apparaît aujourd'hui dans l'actualité avec comme *Boss* présumé Billy D'Elia. Il est probable que cette Famille soit née dans les années 1960-1970, après avoir été longtemps vassalisée par la Famille de Buffalo toute proche ; voir : « Billy's Back in Town. An out-of-town mob honcho meets with the Philly don », *City Beat*, 4-10 mars 2004.

76. Voir encadré, page 114.

77. *United Press International*, San Diego, 25 octobre 2001.

78. « Gambinos in § 200 million phone-sex rip-off : feds », *New York Post* et *New York Daily News*, 11 février 2004 ; « Prosecutors say mob phone scheme netted § 200 million », Associated Press, 10 février 2004 ; « How Tele-Savvy Wiseguys Bought a Midwest Phone Company "Mob Bell" », *Village Voice*, 25 février-2 mars 2004 ; « John Gotti's Crew Makes a High-Tech Killing "Cyber-Age Goodfellas" », *Village Voice*, 18/24 février 2004 ; « Mafia Adult Hosting Operation Indicted », *Web Host Industry*

Review, 11 mars 2004 ; « Mafia Scam Estimated at 750 Millions », *Web Host Industry Review*, 19 avril 2004 ;

79. Sur ce personnage : Michele McPhee, *Mob Over Miami*, Onyx Book, 2002.

80. Sur ce procès, voir en particulier les articles du *Philadelphia Inquirer* et du *Star-Ledger* de février et mars 2004, dont « Rapper refuses to be source in inquiry » (*Philadelphia Inquirer*).

81. On notera que la signification de *Ram Squad* classe sans conteste ce groupe musical dans la catégorie du *gangsta rap*. Ce nom provient en effet d'un gang : *Richard Allen Mob* (RAM), une bande de trafiquants de drogue du nord de Philadelphie sous enquête fédérale depuis la fin des années 1990. Étrange référence...

82. Les exemples de films produits par Cosa Nostra ne sont pas aussi rares que l'on peut l'imaginer. Ainsi, le film *Narc*, réalisé par Joe Carnahan (*Paramount Pictures*, 2003*)*, avec pour principal acteur Ray Liota, est-il produit par Julius R. Nasso, un associé de la Famille Gambino de New York. Avec son frère Vincent, Julius R. Nasso produit notamment des films d'action de la vedette hollywodienne Steven Seagal.

83. James Caan fait partie de ces vedettes du *star system* américain ne cachant pas leur proximité avec Cosa Nostra. Un étonnant article du très chic magazine *Cigar Aficionado* (« The ultimate Caan », février 2004) dresse un portrait admiratif de l'acteur. On découvre d'abord une jeunesse passée dans le Bronx (New York) au contact des dures réalités de la rue qui apprend à James Caan à détester les mouchards (*rat* en anglais) et à fréquenter, déjà, les vrais voyous. Quand James Caan connaît des soucis d'argent et de drogue, ses *amis* de New York l'aident : en particulier Andrew Russo, un mafieux connu, cousin du non moins célèbre *Boss* Carmine « The Snake » Persico. Une amitié de 30 ans lie James Caan à Andrew Russo (Famille Colombo). Pour James Caan, Andrew Russo est seulement un homme d'affaires dans la construction ou les ordures (!) mais certainement pas impliqué dans des actes de violence (!). Parmi les autres *amis* du comédien, Meyer Lansky qui suivait le tournage du *Parrain* (1972, Francis Ford Coppola) dans lequel James Caan interprétait le rôle du mafieux Santino « Sonny » Corleone. Fidèle, James Caan assiste aux procès de ses *amis* en difficulté : celui d'Andrew Russo en 1986 pour racket ou celui de Ronald Lorenzo, lié à la Famille Bonanno, en 1999. Et quand la journaliste Betsy Model lui demande de s'expliquer, James Caan parle de « loyauté » et d'« amitié ». Betsy Model achève son article par une curieuse remarque. Elle note ainsi que, *malgré* sa réputation d'association avec des mafieux (et ses origines juives et allemandes), James Caan a reçu à deux reprises le prix de « l'Italien de l'année » décerné par l'*Association des hommes d'affaires italo-américains de New York*. Peut-être la journaliste aurait-elle dû écrire : *à cause* de ses relations mafieuses ? ! Comme quoi, Cosa Nostra, c'est *glamour*...

84. *But he was Good to his Mother. The Lives and Crimes of Jewish Gangsters*, Gefen publishing, 1993.

85. Par exemple : Rich Cohen, *Yiddish Connection*, Denoël, 2000.

86. Sur Alvin Malnik, voir Xavier Raufer, *Le Grand Réveil des mafias*, *op. cit.* Également : « Jackson music empire saved by § 91 m bail-out », *Canberra Times*, 19 janvier 2004 ; « Firm linked to reputed mob figure got loans », *The Oregonian*, 24 juin 2000 ; « Obituary : Vincent Alo, partner of Meyer Lansky », *The Miami Herald*, 13 mars 2001 ; « Atlanta Strip Club Scandal Marks Return of "Our Gang" », *Forward*, 29 juin 2001 : *Forward* est une importante revue juive américaine ; « Mob said behind bill », *AP* ; « Unmade Man », *New York Magazine*, 17 avril 2000 ; « Club Owner Says He'll Make § 3 Million Bail », *The Palm Beach Post*, 16 décembre 1999 ; « Title Loan Reform Unlikely In Current Session », *The Palm Beach Post*, 30 avril 1999 ; « Meyer Lansky's Lawyer Now Title Loan King », *The Palm Beach Post*, 5 mars 1999 ; « Malnik Owns Some Of Reserve's Most Valuable Land », *The Palm Beach Post*, 5 mars 1999 ; « Feeding Frenzy », *The Orlando Sentinel*, 1er avril 1999 ; *Of Rats and Men*, John L. Smith, Huntington Press, 2003.

87. Voir *supra*.

Chapitre V
LES ÉPICENTRES MAFIEUX

1. Voir Annexe 3 : La topographie mafieuse en Italie.

2. Voir Annexe 3 : La topographie mafieuse en Italie.

3. Voir Annexe 3 : La topographie mafieuse en Italie.

4. Ainsi, en Sicile, en Calabre et en Campanie, la géographie et l'histoire économiques mettent à mal la thèse d'un « phénomène mafieux, fruit du sous-développement ».

5. Voir Annexe 3 : La topographie mafieuse en Italie.

6. Voir Annexe 4 : La Maffya turque : les générations de Baba, les villes mafieuses.

7. Voir encadré : Les Familles de Cosa Nostra en Amérique du Nord, page 109.

8. Voir encadré : Les 25 principales fédérations de yakuza. Leur siège (villes), page 105.

9. Philippe Pons, *Misère et crime au Japon*, Gallimard, 1999.

10. Concept emprunté à : Xavier Raufer et Stéphane Quéré, *Le Crime organisé*, PUF, « Que Sais-Je ? », 2000-2001-2003.

11. Voir cartes : L'Italie, ses quatre régions mafieuses, la poussée vers le Nord, page 380 ; et : La poussée mafieuse sur le flanc sud de l'Europe.

12. Voir carte : L'arc mafieux de l'Asie du Sud-Est, page 382.

13. Une analyse identique aurait pu être menée sur la présence des autres mafias en France (albanaise, turque, chinoise, etc.).

14. Dans les années 1960-1970, le banditisme corse de la région de Marseille domine le trafic international de l'héroïne entre l'Asie et l'Amérique du Nord avec l'aide des Siciliens. Ce réseau est démentelé au début des années 1970 sous la pression des autorités américaines.

15. Sur le banditisme corse et son action au contact des mafias italiennes : Jacques Follorou et Vincent Nouzille, *Les Parrains corses*, Fayard, 2004. Par ailleurs, soulignons que le banditisme corse a aussi noué des contacts avec les Triades, dès les années 1920-1930, dans le cadre du trafic des stupéfiants.

16. Voir *infra* chapitre VI.

17. *Rapport de la commission d'enquête sur les moyens de lutter contre les tentatives de pénétration de la Mafia en France,* président M. François d'Aubert, rapporteur Bertrand Gallet, publié au *Journal officiel* du 28 janvier 1993.

18. *Rapport de la commission d'enquête, op. cit.*

Chapitre VI
L'EXPANSION MONDIALE, LES VOIES ET LES MOYENS

1. Voir *supra,* Première partie, chapitre II.

2. Voir chapitre IV.

3. Il faut croire que la collaboration avec le FBI est une habitude dans la famille Scarpa. À l'été 1964, John E. Hoover expédie Gregory Scarpa, chef d'équipe dans la Famille Colombo et informateur du FBI, dans le Mississippi pour y infiltrer le Ku Klux Klan. Scarpa utilise des méthodes mafieuses (enlever et torturer des klanistes) pour découvrir la sépulture de 3 trois militants des droits civiques assassinés par le Klan (sur cet épisode : Xavier Raufer, *Le Grand Réveil des mafias, op. cit.*). On se souvient qu'à l'époque Hoover niait pourtant l'existence de la Mafia !

4. Bill Bonanno, *Bound by Honor, op. cit.*

5. Cosa Nostra interprétant probablement ici son rôle classique de « pompier-incendiaire », afin de se rendre indispensable.

6. Cité *in* Alison Jamieson, *The Antimafia, op. cit.*

7. Au même moment, les Américains nouent aussi de dangereuses relations avec les Triades afin de contrer les Japonais en Asie. Le général Tai li, chef des services secrets du KMT (*Bureau Militaire d'Enquêtes et de Statistiques*) et membre des Triades, présente « Mister Du », chef de *La Bande Verte*, à Milton Davies, chef des opérations de l'*OSS* en Chine. À ce sujet, voir Martin Booth, *The Dragon Syndicates, op. cit.*

À partir de la même époque, les Américains (et les Britanniques) vont également commencer à jouer les apprentis sorciers avec les mouvements fondamentalistes sunnites, au nom de la lutte contre le communisme et de la sécurité énergétique (pétrole). L'apothéose en sera l'alliance avec le régime saoudien puis l'aide active aux islamistes les plus radicaux en Afghanistan (contre les Soviétiques) et ailleurs (Bosnie, Kosovo, etc.). Il faudra les attentats du 11 Septembre 2001 pour que cette politique myope fasse l'objet d'un début de révision.

8. Extraits du mémorandum du capitaine américain W. E. Scotten, le 19 octobre 1943 : cité *in* Paolo Pezzino, *Les Mafias*, Casterman, 1999.

9. AFP, 27 janvier 1995.

10. Pino Arlacchi, *Buscetta : La Mafia par l'un des siens, op. cit.*

11. *Un juge en Italie,* Éditions de Fallois, 2000.

12. *The Antimafia, op. cit.*

13. Bill Bonanno, *Bound by Honor, op. cit.*

14. Cité *in* Alison Jamieson, *The Antimafia, op. cit.*

15. Épisode raconté par André Malraux dans *La Condition humaine,* 1933.

16. Sa date de naissance est incertaine : 1887 ou 1888.

17. En 1911, Chiang Kai-shek commande la 83e brigade de l'armée nationaliste dont les 3 000 soldats appartiennent tous à la *La Bande Verte.*

18. Sur cette période, voir notamment : Frederic Wakeman Jr, *The Shanghai Badlands,* Cambridge University Press, 1996.

19. Frederic Wakeman Jr, *The Shanghai Badlands, op. cit.*

20. Voir *infra* : L'exil des perdants et des fuyards.

21. *The Triad Society, op. cit.*

22. Voir *supra.*

23. Voir *infra.*

24. « Undercover operation busts mafia family », *The Guardian,* 6 décembre 2001.

25. « Opération antimafia : arrestation du chef d'une des 5 familles new-yorkaises », *AFP,* 22 janvier 2002.

26. United States General Accounting Office (GAO), *FBI Transformation. FBI Continues to Make Progress in Its Efforts to Transform and Address Priorities,* GAO-04-578T, 23 mars 2004.

27. Tableau reconstitué à partir des données chiffrées du rapport du Congrès ci-dessus cité.

28. Chiffres cités *in* Alison Jamieson, *The Antimafia, op. cit.*

29. Se référer spécifiquement à *South Africa Press Association* (*SAPA*) et *Africa News Service* entre 1998 et 2002. Également : « South Africa : did Palazzolo blackmail Pik ? », *Mail and Guardian,* 9 octobre 1998 ; « South Africa : Red tape keeps mafia man safe », *Mail and Guardian,* 16 octobre 1998 ; « South Africa : The real Thabo Mbeki. The flawed visionary of new Africa », David Beresford, *Reuters,* 5 novembre 1998 ; « South Africa/Italy. Men of honor », *Africa Confidential,* 5 février 1999 ; « South Africa : Time to clean out the Augean stables », *Mail and Guardian,* 12 février 1999 ; « South Africa : Mandela's exit poll haunted by Mafia capo », David Beresford, *The Observer,* 30 mai 1999.

30. L'extradition n'aura pas lieu. Iovine retournera libre au Portugal où il sera assassiné en 1991.

31. Extradé en Italie, il est condamné pour « association de malfaiteurs » et incarcéré. Sorti de prison, il reprend ses activités criminelles (trafic de drogue, paris clandestins et racket). Il est à nouveau arrêté, en France, à la demande des autorités italiennes, le 16 décembre 2004 en région parisienne (parc de loisirs EuroDisney) : curieusement, Vincenzo Mazzarella était alors en compagnie de trois personnes n'appartenant pas à l'Union européenne dont l'un était en possession d'un passeport diplomatique sénégalais.

32. Alison Jamieson, *The Antimafia, op. cit.*

33. Voir chapitre V.

34. Cette Famille va en profiter pour bâtir un véritable empire financier au Venezuela, dans les Caraïbes puis au Canada. En bénéficiant au Venezuela de la protection du président Carlos Andres Perez. Il sera ainsi témoin au mariage du fils de Pasquale Cuntrera.

35. Loi n° 256 du 24 juillet 1993.

36. Central Intelligence Agency, Federal Bureau of Investigation, Drug Enforcement, US Customs Service, US Secret Service, Financial Crimes Enforcement Network, National Drug Intelligence Center, the Departments of State, the Treasury, Justice, Transportation, the Office of National Drug Control Policy, the National Security Council.

37. *Économie et société, op. cit.*

38. Pino Arlacchi, *Les Hommes du déshonneur*, Albin Michel, 1992.

39. Peter Maas, *Le Repenti*, Presses de la Cité, 1997.

40. *Ibid.*

41. « Les groupes Cirio et Parmalat étaient en affaires avec la Camorra », *AFP*, 2 mars 2004.

42. Le groupe Parmalat (36 000 salariés dans le monde) sombre en décembre 2003 quand il se révèle incapable de rembourser un emprunt obligataire de 150 millions d'euros arrivé à échéance. La presse parle de « scandale Enron à l'européenne ». Le groupe est placé sous tutelle. Les administrateurs découvrent alors dans les comptes du groupe un trou de 14,3 milliards d'euros.

43. À l'automne 2002, le groupe Cirio se révèle également incapable de rembourser un emprunt obligataire de 150 millions d'euros arrivé à échéance.

44. « The business geniuses of the century », 7 décembre 1998.

45. Cité *in* Alison Jamieson, *The Antimafia, op. cit.*

46. Bertil Lintner, *Blood of Broothers, The Criminal Underworld of Asia*, Palgrave Macmillan, 2003.

47. Pino Arlacchi, *Buscetta* : *la Mafia par l'un des siens, op. cit.*

48. Pino Arlacchi, *Les Hommes du déshonneur, op. cit.*

49. Voir encadré, page 180.

50. Voir encadré, page 181.

51. *Le Figaro*, 20 juin 2003.

52. En réalité, il est difficile de séparer ces deux finalités. Les votes conduisent au succès électoral qui permet d'accéder à une condition sociale supérieure, provoquant une hausse du patrimoine personnel. Et l'accroissement du patrimoine personnel facilite le financement des campagnes électorales, puis l'achat des clientèles et des voix.

53. « Marché politique » entendu au sens du lieu où se rencontrent, se forment et s'arbitrent les choix et les préférences des électeurs et des partis.

54. Samuel et Chuck Giancana, *Notre homme à la Maison Blanche*, Robert Laffont, 1992 ; Ferdinando Imposimato, *Un juge en Italie, op. cit.* ; Gus Russo, *The Outfit, op. cit.* ; Seymour Hersh, *La Face cachée du clan Kennedy*, J'ai Lu, 1999 ; Xavier Raufer, *Le Grand Réveil des mafias, op. cit.*

55. Sur cette question, lire en particulier : Alison Jamieson, « Mafia and Institutional Power in Italy », *International Relations*, mai-juin 1994 ; et du même auteur *The Antimafia, op. cit.* Se référer spécifiquement aux collections complètes de l'AFP depuis 1994. Également : « Giulio Andreotti sera jugé à Palerme pour association avec la Mafia » et « L'étrange cohabitation entre Cosa Nostra et la Démocratie chrétienne en Sicile », Marie-Claude Decamps, *Le Monde*, 4 mars 1995 ; « Quatre cents témoins contre Andreotti... », Marcelle Padovani, *Le Nouvel Observateur*, 28 septembre 1995. Enfin, voir Annexe 6 : L'acte d'accusation contre Giulio Andreotti.

56. Pino Arlacchi, *Buscetta : la Mafia par l'un des siens, op. cit.*

57. « Andreotti se défend mais reconnaît que la DC a reçu des voix de la mafia », AFP, 4 novembre 1994.

58. *Le Figaro*, 18 novembre 2002.

59. « Nouveau dérapage de Berlusconi », Richard Heuzé, *Le Figaro*, 6 et 7 septembre 2003.

60. Sur les origines douteuses de la fortune de Silvio Berlusconi et de son parti politique : Elio Veltri et Marco Travaglio, *L'Odeur de l'argent, op. cit.*

61. AFP, Palerme, 9 septembre 1996.

62. « Wanted to kill one of Andreotti's children », Reuters, 27 juin 1996.

63. « Un repenti ne sait rien d'une complicité d'Andreotti avec la mafia », AFP, 16 juillet 1996.

64. C'est même sans aucune honte que cette origine mafieuse peut constituer encore aujourd'hui un argument publicitaire, comme en témoigne l'*International Herald Tribune* du 29 septembre 2004. Dans quatre pleines pages de publicité vantant un luxueux programme immobilier en Floride, *Beverly Springs*, on peut lire cet étonnant propos : « La légende de Las Vegas vient immédiatement à l'esprit. Au printemps 1945, Ben (Bugsy) Siegel fit son chemin dans le monde sur la route Highway 91 qui coupe le désert Mojave comme un glaive. Il lança ses bras assez largement pour embrasser un horizon balayé de broussailles, de cactus et d'une bifurcation de chemin de fer, et convainquit une foule d'investisseurs potentiels que ce serait l'emplacement d'une nouvelle ville, si excitante, si extraordinaire, qu'elle recréerait Beverly Hills dans le désert et éclipserait inévitablement Monte-Carlo comme le nouveau terrain de jeu des riches et des célébrités. » Aucune allusion donc à la Mafia, les vrais investisseurs derrière Bugsy Seigel à l'époque ! Imaginerait-on vanter le développement d'un nouveau quartier de Marseille en utilisant la réputation de Francis « Le Belge » ? !

65. Oscar Goodman est né le 26 juillet 1939 à Philadelphie, dans les quartiers ouest de la ville, là où il a ensuite passé sa jeunesse. Philadelphie est historiquement, rappelons-le, une ville mafieuse.

Sur son parcours : John L. Smith, *Of Rats and Men*, Huntington Press, 2003 ; « Un ancien avocat de la mafia bien placé pour devenir maire de Las Vegas », AFP, 5 mai 1999 ; « Former Mob Law », Cathy

Scott, Reuters, 8 juin 1999 ; « Un ancien avocat de la mafia élu maire de Las Vegas », AFP, 9 juin 1999 ; « Las Vegas Elects Ex-Mob Lawyer », *International Herald Tribune*, 10 juin 1999 ; « Maire Nostra », Christian Losson, *Libération*, 7 septembre 1999.

66. 520 South Fourth Street, Downtown, Las Vegas.

67. Voir *supra* : chapitre IV.

68. Ce qui ne lui servira pas de leçon, puisqu'il tentera de faire une apparition dans la série télévisée *The Sopranos* (produite par *HBO*) qui narre les aventures d'une Famille mafieuse dirigée par Tony Soprano.

69. Anthony Spilotro est victime au final de son *high profile* qui commençait à sérieusement inquiéter ses chefs à Chicago : trop de publicité et d'excès divers !

70. Apparemment, Charles Panarella venait demander l'aide d'Oscar Goodman pour son fils, à la recherche d'un emploi à Las Vegas.

71. « The Sopranos Come to Youngstown, Ohio », *US News and World Report*, 6 mars 2000 ; « Why Washington needed Jim Traficant », David Grann, *The New Republic*, 10 juillet 2000 ; « A Maverick's Odd Loyalty May Foil Democrat's Hopes », Lizette Alvarez, *The New York Times*, 9 octobre 2000 ; « Dark side of a colorfull congressman », Nick Peters, *Scotland on Sunday*, 18 février 2001 ; « Mafia trial politician airs his defence meets the congressman who is facing his second major trial on charges linking him to the mob », Toby Harnden, *The Daily Telegraph*, 2 juin 2001 ; « Traficant defends in latest trials », Kathy Kiely, *USA Today*, 11 février 2002 ; « The baron of Bombast », Ellen Warren, *Chicago Tribune*, 22 février 2002.

« Maverick lawmaker rests his case in corruption trial », Megan Garvey, *Los Angeles Times*, 6 avril 2002 ; « Ohio Congressman James Traficant convicted of all counts in federal corruption case », Paul Singer, Associated Press, 11 avril 2002 ; « Traficant faces rare US sanction », *Pittsburgh Post-Gazette*, 21 avril 2002 ; « Feds finally trap fool on the hill », Nick Peters, *Scotland on Sunday*, 21 juillet 2002 ; « House votes to expel Traficant Ohio Democrat is second outsed since civil war », *The Boston Globe*, 25 juillet 2002 ; « The Nation House Vote Expels Felon Traficant Congress », *Los Angeles Times*, 25 juillet 2002 ; « Home town could yet stand by representative kicked out of Congress », Patrick Smyth, *The Irish Times*, 27 juillet 2002 ; « Traficant, Unplugged ! », *Newsweek* (web exclusivement), 5 août 2002 ; « Ohio Rep. James Traficant goes down fighting », *People*, 5 août 2002 ; « Traficant under investigation, again », *United Press International*, 25 novembre 2002.

72. En 1996, un fait divers décrit bien l'ambiance régnant alors dans une ville surnommée « *Murdertown* » ! Paul Gains, un policier candidat au poste de District Attorney (procureur de la République) fait l'objet d'une tentative d'assassinat par la Famille de Pittsburgh. Son défaut : il est réputé « inapprochable », c'est-à-dire incorruptible. Cette affaire déclenche un immense scandale et entraîne la réaction des autorités fédérales. Une opération judiciaire provoque la poursuite pour corruption d'environ 70 officiels dont des fonctionnaires, des juges, le District

Attorney précédent (James Philomena), des mafieux, etc. Évidemment, nombre de ces mis en cause sont des proches de James Traficant !

73. Voir *supra*. Et sur cette opération : John L. Smith, *Of Men and Rats, op. cit.*

Chapitre VII
L'EXPANSION, L'OBJECTIF ET LES ARMES

1. Xavier Raufer, « Menaces : Qui ? Où ? Pourquoi ? Comment ? », *Notes et études, op. cit.* ; Jean-Paul Gourévitch, *L'Économie informelle*, Le Pré aux Clercs, 2002.

2. Tout aussi vaine, par exemple, est la lutte contre « le blanchiment de l'argent du terrorisme » ! On rencontre à nouveau une erreur majeure de raisonnement. L'argent qui finance les attentats a souvent une origine légale (les dons, par exemple). Cet argent n'est donc pas « blanchi » mais « noirci ». Par ailleurs, les sommes nécessaires à ces opérations sont souvent modestes. Elles passent donc facilement inaperçues dans le système légal, quand elles ne circulent pas tout simplement, et de façon encore plus indétectable, par les tuyaux de l'économie informelle.

3. AFP, 14 novembre 2000. Par ailleurs, selon un rapport préparé pour la Conférence nationale sur la mafia (Palerme, avril 2005), les activités criminelles ont rapporté aux mafias italiennes près de 100 milliards d'euros en 2004, soit 9,5 % du PIB italien, dont 60 % viennent du traffic de la drogue (AFP, 28 avril 2005).

4. Expression que l'on doit à Raisuke Miyawaki, ancien directeur des affaires criminelles à l'Agence nationale de la police (ANP) du Japon.

5. Par exemples : Jean-Marie Bouissou, « Crime organisé et pouvoir politique au Japon », *Les Jeudis du Chear*, 1999 ; Jean-Marie Bouissou, « Le marché des services criminels au Japon », *Critique internationale*, n° 3, printemps 1999 ; Jean-Marie Bouissou, *Quand les sumos apprennent à danser*, Paris, Fayard, 2003 ; David E. Kaplan, « Yakuza Inc. », *U.S. News & World Report*, 13 avril 1998 ; Philippe Pons, « Le sauvetage du crédit immobilier au Japon est vivement critiqué », *Le Monde*, 5 mars 1996 ; interview de Raisuke Miyawaki, ancien chef de la police japonaise : « Le système est devenu dépendant de la mafia », Frédérique Amaoua, *Libération*, 25 mai 1996.

6. Voir chapitre IV.

7. David Owen, « Concrete jungle », *The New Yorker*, 10 novembre 2003 ; également : Jerry Capeci, *The Mafia*, Alpha Books, 2002.

8. « Mob on the job. The company name is Capone written backward », *New York Daily News*, 5 décembre 2004.

9. Ainsi à Hong Kong où 12 % du coût de la construction serait dû au racket des Triades : Martin Booth, *The Dragon Syndicates, op. cit.* Selon le même auteur, 40 % des « affaires » de Hong Kong ont des membres des Triades parmi leurs directeurs.

10. Voir Annexe 2, L'initiation : cérémonies et serments ou l'univers ésotérique des mafias.

11. *Op. cit.*

12. *Léviathan*, Gallimard, « Folio », 2000.

13. Vigna Luigi, « La violence en dernier recours », *in Obiettivo. Reti criminali minaccia contro democrazia e sicurezza*, Centro Militare di Studi Strategici, 2003, supplément au n° 11.

14. L'un des premiers *cadavres excellents* de l'histoire de Cosa Nostra de Sicile – et peut-être de l'histoire des mafias – se produit le 1er février 1893, avec l'assassinat d'Emanuele Notarbartolo de San Giovanni, dans le train, sur la ligne Termini-Palerme. Descendant d'une des familles les plus éminentes de l'aristocratie sicilienne, représentant de la droite, apprécié pour son honnêteté, il fut maire de Palerme (1873-1876) et directeur général de la Banque de Sicile (1876-1890). Il est vite établi que les auteurs du crime sont deux membres de la Famille de Villabate (Matteo Filippello et Giuseppe Fontana) et que le commanditaire est le député Raffaele Palizzolo. Ce fait divers passionne l'Italie et d'une certaine manière « nationalise » et sort de l'obscurité la chose mafieuse. Un « état d'urgence anti-Mafia » est décrété. Trois procès à grand spectacle s'enchaînent. Ce crime marque un saut qualitatif mais qui restera longtemps un fait isolé par sa témérité. En effet, jusqu'en 1971 avec l'assassinat du procureur général Pietro Scaglione, Cosa Nostra n'osera plus frapper si « haut ». Ironie de l'histoire, le dernier domicile palermitain du juge G. Falcone, assassiné en 1992 par Cosa Nostra, se trouvait *via* Notarbartolo.

15. Voir chapitre VI.

16. Anton Cermak est né le 9 mai 1873 à Kladno en Autriche-Hongrie (désormais République tchèque). Ses parents émigrent l'année suivante aux États-Unis. Il devient mineur à Braidwood (Illinois) comme son père, puis ouvrier des chemins de fer et ensuite camionneur à Chicago. Là, il se lance dans la politique au sein du Parti démocrate. Il est élu pour la première fois en 1902 comme parlementaire de l'État. Il prend ensuite le contrôle de l'appareil du parti démocrate pour la ville de Chicago. Il fait fortune dans la spéculation immobilière.

17. Giuseppe Zangara est né le 7 septembre 1900 à Ferruzzano (Italie). Sa mère meurt alors qu'il a 2 ans. Il émigre aux États-Unis avec son oncle en 1923. Installé dans le New Jersey, il se livre au trafic d'alcool. Après un séjour en prison, il se rend en Floride où il se consacre aux paris sur les courses de chiens et de chevaux. Endetté, il doit se transformer en trafiquant de drogue, pour le compte de Cosa Nostra, entre la Floride et New York. L'homme est connu pour ses penchants communistes.

18. Sur cet événement : Gus Russo, *The Outfit*, *op. cit.*

19. Jacob Rubinstein dit « jack Ruby » tue Lee Harvey Oswald, l'assassin présumé de John F. Kennedy, le 24 novembre 1963. Jack Ruby est un petit gangster associé de la Famille de Chicago, *The Outfit*, tout spécialement lié à son *Boss*, Sam Giancana. Jack Ruby mourra en prison en emportant son secret.

20. Le silence est une figure de l'invisible.

21. Sur cette notion : « Intimider », Catherine Lombard, *in Obiettivo. Reti criminali minaccia contro democrazia e sicurezza*, Centro

Militare di Studi Strategici, 2003, supplément au n° 11. Également Xavier Raufer, *L'Explosion criminelle*, Valmonde, 2002.

22. Article 416 *bis* du Code pénal italien.

TROISIÈME PARTIE
Les mafias, stade suprême du crime organisé

1. « Ce par quoi quelque chose commence à être, les fondations dans la construction, la carène pour le navire ; le fondement, de telle sorte en vérité que ce commencement reste auprès de la chose, l'accompagne tout au long » : Martin Heidegger, *Concepts fondamentaux de la philosophie antique*, Gallimard-NRF, 2003.

Chapitre VIII
QU'EST-CE QU'UNE MAFIA ?

1. À ce titre, il est significatif que longtemps le mot Camorra fut synonyme d'extorsion.

2. Pino Arlacchi, *Les Hommes du déshonneur, op. cit.*

3. Pino Arlacchi, *Les Hommes du déshonneur, op. cit.*

4. *AFP* Rome, 23 octobre 2002.

5. Voir la Première partie.

6. À ce sujet, Xavier Raufer, *Le Grand Réveil des mafias, op. cit.*

7. Myers Willard H., Orb Weavers, « The global webs : the structure and activities of transnational ethnic chinese criminal groups », *Transnational Organized Crime*, Vol. 1, n° 4, hiver 1995.

8. *Paix et guerre entre les nations, op. cit.*

9. Voir encadrés, pages 221 et 313.

10. *Économie et société, op. cit.*

11. Pino Arlacchi, *Les Hommes du déshonneur, op. cit.*

12. Sociologue et économiste italien (1848-1923).

13. *Paix et guerre entre les nations, op. cit.*

14. Concept que l'on doit au géopoliticien Karl Haushofer (voir Première partie).

15. Voir *infra* : Deuxième partie, chapitre VI.

16. Voir *supra*.

17. *De la géopolitique*, Fayard, 1986.

18. Xavier Raufer et Stéphane Quéré, *Le Crime organisé, op. cit.*

19. Pour un exemple de contrôle territorial par la Mafia, voir le classique de la sociologie américaine écrit par William Foote Whyte décrivant la structure sociale d'un quartier italo-américain de Boston dans les années 1930 : *Street Corner Society*, La Découverte, 2002 ; ou le cas du port de Palerme tel qu'il est présenté par la Commission anti-Mafia du Parlement italien en 1999 : « Contrôler le territoire », *in Obiettivo. Reti*

criminali minaccia contro democrazia e sicurezza, Centro Militare di Studi Strategici, Supplement au n° 11 – 2003.

20. Voir *supra* : Première partie, chapitre II.

21. Salvatore « Sam-Momo-Mooney » Giancana (1908-1975) est une figure importante de l'histoire de Cosa Nostra américaine au XXe siècle, notamment de la Famille de Chicago, *The Outfit*. Giancana entame sa carrière criminelle dans les années 1920 (« 42 Gang ») et a vite une réputation de cruauté. Il se distingue dans les années 1950-1960 pour son action dans le racket des syndicats professionnels et pour ses contacts dans le monde du spectacle (Frank Sinatra, par exemple). Par ailleurs, la complexité des relations de Giancana avec la famille Kennedy est désormais un fait historique établi. Giancana partage ainsi une maîtresse (Judith Campbell-Exner) avec John F. Kennedy. À la même époque, La CIA noue des relations avec Giancana afin de faire assassiner Fidel Castro. Giancana meurt assassiné par balles.

22. Cité *in* Gus Russo, *The Outfit, op. cit.*

23. *Il Mattino*, 16/02/1997 : cité *in* Tom Behan, *See Naples and Die, op. cit.*

24. Voir encadré, page 229.

25. Voir Deuxième partie.

26. Jean-Marie Pelt, *La Loi de la jungle. L'agressivité chez les plantes, les animaux, les humains*, Fayard, 2003.

27. Benjamin Siegel, surnommé « Bugsy » (« Le Dingue », en raison de son emportement), est né en 1905. Il commence sa carrière criminelle avec Meyer Lansky pendant la Prohibition. Dès les années 1920, ils sont associés aux Italo-Américains. Dans les années 1930, Cosa Nostra envoie Benjamin Siegel de New York en Californie, pour lui confier la gestion des affaires de l'Organisation dans cette partie du pays. Siegel fréquente alors les vedettes d'Hollywood et construit les premiers casinos de Las Vegas. Mais, suspecté de détourner une partie de l'argent de Cosa Nostra à son profit, il est assassiné en 1947.

28. Traduit sous le titre *Le Territoire*, Stock, 1966.

29. Traduit sous le titre *La Loi naturelle*, Stock, 1971.

30. Seuil, 1971.

31. Pino Arlacchi, *Buscetta : la Mafia par l'un des siens, op. cit.*

32. Pino Arlacchi, *Les Hommes du déshonneur, op. cit.*

33. *Économie et société, op. cit.*

34. Voir *supra*.

35. Voir *infra*.

36. Voir Deuxième partie, chapitre VII.

37. John Vliet Lindsay (1921-2000) fut maire de New York de 1966 à 1973.

38. Cité *in Bound by Honor, op. cit.*

39. *Le Monde*, 7 octobre 1994.

40. Sur la dimension normative des mafias, voir : Xavier Raufer, *Le Grand Réveil des mafias, op. cit.* Si l'on en croit le *New York Daily News* (29 avril 2004) rendant compte du témoignage du mafieux repenti

Vincent « Vinnie Ocean » Palermo (Famille DeCavalcante), Cosa Nostra américaine ne badine pas avec le respect des traditions. Ainsi, selon une règle non écrite mais bien réelle – et sanctionnée par la mort –, on ne peut être à la fois membre de Cosa Nostra et homosexuel. Pour cette raison, Palermo avoue avoir ordonné en 1992 l'assassinat de John D'Amato, sous-chef de la Famille DeCavalcante.

41. Peter Maas, *Le Repenti, op. cit.* Un autre repenti de Cosa Nostra, Nick Caramandi (Famille de Philadelphie), tient un propos identique : cité *in* George Anastasia, *Blood and Honor*, Camino Books, 2004.

42. « Seigneur », en dialecte sicilien.

43. Cité *in Mafia Brotherhoods, op. cit.*

44. *Op. cit.*

45. Peter Maas, *Le Repenti, op. cit.*

46. *Blood Covenant*, Whitaker House, 2003.

47. *Économie et société, op. cit.*

48. L'anecdote est racontée par Giuseppe Marrazzo : *Le Camorriste, vie secrète du parrain de Naples, op. cit.*

49. Dans son *Histoire économique. Esquisse d'une histoire universelle de l'économie et de la société*, paru en 1923 (NRF-Gallimard, 1991), Max Weber traite entre autres de « l'influence des facteurs économiques et extra-économiques sur le développement de la famille » pour décrire la division du travail en fonction des sexes. Il détaille deux types d'organisation communautaire : l'une centrée sur la femme (travail domestique et agricole ou *maison des femmes*), l'autre centrée sur l'homme (chasse et guerre ou *maison des hommes*). La socialisation par la chasse et la guerre donne naissance aux ligues masculines. Cette organisation communautaire fondée sur la chasse et la guerre s'effectue sous la tutelle d'un chef charismatique choisi à cette fin : « Ce qui plaidait en sa faveur, ce n'était pas ses liens parentaux, mais uniquement ses qualités de guerrier et ses autres qualités personnelles : c'était le chef d'armée librement choisi avec une suite librement choisie » (*op. cit.*). Qu'est la *maison des hommes* ? « Durant une période de leur vie précisément limitée dans le temps, pouvant durer de vingt-cinq à trente ans, les hommes vivent ensemble dans une maison, hors de la famille. C'est à partir de cet endroit qu'on s'affaire pour de la chasse, la guerre, la magie et qu'on fabrique les armes et d'autres instruments importants en métal. [...] L'accès à la maison des hommes est interdit aux femmes, de la sorte, le secret est préservé » (*op. cit.*). Max Weber précise enfin : « L'ensemble forme une caserne, une institution militaire, et sa dégénérescence a pu donner lieu à toutes sortes de succédanés tels, par exemple, qu'un club magique ou une ligue policière secrète du type de la Camorra italienne » (*op. cit.*).

50. Les Familles de Cosa Nostra américaine intègrent par définition des Italos-Américains dont les origines émanent de tout le *Mezzogiorno*, sans exclusive. Même si parfois de subtils équilibres ethniques sont volontairement préservés. Ainsi la Famille de Philadelphie sous le règne d'Angelo Bruno (seconde moitié du XXe siècle) a-t-elle toujours souhaité

maintenir un certain équilibre dans ses rangs entre les Siciliens et les Calabrais !

Par ailleurs, au cours d'un procès pour assassinat début 2004, l'ex-*Boss* de la Famille de Philadelphie Ralph Natale, devenu témoin fédéral (repenti), expliquera que les principaux chefs de Famille des États-Unis avaient décidé que la fonction suprême de *Boss* de Famille ne pouvait être occupée que par un Italo-Américain *né* aux États-Unis, ce qui excluait les prétendants nés en Sicile !

51. Cosa Nostra américaine sait d'ailleurs user du terme avec ironie. Ainsi, « Big Joey » Massino, chef de la Famille Bonanno de New York, est propriétaire d'un restaurant dans le Queens, le *CasaBlanca*, dont le menu comporte une précision malicieuse : « CasaBlanca : Where You're Treated Like Family ». Le clin d'œil se passe de commentaires.

52. Hung : nom du premier empereur de la dynastie des Ming que les Triades veulent théoriquement restaurer.

53. Voir encadré, page 251.

54. Il ne faut pas accorder une importance excessive aux rares exemples de participation féminine aux mafias. On peut citer le cas Taoka Fumiko, veuve de Taoka Kazuo, *oyabun* du Yamaguchi-gumi, qui assuma une sorte de bref intérim après la mort violente de son mari (1981), le temps que la question de la succession à la tête de la Famille soit réglée. Encore faut-il ne pas se méprendre sur le sens de ces prises de pouvoir. Ces femmes accèdent à ces fonctions en *remplacement et/ou par délégation* de maris ou de frères emprisonnés ou défunts.

Dans l'argot des gangsters nord-américains, et donc des mafieux, un informateur de police (*a rat,* « un rat ») est souvent qualifié de *half girl* (« demi-femme »).

55. Pino Arlacchi, *Les Hommes du déshonneur, op. cit.*

56. *La Mafia albanaise, op. cit.*

57. Stéphanie Balme, *Entre soi. L'élite du pouvoir dans la Chine contemporaine,* Fayard, 2004.

58. Xavier Raufer, « Menaces : Qui ?, Où ?, Pourquoi ?, Comment ? », *Notes et études, op. cit.*

59. Voir à ce sujet : Max Weber, *Histoire économique, op. cit.* ; également la définition qu'en donne Henri Mendras (*Eléments de sociologie,* Armand Colin, 2002) : « Le clan est un groupe qui rassemble des gens qui disent descendre d'un même ancêtre, mais on ne peut pas remonter tous les maillons de la chaîne. Cet ancêtre peut même n'avoir pas existé, être un ancêtre mythique, et éventuellement même n'être pas un homme. »

60. Junichi Saga, *Kodansha International,* 1991.

61. Pino Arlacchi, *Les Hommes du déshonneur, op. cit.*

62. *Blood Covenant, op. cit.*

63. On trouve par exemple une narration émouvante (de fausse naïveté) et complète des origines (mythiques) de Cosa Nostra dans les mémoires de Bill Bonanno, *Bound by Honor, op. cit.*

64. Ce chef-d'œuvre de la littérature chinoise, écrit au XIVe siècle à partir des traditions orales des XIIe et XIIIe siècles, raconte les aventures de 108 bandits dont les motivations sont idéalisées.

65. Sur cet épisode étonnant : « I am not a godfather », interview de Sedat Peker par Hakan Aslaneli, *Turkish Daily News*, 15 septembre 1999 ; « "Father" plays host to earthquake victims », Hakan Aslaneli, *Turkish Daily News*, 7 septembre 1999.

D'ailleurs, des chaînes de télévision privées turques n'hésitent pas à présenter les mafieux du pays comme des Robin des Bois et ce, pourtant, dans des émissions spécialement consacrées au phénomène mafieux.

66. À ce titre, la réussite des frères Heung, Charles et Jimmy, mérite d'être mentionnée. Ils débutent dans cette industrie pendant les années 1990, d'abord avec *Win's Movie Production Ltd* puis avec *Win's Entertainment* et *China Star*. Les deux frères construisent aussi d'immenses studios de tournage. Une commission d'enquête du Congrès des États-Unis affirme que Charles Heung est un haut cadre de la Sun Yee On. Pour ce motif, les autorités canadiennes lui refusent un visa d'entrée en 1995.

67. Le rôle est interprété par le comédien Lenny Montana qui était aussi un véritable gangster...

68. La *Frontière* est un moment important dans l'histoire des États-Unis. Elle incarne la limite de la civilisation face aux terres inexplorées de l'Ouest et à la « sauvagerie » indienne.

69. Sur la fascination et le mimétisme que ce film a produits sur les mafieux italo-américains, le témoignage de Linda Milito est édifiant (*Mafia Wife*, New York, Avon Books, 2003). Mariée à Louie Milito, soldat de la Famille Gambino de New York (assassiné en 1988), Linda Milito constate que, dès la sortie du film, son mari et ses complices mafieux font du *Parrain* leur référence : le film est visionné à n'en plus finir, les comédiens sont imités et certains initiés se mettent même à apprendre l'italien.

70. Dans l'étonnant va-et-vient entre la fiction et le réel (qui imite qui ?) et l'utilisation que Cosa Nostra peut faire d'une mythologie cinématographique, il convient d'évoquer un intéressant fait divers survenu en Sicile. En 2001, un certain Vincenzo Lo Giudice, entrepreneur de la région d'Agrigente, défraie la chronique politique locale lors de sa campagne pour le poste de conseiller régional, sous étiquette de la droite démocrate-chrétienne (UDC). Surnommé « mange-lasagne », Vincenzo Lo Giudice fait diffuser un spot électoral reprenant la musique du *Parrain*. Simple étourderie ? Clin d'œil de mauvais goût dans une région de Sicile pourtant hautement mafieuse ? Ou plutôt message explicite et arrogant ? La réponse survient en mars 2004 quand une opération antimafia conduit à l'arrestation de 41 personnes (auxquelles il faut ajouter deux fuyards dont le *Boss* Maurizio Di Gati) à Palerme, Caltanissetta et Agrigente dont un maire, des hauts fonctionnaires et un élu régional, tous soupçonnés de complicité avec Cosa Nostra. Les faits sont graves : marchés publics truqués, corruption de fonctionnaires et gestion douteuse de biens confisqués à Cosa Nostra. L'élu régional est bien entendu Vincenzo Lo Giudice.

Voir : « 41 arrestations en Sicile dans une opération antimafia », AFP, 29 mars 2004.

71. Voir encadré page 260.

72. Pino Arlacchi, *Buscetta : la Mafia par l'un des siens, op. cit.*

73. « Japan's Mob Families Bully Their Way Into The Mainstream », *International Herald Tribune*, 12 avril 1999.

74. *Op. cit.*

75. Voir *infra* : Deuxième partie, chapitre VI.

76. Voir *infra* : Deuxième partie, chapitre VI.

77. Voir Annexe 2, L'initiation : cérémonies et serments ou l'univers ésotérique des mafias.

78. Henri Mendras, *Éléments de sociologie, op. cit.*

79. *The Ceremony. The Mafia initiation tapes*, Dell Publishing, 1992 ; voir aussi Annexe 2, L'initiation : cérémonies et serments ou l'univers ésotérique des mafias.

80. Coutume que l'on trouve chez certains peuples primitifs lors de cérémonies marquant le passage de l'enfance à l'adolescence.

81. Voir encadré page 268.

82. *Bound by Honor, op. cit.*

83. Le chiisme duodécimain est le courant majoritaire de l'Islam chiite qui s'identifie au douzième imam, l'imam caché, successeur d'Ali, cousin et gendre du prophète Mahomet, à la tête de la communauté. Les souverains Fatimides, qui établirent leur capitale au Caire, dominèrent le Bassin méditerranéen jusqu'au XIIe siècle avec un empire s'étendant de la Tunisie à la Palestine, y compris la Sicile. Leur nom, Fatimides, manifeste la revendication d'être les descendants de la fille du prophète, Fatima, et de son mari Ali.

84. Cités *in* Letizia Paoli, *Mafia Brotherhoods. Organized Crime, Italian Style, op. cit.*

85. Voir Annexe 5 : Les protomafias.

Chapitre IX
LOGIQUE ET PRATIQUE DE LA SOCIÉTÉ SECRÈTE

1. Comme le souligne Xavier Raufer : « Qu'une mafia soit invisible ne signifie pas qu'elle n'existe pas », *in La Mafia albanaise, op. cit.*

2. Flammarion, 2002.

3. Jésuite et écrivain espagnol (1601-1658).

4. Éditions Jérôme Millon, 1988.

5. *L'Art de se taire, op. cit.*

6. Giovanni Falcone et Marcelle Padovani, *Cosa Nostra, le juge et les « hommes d'honneur »*, Éditions n° 1, 1991.

7. *Bound by Honor, op. cit.*

8. Circé, 1996.

9. Né en 1878 et mort en 1919, on lui doit, en plus de ses écrits, la découverte des monuments funéraires des Han.

10. *Œuvres complètes. Cycle chinois. Cycle archéologique et sinologique*, Robert Laffont, « Bouquins », 1995.

11. PUF, « Quadrige », 1993.

12. *Logique du pire, op. cit.*

13. Sur cette passion moderne : Philippe Muray, *Après l'histoire*, Les Belles Lettres, 1999 et *Après l'histoire II*, Les Belles Lettres, 2000.

14. *Blood Covenant, op. cit.*

15. Voir encadré page 286.

16. Pino Arlacchi, *Buscetta : la Mafia par l'un des siens, op. cit.*

17. Les Triades et les yakuza semblent ici faire exception, du moins en partie, en n'hésitant pas, parfois, à tenir des listes de membres et, à certaines époques, à délivrer des cartes d'adhérents.

18. Voir encadré page 289.

19. *Op. cit.*

20. En revanche, la Stidda, groupe rival de Cosa Nostra dans le sud de l'île, s'est réapproprié ce signe distinctif.

21. Pino Arlacchi, *Buscetta : la Mafia par l'un des siens, op. cit.*

22. Pino Arlacchi, *Les Hommes du déshonneur, op. cit.*

23. *Blood Convenant, op. cit.*

24. Voir encadré page 293.

25. Pino Arlacchi, *Buscetta : la Mafia par l'un des siens, op. cit.*

26. C'est *le syndrome du shérif* : Pablo Escobar et Saddam Hussein hier, Oussama Ben Laden aujourd'hui.

27. À ce sujet, le livre très éclairant de Mark Bowden, *Killing Pablo*, Atlantic Monthly Press, 2001.

28. Pino Arlacchi, *Buscetta : la Mafia par l'un des siens, op. cit.*

29. Sur ce personnage, voir en particulier : Martin Booth, *The Dragon Syndicates, op. cit.*

30. Épisode célèbre de la Prohibition survenu le 14 février 1929, jour de la Saint-Valentin, au cours duquel les hommes d'Al Capone assassinent les concurrents d'un gang irlandais dirigé par George « Bugs » Moran. Il n'y a que 7 morts, mais le fait divers choque considérablement l'opinion américaine.

31. À la même époque, dans les années 1980, un autre *Boss* italo-américain tombera pour avoir commis les mêmes erreurs : Nicodemo « Little Nicky » Scarfo, chef de la Famille de Philadelphie ; voir à ce sujet : George Anastasia, *Blood and Honor, op. cit.*

32. Peter Maas, *Le Repenti, op. cit.*

33. Carlo Gambino (1902-1976) dominera la scène mafieuse américaine après la Seconde Guerre mondiale. Sur l'histoire de « sa » Famille : voir *supra*, Deuxième partie, chapitre VII.

34. Ce qui ne sera pas le cas dans les deux épisodes suivants.

35. Voir : Deuxième partie, chapitre VII.

36. *Le Grand Réveil des mafias, op. cit.*

37. Sur cette question : Alison Jamieson, *The Antimafia, Italy's Fight Against Organized Crime, op. cit.*, et Letizia Paoli, *Mafia Brotherhoods, op. cit.*

Chapitre X
DU BIOLOGIQUE AU GÉOPOLITIQUE

1. *Paix et guerre entre les nations, op. cit.*
2. *Op. cit.*
3. *La Dimension cachée, op. cit.*
4. *La Loi naturelle, op. cit.*
5. Voir : Jean-Marie Pelt, *La Loi de la jungle. L'agressivité chez les plantes, les animaux, les humans, op. cit.*
6. *The Lucifer Principle, op. cit.*
7. *The Lucifer Principle, op. cit.*
8. Flammarion.
9. Peter Maas, *Le Repenti, op. cit.*
10. Joey with David Fisher, *Joey the Hitman, the Autobiography of a Mafia Killer*, Adrenaline classics, 2002 (1e edition, 1973).
11. *Paix et guerre entre les nations, op. cit.*
12. Pino Arlacchi, *Les Hommes du déshonneur, op. cit.*
13. Concept emprunté à Raymond Aron, *Paix et guerre entre les nations, op. cit.*
14. Voir encadré page 308.
15. *Économie et société, op. cit.*
16. Xavier Raufer, « Menaces, Qui ?, Où ?, Pourquoi ?, Comment ? », *Notes et études, op. cit.*
17. Jean-Marie Pelt, *La Loi de la jungle. L'agressivité chez les plantes, les animaux, les humains, op. cit.*
18. Philippe Pons, *Misère et crime au Japon, op. cit.* ; Xavier Raufer, *Le Grand Réveil des mafias, op. cit.*

CONCLUSION

1. Voir encadré page 313.
2. *Économie et société, op. cit.*
3. *Op. cit.*
4. De même, la démocratie n'est pas synonyme de paix : les démocraties sont souvent belliqueuses, comme les exemples d'Athènes sous l'Antiquité ou des États-Unis sous G. W. Bush nous le montrent.
5. *Op. cit.*

ANNEXES

1. Voir : Jerry Capeci, *The Mafia, op. cit.*
2. Voir *infra*, l'initiation au sein de la Famille de Nouvelle-Angleterre.
3. Le doigt saigné est celui utilisé pour actionner la détente d'une arme (*trigger finger* en anglais).
4. Cité *in Mafia Brotherhood, op. cit.*
5. Voir Jerry Capeci, *The Mafia, op. cit.*
6. Bill Bonanno, *Bound by Honor, op. cit.*
7. Peter Maas, *Le Repenti, op. cit.*

8. *Op. cit.*

9. En l'occurrence par Joseph Pistone, le préfacier du livre, ex-officier du FBI qui vécut infiltré de nombreuses années dans une des Familles de New York.

10. Il s'agit d'un système par lequel le nouvel initié est assigné à un capitaine. Cette technique d'attribution est spécifique à la Famille Patriarca. Ailleurs, l'initié rejoint le capitaine qui l'a parrainé.

11. *Blood and Honor, op. cit.*

12. Évidemment, ces interdits n'ont aucun fondement éthique. Leur origine est purement utilitaire. Aux États-Unis, ces trois infractions sont des crimes fédéraux, donc de la compétence des agences fédérales (FBI, DEA, etc.), ce qui risquerait d'exposer les mafieux à des organes d'investigation plus aguerris que les simples services de police des États.

13. Cité *in* Paolo Pezzino, *op. cit.*

14. Cité *in The Honored Society, op. cit.*

15. Pino Arlacchi, *Les Hommes du déshonneur, op. cit.*

16. *Cosa Nostra, A History of The Sicilian Mafia, op. cit.*

17. Cité *in Mafia Brotherhoods, op. cit.*

18. *Op. cit.* ; on trouve aussi une description détaillée de la cérémonie d'initiation au sein des Triades dans le livre de Martin Booth, *The Dragon Syndicates, op. cit.*

19. *Op. cit.*

20. Iwai Hiroaki cite, par exemple, le discours fait par l'intermédiaire qui rappelle au *kobun* la signification de son engagement : « Ayant bu cette coupe, vous devez désormais loyauté à votre "famille" (*ikka*) et être dévoué à votre chef (*oyabun*). Vous devez vous préparer à sacrifier votre vie pour lui, même au prix de celles de votre femme et de vos enfants... Vous avez des parents par le sang, mais vous devez dédier désormais votre vie à un nouveau père et une nouvelle famille [...]. Vous devez penser à votre *oyabun* comme à votre père éternel et être prêt à traverser le feu et l'eau pour lui », *in Böryöku* (*Violence*), 1957, p. 45.

21. Voir carte page 371.

22. Pour certaines Familles, le nom du chef sera indiqué entre parenthèses : il sera alors précisé s'il est libre, détenu ou en fuite (en 2004).

23. *Le Grand Réveil des mafias, op. cit.*

24. « Painful Shake-Up », *Turkish Probe,* 10 janvier 1999.

25. *Op. cit.*

SOURCES ET RÉFÉRENCES

Ouvrages (classement par auteurs)

ANASTASIA George, *Blood and Honor*, Philadelphie, Camino Books, 2004.

ARLACCHI Pino, *Mafia & Cies, l'éthique mafiosa et l'esprit du capitalisme*, Grenoble, Presses universitaires de Grenoble, 1986.

ARLACCHI Pino, *Les Hommes du déshonneur, La stupéfiante confession du repenti Antonino Calderone*, Paris, Albin Michel, 1992.

ARLACCHI Pino, *Buscetta : la Mafia par l'un des siens*, Paris, Éditions du Félin, 1996.

ARON Raymond, *Paix et guerre entre les nations*, Paris, Calmann-Lévy, 1962-1984.

ASBURY Herbert, *The Gangs of New Orleans*, Londres, Arrow Books, 2004 (1re édition 1936).

BALME Stéphanie, *Entre soi. L'élite du pouvoir dans la Chine contemporaine*, Paris, Fayard, 2004.

BALSAMO William et CARPOZI jr., *The Mafia. The First 100 Years*, Londres, Virgin Books, 1998.

BAUDELAIRE Charles, *Le Spleen de Paris*, Paris, Gallimard, 1973.

BEHAN Tom, *See Naples & die. The Camorra & Organized Crime*, Londres-New York, I. B. Tauris Publishers, 2002.

BELL Daniel, *The End of Ideology, On the Exhaustion of Political Ideas in the Fifties*, Harvard University Press, 1960.

BINDER John J., *The Chicago Outfit*, Chicago, Arcadia Publishing, 2003.

BLOOM Howard, *The Lucifer Principle*, New York, The Atlantic Monthly Press, 1997 ; *Le Principe de Lucifer*, Paris, Le Jardin des Livres, 2001.

BONANNO Bill, *Bound By Honor, a mafioso's story*, New York, St Martin's Press, 1999.

BOOTH Martin, *The Dragon Syndicates*, Londres, Bantam Books, 2000.

BOUISSOU Jean-Marie, *Le Japon depuis 1945*, Paris, Armand Colin, 1997.

BOUISSOU Jean-Marie, *Quand les sumos apprennent à danser*, Paris, Fayard, 2003.

BOWDEN Mark, *Killing Pablo*, Londres, Atlantic Books, 2001.

BRESLER Fenton, *La Mafia chinoise*, Paris-Arles, Ed. Philippe Picquier, 1991.

CALVI Fabrizio, *La Vie quotidienne de la Mafia de 1950 à nos jours*, Paris, Hachette, 1986.

CANDIARD Adrien, *L'Anomalie Berlusconi*, Paris, Flammarion, 2003.

CAPECI Jerry, *The Mafia. The Complete Idiot's Guide To*, Indianapolis, Alpha Books, 2002.

CAPECI Jerry, *Gang Land*, Indiannapolis, Alpha Books, 2003.

CHAMPEYRACHE Clotilde, *Entreprise légale, propriétaire mafieux. Comment la mafia infiltre l'économie*, Paris, CNRS Éditions, 2004.

CHAUPRADE Aymeric, *Géopolitique. Constantes et changements dans l'histoire*, Paris, Ellipses, 2001.

CHEVALIER Louis, *Classes laborieuses et classes dangereuses*, Paris, Perrin, 2002.

CHIN Ko-lin, *Heijin, Organized Crime, Business, and Politics in Taiwan*, New York, East Gate Book, 2003.

COHEN Rich, *Yiddish Connection*, Paris, Denoël, 2000.

COTTINO Amedeo, *Vie de clan. Un repenti se raconte*, Paris, L'Harmattan, 2004.

CRETIN Thierry, *Mafias du monde*, Paris, PUF, « Criminalité internationale », 2002, 3e édition.

D'AUBERT François, *Main basse sur l'Europe. Enquête sur les dérives de Bruxelles*, Paris, Plon, 1994.

DEMEO Albert, *For the Sins of my Father*, Broadway Books, 2002.

DICKIE John, *Cosa Nostra. A History of The Sicilian Mafia*, Londres, Hodder & Stoughton, 2004.

DINOUART (abbé), *L'Art de se taire, principalement en matière de religion*, Ed. Jérôme Millon, 1987.

FALIGOT Roger, *L'Empire invisible. Les mafias chinoises*, Paris-Arles, Ed. Philippe Picquier, 1996.

FALIGOT Roger, *La Mafia chinoise en Europe*, Paris, Calmann-Lévy, 2001.

FBI, *The Ceremony*, introduction de Joseph Pistone, New York, Dell Publishing, 1992.

FISHER David et BLACK Joey, *Joey The Hitman. The Autobiography of a Mafia Killer*, New York, Adrenaline Classics, 2002.

FOLLOROU Jacques et NOUZILLE Vincent, *Les Parrains corses*, Paris, Fayard, 2004.

FRANZESE Michael, *Blood Convenant*, New Kensington, Whitaker House, 2003.

FOOTE Whyte William, *Street Corner Society*, Paris, La Découverte, 2002.

GEORGE Pierre, *La Géographie à la poursuite de l'Histoire*, Paris, Armand Colin, 1992.

GIANCANA Samuel et Chuck, *Notre homme à la Maison Blanche*, Paris, Robert Laffont, 1992.

GOURÉVITCH Jean-Paul, *L'Économie informelle*, Paris, Le Pré aux Clercs, 2002.

HAUSHOFER Karl, *De la géopolitique*, Paris, Fayard, 1986.

HERSH Seymour, *La Face cachée du clan Kennedy*, Paris, J'ai lu ?, 1999.

HEIDEGGER Martin, *Introduction à la métaphysique*, Paris, Gallimard, 1967.

HEIDEGGER Martin, *Concepts fondamentaux de la philosophie antique*, Paris, Gallimard-NRF, 2003.

HOBBES Thomas, *Leviathan*, paris, Gallimard, « Folio », 2000.

HOOVER John Edgar, *Crime aux États-Unis*, Paris, Robeyr, 1939.

IANNI A. J., *Des affaires de famille. La mafia à New York*, Paris, Plon, « Terre Humaine », 1973.

IMPOSIMATO Ferdinando, *Un juge en Italie. Pouvoir, corruption, terrorisme. Les dossiers noirs de la Mafia*, Paris, Éditions de Fallois, 2000.

JAEGER Gérard A., *Hong Kong. Chronique d'une île sous influence*, Paris, Éditions du Félin, 1997.

JAMIESON Alison, *The Antimafia. Italy's Fight Against Organized Crime*, Londres, Mac Millan Press, 2000.

KAPLAN David et DUBRO Alec, *Yakuza, la mafia japonaise*, Paris-Arles, Ed. Philippe Picquier, 2002.

LABROUSSE Alain, *Dictionnaire géopolitique des drogues*, Bruxelles, De Boeck, 2003.

LACOSTE Yves, *Dictionnaire de géopolitique*, Paris, Flammarion, 1994.

LEWIS Norman, *The Honoured Society. The Sicilian Mafia Observed*, Londres, Eland, 2003.

LEWIS Norman, *Naples 44*, Paris, Phébus, 1996.

LINTNER Bertil, *Blood Brothers. The Criminal Underworld of Asia*, New York, Palgrave Macmillan, 2003.

LORENZ Konrad, *L'Agression*, Paris, Flammarion, 1969.

LOROT Pascal et THUAL François, *La Géopolitique*, Paris, Montchrestien, 1997.

LOROT Pascal, *Histoire de la géopolitique*, Paris, Economica, 1995.

LUNDE Paul, *Organized Crime*, Londres, Dorling Kindersley, 2004.

LUPO Salvatore, *Histoire de la mafia, des origines à nos jours*, Paris, Flammarion, 1999.

MAAS Peter, *Le Repenti*, Paris, Presses de la Cité, 1997.

MCPHEE Michele, *Mob over Miami*, New York, Onyx Book, 2002.

MARRAZZO Giuseppe, *Le Camorriste*, Paris, Flammarion, 1985.

MATARD-BONUCCI Marie-Anne, *Histoire de la Mafia*, Paris, Complexe, 1994.

MENDRAS Henri, *Éléments de sociologie*, Paris, Armand Colin, 2002.

MILITO Linda et POTTERTON Reg, *Mafia Wife*, New York, Avon Books, 2003.

MONTBRIAL Thierry (de), *L'Action et le système du monde*, Paris, PUF, 2002.

MURAY Philippe, *Après l'histoire*, Paris, Les Belles Lettres, 1999.

MURAY Philippe, *Après l'histoire II*, Paris, Les Belles Lettres, 2000.

MUSSO Pierre, *Berlusconi, le nouveau prince*, Paris, L'Aube, 2003.

MUSTAIN Gene et CAPECI Jerry, *Mob Star. The Story of John Gotti*, Indianapolis, Alpha Books, 2002.

PADOVANI Marcelle, *Les Dernières Années de la mafia*, Paris, Gallimard, « Folio », 1987.

PAOLI Letizia, *Mafia Brotherhoods, Organized Crime, Italian Style*, New York, Oxford University Press, 2003.

PELT Jean-Marie, *La Loi de la jungle. L'agressivité chez les plantes, les animaux, les humains*, Paris, Fayard, 2003.

PISTONE Joseph D. (avec Richard Woodley), *Donnie Brasco*, Pocket, 1997.

PLATON, *La République*, Paris, GF Flammarion, 2002.

PONS Philippe, *Misère et crime au Japon, du* XVIIe *siècle à nos jours*, Paris, Gallimard, « Bibliothèque des sciences humaines », 1999.

PORRELLO Rick, *The Rise and Fall of the Cleveland Mafia*, New Jersey, Barricade Books, 1995.

RAUFER Xavier, *Les Superpuissances du crime*, Paris, Plon, 1993.

RAUFER Xavier (avec Stéphane Quéré), *La Mafia albanaise*, Lausanne, Favre, 2000.

RAUFER Xavier et QUÉRÉ Stéphane, *Le Crime organisé*, Paris, PUF, « Que sais-je ? », 2000, 2001 et 2003.

RAUFER Xavier, *L'Explosion criminelle*, Paris, Valmonde, 2002.

RAUFER Xavier, *Le Grand Réveil des mafias*, Paris, J-C Lattès, 2003.

RECLUS Élisée, *Nouvelle Géographie universelle. La terre et les hommes*, tome I (L'Europe méridionale), Paris, Hachette, 1876.

ROCKAWAY Robert A., *But, He Was Good to his Mother*, Jérusalem, Gefen Publishing, 1993.

ROSSET Clément, *Le Choix des mots*, Paris, Éditions de Minuit, 1995.

RUSSO Gus, *The Outfit, the Role of Chicago's Underworld in the Shaping of Modern America*, New York, Bloomsbury, 2001.

SAGA Junichi, *Confessions of a Yakuza*, Tokyo-New York-Londres, Kodansha International, 1995.

SAGGIO Franckie et ROSEN Fred, *Born to the Mob*, New York, Thunder's Mouth Press, 2004.

SEGALEN Victor, *Œuvres complètes. Cycle chinois. Cycle archéologique et sinologique*, Paris, Robert Laffont, « Bouquins », 1995.

SIFAKIS Carl, *The Mafia Encyclopaedia*, New York, Checkmark Books, seconde édition, 1999.

SIMMEL Georg, *Secret et sociétés secrètes*, Paris, Circé, 1996.

SOMMIER Isabelle, *Les Mafias*, Paris, Montchrestien, 1998.

SMITH John L., *Of Men and Rats*, Las Vegas, Huntington Press, 2003.

STANTON William, *The Triad Society or Heaven & Earth Association*, Hong Kong, Kelly & Walsh, 1900.

SUMMERS Anthony, *Le Plus Grand Salaud d'Amérique, J.E. Hoover, patron du FBI*, Paris, Seuil, 1995.

THUAL François, *Méthodes de la géopolitique*, Paris, Ellipses, 1996.

THUAL François, *La Planète émiettée*, Paris, Arléa, 2002.

WAKEMAN Jr Frederic, *The Shanghai Badlands. Wartime Terrorism and Urban Crime, 1937-1941*, Cambridge University Press, 1996.

VELTRI Elio et TRAVAGLIO Marco, *L'Odeur de l'argent. Les origines et les dessous de la fortune de Silvio Berlusconi*, Paris, Fayard, 2001.

WEBER Max, *Économie et société*, Paris, Plon-Pocket, 1971-1995.

WEBER Max, *Histoire économique. Esquisse d'une histoire universelle de l'économie et de la société*, Paris, NRF-Gallimard, 1991.

Revues et études universitaires

BELISARIO Claudio, « Les activités de blanchiment des organisations criminelles italiennes », mémoire de diplôme universitaire de 3e cycle, Université Paris-II, Institut de criminologie de Paris-Menaces criminelles contemporaines, septembre 2002.

BLOK Anton, « La mafia d'un village sicilien », *Ethnologie française*, XXXI, 2001, 1.

BOUISSOU Jean-Marie, « Le marché des services criminels au Japon. Les yakuza et l'État », *Critique internationale*, n° 3, printemps 1999.

BOUISSOU Jean-Marie, « Crime organisé et pouvoir politique au Japon », *Les Jeudis du Chear*, 1999.

CATANZARO R., « La Mafia et les recherches sur la Mafia en Italie », *Déviance et société*, n° 2, Vol. 19, 1995.

CESONI Maria-Luisa, « L'économie mafieuse en Italie : à la recherche d'un pardigme... », *Déviance et société*, n° 1, Vol. 19, 1995.

CESONI Maria-Luisa, « Mafia, drogue et politique. Camorra et politique : démystification du rôle de la drogue », *Cultures et Conflits*, automne 1991 (mise à jour 30 novemnbre 2001).

CRETIN Thierry, « Les puissances criminelles. Une authentique question internationale », *Ramses*, Dunod, 2001.

JAMIESON Alison, « Mafia and Institutional Power in Italy », *International Relations*, Londres, mai-juin 1994.

JAMIESON Alison, « The Transnational Dimension of Italian Organized Crime », *Transnational Organized Crime*, n° 2, Vol. 1, été 1995.

KASPI André, « Le FBI de John Edgar Hoover », *L'Histoire*, n° 54, mars 1983.

KO-LIN Chin, « Triads Societies in Hong Kong », *Transnational Organized Crime*, Vol. 1, n° 1, printemps 1995.

FALIGOT Roger, « Croisade globale contre la mafia chinoise », *Revue des deux mondes*, janvier 2004.

MAXWELL Kenneth, « Macao. The Shadow Land », *World Policy Journal*, hiver 1999-2000.

MYERS Willard H., « Orb Weavers – The Global Webs : The Structure and Activities of Transnational Ethnic Chinese Criminal Groups », *Transnational Organized Crime*, n° 4, Vol. 1, hiver 1995.

PONS Philippe, « Yakuza : la mafia du Japon », *L'Histoire*, n° 51, décembre 1982.

PONS Philippe, « Errance et marginalité au Japon. Ordre marginal dans le Japon moderne (XVIIe-XXe siècle). Les voyous canalisateurs de l'errance », *Annales*, Armand Colin, n° 5, septembre-octobre 1996.

PUCCIO Deborah, « L'ethnologue et le juge. L'enquête de Giovanni Falcone sur la mafia en Sicile », *Ethnologie française*, XXXI, 2001, 1.

RAUFER Xavier, « Du chaos au nomos, penser les menaces émergeantes », *Notes et études*, Département de recherches sur les menaces criminelles contemporaines, Institut de criminologie de l'université Paris-II, juin, 2003.

RAUFER Xavier, « Menaces : Qui ? Où ? Pourquoi ? Comment ? », *Notes et études*, Département de recherches sur les menaces criminelles contemporaines, Institut de criminologie de l'université Paris-II, septembre, 2003.

RAUFER Xavier, « Al Qaida, les gouvernements, les experts, les médias », *Notes et études*, Département de recherches sur les menaces criminelles contemporaines, Institut de criminologie de l'université Paris-II, janvier 2004.

WALLON Alain, « L'apparition de la grande criminalité organisée aux États-Unis (1920-1950) », *Relations internationales et stratégiques*, n° 20, hiver 1995.

ZANFARINO Antonio, « Giulio Andreotti, la mafia et la démocratie chrétienne », *L'Histoire*, n° 169, septembre 1993.

« La Chine », *Questions internationales*, La Documentation française, n° 6, mars-avril 2004.

Ouvrages généraux

Dictionnaire de civilisation chinoise, Paris, Albin Michel-Encyclopaedia Universalis, 1998.

Les Trente-Six Stratagèmes, traité secret de stratégie chinoise, Paris, Rivages-Poche, 1995.

Colloques et rapports

ALFIERO Carlo, Carabinieri Brigadier General – Commander of the Carabinieri Officers Academy. Attei del Seminario Europeo « Falcone One » sulla Criminalità Organizzata Roma, 26-27-28 aprile 1995, 1a giornata. *The Camorra*.

ALLUM Felia (Dr), Université de Leeds. Working paper presented at the workshop, *Organized Crime and The Challenge to Democracy*, 6-11 avril 2001, 29 th ECPR Joint Sessions, Grenoble, France.

BORELLI Guiseppe, Sostituto procuratore presso la procura della Republica del Tribunale di Napoli, Italia, *Neapolitan Perspectives*, 20 mai 2002.

D'AUBERT François, Rapport de la commission d'enquête sur les moyens de lutter contre les tentatives de pénétration de la Mafia en France, Rapporteur Bertrand Gallet, publié au *Journal officiel* du 28 janvier 1993.

LEGRAS Bernard, procureur général, Cour d'appel de Bastia, *La Criminalité organisée en Corse*, juillet 2000.

LOMBARD Catherine, « Intimider », *in Obiettivo. Reti criminali minaccia contro democrazia e sicurezza,* Centro Militare di Studi Strategici, supplément au n° 11, 2003.

VIGNA Luigi, « La violence en dernier recours », *in Obiettivo. Reti criminali minaccia contro democrazia e sicurezza,* Centro Militare di Studi Strategici, supplément au n° 11, 2003.

Rapport de la *Direzione Investigativa Antimafia* (DIA), second semestre 2002.

Rapport préparé par un collectif d'agences et d'administrations fédérales des États-Unis : *International Crime Threat Assessment*, décembre 2000.

Rapport de la Commission des communautés européennes, « Albanie », Bruxelles, 26 mars 2003.

Dossiers

Historia, n° 26 : « La Mafia », novembre-décembre 1993.

Les Cahiers de l'Express, n° 36 : « Toutes les mafias du monde », décembre 1995.

La Revue internationale et stratégique, n° 43 : « Les relations internationales illicites », PUF, automne 2001.

Historia, n° 679 : « L'emprire des mafias », juillet 2003.

Herodote, n° 112, « Géopolitique des drogues illicites », 1er trimestre 2004.

Presse française et étrangère (1985-2004)[1]

Principaux organes consultés : Agence France Presse (AFP), Reuter, Associated Press (AP), *Libération, Le Figaro, Le Monde, L'Express, Valeurs actuelles, VSD, Le Point, Marianne, Courrier international, Le Nouvel Observateur, France-Soir, Le Nouvel Économiste, La Tribune, Le Soir, United Press, The International Herald Tribune, The Turkish Daily News, The New York Times, The Times, Chicago Tribune, Los Angeles Times, The Boston Globe, The Toronto Sun, The Buffalo News, Philadelphia Daily News, Philadelphia Inquirer, Philadelphia Daily News, The Kansas City Star, New York Daily News, Canberra Times, Chicago Sun-Times, Pittsburgh*

1. Ne sont cités que les principaux articles utilisés pour ce livre.

Post-Gazette, New York Daily News, Malay Mail, Newsweek, Taipei Times, Asia Inc., The Asian Wall Street Journal, Gear, Feer, Japan Times, Far Eastern Economic Review, Bangkok Post, Asiaweek, Business Week, Financial Times, Asia Times, The Australian, Scotland on Sunday, Newsport, The Guardian, The Sunday Times, La Sicilia, The Miami Herald, The Oregonian, The Orlando Sentinel, The Palm Beach Post, New York Daily News, Canberra Times, The New Yorker, The Observer, Philadelphia Inquirer, Star-Ledger, Esquire, BBC Monitoring, Chicago Magazine, San Diego Union Tribune, Chicago Sun-Times, News Desk, Mail and Guardian, Africa Confidential, Miami Herald, New York Review of Books, The American Spectator, US News and World Report, The New Republic, Scotland on Sunday, The Daily Telegraph, USA Today, Pittsburgh Post-Gazette, The Irish Times, People, New York Post, New York Daily News, Turkish Probe, The Guardian, The Daily Mail, Village Voice, Gazeta Shqiptare, Kathimerini, City Beat, The National Post.

1992

« La Mafia. Elle envahit la France et l'Europe », Xavier Raufer, *L'Express*, 26 novembre 1992.

« Mob Still Strong in Corporate Japan », James Sterngold, *International Herald Tribune*, 7 décembre 1992.

1993

« Les nouvelles routes de la mafia », Danielle Rouard, *Le Monde*, série de cinq articles datés des 26, 27, 28, 29 et 30 janvier 1993.

« Japon : les morts ne parlent pas », Rémi Favret, *Le Figaro*, 5 janvier 1993.

« How Thugs Ousted a Japanese Executive », Paul Blustein, *International Herald Tribune*, 16 février 1993.

« Underworld Mergers », Jonathan Friedland, *Far Eastern Economic Review*, août 1993.

1994

« Le ministre de l'Intérieur a divulgué un rapport alarmant sur la Mafia », Marie-Claude Decamps, *Le Monde*, 11 janvier 1994.

« Comment Schneider fut piégé », Xavier Raufer, *L'Express*, 7 avril 1994.

« L'homme qui voulut être roi », Xavier Raufer, *L'Express*, 7 avril 1994.

« Mauvaise passe pour les sokaiya », *Courrier international*, 30 juin 1994.

« Cosa Nostra épinglée », Xavier Raufer, *L'Express*, 4 août 1994.

« Nous sommes une organisation fraternelle d'entraide », propos recueillis par Philippe Pons, *Le Monde*, 7 octobre 1994.

« Du rififi dans les Triades », Xavier Raufer, *L'Express*, 13 octobre 1994.

« Gangsters Have Their Hands Deep in Japan's Financial Pockets », James Sterngold, *International Herald Tribune*, 19 octobre 1994.

« La mafia terrorise les P-DG », *Courrier international*, 3 novembre 1994.

« Andreotti se défend mais reconnaît que la DC a reçu des voix de la mafia », AFP, 4 novembre 1994.

« Les banques de l'archipel sont affaiblies par des créances mafieuses », Philippe Pons, *Le Monde*, 2 décembre 1994.

1995

« Just Like Sicily », Julian Baum, *Far Eastern Economic Review*, 2 février 1995.

« Giulio Andreotti sera jugé à Palerme pour association avec la Mafia » et « L'étrange cohabitation entre Cosa Nostra et la Démocratie chrétienne en Sicile », Marie-Claude Decamps, *Le Monde*, 4 mars 1995.

« Chinese Mafia Gains Foothold in Land of Cosa Nostra », Brian Murphy, Reuters, 14 mars 1995.

« China's Triads May Grow After 1997 », Benjamin Kang Lim, Reuters, 3 avril 1995.

« In Rebuilding Quake-Shattered Kobe, Japan's Gangs Stake New Turf », *International Herald Tribune*, 7 juin 1995.

« Mafia : le partage du Midi », Xavier Raufer, *L'Express*, 8 juin 1995.

« La mafia turque au cœur de la violence économique », Musa Akdemir, *Libération*, 14 juillet 1995.

« La fin d'une Triade asiatique implantée en France », AFP, 19 septembre 1995.

« Quatre cents témoins contre Andreotti… », Marcelle Padovani, *Le Nouvel Observateur*, 28 septembre 1995.

« Officials Say Japonese Gangs Play Key Role in Bad-Loan Crisis », *Los Angeles Times*, 23 novembre 1995.

1996

« Lorsque les banques jouent le jeu de la pègre », *Asahi Shimbun in Courrier International*, 4 janvier 1996.

« La mafia sous le krach immobilier nippon », Frédérique Amaoua, *Libération*, 29 janvier 1996.

« Le scandale des "jusen" ébranle le ministère japonais des Finances », Philippe Pons, *Le Monde*, 10 février 1996.

« Le sauvetage du crédit immobilier au Japon est vivement critiqué », Philippe Pons, *Le Monde*, 5 mars 1996.

« Japan Faces Chaos over Financial Scandal », Kevin Sullivan, *International Herald Tribune*, 13 mars 1996.

« Banque et pègre nippones : les noces de plomb », Philippe Pons, *Le Monde*, 19 mars 1996.

« À Wellington, les Triades chinoises font quelques cartons et des affaires », Eamonn Fitzpatrick, *Window in Courrier international*, 15 mai 1996.

« Turkey : The mafia republic », Hakan Aslaneli, *Turkish Daily News*, 19 mai 1996.

« Au Japon, les banques voient rouge », Frédérique Amaoua, *Libération*, 25 mai 1996.

« Le système est devenu dépendant de la mafia. Un ancien chef de la police japonaise dénonce l'emprise des yakuzas sur l'économie », interview par Frédérique Amaoua de Raisuke Miyawaki, *Libération*, 25 mai 1996.

« Wanted to kill one of Andreotti's children », Reuters, 27 juin 1996.

« The Triad Menace. After 1997, Beijing must take the lead in fighting it », *Asiaweek*, 12 juillet 1996.

« Un repenti ne sait rien d'une complicité d'Andreotti avec la mafia », AFP, 16 juillet 1996.

« Prague, capitale mafieuse de l'empire du Milieu », Teresita Solis, *Le Point*, 31 août 1996.

« Les ordures gérées par des ordures », Giorgio Oldrini, *Panorama in Courrier international*, 4 novembre 1996.

« Traffic Monster », Hakan Aslaneli et Zafer F. Yörük, *Turkish Daily News*, 6 novembre 1996.

« Le ministre de l'Intérieur turc a dû démissionner », Nicole Pope, *Le Monde*, 10 novembre 1996.

« Yilmaz : There is a special unit... », Zafer F. Yörük, *Turkish Daily News*, 23 novembre 1996.

« Two sides of the coin », Güneri Civaoglu, *Turkish Daily News*, 25 novembre 1996.

« Les connexions mafieuses de Tançu Ciller », *Aydinlik in Courrier international*, 5 décembre 1996.

« Mafia-state links come under scrutinity », *Turkish Daily News*, 13 décembre 1996.

« State brings gangs to light », Hakan Aslaneli, *Turkish Daily News*, 18 décembre 1996.

« La toute-puissance des Triades », Philippe Le Corre, *Le Point*, 21 décembre 1996.

1997

« L'État miné par la mafia », Musa Akdemir et Marc Semo, *Libération*, 1er janvier 1997.

« Corporate Japan Finds Cutting Racketeer Ties Tough », Linda Sieg, Reuters, 11 mars 1997.

« Nomura President Resigns Over Scandal », Fumiko Fujisaki, Reuters, 14 mars 1997.

« In Nomura Scandal, a Lesson for Japan », Sheryl Wudunn, *International Herald Tribune*, 25 mars 1997.

« Japan Prosecutors Raid Nomura in Gangsters Probe », Fumiko Fujisaki, Reuters, 25 mars 1997.

« The Godmothers », *The Australian*, 29 mars 1997.

« Mob Rules », Byron York, *The American Spectator*, avril 1997.

« Les scandales révélant les liens entre politiciens, mafia et services de sécurité éclaboussent la droite turque », Marie Jégo, *Le Monde*, 12 avril 1997.

« Sokaiya Racketeers nurtured on... », Eugene Moosa, Reuters, 21 avril 1997.

« Xinhua Keeps In Touch With HK Triads », *Asia Times*, 25 avril 1997.

« Taiwan's Major Triads », Allen T. Cheng, *Asia Inc.*, avril 1997.

« La maison de titres japonaise Nomura commence à être sanctionnée pour ses liens avec la pègre », Philippe Pons, *Le Monde*, 17 mai 1997.

« Japan Scandal Drama Far from Final Chapter », Linda Sieg, Reuters, 25 mai 1997.

« Japanese Financial Institutions Loose Credibility », éditorial, *The Weekly Post*, 26 mai-31 mai 1997.

« Japan Firms Start to Balk at Payoffs », Sandra Sugawara, *International Herald Tribune*, 24 juin 1997.

« Scandal-hit Nomura, DKB Pledge Clean Hands », Fumiko Fujisaki, Reuters, 27 juin 1997.

« Japon : mafia et finance font bon ménage », Frédérique Amaoua, *Libération*, 5 juillet 1997.

« Italy Turns to Army to Help Fight Naples Mobsters », Crispian Balmer, Reuters, 7 juillet 1997.

« Blackmail », Brian Bremner et Emily Thornton, *Business Week*, 21 juillet 1997.

« Les clans de la Camorra se déchirent à Naples », Eric Jozsef, *Libération*, 23 juillet 1997.

« Japan-Bank Scandal », Todd Zaun, Associated Press, 30 juillet 1997.

« Japan Orders Penalties for Two Firms Tied To Racketeers », Andrew Pollack, *International Herald Tribune*, 31 juillet 1997.

« Corporate Japan : Culture Reinforces Sokaiya Influe », *Dow Jones*, 9 août 1997.

« Corporate Japan Pays Up When Extortionists make Demand », Neil A. Martin, *Dow Jones*, 9 août 1997.

« Japan and Its Economy Have a Crime Problem », Gregory Clark, *International Herald Tribune*, 8 octobre 1997.

« Organised Crime Threatens Asia-Pacific Stability », John Mair, Reuters, 31 octobre 1997.

« Mafia Helped JFK to Win, Book Claims », Robert Shogan, *Los Angeles Times* (*latimes. com*), 9 novembre 1997.

« JFK book full of accusations, scandals, sex », Barry Bearak, *Miami Herald* (*HeraldLink*), 9 novembre 1997.

« Japan-Racketeering Trial », Joseph Coleman, Associated Press, 30 novembre 1997.

« A Second Assassination », Garry Wills, *New York Review of Books*, 18 décembre 1997.

1998

« Money adds new dimension to Susurluk puzzle », Akif Beki, *Turkish Daily News*, 29 janvier 1998.

« La Japan Airlines entre des mains peu scrupuleuses », Frédérique Amaoua, *Libération*, 10 février 1998.

« Yakuza Inc. », David E. Kaplan, *U.S. News & World Report*, 13 avril 1998.

« Activities of Modern Triads », *Intersec*, 5 mai 1998.

« The Gang is All Here », Gillian Tett et Fiona Graham, *Financial Times*, 6 juin 1998.

« The World's Gangsters Are Discovering A Haven : Canada », *Dow Jones*, 6 juillet 1998.

« La Camorra. Plongée dans les ghettos de la Mafia napolitaine », Ana Paola Merone, *VSD*, 6 août 1998.

« Japan's Corruption », Bill Spindle, *Dow Jones*, 19 août 1998.

« Military command to police and intelligence gangs : Toe the line ! », Gül Demir, *Turkish Daily News*, 10 septembre 1998.

« Les beaux jours de la mafia turque », Marie Jégo, *Le Monde*, 1er octobre 1998.

« South Africa : did Palazzolo blackmail Pik ? », *Mail and Guardian*, 9 octobre 1998.

« Un membre de la pègre affirme avoir lutté contre le terrorisme », *AFP*, 14 octobre 1998.

« South Africa : Red tape keeps mafia man safe », *Mail and Guardian*, 16 octobre 1998.

« I spy », Jerry Capeci, *Gang Land*, 19 octobre 1998.

« South Africa : The real Thabo Mbeki. The flawed visionary of new Africa », David Beresford, *Reuters*, 5 novembre 1998.

« Eyes turned on the big *Boss* », Hakan Aslaneli, *Turkish Daily News*, 12 novembre 1998.

« Turquie : la mafia au cœur du sérail », Patrick de Saint-Exupéry, *Le Figaro*, 13 novembre 1998.

« Le pouvoir turc gangrené par la mafia », Marc Semo, *Libération*, 19 novembre 1998.

« Une balle dans la nuque pour "Gros parieur" », Bruno Birolli, *Le Nouvel Observateur*, 25 novembre 1998.

« The Business Geniuses of The Century », Edna Buchanan, *Time Magazine*, 7 décembre 1998.

« Union Inquiry Looks at Charity's Tie to Reputed Mobster », Kevin Flynn, *The New York Times*, 12 décembre 1998.

« Cops Break Up Secret Society Initiation Ceremony », *Malay Mail*, 28 décembre 1998.

1999

« Goodfellas », William T. Vollmann, *Gear*, janvier-février 1999.

« Painful Shake-Up », *Turkish Probe*, 10 janvier 1999.

« Camorra Clans in Control Behind Naples Facades », Steve Pagani, Reuters, 26 janvier 1999.
« South Africa-Italy. Men of honor », *Africa Confidential*, 5 février 1999.
« South Africa : Time to clean out the Augean stables », *Mail and Guardian*, 12 février 1999.
« Japanese Mob *Boss* Buying up Shares of Japan Airlines », Associated Press, 25 février 1999.
« Gang Threats Prompt Stock Sale », *International Herald Tribune*, 5 mars 1999.
« Meyer Lansky's Lawyer Now Title Loan King », *The Palm Beach Post*, 5 mars 1999.
« Malnik Owns Some of Reserve's Most Valuable Land », *The Palm Beach Post*, 5 mars 1999.
« Feeding Frenzy », *The Orlando Sentinel*, 1er avril 1999.
« Japan's Mob Families Bully Their Way into The Mainstream », *International Herald Tribune*, 12 avril 1999.
« Title Loan Reform Unlikely in Current Session », *The Palm Beach Post*, 30 avril 1999.
« Un ancien avocat de la mafia bien placé pour devenir maire de Las Vegas », AFP, 5 mai 1999.
« L'ombre de la mafia albanaise », Xavier Raufer, *France-Soir*, 25 mai 1999.
« South Africa : Mandela's exit poll haunted by Mafia capo », David Beresford, *The Observer*, 30 mai 1999.
« Former Mob Law », Cathy Scott, Reuters, 8 juin 1999.
« Un ancien avocat de la mafia élu maire de Las Vegas », AFP, 9 juin 1999.
« Las Vegas Elects Ex-Mob Lawyer », *International Herald Tribune*, 10 juin 1999.
« Maire Nostra », Christian Losson, *Libération*, 7 septembre 1999.
« I am not a godfather », interview de Sedat Peker par Hakan Aslaneli, *Turkish Daily News*, 15 septembre 1999.
« Le cauchemar mafieux de Wall Street », Xavier Raufer, *Le Nouvel Économiste*, 15 octobre 1999.
« Growing Fewer », *Turkish Probe*, 12 décembre 1999.
« Betting On Beijing », *Newsweek*, 13 décembre 1999.
« Casino Culture », *Taipei Times*, 16 décembre 1999.
« Club Owner Says He'll Make § 3 Million Bail », *The Palm Beach Post*, 16 décembre 1999.

2000

« The Sopranos Come to Youngstown, Ohio », *US News and World Report*, 6 mars 2000.
« En Calabre, la "Pieuvre" aux mille familles », Richard Heuzé, *Le Figaro*, 15 mars 2000.

« Record promoter labeled Mafioso. Joseph Isgro held in loan-shark case », *San Diego Union-Tribune*, 1er avril 2000.

« Godfathers under "remote control" », *Turkish Daily News*, 1er avril 2000.

« The Godfathers bite the dust », *Turkish Daily News*, 3 avril 2000.

« Unmade Man », *New York Magazine*, 17 avril 2000.

« Kosovo, ce paradis de la mafia », interview de Xavier Raufer par Sara Daniel, *Le Nouvel Observateur*, 22 juin 2000.

« Firm linked to reputed mob figure got loans », *The Oregonian*, 24 juin 2000.

« Troops to Fight War of Mafia Godmother », *Scotland on Sunday*, 25 juin 2000.

« Italy's most wanted Mamma », Rorry Carroll, *The Guardian*, 30 juin 2000.

« Police Smash Mafia's L30 m Fake Butter Scam », David Lister, *Times*, 7 juillet 2000.

« Why Washington needed Jim Traficant », David Grann, *The New Republic*, 10 juillet 2000.

« La dangereuse N'drangheta calabraise », Richard Heuzé, *Le Figaro*, 14 août 2000.

« A Maverick's Odd Loyalty May Foil Democrat's Hopes », Lizette Alvarez, *The New York Times*, 9 octobre 2000.

« The Outfit », *Chicago Magazine*, décembre 2000.

« The Un Give Way to Turkish Mafia Pressure », *Het Parool*, 8 décembre 2000.

« Ressucitée, Cosa Nostra menace l'Europe », Xavier Raufer, *Valeurs actuelles*, 15 décembre 2000.

2001

« In New China, Communists and Gangs Make Common Cause », John Pomfret, *International Herald Tribune*, 2 janvier 2001.

« Les parrains de la contrebande en méditerranée », *Newsport*, 24 janvier 2001.

« Le grand retour des syndicats du crime », Jin Yan, *Sanlian Shenghuo Zoukhan in Courrier International*, 15 février 2001.

« Dark side of a colorfull congressman », Nick Peters, *Scotland on Sunday*, 18 février 2001.

« Obituary : Vincent Alo, Partner of Meyer Lansky », *The Miami Herald*, 13 mars 2001.

« Racketeering », Reuters, 14 mai 2001.

« Atlanta strip », Reuters, 15 mai 2001.

« Mafia hit man », Reuters, 17 mai 2001.

« Mafia trial politician airs his defence meets the congressman who is facing his second major trial on charges linking him to the mob », Toby Harnden, *The Daily Telegraph*, 2 juin 2001.

« Albanian organised crime dominates prostitution in Soho », *The Economist*, 21 juin 2001.

« Atlanta Strip Club Scandal Marks Return of "Our Gang" », *Forward*, 29 juin 2001.

« Le ministre des Infrastructures italien estime qu'il faut "vivre avec" la Mafia », Salvatore Aloise, *Le Monde*, 28 août 2001.

« Giuliani Receives offer of Help From the Gambino's », *News Desk*, 30 septembre 2001.

« Mob Blamed for Missing Scrap Metal from Ground Zero », *News Desk*, 27 novembre 2001.

« La fierté perdue des banques », Michel Temman, *Le Figaro*, 8 octobre 2001.

« Feds-Ecstazy », *UIP*, 25 octobre 2001.

« Mob Unions Position for WTC Rebuilding Scheme », *News Desk*, décembre 2001.

« Undercover operation busts mafia family », *The Guardian*, 6 décembre 2001.

2002

« The Yakuza Recession », Velisarios Kattoulas, *Feer*, 17 janvier 2002.

« Opération antimafia : arrestation du chef d'une des 5 familles new-yorkaises », AFP, 22 janvier 2002.

« Cleaning Up Taiwan's Banks », *The Asian Wall Street Journal*, 10 février 2002.

« Traficant defends in latest trials », Kathy Kiely, *USA Today*, 11 février 2002.

« The baron of Bombast », Ellen Warren, *Chicago Tribune*, 22 février 2002.

« Foreign Triads Infiltrating China », Marianne Bray, *CNN Hong Kong*, 18 mars 2002.

« Exorcising the Past », Allen T. Cheng, *Asia Inc.*, avril 2002.

« Japan's Debt Squad Battling Yakuza and State's Inertia », *Taipei Times*, 6 avril 2002.

« Maverick lawmaker rests his case in corruption trial », Megan Garvey, *Los Angeles Times*, 6 avril 2002.

« Ohio Congressman James Traficant convicted of all counts in federal corruption case », Paul Singer, Associated Press, 11 avril 2002.

« Addition salée pour apurer les créances douteuses nippones », Régis Arnaud, *La Tribune*, 12 avril 2002.

« Albania faces challenge of graft », *Kathimerini*, 12 avril 2002.

« Traficant faces rare US sanction », *Pittsburgh Post-Gazette*, 21 avril 2002.

« La Pieuvre relève la tête en Italie », Eric Jozsef, *Libération*, 23 mai 2002.

« Dix ans après l'attentat contre le juge Falcone, l'Italie rend un hommage au défenseur de la loi », Danielle Rouard, *Le Monde*, 24 mai 2002.

« Le FBI veut renforcer ses capacités d'espionnage », Jean-Louis Turlin, *Le Figaro*, 31 mai 2002.

« Île de Cavallo : la Mafia au centre d'une nouvelle enquête », Jean Chichizola, *Le Figaro*, 31 mai 2002.

« Le président du Monténégro accusé de trafic de cigarettes », Salvatore Aloïse, *Le Monde*, 1er juin 2002.

« Les affaires fumeuses du président Monténégrin », Petra Markovic et Marc Semo, *Libération*, 3 juin 2002.

« Mafia Killing Raises Fears of Drug War in Rural Australia », *The Independant*, 7 juin 2002.

« Albanian gangs corner Britain's sex and trade », *The Times of London*, 7 juin 2002.

« Thousands Turn Out for the Dapper Don's Last Ride Crime : To many along the funeral route, mob *Boss* John Gotti was a hero. He died last week in a federal prison », *Los Angeles Times*, 16 juin 2002.

« La Sicile privée d'eau par la sécheresse et par la Mafia », Roberto Di Caro, *L'Espresso in Courrier International*, 22 au 26 juin 2002.

« Opposition asks Mbeki to "clarify" ties with alleged Mafia figure », *BBC Monitoring*, 12 juillet 2002.

« Les parrains de Cosa Nostra somment leurs avocats de tenir parole », Salvatore Aloise, *Le Monde*, 20 juillet 2002.

« Feds finally trap fool on the hill », Nick Peters, *Scotland on Sunday*, 21 juillet 2002.

« Les mafieux détenus en mal de contacts », Stéphanie Savariaud, *Libération*, 24 juillet 2002.

« House votes to expel Traficant Ohio Democrat is second outsed since civil war », *The Boston Globe*, 25 juillet 2002.

« The Nation House Vote Expels Felon Traficant Congress », *The Los Angeles Times*, 25 juillet 2002.

« The songs of my godfather taught me », Neil Strauss, *International Herald Tribune*, 26 juillet 2002.

« Une île à l'ombre de Cosa Nostra » et « Quand les nationalistes raflent le jackpot », Jean Chichizola, *Le Figaro*, 26 juillet 2002.

« House expels bribery convict », Alison Mitchell, *International Herald Tribune*, 26 juillet 2002.

« Home town could yet stand by representative kicked out of Congress », Patrick Smyth, *The Irish Times*, 27 juillet 2002.

« Traficant, Unplugged ! », *Newsweek* (web exclusivement), 5 août 2002.

« Ohio Rep. James Traficant goes down fighting », *People*, 5 août 2002.

« The Death of Sushi ? : Japan's Passion For Sushi is Fuelling a Huge Trade in Ilegally Caught Seafood That's Endangering Fish Stocks and Enriching Organized Crime », *Far Eastern Economic Review*, 15 août 2002.

« Lutte antimafia : les juges abandonnés ? », Marie-Anne Matard-Bonucci, *Le Monde*, 5 septembre 2002.

« Les aveux d'un repenti divisent le parquet antimafia », Richard Heuzé, *Le Figaro*, 30 septembre 2002.

« Les banques japonaises, victimes expiatoires de la crise mondiale », Jean-Pierre Robin, *Le Figaro*, 2 octobre 2002.

« Au Japon, même la mafia trinque », Richard Werly, *Libération*, 7 octobre 2002.

« Le gang d'Albanais écumait l'Europe du Nord », Jean Chichizola, *Le Figaro*, 17 octobre 2002.

« Plan to Clean up Bad Loans in Japan Hits Political Wall », James Brooke et Ken Belson, *International Herald Tribune*, 23 octobre 2002.

« Les activités des mafias ont coûté 60 milliards d'euros aux PMI en 2001 », AFP, 23 octobre 2002.

« Mafia costs it », Philip Pullella, Reuters, 23 octobre 2002.

« Japan Softens Plan To Rid Banks of S1 Trillion in Bad Loans », Kashiwagi et Goodman, *International Herald Tribune*, 31 octobre 2002.

« Formalités en cours pour le rapatriement d'un mafieux tué au Venezuela », AFP, 9 novembre 2002.

« Mort d'un mafieux lié aux Corses », Marc Pivois, *Libération*, 12 novembre 2002.

« Traficant under investigation, again », *United Press International*, 25 novembre 2002.

« Un important chef de la mafia parle des liens entre Cosa Nostra et Forza Italia », AFP, 3 décembre 2002.

« Au sein de Cosa Nostra, les femmes font parfois la loi », Lola Galan, *El Pais Semanal in Courrier International*, 12 décembre 2002.

« Objectifs du Monténégro : intégration européenne et lutte contre la mafia », AFP, 20 décembre 2002.

2003

« Berlusconi mis en cause par la Mafia », Richard Heuzé, *Le Figaro*, 9 janvier 2003.

« Un repenti de la Mafia met en cause Silvio Berlusconi », Danielle Rouard, *Le Monde*, 10 janvier 2003.

« Mafia Don's Scot Bases », *Daily Record*, 21, 23 et 24 janvier 2003.

« Police raids aim to smash Turkish mafia », *The Guardian*, 23 janvier 2003.

« 550 police join blitz on family's crime empire », *Daily Mail*, 23 janvier 2003.

« Les mafias turques et albano-yougoslave contrôlent les routes des Balkans », Didier Kunz, AFP, 24 janvier 2003.

« Hunt for The Don on The Don », *Sunday Times*, 26 janvier 2003.

« Italy and the Eco-Mafia », Gail Edmondson et Kate Carlisle, *BusinessWeek*, 27 janvier 2003.

« Yakuzas. Le pouvoir de l'ombre », Jérôme Pierrat et Alexandre Sargos, *Le Figaro magazine*, 15 février 2003.

« Les biens immobiliers confisqués à la mafia : un énorme patrimoine », AFP, 14 mars 2003.

« Les rebelles albanais protègent les intérêts de la mafia », AFP, 21 mars 2003.

« Les liaisons fumeuses », Laurence Dequay et Frédéric Ploquin, *Marianne*, 31 mars au 6 avril 2003.

« Vesuvius-like eruption of trash engulfs Naples », Frank Bruni, *International Herald Tribune*, 16 mai 2003.

« Old Naples Resurfaces, Aromatically ; Garbage Crisis Reminds Many of the Chaos They Though They Had Overcome », *The Washington Post*, 17 mai 2003.

« Comment les flics belges ont démantelé la mafia albanaise », Antoine Dreyfus, *VSD*, 22 au 28 mai 2003.

« L'Albanie s'inquiète de l'emprise des mafias », Philippe Gélie, *Le Figaro*, 20 juin 2003.

« La criminalité organisée de la Ndrangheta constitue un puissant frein au développement local », Marie-Claire Decamp, *Le Monde*, 24 juin 2003.

« Berlusconi's ally in Sicily investigated for Mafia links », *The Independant*, 28 juin 2003.

« La Ndrangheta, la mafia calabraise, supplante Cosa Nostra en Italie », AFP, 30 juillet 2003.

« Cooking for the mafia », *The Observer*, 10 août 2003.

« Mafias russes et gangs asiatiques prospèrent dans le Pacifique », AFP, 27 août 2003.

« Sicilian mafia Rebuilding », Associated Press, 28 août 2003.

« Mafia bosses end feud to regain control of Sicily », *The Independant*, 29 août 2003.

« Nouveau dérapage de Berlusconi », Richard Heuzé, *Le Figaro*, 6 et 7 septembre 2003.

« Des accessoires de yakuzas à vendre aux enchères sur la toile japonaise », AFP, 3 octobre 2003.

« Concrete Jungle », David Owen, *The New Yorker*, 10 novembre 2003.

« Le crime organisé est un danger pour la démocratie », AFP, 19 novembre 2003.

2004

« La mafia ha una nuova tattica », *La Sicilia*, 5 janvier 2004.

« I pm di Palermo e la nuova mafia », *La Sicilia*, 16 janvier 2004.

« This Thing of Ours », *Pittsburgh Post-Gazette*, 16 janvier 2004.

« Caltanissetta, la mafia si riorganizza », *La Sicilia*, 17 janvier 2004.

« Jackson music empire saved by § 91 m bail-out », *Canberra Times*, 19 janvier 2004.

« Mob ties run throughout city truck program », *Chicago Sun-Times*, 25 janvier 2004.

« La Ndrangheta, l'organisation criminelle la plus puissante d'Italie », AFP, 28 janvier 2004.

« Vaste opération antidrogue en Italie et dans le monde », Claudine Renaud, AFP, 28 janvier 2004.

« The ultimate Caan », Betsy Model, *Cigar Aficionado*, février 2004.

« La mafia a un chiffre d'affaires de 5 milliards d'euros dans l'agriculture », AFP, 3 février 2004.

« Mob informant attributes 96 slaying to disrespect. A witness in Joseph Merlino's murder trial said that a "capo" didn't pay mob bosses enough », *Philadelphia Inquirer*, 3 février 2004.

« Reputed Philly crime *Boss* on trial in Newark murder », *Star-Ledger*, 3 février 2004.

« Mob Wants You », *New York Daily News*, 8 février 2004.

« Prosecutors say mob phone scheme netted § 200 million », Associated Press, 10 février 2004.

« Gambinos in § 200 million phone-sex rip-off : feds », *New York Post* et *New York Daily News*, 11 février 2004.

« Le royaume du sexe à Londres », Muhamed Veliu, *Gazeta Shqiptare*, 12 février 2004.

« John Gotti's Crew Makes a High-Tech Killing "Cyber-Age Goodfellas" », *Village Voice*, 18-24 février 2004.

« How Tele-Savvy Wiseguys Bought a Midwest Phone Company "Mob Bell" », *Village Voice*, 25 février-2 mars 2004.

« Le parrain le plus recherché court toujours », AFP, 27 février 2004.

« Rapper refuses to be source in inquiry », *Philadelphia Inquirer*, février-mars 2004.

« Les groupes Cirio et Parmalat étaient en affaires avec la Camorra », AFP, 2 mars 2004.

« Billy's Back in Town. An ou-of-town mob honcho meets with the Philly don », *Cty Beat*, 4-10 mars 2004.

« Mafia Adult Hosting Operation Indicted », *Web Host Industry Review*, 11 mars 2004.

« Haïti, régime sous cocaïne », Jean-Pierre Perrin, *Libération*, 23 mars 2004.

« 41 arrestations en Sicile dans une opération antimafia », AFP, 29 mars 2004.

« The last Don », Richard Corliss et Simon Crittle, *Time*, 29 mars 2004.

« Comment Jean-Bertrand Aristide présidait au trafic de drogue en Haïti », Jean-Michel Caroit, *Le Monde*, 2 avril 2004.

« John Ashcroft est accusé d'avoir sous-estimé la menace Al Qaida », Eric Leser, *Le Monde*, 15 avril 2004.

« Mafia Scam Estimated at 750 Millions », *Web Host Industry Review*, 19 avril 2004.

« Corruption et crime organisé en Albanie : inquiétude du Conseil de l'Europe », AFP, 29 avril 2004.

« Gay's as good as dead, mob turncoat testifies », *New York Daily News*, 29 avril 2004.

« Pressée par l'Europe, Tirana renforce sa lutte contre le trafic de la drogue », AFP, 6 mai 2004.

« La mafia turque brasse quelque 60 milliards de dollars, selon une enquête », AFP, 7 juin 2004.

« Andreotti espère l'absolution de l'accusation de complicité avec la mafia », AFP, 4 octobre 2004.

« Turquie : enquête de la fédération sur des liens supposés sport-mafia », AFP, 26 octobre 2004.

« Mob does not exit, says son of gangster », *National Post*, 30 octobre 2004.

« La vie politique en Albanie infiltrée par le crime organisé », AFP, 1er novembre 2004.

« Les axiomes du crime », Alain Bauer et Xavier Raufer, *Le Figaro*, 9 novembre 2004.

« Nauru peine à sortir d'une économie de l'argent sale », Frédéric Therin, *Le Monde*, 9 novembre 2004.

« Un ancien ministre accusé d'appartenir à la mafia : remous aux Communes », AFP, 18 novembre 2004.

« Guerre de la came dans la Camorra : 101 morts », Eric Jozsef, *Libération*, 19 novembre 2004.

« Plusieurs élus du sud de l'Italie soupçonnés de collusion avec la mafia », AFP, 22 novembre 2004.

« Une vendetta sans pitié au sein de la Camorra ensanglante Naples », Nicole Martiche, AFP, 23 novembre 2004.

« Libération de 15 personnalités suspectées de collusion mafieuse dans le sud », AFP, 3 décembre 2004.

« Naples tente de conjurer la guerre des clans de la Camorra », AFP, 3 décembre 2004.

« Mob on the job. The company name is Capone written backward », *New York Daily News*, 5 décembre 2005.

« La police assiège la mafia à Naples et procède à 53 arrestations », AFP, 7 décembre 2004.

« Un millier de policiers mobilisés pour une opération antimafia à naples », AFP, 7 décembre 2004.

« La guerre de clans de la Camorra fait quatre nouvelles victimes », AFP, 12 décembre 2004.

« Naples règle ses comptes », Jean-Jacques Bozonnet, *Le Monde*, 14 décembre 2004.

« La campagne de Silvio Berlusconi s'ouvre sur un revers judiciaire », Jean-Jacques Bozonnet, *Le Monde*, 14 décembre 2004.

« Un chef mafieux napolitain arrêté à Paris », AFP, 17 décembre 2004.

« Le canton de Zurich récupère de l'argent appartenant à la mafia japonaise », AFP, 22 décembre 2004.

« Naples : la guerre des mafias », Dominique Dunglas, *Le Point*, 23-30 décembre 2004.

Sites Internet et multimédia

Sites Internet

Media Mayhem : site américain spécialisé dans la dénonciation de la corruption politique.

Americanmafia.com : site américain spécialisé dans le suivi de Cosa Nostra.

Ganglandnews.com : site américain spécialisé dans le suivi de Cosa Nostra.

National Center for Elimination of Boryokudan : site japonais luttant contre les yakuzas.

DVD

« The True History of The Mafia. Godfathers », *The History Channel*, DVD, volumes 1 et 2, 2003.

INDEX DES CARTES

INDEX DES ENCADRÉS

INDEX

TABLE DES MATIÈRES

Chapitre II
LES MAFIAS, PUISSANCES DISCRÈTES ET OCCULTÉES

Chapitre III
UN NOUVEL ACTEUR GÉOPOLITIQUE, LES MAFIAS

DEUXIÈME PARTIE
Expansion des mafias : l'approche géopolitique

Chapitre IV
LE « G. 9 » DU CRIME ORGANISÉ

Chapitre V
LES ÉPICENTRES MAFIEUX

Chapitre VI
L'EXPANSION MONDIALE, LES VOIES ET LES MOYENS

Chapitre VII

L'EXPANSION, L'OBJECTIF ET LES ARMES

TROISIÈME PARTIE

Les mafias,
stade suprême du crime organisé

Chapitre VIII

QU'EST-CE QU'UNE MAFIA ?

Chapitre IX

LOGIQUE ET PRATIQUE DE LA SOCIÉTÉ SECRÈTE

Chapitre X

DU BIOLOGIQUE AU GÉOPOLITIQUE

CONCLUSION

ANNEXES

Ouvrage proposé
par Xavier Raufer

Cartes réalisées par Nathalie Cottrel

Cet ouvrage a été transcodé et mis en pages
chez Nord Compo (Villeneuve d'Ascq)

Imprimé en France sur Presse Offset par

CPI
Brodard & Taupin

La Flèche (Sarthe), le 26-05-2008
N° d'impression : 47184
N° d'édition : 7381-2132-X
Dépôt légal : juin 2008

Imprimé en France